CASANOVA

STENDHAL

TOLSTOI

츠바이크가 본
카사노바, 스탕달, 톨스토이

지은이 | 슈테판 츠바이크
옮긴이 | 나누리

1판 1쇄 펴낸날 | 2005년 9월 30일
1판 4쇄 펴낸날 | 2020년 9월 15일

펴낸이 | 문나영

펴낸곳 | 필맥
출판신고 | 제2003-000078호
주소 | 서울시 서대문구 경기대로 58, 경기빌딩 606호
홈페이지 | www.philmac.co.kr
전화 | 02-392-4491
팩스 | 02-392-4492

ISBN 89-9101-24-4 (03990)

* 잘못된 책은 바꿔드립니다.
* 값은 뒤표지에 있습니다.

이 도서의 국립중앙도서관 출판예정도서목록(CIP)은 서지정보유통지원시스템 홈페이지(http://seoji.nl.go.kr)와 국가자료종합목록시스템(http://www.nl.go.kr/kolisnet)에서 이용하실 수 있습니다. (CIP제어번호: CIP2005001842)

츠바이크가 본

카사노바,

스탕달,

톨스토이

슈테판 츠바이크 지음 · 나누리 옮김

필맥

이 책은 Stefan Zweig의 저서 ***Drei Dichter ihres Lebens*** *Casanova, Stendhal, Tolstoi*(1928)를 번역한 것이다.

머리말

인류를 연구하기에 적합한 대상은 인간이다.

— 포프(Alexander Pope, 1688~1744, 영국의 시인 — 옮긴이)

이 책은 《세계의 거장들(Die Baumeister der Welt)》이라는 시리즈 가운데 세 번째 책이다. 이 시리즈의 목표는 창조적 정신의 전형을 제시하고, 구체적 인물들을 통해 그 유형을 보여주려는 것이다. 이번 책은 이전의 두 책과 반대됨과 동시에 두 책을 보충하는 의미를 지닌다. 이전의 두 책 가운데 《마신과의 싸움(Der Kampf mit dem Dämon)》은 횔덜린(Friedrich Hölderlin, 1770~1843, 독일의 시인 — 옮긴이), 클라이스트(Heinrich von Kleist, 1777~1811, 독일의 극작가, 소설가 — 옮긴이), 그리고 니체를 통해 '마성적인 힘에 쫓겨 자신과 현실세계를 뛰어넘어 무한의 세계로 들어선 존재'의 유형을 보여주었다. 《세 명의 거장들(Drei Meister)》에서는 현존하는 현실 곁에 소설이라는 우주를 만들어 제2의 현실을 구축했던 발자크, 디킨스, 도스토예프스키를 '서사적으로 세계를 재창조한 사람'의 유형으로 그렸다. 이번에 펴낸 세 번째 책에 나오는 세 작가가 걸어간 길은 첫 번째 세 거장들처럼 무한성의 세계로 이어지는 것도, 두 번째 세 거장들처럼 현실세계로 이어지는 것도 아니며 오직 자기 자신에게로 돌아가는 길이다. 그들은 예술의 중요한 과제란 수많은 존재로 가득 찬 대우주를 있는 그대로 그려내는 것이 아니라 자아의 소우주를 세계 속에 펼쳐나가는 것이라고 은연중에 느끼고 있었다. 그들에게는 자신의 실존보다 더 중요한 현실이 없었다. 신화적 존재인 셰익스피어처럼 세계를 창조하는 시인이나 세계를 향하는 시인, 심리학 용어로 말하면 외향적인 시인은 자신의 자아를 객관적인 표현에 용해시켜 그 흔적을 찾아보기 어렵게 한다. 이와는 대조적으로 주관적으로 느끼는 사람, 자신으로 향하는 내향적인 시인은 세상의 모든 일을 자신의 자아 속에 매몰시키고 무엇보다도 자기 인생을 스스로 재창조한다. 드라마, 서사시, 서정시, 자서전 가운데 어떤 문학형식을 택하든 그는 무의식적으로 모든 작품에 자신의 자아를 매개체이자 중심으로 포함시키며, 그의 모든 묘사는 자기 자신을 표현하는 것이 된다. 카사노바, 스탕달, 톨스토이를 통해 자기 자신을 다루는 주관주의적 예술가의 전형을 제시하고, 그 결정적 예술형식인 자서전이란 어떤 것인지를 보여주고자 하는 것이 이 세 번째 책의 의도이자 주제다.

　카사노바, 스탕달, 톨스토이. 이 세 사람을 한데 묶는 것에 대해 당연하다고 수긍하는 사람보다는 의아해하는 사람이 많을 것임을 나는 안다. 분방하고 비도덕적인 난봉꾼인데다 예술가라기에는 미심쩍은 카사노바와 영웅적인 도덕가이자 완벽한 작가인 톨스토이가 만날 수 있는 부분이 있으리라고는 상상조차 못할 것이다. 사실 내가 이 책에서 세 사람을 하나로 묶는다고 해서 그들의 정신적 수준이 동등하다는 의미는 아니다. 오히려 그 반대다. 세 이름은 세 단계, 말하자면 같은 장르 안에서 서로 다른 세 층위, 점차 높아지는 세 단계를 상징한다. 다시 말하면 세 사람은 동일한 수준의 형식을 함께 대표하는 것이 아니라 동일한 창조기능, 즉 자기묘사라는 형식의 점층적 세 단계를 대표한다. 물론 카사노바가 가장 낮은 제1단계이자 원초적 단계인 소박한 자기묘사를 대표한다. 이 단계의 사람은 감각으로 느끼는 외부의 사실적인 체험과 인생을 동일시하고, 현실에서 진행된 사건들을 스스로 평가하거나 탐구하지 않은 채 그대로 거리낌 없이 보고한다. 스탕달에 이르면 자기표현이 조금 더 높은 단계인 심리적 단계에 도달한다. 이 단계에서는 단순한 보고, 즉 간단한 이력의 보고에 만족하지 않는다. 자아는 자신에게 호기심을 갖게 되고, 자기 욕망의 메커니즘을 관찰하며, 자기의 행함과 행하지 않음의 동기와 심리공간에서의 극적 감흥을 찾는다. 그럼으로써 새로운 관점이 시작되는데, 이로써 스스로 주체인 동시에 객체가 되어 서술한, 내면과 외면의 이중적 전기(傳記)가 생겨난다. 바라보는 자아는 자기 자신을 관찰하고, 느끼는 자아는 자신의 감정을 탐구한다. 현실의 삶뿐 아니라 심리적 삶도 이미지로 시야에 들어온다. 톨스토이와 같은 유형에서 자기표현은 이러한 심리적 자기관찰인 동시에 윤리적이고 종교적인 자기묘사가 됨으로써 최고의 단계에 도달한다. 정확한 관찰자로서의 톨스토이는 자신의 삶을 묘사하고, 세밀한 심리학자로서의 톨스토이는 감정의 반응을 묘사한다. 나아가 자기관찰에 새로운 요소가 등장한다. 즉 냉엄한 양심의 눈으로 낱말 하나하나를 자신의 진실에 비추어 관찰하고, 각각의 생각을 순수함에 비추어 바라보며, 모든 감정을 앞으로 지속될 영향력에 비추어 탐구한다. 다시 말해 자기묘사가 호기심 어린 자기탐구를 넘어서서 도덕적 자기점검, 자기재판이 되는 것이다. 예술가는 이제 자기묘사라는 형식을 놓고 그 표현의 방법과 형식뿐 아니라 의미와 가치에 대해서도 생각한다.

이렇게 자신을 묘사하는 예술가 유형은 모든 형식을 자신의 자아로 채울 수 있지만, 그의 기량이 완벽하게 드러나는 형식은 오직 한 가지다. 자신의 자아를 다룬 서사시, 즉 자서전이 그것이다. 이런 예술가는 모두 잠재의식 속에서는 자서전 형식을 지향한다. 하지만 실제로 자서전을 쓸 수 있는 작가는 소수에 불과하며, 자서전은 모든 예술형식 가운데 가장 성공률이 낮은 것으로 드러난다. 책임감이 가장 많이 요구되는 장르이기 때문이다. 따라서 자서전을 시도하는 작가는 거의 없다. 위대한 세계문학에 속하는 자서전은 열 손가락으로 꼽을 수 있을 정도다. 심리적 관찰을 시도하는 작가도 드물다. 심리적 관찰은 순수한 문학의 영역에서 벗어나 반드시 심리학의 미궁에 빠지게 되기 때문이다. 지금 무모하게, 이 짧은 서두에서 자기묘사의 현실적인 가능성과 한계를 밝혀보겠다는 것은 물론 아니다. 다만 이 책에서 다루려는 내용과 관련해 핵심적인 유의사항을 언급해두고 싶다.

편견을 버리고 생각해보면, 자기묘사란 예술가라면 누구나 할 수 있는 가장 자발적이고 손쉬운 과제임이 분명하다. 작가가 자신의 삶보다 누구의 삶을 더 잘 알 수 있겠는가? 작가는 자기 인생에서 일어난 모든 사건의 현장에 있었고, 자기의 가장 비밀스러운 것을 알고 있으며, 자기 내면 깊숙이 숨겨진 것을 확실하게 알고 있다. 따라서 자기의 현재 및 과거의 진실을 보고하고자 한다면 기억의 갈피들을 뒤적여보고 삶에서 겪은 사실들을 그대로 쓰기만 하면 된다. 이미 만들어진 연극무대에 드리워진 막을 걷어 올림으로써 자신과 세상을 차단하고 있던 벽을 치우기만 하면 되는 것이다. 어쩌면 이보다도 훨씬 더 쉬운 일일지도 모른다. 그것은 사진을 찍는 데 화가의 자질이 필요 없는 것과 같다. 이미 있는 현실을 향해 상상력을 발휘할 필요 없이 그저 기계적으로 사진기 셔터를 누르듯 하는 게 자기묘사라면, 그런 기술은 애초부터 예술가의 조건이 아니라 단지 올바른 기록자의 조건인 것처럼 여겨진다. 하긴 원하는 사람이면 누구라도 자신의 전기 작가가 될 수 있고, 자신의 불행과 운명을 문학적으로 형상화할 수 있지 않겠는가.

하지만 평범한 자기묘사자는 순전히 우연하게 겪은 사실을 그대로 보여주는 데 그칠 뿐이라는 것을 우리는 경험을 통해 알고 있다. 반대로 자기 내면의 영혼을 그려내 보여주는 일은 숙련되고 직관력 있는 예술가만이 할 수 있다. 그러나 그러한 예술가들 가운데서도 그런 일을 상당히 책임감 있고 뛰어나게 해낸 작가는 극소수일 뿐이다. 왜 그러냐 하면 한 인간이 자신의 명명백백한 표면으로부터 자신의 마음 깊은 곳에 있는 어둠의 영역으로 내려가는 것은, 그리고 자신이 숨 쉬고 있는 현재의 시점에서 이미 지나온 과거 속으로 들어가는 것은 도깨비불처럼 깜빡거리는 희미한 기억에 의지해서 걸어가야 하는 몹시 힘든 길이기 때문이다. 그는 자기기만과 자의적인 망각 사이의 좁고 험난한 길을 더듬거리며 자기 자신의 심연을 통과해야 하고, 자신과 마주치는 최후의 고독 속으로 들어가는 무모한 모험을 감행해야 한다. 그곳에서는 파우스트가 간 '어머니들의 나라'(괴테의 《파우스트》에서 파우스트는 미의 전형인 파리스와 헬레네를 보여달라는 황제의 요청을 들어주기 위해 '어머니들의 나라'로 여행한다. 거기에는 시공을 초월한 온갖 형태의 원형(原型)들이 있다 — 옮긴이)에서처럼 자기 인생의 모습들이 오직 한때 존재했던 것의 상징으로서만 생명 없이 미동도 하지 않고 떠돌고 있을 뿐이다. "나는 내 마음을 보았노라"는 숭고한 말 한마디를 외치기 위해서는 얼마나 많은 영웅적인 인내와 자기확신이 필요한가! 또 내면 깊은 곳에서 형상화의 세계로, 자기성찰에서 자기묘사의 세계로 다시 돌아오기란 얼마나 힘든 일인가! 이러한 모험이 얼마나 어려운지는 성공한 예가 드물다는 사실이 가장 확실하게 증명해준다. 자기 영혼의 초상화를 언어로 서술하는 데 성공한 사람은 겨우 열 손가락 안에 꼽힐 정도다. 비교적 성공을 거둔 사람들의 자기묘사에서도 얼마나 많은 틈과 비약이 보이며, 인위적으로 보충하고 은폐한 것은 또 얼마나 많은가! 예술에서는 항상 가장 명백한 것이 가장 어려운 것이고, 가장 쉬워 보이는 것이 가장 힘겨운 과제가 된다. 예술가는 시대를 막론하고 그 어떤 인간을 형상화하는 것보다 자신의 자아를 형상화하는 데 더 큰 어려움을 겪는다.

그럼에도 사람들로 하여금 세대를 이어가며 끊임없이, 영원히 풀 수 없는 이 어려운 숙제에 매진하게 만드는 것은 무엇일까? 분명 인간에게는 어쩔 수 없는, 어떤 본질적인 충동이 있다. 자기를 영원한 것으로 만들고자 하는 욕구를 타고난 것이다. 인간은 끊임없는 흐름 속에 내던져져 있고, 무상함에 에워싸여 있으며, 변화하고 변신하도록 운명지어져 있다. 멈추지 않는 시간의 흐름에 떠밀려가는 수십억 명 가운데 하나인 각 개인은 누구나 무의식적으로, 불멸성을 지향하는 본능 덕분에, 자신의 일회적인 운명을 어떤 지속적이고 영원한 흔적으로 붙잡아두고자 한다. 이런 자기증명과 자기확인은 근본적으로 동일한 것이다. 그것은 끊임없이 자라날 인류라는 나무줄기에 적어도 일시적으로나마 눈금을 남기려는 노력인 것이다. 그러므로 모든 자기묘사는 자기확인 욕구를 집약하여 표현한 것일 뿐이다. 최초의 자기묘사는 예술형식이나 글자를 이용하지 않고 이루어졌다. 무덤 위에 쌓아놓은 돌무더기, 잊혀져가는 어떤 행위를 기리기 위해 서툰 쐐기문자를 새겨놓은 글자판들, 칼로 새겨놓은 나무껍질 등 인류가 최초로 남긴 자기묘사들은 알 수 없는 언어들을 통해 수천 년의 시공을 넘어 우리에게 말을 건넨다. 그때의 행위는 탐구할 수 없게 된 지 오래고, 이미 사라진 옛 종족의 언어 또한 이제는 이해할 수 없다. 하지만 그것들은 자기 자신을 형상화하고 보존해서 자기가 살았던 현재를 넘어 훗날을 살아갈 세대들에게 한때 존재했던 유일한 개인으로서 자기의 흔적을 전해주려는 인간의 충동을 분명히 말해주고 있다. 자신을 영원하게 만들고자 하는 이러한 무의식적이고 막연한 의지는 모든 자기묘사의 본질적인 동기이자 출발점이라고 할 수 있다.

그리고 그것은 수백 수천 년의 세월이 지난 후 지식을 더 많이 쌓고 의식이 발달한 인류에게서 비로소 제2의 의지, 다시 말해 자기 자신을 하나의 자아로 인식하고 자기를 알기 위해 스스로를 해석하려는 개인적 갈망, 즉 자아성찰이 좀더 솔직하지만 아직은 희미한 자기확인 충동으로 나타난다. 아우구스티누스가 "자기 자신을 문제로 삼으라"고 멋지게 말했듯이 자신에게, 오직 자기 자신에게만 해당되는 대답을 구하는 인간은 자신을 더 분명하게 인식하고 통찰하기 위해 자기 인생의 길을 마치 지도처럼 펼쳐 보게 된다. 그는 다른 누가 아닌 자기 자신에게 스스로를 설명하고자 한다. 이때 갈림길이 나타난다. 이 갈림길은 어느 자서전에서나 볼 수 있다. 인생의 묘사인가 체험의 묘사인가, 타인을 위한 예증인가 자신을 위한 예증인가, 객관적이고 외적인 자서전인가 주관적이고 내적인 자서전인가, 즉 단순한 사실의 전달인가 자신에 대한 보고인가로 길이 나뉘는 것이다. 앞의 길이 언제나 대중을 향하는 경향을 띠고 교회나 책에서 볼 수 있는 고해처럼 상투적인 표현방식을 사용한다면, 뒤의 길은 독백하듯이 생각하는 것이어서 대부분 일기의 형식만으로 충분하다. 괴테, 스탕달, 톨스토이와 같이 정말로 복합적인 성격의 사람들만이 이 두 길의 완전한 통합을 시도했고, 그 결과로 자신들을 영원하게 만들었다.

하지만 자아성찰은 그저 준비단계일 뿐이지 깊이 숙고하는 단계는 아직 아니다. 모든 사실은 그 자체로 그대로 있으면 진실로 유지되기가 쉽다. 그것을 다른 사람들에게 전달하려 할 때 비로소 예술가의 진짜 고난과 고통이 시작되고, 정직성이라는 영웅적인 태도가 요구된다. 형제애를 발휘해 인간의 일회성을 모든 사람에게 알리고 타인과 소통하고자 하는 본능적 충동이 우리를 강제로 몰아붙이지만, 그만큼이나 반대의 충동, 즉 자기를 보호하고 자기에 대해 침묵하려는 의지가 기본적으로 인간의 마음을 지배하기 때문이다. 이런 자기 보호와 침묵의 의지는 수치심을 통해 우리에게 말한다. 이것은 마치 여자가 본능에 따라 몸을 내주려고 하면서도 깨어있는 반대의지에 따라 스스로를 지키려는 것과 같다. 자신의 속마음을 세상에 털어놓으려는 고백의 의지와, 가장 내밀한 것에 대해서는 침묵하라고 충고하는 수치심이 우리의 정신 속에서 서로 싸우는 것이다. 가장 허영심이 많은 사람도, 아니 오히려 바로 그런 사람이야말로, 다른 사람에게 보이고 싶을 만큼 자신이 완전하다고 느끼지는 않는다. 때문에 사람은 자신의 추한 비밀, 부족함, 편협함을 죽을 때까지 감추고 싶어 하지만, 그러면서도 자기 초상이 다른 사람들 사이에 살아남기를 바란다. 그러므로 수치심은 진정한 자서전을 방해하는 영원한 훼방꾼이다. 수치심은 우리에게 실제 모습이 아니라 남들에게 보이고 싶은 모습으로 자신을 그리라고 달콤한 목소리로 유혹하기 때문이다. 수치심은 자신에게 솔직할 준비가 돼있는 예술가에게 내밀한 것을 숨기라고, 위험한 것을 감추라고, 은밀한 것을 덮으라고 유혹한다. 또한 이미지를 손상시키는 사소한 것들, 그러나 심리학적으로는 가장 중요한 것들을 빼버리거나 거짓으로 미화하게 하고, 빛과 그늘을 교묘하게 배치해 특징적인 성격을 이상적인 성격으로 수정하는 조형기법을 슬그머니 가르친다. 이런 달콤한 압력에 마음 약하게 굴복하는 자는 자기묘사를 하지 못하고 반드시 자기숭배나 자기변명에 빠지게 된다. 그러므로 정직한 자서전을 쓰기 위해서는 조심성 없이 그냥 서술하는 것이 아니라 허영심이 끼어들지 않도록 끊임없이 경계하고, 세상 사람들에게 잘 보이고자 하는 세속적 본성을 철저하게 억눌러야 한다. 바로 이 부분에서 예술가로서 진실성을 지키기 위한 특별한 용기, 수백만 명 가운데 한 명에게 있을까 말까 한 용기가 필요하다. 진실과 대면할 때 자신을 제어할 수 있는 자는 바로 자신의 자아다. 자기 자신이 증인인 동시에 재판관이고, 피고인 동시에 변호인인 것이다.

이러한 자기기만과의 불가피한 싸움에 사용할 수 있는 완벽한 장비나 무기는 없다. 더 강한 갑옷이 만들어지면 그것을 뚫을 수 있는 더 강력한 총알이 개발되듯, 마음을 다루는 모든 학문에는 그에 대항하는 거짓말도 동시에 발전하기 때문이다. 거짓말이 끼어들지 못하도록 아무리 철저하게 문을 잠가도 거짓말은 뱀처럼 유연하게 틈새로 기어 들어온다. 거짓말을 막아내기 위해 그 책략과 임기응변의 기술을 연구하면 거짓말은 반드시 더 교묘한 새로운 속임수와 침입방법을 습득할 것이다. 거짓말은 표범처럼 어둠 속에 슬그머니 몸을 숨겼다가 감시가 소홀한 틈을 타 음험하게 튀어나올 것이다. 인간의 자기기만 술책은 바로 자신의 인식능력과 심리적 계략을 통해 단련되고 승화된다. 누군가가 진실을 그저 조야하고 서투르게 다룬다면 그의 거짓말도 마찬가지로 조야하고 서투르게 되고, 그래서 남들이 그것을 쉽게 알아챌 수 있다. 섬세한 인식능력을 가진 사람의 거짓말은 그만한 인식능력이 있는 사람만이 알아볼 수 있다. 섬세한 인식능력을 가진 사람의 거짓말은 가장 혼돈스럽고 대담한 형태를 취하므로 사실은 위험한 가면을 쓴 것이라도 겉으로는 늘 진실로 보이기 때문이다. 뱀이 바위나 돌 아래로 숨어드는 것을 가장 좋아하는 것처럼 가장 위험한 거짓말은 겉으로는 위대해 보이고 격정적이며 영웅적으로 보이는 고백의 그늘 속에 둥지를 틀기를 가장 좋아한다. 그러므로 어떤 자서전에서 저자가 아주 용감하게 놀랄 만큼 자신을 폭로하고 공격하는 부분에서는 혹시 가슴 치며 후회하는 고백을 가장해 더 은밀한 사실을 숨기려는 의도가 있지는 않은지 주의 깊게 경계해야 한다. 자기고백이 지나치게 적나라하다면, 그것은 대개 비밀스런 약점이 있음을 암시하는 것이다. 인간의 수치심이 지닌 근본적인 비밀은, 아무리 사소한 것일지라도 자신을 웃음거리로 만들 수 있는 본질적 특징을 드러내기보다는 차라리 자신의 가장 잔인한 모습과 불쾌한 모습을 노출하는 편이 낫다고 생각하도록 한다는 데 있다. 읽는 사람이 조롱하는 미소를 지을지 모른다는 공포가 자서전을 쓰는 사람이 가장 빠져들기 쉬운 위험한 유혹인 것이다. 진심으로 진실을 추구했던 장 자크 루소도 의아할 정도로 철저하게 자신의 성적 탈선을 모두 떠벌였고, 유명한 교육서인 《에밀》의 저자인 자기가 자식들을 고아원에 보내 망쳤다고 후회하며 고백했다. 이런 고백은 영웅적으로 보이고 인간적으로 들리지만, 사실은 생식능력이 없어 자식을 두지 못했다는, 그로서는 하기 어려운 고백을 은폐하는 것이었을 뿐이다. 톨스토이의 경우, 자신이 막강한 라이벌 도스토예프스키를 인정하지 않고 오히려 속 좁게 대했다는 것을 시인하기보다는 차라리 스스로를 창부, 살인자, 도둑, 바람둥이라고 비난하는 편이 나았을 것이다. 어떤 고백 뒤에 자신을 숨기는 것, 어떤 고백을 함으로써 다른 것에 대해 침묵하는 것이 자기묘사 속에 들어있는 가장 교묘하고 그럴듯한 자기기만의 트릭이다. 고트프리트 켈러(19세기 스위스의 작가 - 옮긴이)는 언젠가 바로 이러한 기만작전을 통렬하게 반어적으로 표현한 바 있다. "그는 일곱 가지 대죄를 모두 고백하면서도 왼쪽 손가락이 네 개밖에 없다는 사실을 숨겼다. 그는 자기 등에 있는 사마귀와 배냇점까지 모두 이야기하면서도 한 가지 거짓증언이 자신의 양심을 짓누르고 있다는 사실만은 죽을 때까지 숨겼다. 스스로 솔직하다고 여기는 기준에 그 자신을 비교해 본다면 과연 솔직한 인간이 있을까, 그런 사람이 있을 수 있을까 하고 자문하게 된다."

    사실 자기묘사를 하는 사람에게 절대적 진실성을 요구하는 것은 현세의 삶에서 절대적인 정의와 평화, 완벽함을 요구하는 것만큼이나 무의미한 일일 것이다.

왜냐하면 사실에 충실하겠다는 지극히 확고한 결심과 단호한 의지란 애초부터 불가능하기 때문이다. 아울러 우리에게는 스스로의 진실함을 보장해주는 신체적 기관이나 정신적 기능이 아예 없다는 것이 부인할 수 없는 사실이고, 우리가 자기 이야기를 시작하기 전에 이미 실제의 체험들이 변조되기 때문이다. 우리의 기억은 결코 잘 정돈된 정부의 문서보관소와 같은 것이 아니다. 기억은 인생의 모든 사실을 문서보관소의 문서처럼 역사적으로 믿을 만하고 절대 변할 수 없도록 확실하게 문자화한 기록으로 남겨두지 않는다. 우리가 기억이라고 부르는 것은 혈류 안에서 그 흐름에 따라 이동하는 살아있는 유기체이며 온갖 변화와 변동에 따르기 때문에 절대로 냉동고처럼 될 수 없다. 우리의 기억은 예전의 감정이 본래의 모습과 본연의 향기, 그리고 과거의 형태 그대로 유지되고 보관되는 불변의 저장장치가 아니다. 우리는 인생의 사건들을 성급하게 하나의 이름으로 붙잡아두려한다. 하지만 그것은 기억력이라는 흐르는 물결 속에서 시냇물 바닥의 돌멩이들처럼 이리 쓸리고 저리 쓸려 그 형체를 알아볼 수 없게 될 때까지 닳아버린다. 이렇게 닳아진 것들은 서로 맞춰지고 재배치되고 나서 비밀스런 위장술로 우리가 소망하는 형태와 색깔을 띠게 되는 것이다. 이와 같은 변형의 과정을 거치고도 일그러지지 않고 원래 그대로 남는 것은 전혀 또는 거의 없다. 모든 나중의 인상은 이전의 인상을 흐리고, 나중의 기억은 본래의 기억과 구분되지 않을 정도로 바뀌며, 심지어는 사실과 기억이 정반대로 바뀌어버리는 경우도 많다. 스탕달은 이러한 기억의 비정직성을 고백한, 다시 말해 자신이 실제 사실에 완벽하게 충실하지 못했음을 고백한 최초의 사람이다. 그가 '그랑 생 베르나르 고개(이탈리아와 프랑스의 경계에 있는 고개 – 옮긴이) 넘기'로 기억하는 장면이 스스로 체험한 상황의 회상인지 동판화를 본 기억인지 구분할 수 없다고 한 고백이 그 전형적인 예다. 또 그의 정신을 상속한 마르셀 프루스트(1871~1922, 프랑스의 소설가 – 옮긴이)는 실례를 통해 기억의 변조능력을 훨씬 더 적확하게 설명했다. 어린 시절 프루스트는 여배우 베르마를 어떤 유명한 배역을 연기하는 모습으로 기억하고 있었다. 그녀를 실제로 보기 전부터 이미 상상을 통해 선입견을 갖고 있었던 것이다. 이 선입견은 그가 그녀를 직접 보았을 때 받은 감각적 인상 속에 완전히 녹아들었다. 그리고 그 인상은 다른 사람의 평을 듣고 약간 퇴색됐다가 다음날 신문에 난 비평을 보고 다시 한 번 지워지고 변조된다. 그리고 세월이 흘러 자신도 베르마도 그때와는 다른 사람이 된 상태에서 같은 역할을 맡은 베르마를 다시 보았을 때, 그는 자신이 그녀에게서 제일 처음 받았던 인상이 어떤 것이었는지를 더 이상 알 수 없었다. 이는 모든 기억은 믿을 수 없다는 점을 상징적으로 보여준 예라고 할 수 있다. 이처럼 기억력은 진실의 탐지기처럼 보이지만 오히려 진실의 적이다. 자기 인생을 묘사하는 사람은 그 묘사를 시작하기 전에 이미 자신의 정신적인 기능에서 재생산활동이 아닌 생산활동을 끝내기 때문이다. 기억은 우리의 정신이 이미 자발적으로 모든 창작기능을 통해 중요한 것들을 선별해서 강화시키거나 약화시킨 뒤에 유기적으로 그것들을 무리지어 놓은 상태다. 기억의 창조적 상상력 탓에 자기를 묘사하는 모든 사람은 의도하지 않아도 자기 인생을 창작하는 작가가 된다. 우리 시대의 가장 현명한 인간인 괴테는 이 점을 알고 있었다. 그가 자기 자서전에 붙인 장엄한 제목인 '시와 진실'은 사실 모든 자기고백에 붙일 수 있는 제목이다.

아무도 자기 실존에 대해 절대적인 진실을 말할 수 없다면, 모든 자기고백자가 어쩔 수 없이 어느 정도는 자기 인생을 창작해내는 시인이 될 수밖에 없다면 진실을 지키려는 노력이 있어야만 고백자의 마음속에 최고의 윤리적 정직성이 깃들 것이다. 괴테가 말한 '거짓 고백', 즉 은폐장치임이 명백한 소설이나 시의 형식을 빌려서 비밀을 고해하는 것이 얼굴을 다 드러내는 노골적인 묘사보다 훨씬 쉽고, 때로는 예술적 의미에서도 더 효과적이다. 그러나 자서전에는 그저 그런 진실이 아닌 적나라한 진실이 요구되기 때문에 예술가들은 저마다 특별히 영웅심을 발휘해 자서전을 쓴다. 한 인간의 도덕적 윤곽을 자기폭로만큼 완벽하게 드러내주는 것은 없다. 성숙한 예술가, 심리적 통찰력을 지닌 예술가만이 자기폭로에 성공할 수 있다. 심리학적 자기묘사가 뒤늦게야 예술의 대열에 끼게 된 것도 그 때문이다. 심리학적 자기묘사는 우리 시대, 새로운 시대, 앞으로 이어질 시대의 형식이다. 인간이라는 존재는 자신의 내면으로 시선을 돌리기 전에 먼저 자신의 대륙을 발견하고, 자신의 대양을 측정하고, 자신의 언어를 배워야 했다. 고대의 사람들은 이러한 비밀스런 방법을 전혀 알지 못했다. 고대에 자신을 묘사한 카이사르(고대 로마공화정 말기의 군인, 정치가 – 옮긴이)와 플루타르코스(고대 그리스 말기의 문인 – 옮긴이)는 그저 사실과 실제 사건을 나열했을 뿐 자기의 마음을 열어 보일 생각은 전혀 하지 못했다. 인간이 자신의 심리를 주의 깊게 관찰할 수 있기 전에 자신의 현재 모습을 파악해야 한다는 생각은 기독교가 탄생한 이후에 비로소 시작된 것이다. 아우구스티누스의 《고백록》은 자기 내면의 관찰로 가는 길을 열었다. 하지만 이 위대한 주교는 고백에서 자기 자신을 향하기보다는 교회와 대중을 향했다. 그는 자신의 변화를 본받아 개종하도록 대중을 가르치려 했다. 자신의 논문이 대중의 고백에, 모범적인 참회에 쓰이기를 원했다. 말하자면 그의 고백은 자기 자신을 향한 대답이나 의미를 갖고 있었던 게 아니라 신학적인 목적을 갖고 있었다. 그로부터 몇 백 년이 흐른 뒤에 온갖 대문과 빗장을 깨부수는, 기이한 선구자의 역할을 한 루소가 자기의 초상을 그리는, 스스로도 놀랄 만큼 새로운 모험을 감행한다. "나는 새로운 것을 기획하고 있다"고 그는 말문을 열었다. "이 기획의 선례는 없다. 나는 나와 같은 사람들 앞에 한 인간을 자연 그대로 진실한 모습으로 그리고자 한다. 그 인간은 바로 나 자신이다." 하지만 모든 초보자가 그러하듯 그는 신념에 가득 차 "자아는 나눌 수 없는 단위이나 측정이 가능한 것"이며, 진실은 손으로 만지고 잡을 수 있는 것이라고 착각한다. 또한 그는 순진하게도 "최후의 심판을 알리는 나팔이 울릴 때 나는 이러한 사람이었다고 말할 수 있고 말해도 좋을 책을 손에 쥐게 됐다"고 믿었다. 그의 후세인 우리는 그가 가졌던 용감한 신념을 더 이상 갖고 있지 않다. 그 대신 우리는 영혼 속의 깊은 비밀과 다의성에 대해 더 풍부하고 용감한 지식을 지니고 있다. 인간이 자기 자신에 대해 갖는 호기심은 온갖 감정과 생각을 한층 더 세밀하게 쪼개고 더 과감하게 분석해 감정과 생각의 신경과 핏줄을 적나라하게 드러내 보여주려 한다. 스탕달, 헤벨(19세기 독일의 극작가 - 옮긴이), 키에르케고르, 톨스토이, 아미엘(19세기 스위스의 철학자, 문학자. 그가 죽은 뒤에 1만 7천 쪽에 이르는 치밀하고 엄격한 자기분석인《일기(1883, 1927)》의 일부가 출판되면서 유명해졌다 - 옮긴이), 그리고 용감한 한스 예거는 자기묘사를 통해 누구도 예상치 못했던 자아학문의 영역을 발견했다. 그리고 그 후손은 심리학이라는 더욱 세밀한 도구를 이용해 한 켜 한 켜, 한 걸음 한 걸음씩 새로운 무한의 세계 속으로, 다시 말해 인간의 심연으로 들어가고 있다.

    기술적으로 점차 진보해 가는 이 세상에서 머지않아 예술은 몰락할 것이라는 이야기를 끊임없이 듣고 있는 사람들에게 위로가 될지도 모를 한 마디를 하자면, 예술은 결코 끝나지 않는다. 예술은 다만 방향을 바꿀 뿐이다. 인류의 신비스런 조형능력이 쇠퇴해 갈 것은 분명하다. 상상력은 아이들의 세계에서 언제나 가장 강력한 힘을 발휘하며, 어느 민족이나 초창기에만 신화와 상징을 만들어 낸다. 하지만 상상력은 사라져 가고, 그 자리에 학문의 명쾌하고 기록적인 힘이 들어선다. 오늘날 확고하게 자리 잡은 소설에서 우리는 그러한 창조적 객관화를 볼 수 있다. 소설은 이제 자유롭고 무모하게 이야기를 만들어내는 대신 정확한 심리학이 되어가고 있다. 그러나 문학과 학문이 이렇게 결속한다고 해서 예술이 압도당하는 것은 절대로 아니다. 형제애로 묶여 있었던 태고의 관계가 새로워진 것일 뿐이다. 학문이 처음 시작될 때 헤시오도스(고대 그리스의 서사시인 - 옮긴이)와 헤라클레이토스(고대 그리스의 철학자 - 옮긴이)에게 학문은 아직 학문이라기보다는 시였고, 미심쩍은 말이었으며, 불확실한 가설에 지나지 않았다. 문학과 학문이 분리되고 수천 년이 지난 뒤에야 연구하는 감각이 창조적 감각에 가까워지기 시작했고, 문학은 허구의 세계 대신에 인간의 신비한 힘을 그리기 시작했다. 문학은 이제 지구상 미지의 곳에서 힘을 끌어올 수 없다. 열대와 남극이 모두 발견됐고, 모든 동물은 물론이거니와 동식물계의 온갖 기적과 바다의 밑바닥까지 죄다 연구됐기 때문이다. 천체를 제외하고는 모든 것이 다 계측돼 그 하나하나가 이름과 숫자로 표기되기에 이르렀기에 이 지구상에는 이제 더 이상 신화의 덩굴이 뻗어나갈 곳이 없다. 그래서 끊임없이 지각하기를 원하는 우리의 감각은 차츰차츰 신비스런 자기 자신의 내부로 방향을 돌릴 수밖에 없다. 영원한 출입금지 구역인 내면의 무한성과 우리 영혼의 만상이 결코 고갈되지 않을 무한한 영역을 예술 앞에 열어주고 있다. 영혼의 발견과 자기인식은 지식이 풍부해진 인류가 앞으로 점점 더 과감하게 풀어내야 할, 그러나 결코 풀 수 없는 숙제가 되고 있다.

|차례|

머리말 · 5

카사노바 · *22*

스탕달 · *106*

톨스토이 · *198*

옮긴이 후기 · 332

그는 나에게 자기가 자유인이고 세계시민이라고 말했습니다.
― 1760년 6월 21일 무랄트라는 사람이 알브레히트 폰 할러(독일의 생물학자 ― 옮긴이)에게 보낸 편지에서 카사노바에 대해

카사노바

Casanova

카사노바는 세계문학 사상 특별한 사례로, 둘도 없는 행운아였다. 그 이유는 무엇보다도 이 소문난 거짓말쟁이가 창조적 정신들의 신전에 끼어든 것이 본디오 빌라도가 사도신경에 끼어든 것과 똑같이 얼토당토않은 일이기 때문이다. 그의 문학적 자질은 그가 알파벳을 휘갈겨 쓴 '생갈 기사'라는 칭호만큼이나 어설픈 것이었다. 그의 시는 침대와 도박판을 바삐 오가다 만난 귀부인에게 경의를 표하기 위해 읊은 즉흥적인 것으로, 사향 냄새 풀풀 풍기며 학술적 운율을 흉내 낸 것이었다. 또 우리의 주인공 자코모(카사노바를 가리킴 – 옮긴이)가 철학적 사설이라도 풀어내기 시작하면 사람들은 하품을 참느라 턱뼈를 잡아당겨야 했다. 그는 귀족 족보에도 올라 있지 않아 법적 권리와 지위가 없는 식객이었고, 문학계에서도 아웃사이더였다. 마침내 최후의 귀족 리뉴 왕자의 품에서 임종을 맞기까지 그는 보잘것없는 배우의 아들로, 파문당한 사제로, 퇴역 군인으로, 악명 높은 사기도박꾼으로 황제나 왕들과 교류하며 파란만장한 모험을 감행했다. 그리고 떠도는 그의 그림자 역시 대담하게도 불멸의 위인들 사이에 끼어들었다. 그저 시대의 바람에 흩날리며 떠도는 한줌의 재와 같이 보잘것없는 예술성을 지녔을 뿐임에도! 하지만 사라진 것은 그가 아니라 다른 사람들이다. 이 얼마나 기이한 일인가. 그의 고향 사람들 가운데 유명했던 이들, 이상향을 노래했던 고상한 시인들, 신과 같았던 메타스타지오(1698~1782, 이탈리아의 시인, 극작가 - 옮긴이), 고상했던 파리니(1729~1799, 이탈리아의 시인 - 옮긴이)와 같은 수많은 사람의 작품들이 도서관의 먼지더미에 파묻혀 문헌학자들의 생계수단으로 전락한 반면, 그의 이름은 오늘날 존경어린 미소와 더불어 수많은 사람들의 입에 오르내리고 있다. 《해방된 예루살렘》(16세기 이탈리아 작가 타소의 희곡 - 옮긴이)과 《충직한 양치기》(16세기 이탈리아 작가 구아리니의 희곡 - 옮긴이)는 품위 있는 역사적 유물로 오랜 세월 서가에서 먼지만 뒤집어썼지만, 그의 에로틱한 '일리아드'는 세속적 개연성에 비추어 볼 때 앞으로도 계속 열광적인 독자들을 만나게 될 것이다. 교활한 도박꾼이자 행운아인 카사노바는 무례하게도 단테와 보카치오 이래의 모든 이탈리아 시인들을 능가했다.

더욱 놀라운 사실은 카사노바가 그렇게 무한한 이득을 얻기 위해 투자한 것이 전혀 없었다는 점이다. 단언하건대 그는 불멸성이라는 명예와 영광을 아무런 대가도 치르지 않고 얻어냈다. 이 도박꾼은 진짜 예술가들이 느끼는, 말할 수 없이 무거운 책임감이 무엇인지 알지도 못했다. 뜬눈으로 지새우는 수많은 밤들에 대해, 마침내 단어의 의미가 순수해지고 무지개처럼 언어의 렌즈를 뚫고 빛날 때까지 노예처럼 매인 채 언어를 갈고닦아야 하는 막중한 일상적 업무와 싸우며 우울하게 보내야 하는 무수한 낮들에 대해 그는 알지 못했다. 다채롭지만 불투명한 시인의 작업, 보답이 없거나 대부분은 노년이 되어서야 겨우 깨치게 되는 시인의 작업은 물론, 일신의 온기와 안락함을 포기해야 하는 시인의 영웅적 고민도 그는 전혀 알지 못했다. 카사노바는 분명 삶을 쉽게쉽게 꾸려나갔다. 단 한 조각의 기쁨이나 향락도, 단 한 시간의 수면이나 쾌락의 시간도 엄격한 시(詩)의 여신을 위해 희생한 적이 없다. 그는 일생 동안 명성을 얻기 위한 일에는 손가락 하나 까딱하지 않았다. 그러나 명성은 이 행운아의 손에 저절로 흘러들었다. 그는 주머니에 금화 한 닢이라도 남아있고, 사랑의 램프에 기름 한 방울이라도 남아있는 동안에는 잉크로 손가락을 더럽힐 생각은 털끝만큼도 하지 않았다. 가는 곳마다 문전박대를 당하고, 여인들의 웃음거리가 되고, 무일푼으로 무기력해지고, 고독하고 볼품없고 퉁명스런 늙은이가 됐을 때에야 그는 체험을 대신하는 소일거리로 글을 쓰는 일에 손을 댔다. 단지 심심하고 지루해서였다. 이빨 빠진 늙은 개가 성을 내며 으르렁거리듯 소리를 지르며 죽음을 향해 가는 일흔 살의 카사노바는 스스로에게 자신의 인생을 이야기하기 시작했다.

그는 자신의 인생을 이야기했다. 이것이 그의 문학적 업적의 전부다. 하지만 그 얼마나 대단한 인생인가! 다섯 편의 소설, 스무 편의 희극, 여러 편의 단편과 에피소드, 최고로 멋진 무용담과 일화들이 포도송이처럼 알알이 엉글어 한 인간의 인생을 채우고 흘러넘친다. 의심스러운 그의 명성에 숨겨진 비밀의 열쇠는 바로 여기에 있다. 그가 천재 카사노바로서의 자기 인생을 묘사하고 보고하는 것이 아니라 자신이 살아온 인생을 그대로 보여주기 때문이다. 다른 사람이라면 꾸며내고 생각해내야 했을 것을 그는 자신의 삶에서 몸으로 겪어 얻었다. 다른 사람은 정신으로 써나가야 했을 것을 그는 정염에 불타는 자신의 육체로 몸소 살아냈다. 때문에 그는 현실을 붓과 상상력으로 그럴듯하게 치장할 필요가 없었다. 무궁무진한 극적인 사건들이 이미 완성된 상태였다. 그 시대의 어떤 작가도 카사노바의 체험만큼 다양한 상황의 변주(變奏)들을 생각해내지 못했다. 그리고 그가 산 18세기를 통틀어 봐도 실제 인생의 역정이 그토록 굴곡이 심했던 예가 없다. 예컨대 괴테나 루소를 비롯한 동시대인들의 전기와 카사노바의 전기를, 정신의 중요성과 인식의 깊이가 아니라 순전히 사건의 내용면에서만 비교해보라. 목표가 뚜렷하고 창조의 의지가 지배했던 그들의 인생은 얼마나 단조롭고, 활동공간이 협소하며, 사교의 범위가 한정돼 있는가. 그에 비해 카사노바는 속옷을 갈아입듯 거주하는 나라와 도시, 신분과 직업, 그리고 자기의 세계와 여자를 끊임없이 바꾸는 본질적인 모험가였다. 예술가로서 카사노바가 딜레탕트였듯이 향락적인 면에서는 그들이 딜레탕트였다. 이것은 정신적 인간의 영원한 비극이다. 정신적 인간은 인간 실존의 온갖 쾌락과 폭을 알아야 한다는 소명과 열망을 지니고 있지만 언제나 자기 일과 작업실에 매인 채 스스로 떠맡은 책임감 때문에 질서와 현실에 예속된다. 이처럼 진정한 예술가는 창조의 작업과 씨름하며 일생의 절반 이상을 고독하게 살아간다. 비창조적인 사람만이 현실에 파묻혀 자유롭고 호사스럽게 삶 자체를 위해 사는 순수한 향락가가 될 수 있다. 목표를 설정한 자는 우연에 부닥쳐도 그것을 그냥 스쳐 지나간다. 그리고 거의 모든 예술가는 언제나 자기가 체험하지 못한 것만을 형상화한다.

하지만 이런 이들의 반대편에 있는 사람들, 즉 느슨하게 즐기는 향락자들은 자신의 다채로운 체험을 모두 다 표현해낼 능력이 부족하다. 향락자는 순간에 탐닉한다. 그리고 그런 한 순간은 다시 밀려오는 다른 순간에 의해 사라져버린다. 반면 예술가는 아주 사소한 체험이라도 그것을 영원하게 만들 줄 안다. 이렇듯 양극단은 서로를 보완해 결실을 맺는 대신 서로 사이가 벌어지며 더욱 멀어진다. 한쪽은 술이 없고 술을 가진 사람은 술잔이 없는 격이다. 풀리지 않는 패러독스다. 직접 행동하는 향락자는 보고할 만한 체험을 그 어느 작가보다 많이 했을 것이다. 그러나 그는 보고할 능력을 갖고 있지 않다. 반대로 창조적인 사람은 스스로 체험한 사건이 충분치 못하기 때문에 보고하기 위해서는 무언가를 지어내야 한다. 시인은 이렇다 할 전기를 남긴 경우가 극히 드물고, 반대로 전력이 참으로 화려한 사람은 그것을 쓸 능력이 없다.

그런데 양쪽을 결합한, 거의 유일무이한 멋진 행운아 카사노바라는 인물이 나타났다. 순간에 탐닉하는 인물의 전형이자 열정적인 향락가는 드디어 자신의 엄청난 인생을 이야기한다. 그는 도덕적으로 미화하지 않고, 달콤한 시어로 장식하지 않고, 철학적으로 위장하지도 않고, 있었던 사실을 그대로 세세하게, 정열적으로, 위험스럽게, 무분별하게, 재미있게, 비열하게, 음탕하게, 뻔뻔스럽게, 파렴치하게, 하지만 언제나 흥미진진하게, 예기치 못했던 일들을 이야기한다. 게다가 그는 문학적 명예욕이나 독단적인 허풍 혹은 참회의 뜻을 비치는 후회나 대단한 고백의 열의를 과시하려 하지 않는다. 마치 한 노병이 입에 파이프를 물고 주점 탁자에 앉아 선입견 없이 듣는 사람들에게 비스킷처럼 바삭바삭하고 고소한 모험담을 들려주는 것처럼 아무런 부담 없이 편안하게 이야기한다. 그 이야기는 환상가나 창작가가 힘겹게 지어낸 이야기가 아니라 인생 그 자체가 시인 중의 시인이 되어 술술 풀어낸 것이다. 카사노바에게는 예술가에게 요구되는 최소한의 재능만 있으면 충분했다. 그것은 다른 사람들이 믿기 어려운 일을 믿게 만드는 재능이었다. 그는 비록 바로크식 프랑스어를 구사했지만, 그러한 재능과 능력은 충분히 갖고 있었다. 둑스(Dux, 체코 프라하에 있는 성 - 옮긴이)에서 보잘것없는 사서로 말년을 보내며 중풍으로 몸을 떨던 이 노인은 훗날 백발이 성성한 문헌학자와 역사가들이 자신의 회고담을 18세기에 저술된 가장 귀중한 필사본으로 존중하며 머리 숙여 연구하게 되리라고는 꿈에도 생각하지 못했다. 그는 다만 자기만족에 빠져 자신을 거울에 비추어 보고 싶었다. 선량한 우리의 자코모가 이런 사실을 알았다면, 자기가 죽고 나서 120년이 흐른 뒤에 자기가 친필로 쓴 메모와 날짜를 검토하고 자기와 친하게 지낸 부인들의 세심하게 지워진 이름의 흔적을 더 듬어내기 위해 '카사노바협회'가 결성되는 것을 보았다면, 아마도 그는 발트슈타인 백작의 집사이자 악명 높은 그의 적인 펠트키르히너가 꾸민 못된 장난이라고 생각했을 것이다. 이렇게 허영심 많은 그가 자신의 명성을 예감하지 못했고, 그래서 도덕성과 격정과 심리학을 염두에 두지 않았던 것은 다행이라 하지 않을 수 없다. 왜냐하면 그는 의도하지 않았으므로 그렇게 아무 걱정 없이 솔직할 수 있었고, 그래서 본질적인 정직함에 도달할 수 있었기 때문이다. 늙은 도박사 카사노바는 둑스에서 자기 인생의 마지막 도박판인 책상 앞에 앉아 사력을 다해 자신의 회고록을 운명 앞에 내던졌다. 그리고는 그 결과를 보기도 전에 일어나서 일찌감치 떠나갔다. 그런데 놀랍게도 그가 던진 이 마지막 주사위가 그를 불멸의 대열에 들어가게 했다. 그렇다. 그는 마지막 도박에서 완전한 승리를 거두었다. 이 늙은 '행운의 희극배우'는 자신의 행운을 뛰어나게 연기한 배우가 됐다. 이에 대해 아무리 흥분해서 항의해도 이제는 소용없다. 물론 우리가 존경하는 이 친구를 도덕성이 없다고, 윤리적 진지함이 부족하다고 경멸하는 사람들도 있다. 또한 그가 역사가라는 말에 반박할 수도 있고, 그가 예술가라는 것을 부인할 수도 있다. 하지만 한 가지, 그를 다시 죽이는 일만은 이제 누구도 할 수 없게 됐다. 카사노바 이후 이 세계에 수없이 많은 시인과 사상가들이 왔다 갔지만 카사노바의 삶보다 더 낭만적인 소설을 지어내거나 그의 실제 모습보다 더 환상적인 형상화를 한 사람은 아직 없다.

젊은 카사노바의 초상

아시겠지만 당신은 정말 멋진 남자요.

— 1764년 프리드리히 대왕이 상수시 궁의 정원에서 갑자기 걸음을 멈추고 카사노바를 바라보며 한 말

영주관저 소재지인 한 소도시의 극장. 여가수가 대담한 콜로라투라(장식적이고 경쾌한 성악 양식 — 옮긴이)로 아리아를 막 끝내자 우박이 쏟아지듯 박수소리가 울려 퍼졌다. 이어 레치타티보(자연스러운 말의 억양을 살리거나 강조한 성악 양식 — 옮긴이)가 흘러나오고 관객들의 주의가 산만해졌다. 멋쟁이 신사들은 옆 칸의 관람석을 방문하거나, 오페라글라스로 귀부인들을 살펴보거나, 은수저로 맛있는 젤리와 오렌지색 셔벗을 떠먹기 시작했다. 이럴 때는 무대에서 어릿광대가 자기 애인과 발끝으로 돌며 즉흥묘기를 선보여도 관객들의 눈길을 제대로 끌 수 없는 법이다. 바로 그때 모든 사람들의 호기심 어린 눈길이 일시에 한 남자에게로 쏠렸다. 그는 짐짓 귀족적인 태도로 대담하고 태연하게 객석에 들어서는 참이었다. 그를 아는 사람은 아무도 없었다. 그는 헤라클레스처럼 건장한 체구에 부유함이 흘러넘쳤다. 황금 수를 놓은 조끼 위에 걸쳐 입은 벨벳 코트는 주름이 잡힌 채 늘어뜨려져 있고, 코트 깃의 값비싼 금실 레이스는 브뤼셀산 자보(Jabot, 블라우스나 셔츠의 앞부분 주름장식 — 옮긴이)에 꽂은 목핀에서부터 비단양말까지 이어지는 검은 예복의 선과 썩 잘 어울렸다. 하얀 깃털이 달린 정장용 모자를 손에 든 이 점잖은 이방인에게선 장미기름이나 최신 유행하는 포마드에서나 맡을 수 있는 달콤한 향기가 희미하게 풍겨 나왔다. 그는 반지를 낀 손으로 보석이 박힌 영국산 철검을 거만하게 짚은 채 관람석 첫 번째 열의 난간에 기대어 편안하게 기지개를

켰다. 그러고는 마치 대중의 시선을 느끼지 못하는 양 무관심한 척하며 금테두리가 된 오페라글라스를 들어 눈에 대고 관람석을 살피기 시작했다. 관람석 여기저기서 소곤거리는 소리가 들렸다. 영주일까? 돈 많은 외국인일까? 머리를 맞댄 관객들은 그의 가슴에 비스듬히 걸쳐진 띠에서 흔들리는 다이아몬드 훈장을 가리키며 경외심에 가득 차 수군거렸다. 훈장에는 반짝이는 보석이 가득 박혀 있었다. 때문에 그것이 사실은 교황이 내린, 산딸기보다도 값싸고 하찮은 십자훈장이라는 사실을 아무도 알아채지 못했다. 무대 위의 가수들은 관객들의 주의가 흩어졌음을 곧 알아차렸고, 레치타티보는 더욱 느려졌다. 연기를 마치고 무대 뒤에 있던 무용수들이 앞으로 나와, 멋진 밤을 같이 보낼 수 있는 돈 많은 공작이 나타난 게 아닌지 확인하려고 바이올린과 비올라 너머로 엿보았다.

 홀 안의 관객 수백 명이 이 낯선 남자가 하는 몸짓의 의미와 그의 출신에 관한 수수께끼를 풀기도 전에 상등석의 부인들이 거의 경악하며 그의 또 다른 면에 대해 평하기 시작했다. 저 낯선 남자는 정말 멋져, 미남에다 힘이 넘쳐 보이는 몸매, 그야말로 진짜 남자야! 떡 벌어지고 각진 어깨, 근육질의 힘 있는 두 손, 연약한 선이라고는 찾아볼 수 없는 팽팽하고 강철 같은 체격의 사내가 돌진해오기 직전의 황소처럼 고개를 조금 숙인 채 거기 서 있었다. 옆에서 보는 그의 얼굴은 로마의 주화를 떠올리게 했다. 동판처럼 검은 머리에서 이어지는 선은 칼날처럼 예리하게 비스듬히 흘러내렸다. 모든 시인이 부러워할 만큼 멋지게 튀어나온 이마 위로는 밤색 곱슬머리가 부드럽게 굽이쳤다. 튼튼한 갈고리 모양의 큰 코, 강한 턱선, 그리고 턱 아래로는 호두 두 개만한 아담의 사과가 불거져 있었다. 여자들은 이런 아담의 사과는 남자의 강한 정력을 보증해주는 가장 확실한 증거라고 믿었다. 그 얼굴이 드러내는 모든 특징은 분명히 저돌성, 승부욕, 결단력을 말해주는 것이었다. 다만 도드라진 붉은 입술은 부드럽고 촉촉하여 매우 감각적으로 보였고, 그 사이로 보이는 하얀 이는 마치 석류가 씨를 드러낸 것 같았다. 이 미남의 옆얼굴이 서서히 극장의 진열장인 관람석을 따라 돌아갔다. 가지런하고 둥글게 올라간 선을 그리고 있는 숱 많은 눈썹 아래로 검은 눈동자가 초조하고 불안하게 깜빡거렸다. 단숨에 먹이를 낚아챌 기회를 엿보는 독수리의 눈빛이었다. 그야말로 사냥꾼의 눈인 동시에 사냥감의 눈빛. 하지만 그 눈빛은 아직은 깜빡거리기만 하고 완전히 불타오르지는 않았다. 간헐적으로 반짝이는 등대의 불빛처럼 그 눈빛은 관람석을 따라 비추면서 남자들을 스쳐 지나가고, 커튼이 드리워진 보금자리 속에 들어있는 따스한 하얀 살결을 생각하며 돈으로 살 수 있는 물건인 양 여자들을 사열하듯 살폈다. 그의 눈길은 전문가답게 여자들을 하나하나 선별하며 관찰했다. 자신도 관찰되고 있다는 걸 느끼면서. 바로 그때 그의 육감적인 입술이 살짝 벌어지고 입가에 미소가 번지는가 싶더니, 어느새 그 입술이 눈처럼 새하얀 이를 처음으로 활짝 드러내며 크게 벌어졌다. 이 미소는 아직은 어느 한 여자를 향한 것이 아니었다. 아직은 모든 여자, 잘 차려입은 드레스 속에 벌거벗은 뜨거운 몸을 숨긴 여자라는 존재 모두를 향한 것이었다. 그러다가 그는 관람석 속에서 안면이 있는 한 여자를 발견해냈다. 그의 눈길은 곧장 그리로 쏠렸고, 대담하게 묻는 듯한 그의 눈에서 부드러우면서도 날카로운 광채가 뿜어져 나왔다. 그는 왼손에 든 검을 내려놓고, 오른손으로는 무거운 깃털 모자를 움켜쥐고, 승인의 말을 하는 듯한 입술 모양을 지으며 발걸음을 뗐다. 그는 여자가 내민 손에 근육질의 목을 숙여 입을 맞추고는 정중하게 말을 건넸다. 예를 갖춘 인사를 받은 여자는 당황하며 쭈뼛거렸다. 아름다운 선율처럼 울리는 그의 목소리가 그녀의 마음속에 얼마나 부드럽게 녹아들었는지가 그녀의 그런 태도에서 여실히 드러났다. 그녀는 황망하게 몸을 숙여 답례하면서 이 낯선 남자를 같이 있던 남자에게 소개했다. "생갈 기사님이에요." 격식을 차린 정중한 인사가 오가고, 손님에게 칸막이 관람석 안의 자리에 앉으라는 권유가 이어졌지만 그는 겸손하게 사양했다. 기사도 정신에 맞는 이런저런 대화가 오갔다. 카사노바는 다른 사람들에게도 들리도록 차츰 목소리를 높여갔다. 연극배우가 대사를 읊는 방식에 따라 모음은 노래 부르듯 부드럽게, 자음은 리듬에 맞춰 굴려 발음했다. 그는 옆 칸에도 들리도록 점점 더 또렷하게 큰 소리로 말하기 시작했다. 고개를 돌려가며 엿듣는 옆 사람들에게 자기가 얼마나 유식하고 유창하게 프랑스어와 이탈리아어를 구사하는지, 그리고 얼마나 노련하게 호라티우스(고대 로마의 시인 – 옮긴이)의 시구를 인용하는지를 알리려는 의도에서였다. 짐짓 우연인 듯이 반지 낀 손을 관람석 난간 위에 올려놓아, 멀리서도 값비싼 소맷부리 장식과 손가락에서 빛나는 커다란 보석이 보이게 했다. 그는 다이아몬드가 박힌 담배상자에서 멕시코산 코담배를 꺼내 기사들에게 권했다. "스페인 대사로 있는 제 친구가 어제 전령 편에 이 담배를 보냈더군요." 이 말은 옆 칸의 관람석에까지 들렸다. 한 신사가 담배상자에 그려진 세밀화에 대해 의례적인 찬사를 보내자 무심한 척 대답하는 그의 목소리가 홀 안에 울려 퍼졌다. "쾰른의 선제후(중세에 독일 국왕을 선거할 자격을 가졌던 제후 – 옮긴이)인 제 친구가 보내준 선물이지요." 이렇게 아무런 뜻 없이 말하는 척하면서도 이 허풍선이는 맹금류와 같은 눈초리로 계속 좌우를 살피며 자기의 영향력을 탐지했다. 물론 모든 사람이 그를 주목하고 있었다. 그는 부인들의 호기심이 자기에게 쏠리고 있음을 느꼈다. 자신이 감탄과 존경의 대상이 되고 있음을 감지한 그는 더욱 대담해져서 노련하게 몸을 돌려 옆 칸의 관람석으로 대화를 이어갔다. 그곳에 앉아 있는 제후의 애첩이 그의 진짜 파리식 프랑스어를 기분 좋게 엿듣고 있음을 느끼고 있었던 것이다. 그는 공손한 몸짓과 더불어 그녀를 향해 아름다운 여인이라고 찬사를 보냈고, 그녀는 미소로 답했다. 이제 그의 친구들이 자기를 그 귀부인에게 소개하는 일만 남았다. 이미 다 이긴 게임이었다. 내일 점심에는 그 도시의 귀족들과 식사를 같이 할 것이고, 어느 궁전에서 파라오 게임(카드를 이용한 도박의 일종 - 옮긴이)을 하자고 제안하고는 저녁에 그를 초대한 손님들의 돈을 모조리 털 것이다. 그러고 나서 밤에는 휘황찬란한 드레스 속에 숨어있는 여인들 가운데 하나와 벌거벗은 몸으로 뒹굴게 될 것이다. 이 모든 것은 용감하고 확신에 차 있으며 활력이 넘치는 그의 태도와 승부욕, 특히 구릿빛 얼굴의 자유분방한 남성미가 가져다준 것이었다. 그 덕분에 그는 여인들의 미소, 자기 손가락에 낀 보석반지, 다이아몬드가 박힌 시곗줄, 황금빛 레이스를 얻을 수 있었고, 은행장들과 신용거래를 하고 귀족들과 우정을 나눌 수 있었으며, 더욱 멋지고 한없이 다양한 인생을 누릴 자유를 얻었다.

그러는 사이 프리마돈나가 새로운 아리아를 부를 준비를 마쳤다. 그 사이에 국경을 넘나드는 카사노바의 화술에 매료된 귀족들이 앞 다투어 그를 초대했고, 제후의 애첩은 은총을 베풀어 아침접견까지 약속했다. 카사노바는 깊이 머리를 숙여 인사한 후 제자리로 돌아와 앉았다. 그는 왼손을 검에 의지하고 아름다운 갈색 머리를 앞으로 약간 내려뜨린 채 전문가처럼 무대에서 들려오는 노래를 음미했다. 그의 등 뒤 관람석 여기저기에서 소곤거리는 목소리로 같은 질문과 대답이 입에서 입으로 전해졌다. "생갈 기사래요." 그 이상을 아는 사람은 아무도 없었다. 그가 어디에서 왔는지, 무슨 일을 하는지, 어디로 가는지를 아무도 몰랐다. 그저 그의 이름만이 어둡고 호기심에 가득 찬 홀 전체에 울려 퍼졌다. 눈에 보이지 않는 이런 입놀림은 호기심을 느낀 무대 위의 가수들에게까지 이어졌다. 그런데 갑자기 베네치아 출신의 몸집 작은 한 무용수가 큰 소리로 웃음을 터뜨렸다. "생갈 기사라고? 저런, 사기꾼 같으니라고! 저 사람은 카사노바야. 라 브라넬라(카사노바의 어머니로 유명한 성악가 – 옮긴이)의 아들로 젊었을 땐 신부였는데 5년 전에 우리 언니를 꼬여서 순결을 빼앗았지. 늙은 브라자딘(베네치아의 귀족. 카사노바를 비공식 양자로 삼았다 – 옮긴이)의 궁정광대, 야바위꾼, 건달, 바람둥이야." 말은 이렇게 하면서도, 이 쾌활한 소녀는 그의 만행을 나쁘게 여기는 것 같지는 않았다. 그녀는 무대 뒤에서 카사노바에게 손짓으로 아는 척하면서 손끝을 요염하게 입술에 갖다 댔다. 카사노바는 그녀를 알아차리고 생각에 잠겼다. 그러나 그는 걱정하지 않았다. 그녀는 내가 이 어리석은 귀족들과 벌이는 작은 도박을 방해하지는 않을 것이다. 오히려 그녀는 오늘 나와 밤을 보내게 되리라.

모험가들

세인들의 어리석음이 너의 유일한 재산이라는 사실을 그녀가 알고 있는가?
– 카사노바가 사기도박꾼인 크로브에게

7년전쟁이 끝나고 프랑스 대혁명까지 거의 사반세기 동안 유럽에는 폭풍 전야의 정적이 감돌았다. 합스부르크 왕가, 부르봉 왕가, 호엔촐레른 왕가 사람들은 전쟁에 지쳐 있었다. 부르주아들은 기분 좋게 잎담배를 피우며 하릴없이 동그라미 모양으로 연기를 뿜어내면서 소일했고, 병사들은 땋은 머리에 분을 바르거나 쓸모가 없어진 무기를 손질하고 있었다. 그동안의 전쟁에 지칠 대로 지친 나라들은 마침내 어느 정도 숨을 돌릴 수 있었다. 하지만 영주들은 전쟁이 없으면 지루한 법. 독일과 이탈리아는 물론 그 밖의 소공국 영주들은 모두 답답한 자신의 거주지에 머물면서 심심해 죽을 지경인지라 무언가 재미있는 일이 일어나길 바랐다. 이 가련한 사람들, 허울만 그럴듯한 소공국의 선제후와 공작의 신분인 이 소심한 위인들은 새로 지어 채 마르지도 않은 로코코풍의 성에다 온갖 놀이공원, 분수대, 열대식물을 키우는 온실, 맹수 투기장, 화랑과 동물원, 보물창고 등을 지어보기도 했지만 끔찍한 지루함을 달랠 길이 없었다. 이들은 너무나 따분한 나머지 심지어는 미술 후원자나 문학 애호가가 되어 볼테르(18세기 프랑스의 계몽사상가 - 옮긴이)나 디드로(18세기 프랑스의 계몽사상가 - 옮긴이)와 서신교류를 해보기도 하고, 중국 도자기나 중세 주화, 바로크 회화를 모아보기도 하고, 프랑스 희극배우나 이탈리아 가수와 무희를 초청하기도 했다. 이런 가운데 바이마르의 군주만이 뛰어난 안목으로 실러, 괴테, 헤르더와 같은 몇몇 독일 작가들을 자신의 궁전에 초대했다. 하지만 다른 군주들은 멧돼지 사냥이나 수중극을 오락적인 연극으로 바꾸는 일만 했을 뿐이다. 세상이 지쳐 있을 때는 언제나 어쩔 수 없이 오락과 연극, 멋진 옷과 춤의 중요성이 강조되기 마련이다. 당시 군주들은 하나같이 가장 재미있는 익살꾼, 최고의 무희, 음악가, 카스트라토(소년시절의 음성을 유지하기 위해 거세한 남자가수 - 옮긴이), 철학자, 황금 채굴꾼, 거세 전문가, 오르간 연주자 등을 찾아 데려오느라 무리하게 많은 돈을 들이고 외교활동을 벌였다. 때로는 글룩(18세기 독일의 오페라 작곡가 - 옮긴이), 헨델(독일의 작곡가 - 옮긴이), 메타스타지오(오페라 대본 작가 - 옮긴이), 하세(오페라 작곡가 - 옮긴이) 등을, 때로는 유대교 신비주의 주술사, 매춘부, 폭죽 제작자, 멧돼지 몰이꾼, 작사자와 발레 안무가 등을 서로 빼앗고 빼앗기느라 속임수를 쓰기도 했다. 그들은 다행히 갖가지 의식을 주관하는 의전관들, 그리고 석조건물의 극장과 오페라 전용 극장을 갖게 되어 여러 가지 공연과 무도회를 열 수 있게 됐다. 이제 소도시의 지루함을 타파하기 위해서는, 늘 똑같은 60명의 귀족들이 얼굴을 마주해야 하는 끔찍한 단조로움을 깨버리고 진정한 면모의 사교계를 갖기 위해서는 마지막 부족분만 채워주면 됐다. 그것은 신분이 높은 방문객, 흥미로운 손님들, 소도시의 시금털털한 권태가 섞인 반죽에 집어넣을 몇 알의 건포도와, 게딱지만한 소도시의 숨막히는 대기에 신선함을 불어넣어줄 한줄기 바람이었다.

  어떤 궁전에서 권태로움을 깨버릴 사교모임을 연다는 소식이 있으면 그 궁전에는 가면을 쓰고 변장을 한 수백 명의 모험가들이 당장에 몰려들었다. 그들이 어디에 숨어 있다가 나타난 것인지를 아는 사람은 아무도 없었다. 하룻밤 자고 나면 그들이 이미 도착해 있었다. 그들은 여행마차나 영국 우편마차를 최고급 숙소의 문 앞까지 타고 와서는 가장 호화로운 방에 투숙했다. 인도나 몽골의 군복과 같은 이국적인 복장을 한 그들의 이름에는 저마다 화려한 칭호가 하나씩 붙어있었다. 하지만 그 칭호들은 그들의 구두에 붙어있는 장식용 보석과 마찬가지로 가짜였다. 그들은 온갖 나라의 말을 구사했고, 제후들과 위대한 인사들을 모두 안다고 주장했다. 말대로라면 그들은 복무해보지 않은 군대가 없었고, 안 다닌 대학이 없었다. 그들은 가방에 각종 계획서를 한가득 갖고 다니며 온갖 거창한 약속을 떠벌였다. 복권 발행, 특별세 도입, 국가 간 동맹, 공장 설립을 계획하고 있다고도 했고 여자, 기사단, 카스트라토를 공급하고 있다고도 했다. 주머니에는 열 개도 채 안 되는 금화 몇 닢만을 갖고 있을 뿐이면서도 사람을 만날 때마다 연금술을 알고 있다고 속삭였다. 미신을 믿는 사람에게는 점성술로 접근했고, 귀가 얇은 사람에게는 여러 가지 계획으로 마음을 사로잡았고, 노름꾼에게는 패를 속여서, 순진한 사람에게는 귀족적인 품위로 접근해 환심을 샀다. 하지만 이 모든 것은 황홀하고 불투명한 후광을 발하고, 낯설고 알 수 없는 비밀스러운 분위기를 풍겼고, 때문에 더욱 흥미를 끌었다. 그들은 마치 도깨비불처럼 여기저기서 번쩍이며 사람들을 위험 속으로 끌어들였다. 그들은 나른하고 불쾌하며 늪과 같은 궁전의 대기를 이리저리 깜빡거리며 돌아다녔고, 유령처럼 거짓 춤을 추며 왔다가는 돌연 사라졌다.

귀족들은 그들을 궁전에 불러들여 바라보면서 즐거워했지만, 그들의 개인적인 내력에는 관심을 갖지 않았다. 그들이 진짜 귀족인지 여부는 묻지도 않았고, 그들의 부인이라는 여자들이 손가락에 끼고 있는 결혼반지가 진짜인지도, 그들이 데려온 여자들이 처녀인지 여부도 관심 밖이었다. 군주들이 앓는 고질병인 권태를 다만 한 시간이나마 누그러뜨려줄 즐거움을 갖다 줄 수 있는 사람이라면 그가 누구든 물질주의 철학으로 느슨해진 분위기 속에서 별 문제 없이 환영받았다. 즐거움을 갖다 주고는, 매춘부가 흔히 그렇듯 너무 많은 돈을 파렴치하게 긁어가지만 않는다면 그들은 기꺼이 받아들여졌다. 물론 일부 예술가와 사기꾼들은 모차르트처럼 귀족들로부터 발길질을 당하기도 했고, 때로는 무도회장에서 감옥으로 바로 끌려가기도 했으며, 심지어는 황제의 극장 지배인이었던 주세페 아플리지오처럼 노예로 전락하기도 했다. 그들 가운데 아주 교활한 자들은 징세관, 고급 매춘부의 애인, 궁녀들의 기둥서방이 되기 위해 서로 싸우기도 했고, 그러다가 진짜 귀족이나 남작이 되기도 했다. 그러나 불에 올려놓은 음식이 탈 때까지 기다리지 않는 게 좋은 것처럼, 대부분의 경우 일을 오래 끌지 않는 게 좋았다. 그들의 마력은 신선하다는 점과, 전에는 알려지지 않았다는 점에서 오는 것이었기 때문이다. 너무 파렴치하게 카드 패를 속이거나, 주머니에 손을 너무 깊숙이 집어쨌거나, 한 궁전에만 너무 오래 머물다가는 갑자기 누군가가 나타나 그들의 외투를 들추어 몸에 찍힌 도적의 표시나 태형을 당한 자국을 폭로하는 일이 벌어질 위험이 있었다. 그들로서는 활동무대를 자주 바꾸는 것만이 교수형을 모면할 수 있는 방법이었다. 그래서 검은 사업을 벌이는 그 모험적인 여행자들은 집시처럼 끊임없이 이 궁전 저 궁전을 전전하며 유럽 전역을 떠돌았다. 이리하여 같은 인물들을 태운 하나의 회전목마가 마드리드에서 상트페테르부르크까지, 암스테르담에서 프레스부르크까지, 파리에서 나폴리까지 18세기 내내 돌고 돌았다. 사람들은 카사노바가 어느 도박장, 어느 궁전에서든 같은 집시 패거리, 이를테면 탈비스, 아플리지오, 슈베린, 생제르맹 등을 만난다 하더라도 그저 우연이라고 생각했다. 하지만 그 분야의 전문가인 그들에게는 끝없는 방랑이 재미라기보다는 도피였다. 안전을 위해서는 어디서든 짧은 기간 동안만 머물러야했다. 그리고 서로 협력해야만 서로를 덮어줄 수 있었다. 그들은 서로 같은 종족이었고, 표지를 달지 않은 일종의 프리메이슨(세계적인 비밀결사 – 옮긴이) 단원들이거나 모험가 기사단을 이루고 있었기 때문이다. 그들은 어디에서건 사기꾼으로 서로 만나면 한 사람이 사다리가 되어 다른 사람을 밀어주어 귀족사회로 진출하게 했고, 그런 다음 자신이 귀족사회에 진출한 사람과 같은 그룹에 속한다고 주장했다. 그들은 여자, 윗저고리, 이름은 서로 나눴지만 단 하나만은 나누지 않았는데 그것은 바로 직업이었다. 그들은 궁전 주변에 기생하는 배우, 무용수, 음악가이거나 행운을 좇는 모험가 또는 연금술사 등이었다. 귀족들은 한 곳에만 머물러 시야가 좁고 편협했으며, 시민계급은 아직은 자유롭지 못한 우매한 사람들이었다. 그런 귀족과 시민들 속에서 그들은 기독교인과 유대인을 제외하고는 당시 유일하게 세계 여러 나라를 돌아다니는 국제적인 인물들이었다. 그들 모험가와 더불어 근대가 개막됐고, 새로운 약탈기술도 생겨났다. 이제 그들은 연약하고 무장하지 않은 사람들은 약탈하지 않았고, 거리에서 마차를 습격하지도 않았다. 대신 그들은 허세를 부리면서 지체 높은 사람들을 속였고, 경박한 사람들의 주머니를 털어 가볍게 해주었다. 이런 새로운 약탈방법은 그들의 세계시민 정신 및 잘 다듬어진 태도와 결합했다. 그들은 그때까지의 낡은 방식인 방화나 살해 대신에 도박판에서 카드를 미리 찔러 넣거나 다른 카드를 밀어 넣는 방식으로 돈을 갈취했다. 더 이상 거친 주먹을 휘두르지도 않았다. 그들에게서 술에 취한 얼굴이나 하급 장교와 같은 거친 태도는 볼 수 없었다. 대신 고상한 반지를 낀 손, 단정한 이마, 기름을 바른 가발을 볼 수 있었다. 그들은 오페라글라스를 손에 들고 공연장을 돌아다녔고, 무용수 흉내를 내며 빙글빙글 돌 줄도 알고, 배우가 대사를 낭독하듯 말하기도 했다. 또한 그들은 철학의 대부처럼 은밀하게 행동했고, 도박판에서 불안한 눈을 감추고 대담하게 능숙한 술수를 썼고, 재치 있는 대화로 여자들을 유혹해 사랑의 시약을 발라주었고, 자신들이 지닌 보석이 가짜임을 감추었다.

한 가지 부인할 수 없는 것은, 그들 모두에게 사람들의 호감을 불러일으키는 어떤 정신적, 심리적 특성이 있었고 그들 가운데 몇몇은 천재의 대열에 이르렀다는 사실이다. 18세기 후반은 그들이 영웅인 시대, 그들의 황금기이자 고전적 시기의 절정이었다. 그들은 예전 루이 15세 때의 프랑스 시인 그룹인 플레야드파(1550년경 고대 이탈리아를 모범으로 삼아 새로운 시 형식을 추구했던 프랑스의 시파 — 옮긴이)와 그 후 독일 바이마르의 전성기에 몇몇 불멸의 인물들이 보여주었던 창조적인 천재의 유형을 합친 것과 같았다. 고상한 사기꾼이자 불멸의 모험가인 일곱 거성이 당시 전 유럽에서 그렇게 반짝이고 있었다. 그들은 군주들의 주머니에 손을 대는 것만으로는 성에 차지 않아 시대적인 사건에 대담하게 관여하기 시작했고, 세계사의 거대한 룰렛 판을 돌렸다. 떠돌이 아일랜드인인 존 로(John Law, 1671~1729, 영국의 은행가 - 옮긴이)는 은행권을 남발해 프랑스의 재정을 잿더미로 만들었고, 남자와 여자의 중간으로 성별이 의심스러운 사람이면서 명성을 누린 데옹(D' Eon, 1728~1810, 에옹 드 보몽이라고도 한다. 여장을 즐긴 프랑스의 외교관 - 옮긴이)은 국제정치를 주도했고, 머리가 둥글고 체구가 작은 노이호프 남작은 코르시카의 왕이 됐지만 결국은 감옥에서 일생을 마감했다. 평생 읽기와 쓰기도 제대로 익히지 못한 시칠리아의 시골뜨기 칼리오스트로(Cagliostro, 본명은 쥬세페 발자모, 신비에 싸인 인물로 희대의 사기꾼 - 옮긴이)는 악명 높은 목걸이로 왕국의 목을 조를 올가미를 만들어냈고, 귀족 출신 모험가이자 끝내 단두대에서 처형당해 일곱 거성 중 가장 비극적인 삶을 살았던 트렝크(Trenck)는 빨간 모자를 쓰고 자유의 영웅이라는 비극적인 역할을 잘 수행했다. 그런가 하면 나이를 초월한 마법사 생제르맹(Saint Germain)은 프랑스 왕을 자신의 발 아래 무릎 꿇게 만들었으며, 오늘날까지도 밝혀지지 않은 출생의 비밀을 갖고 있어 그 비밀을 밝히고자 하는 학계의 열의를 우롱하고 있다. 이들은 모두 그 어떤 권력자보다도 막강한 힘을 지니고 있었고, 학자들을 눈멀게 했다. 또한 이들은 여인들을 유혹했고, 부자들의 돈을 빼앗았다. 이들은 직위도 책임도 없이 정치적 꼭두각시들을 조종하는 끈을 은밀하게 잡아당겼다. 그리고 마지막으로, 그러나 최고의 악당은 아니었던 우리의 자코모 카사노바는 자신을 포함한 일곱 거성 길드조직의 역사 기록자였다. 그는 자기 이야기를 하면서 다른 여섯 명의 모험가들도 모두 묘사함으로써 일곱 명에 이르는 불멸의 인물들을 아주 재미있게 기록했고, 그렇게 해서 일곱이라는 숫자를 완성했다. 각각의 인물은 그 어떤 시인보다 유명했고, 당대의 그 어떤 정치가보다 영향력이 컸으며, 몰락을 향해가던 당시의 세계에서 짧게나마 군주로 군

림했다. 유럽에서 뻔뻔스러움과 신비로운 연기의 재능을 보였던 이들 영웅의 시대는 고작해야 30~40년 남짓 지속됐을 뿐이다. 그 시대는 위 일곱 명의 인물들이 합쳐지면서 완성된 전형이자 가장 뛰어난 천재이며 마성을 지닌 모험가인 나폴레옹에 의해 파멸하고 말았다. 천재는 자신의 재능이 발휘되는 곳에서는 대단히 진지해진다. 천재는 에피소드의 역할에 만족하지 못하고, 창조적인 방식으로 전 세계를 자신만을 위한 무대로 만든다. 코르시카의 가난뱅이였던 키 작은 보나파르트는 스스로를 나폴레옹이라 불렀다. 이는 생갈 기사 카사노바나 발자모 칼리오스트로처럼 귀족의 가면 뒤에 비겁하게 시민으로서의 자기를 숨긴 것이 아니라, 시대를 향해 멋지게 자기 정신의 우월성을 주장한 것이다. 또한 그는 승리를 간교하게 슬쩍 손에 넣지 않고 자신의 권리로서 당당하게 요구했다. 그런 모험정신은 천재 나폴레옹의 집권과 더불어 영주들의 대기실에서 황제의 방으로 옮겨갔고, 최고 권력자로는 적합하지 않은 자가 최고 권력자의 자리에 오름으로써 종말을 맞았다. 그리하여 모험정신의 머리에 유럽의 왕관이 씌워진 것이다.

교양과 재능

사람들은 그가 권모술수에 능한 글쟁이라고 말한다. 또한 언제나 다른 사람들을 이용하고, 남의 말을 쉽게 믿는 순진한 사람들의 마음을 사로잡는 것이 그의 방식이었고, 프랑스와 영국에 있을 때 기사들과 여성들에게서 바로 그 방식으로 불법적 이득을 취했다고 말한다. … 카사노바와 친해지면, 그의 내면에 불신, 사기성, 무례함, 쾌락이 끔찍한 방식으로 한데 뭉쳐져 있음을 알게 된다.

— 1755년 베네치아 종교재판소의 비밀보고서

카사노바는 자신이 모험가임을 한번도 부인한 적이 없다. 오히려 그 반대다. 언제나 그는 기꺼이 사기당하고 싶어 하는 세상에서 자신은 바보노릇을 하기보다는 차라리 바보를 놀리는 일을, 사기를 당하기보다는 차라리 사기꾼 역할을 해왔노라고 자랑스럽게 떠들어댔다. 그러나 딱 한 가지는 강력하게 거부했다. 거칠고 노골적인 방법으로 남의 주머니를 터는 노예선 출신의 노예들이나 교수형을 선고받은 죄수들과 자신을 혼동하지는 말라는 것이었다. 자기는 어리석은 자들의 손에서 우아하고 세련된 마술로 돈을 빼냈다는 것이다. 회고록에서 그는 자신이 아플리지오나 탈비스와 같은 사기도박꾼과 만난 일을 시인해야 할 때면, 사실은 자신과 그들은 거의 한패였음에도, 언제나 매우 신중을 기하는 눈치를 보였다. 카사노바는 두 사기꾼과 같은 처지에서 만나긴 했지만 그들과 출신계급은 달랐기 때문이다. 카사노바는 교양을 갖춘 상류계급 출신이지만 두 사기꾼은 하층 무산계급 출신이었다. 카사노바가 두 사기꾼과 자신에 얽힌 이야기를 할 때 신중을 기한 것은 실러의 희곡 《군도(群盜)》에서 의적단 두목 칼 모어가 같은 패거리인 슈피겔베르크와 슈프테를레를 경멸했던 것과 똑같은 이치에서다. 거칠고 야만적인 도적 짓을 생업으로 삼았던 두 사람과 달리 대학생 출신의 칼 모어는 열정에 사로잡혀 그 일에 뛰어들었던 것이다. 카사노바 역시 늘 신성하고 멋진 모험정신을 과시함으로써 품위와 고상함이 결여된 협잡꾼 패거리와 자신을 구분하려 했다. 그는 실제로 모험의 대가로 귀족 칭호를 요구했고, 사기꾼이 주는 기쁨을 희극배우가 주는 기쁨과 마찬가지로 아주 섬세한 예술로 평가해주기를 바랐다. 그의 말에 귀를 기울이다 보면 이 세상에서 철학자의 도덕적 의무란 어리석은 자들을 골탕 먹이는 일, 잘난 척하는 자들에게 사기를 치는 일, 단순한 사람들을 놀려주는 일, 수전노들의 주머니에서 돈을 터는 일, 남편 몰래 유부녀와 간통하는 일 외에는 없는 것 같다. 요컨대 신이 보낸 정의의 사자로서 이 지상의 온갖 어리석음을 징벌하는 것이 그의 역할이라는 것이다. 카사노바에게 기만은 예술일 뿐 아니라 도덕을 초월하는 의무였다. 그리고 이 용감한 무법자는 백옥 같은 양심으로 추호의 의심도 없이 당연하게 그 의무를 이행했다.

단순히 돈이 없어서, 아니면 일하기 싫어서가 아니라 타고난 기질 때문에, 그리고 주체할 수 없는 천재성 때문에 모험가가 됐다는 카사노바의 말에는 신빙성이 있다. 부모로부터 연극적 재능을 타고난 카사노바는 전 세계를 무대로 삼고 유럽을 그 무대의 배경으로 삼았다. 재담꾼인 오일렌슈피겔(16세기에 독일에서 출판된 대중적인 이야기책의 주인공. 엉뚱하고 익살스러운 어릿광대 - 옮긴이)과 마찬가지로 그는 공갈, 현혹, 기만, 우롱 등의 재능을 타고났다. 그래서 그는 사육제 때의 가면놀이와 같은 재미와 기쁨이 없이는 살아나갈 수 없었을 것이다. 웬만한 직업에 적응하며 살아갈 기회가 수백 번 있었지만 어떤 유혹도 어떤 꼬임도 그를 평범한 시민으로서의 생활에 붙잡아두지 못했다. 억만금을 준다 해도, 관직과 지위를 준다 해도 그는 그것을 받아들이지 않고, 언제나 자신의 타고난 기질대로 정처 없이 깃털처럼 가벼이 날아 다녔을 것이다. 그러니 그가 오만하게도 자신을 다른 모험가들과 엄격하게 구분하고자 했던 태도는 정당했다고 볼 수 있다. 카사노바는 어디까지나 합법적으로 결혼한 부모에게서 태어났고, 게다가 존경받는 가문 출신이었다. '라 부라넬라'로 불렸던 그의 어머니는 유명한 성악가로, 유럽의 오페라 무대에서 빼어난 재능을 발휘했다. 동생인 프란체스코 카사노바의 이름은 서양 미술사에서 빠지지 않으며, 그가 그린 위대한 전쟁화는 오늘날에도 기독교 미술관 어디에서나 볼 수 있다. 카사노바의 친척들은 모두 점잖은 직업에 종사해 변호사, 공중인, 사제의 영예로운 망토를 입었다. 그러니 우리의 카사노 바는 결코 천민 출신이 아니라 모차르트나 베토벤과 똑같이 예술적 분위기에 젖 은 시민계급 출신임이 분명하다. 카사노바는 인문주의적인 유럽의 훌륭한 언어 교육을 받았다. 그는 온갖 광대 짓을 다 하고 일찍부터 여자를 알았지만 라틴어, 그리스어, 프랑스어, 히브리어를 제대로 배웠고 스페인어와 영어도 조금 할 줄 알았다. 다만 독일어는 30년 동안 한마디도 하지 못했다. 그는 수학과 철학에 뛰 어났고, 열여섯 살에 이미 신학자로서 베네치아의 교회에서 첫 강연을 했으며, 산 사무엘라 극장에서 일 년 동안 바이올리니스트로 일하며 생계를 해결했다. 그 가 열여덟 살에 파두아 대학에서 취득했다는 법학박사 학위가 합법적인 것인가 허풍인가 하는 중요한 사안은 오늘날에도 카사노바 전문가들 사이에 치열한 논 쟁거리로 남아있다. 어쨌든 그는 여러 학문분야를 섭렵했다. 화학, 의학, 역사, 철 학, 문학에 정통했고, 무엇보다도 그때까지 미개척 분야였던 천문학, 금가공법, 연금술 등에도 상당한 지식을 갖추었다. 게다가 날렵한 미소년 카사노바는 춤, 펜싱, 승마 등 몸으로 하는 모든 궁중예술과 카드놀이에서 여느 귀족가문의 기사 보다도 특출한 재능을 발휘했다. 이렇듯 그는 모든 것을 훌륭하고 빠르게 익히는 학자였고, 그야말로 환상적인 기억력을 가진 사람으로 인정받았다. 그는 70년 동 안 자기가 본 얼굴들을 하나도 잊지 않았고, 듣고 읽고 말하고 본 것을 모두 다 기 억했다. 이 모든 것들이 합쳐져서 그는 최상의 품격을 갖추었다. 그는 학자, 시인, 철학자에 더해 기사의 자격까지 거의 갖추었다.

하지만 그저 '거의' 였을 뿐이다. '거의' 라는 말은 다방면에 걸친 카사노바의 재능을 냉정하고도 명료하게 표현해주는 수식어다. 그는 모든 면에서 '거의' 의 수준이었다. 시인이었지만 완벽한 시인은 아니었고, 도둑이었지만 전문적인 도둑은 아니었다. 그는 거의 최고 수준의 정신적 경지에 이르렀지만, 거의 노예선의 노예로 전락하기도 했다. 그러면서 그는 어느 한 가지 재능도, 단 하나의 직업도 완벽하게 실현하지 못했다. 그는 그저 다방면의 예술과 학문 등에 대한 완벽한 애호가였고, 모든 예술과 학문에 대해 많은 것을, 믿기지 않을 정도로 많은 것을 알고 있었다. 그러나 그가 진정한 창조적 인물이 되기에는 작은 것이지만 부족한 점이 있었다. 그것은 의지, 결단력, 인내였다. 단 일 년이라도 책에 파묻혀 연구만 했더라면 그는 아마도 최고의 법률가 또는 가장 뛰어난 역사가가 됐을 것이고, 어느 분야에서든 교수가 될 수 있었을 것이다. 하지만 카사노바는 무언가를 철저하게 해내겠다는 생각을 해본 적이 없었다. 무엇이 되겠다는 욕구도 없었다. 어떤 것이든 그저 그럴듯하게 보이는 것만으로 족해했다. 그는 그럴듯한 허상으로 사람들을 속일 수 있었고, 속이는 행위는 그에게 가장 흥미로운 일이었다. 그는 어리석은 사람들을 속이는 데는 그리 심오한 학식이 필요하지 않다는 사실을 잘 알고 있었다. 그는 모든 분야에 대해 약간씩의 지식을 갖고 있었고, 필요하면 당장에 그것을 근사하게 써먹을 줄 알았다. 어떤 일이 있어도 주눅이 들지 않는 대단한 뻔뻔함을 발휘했던 것이다. 어떤 과제가 주어지더라도 카사노바는 결코 자신이 그 분야의 풋내기라고 시인하지 않았고, 오히려 가장 진지한 표정으로 전문가연하며 타고난 사기꾼으로서 노련하게 요령껏 대처했다. 그리고 아무리 자기를 옥죄는 스캔들이라도 언제나 점잖게 빠져 나왔다. 한번은 파리에서 베르니스 추기경이 그에게 복권제도에 관해 아느냐고 물었다. 아는 게 있을리 만무했다. 하지만 이 허풍선이는 당연히 안다고 대답했고, 심의회에 나가서는 이미 20년의 경력을 쌓은 은행가인 양 거침없는 능변으로 재정계획에 대해 설명했다. 발렌시아에서는 오페라를 공연하는데 이탈리아어 가사가 없자 즉석에서 가사를 지어 적어주기도 했다. 음악을 작곡해 달라는 제의를 받았다 해도 그는 분명히 옛날 오페라들에서 이것저것 끌어 모아 끼적여 내놓았을 것이다. 러시아에서는 달력 개혁자이자 학식 있는 천문학자로서 황후를 알현했고, 라트비아의 쿠를란트에서는 즉석에서 광산탐사 전문가인 척 행동했다. 베네치아 공화국에서는 새로운 실크 염색법을 추천해 주었고, 스페인에서는 토지 개혁가나 식민지 개척자로 행세했으며, 황제 요셉 2세에게는 고리대금업에 반대하는 글을 전달했다. 그는 발트슈타인 공작을 위해 희극작품을 썼고, 뒤르페 공작부인에게는 디아나 여신(로마신화에 나오는 수목의 여신 − 옮긴이)의 나무 및 신비로운 모조품을 만들어 주었고, 루맹 부인에게는 솔로몬의 열쇠로 금고를 열어주었다. 그런가 하면 프랑스 정부를 위해 주식을 사주었고, 아우크스부르크에서는 포르투갈 대사 노릇을 했고, 볼로냐에서는 의학에 관한 소책자를 발간했고, 트리에스테에서는 폴란드 왕국의 역사를 쓰고 호메로스의 《일리아드》를 이탈리아로 번역했다. 요컨대 팔방미인 카사노바는 특별한 장기는 없었지만 자신에게 주어진 일이면 무엇이든 주저하지 않고 어떻게든 해냈다. 그가 남겨놓은 글들의 제목을 훑어보면 마치 만능 철학자 라이프니츠가 부활하지 않았나 하는 생각이 들 정도다. 그의 작품에는 두꺼운 소설책 한 권과 〈오디세우스와 키르케〉라는 오페라 대본도 있다. 그는 정육면체를 두 배로 확대하는 실험을 했고, 로베스피에르와 정치토론도 벌였다. 만약 누군가가 그에게 신의 존재를 신학적으로 증명하라거나 순결에 대한 찬가를 시로 읊으라고 요구한다 해도 그는 한순간도 주저하지 않았으리라.

어쨌든 그는 대단한 재능을 지니고 있었다. 그는 학문, 예술, 외교, 사업 등 어느 분야에서나 놀라운 수준에 도달할 수 있었지만 그 재능의 발휘를 의식적으로 한순간에 국한시켰다. 그는 무엇이든 다 될 수 있었지만 그 어떤 것도 되기를 원하지 않았다. 그가 선택한 것은 아무것도 되지 않는 것, 즉 자유였다. 그에게는 하나의 직업에 안주하고 보금자리를 꾸리는 것보다는 얽매이지 않는 분방함, 편안하게 떠돌아다닐 자유가 곧 행복이었다. "어딘가에 뿌리를 내린다는 것은 언제나 내게 거부감을 일으켰다. 분별 있는 처신은 내 천성과 어긋나는 것이었다." 그는 자신의 진정한 직업은 아무런 직업도 갖지 않는 것, 온갖 직업과 학문을 그저 느긋하게 음미하고 배우처럼 의상과 역할을 이것저것으로 바꿔보는 것이라고 느꼈다. 무엇 때문에 자신을 어느 하나에 옭아매는가! 그는 아무것도 가지거나 간직하려 하지 않았고, 그 어느 것에 대해서도 가치를 인정하거나 그것을 소유하려 하지 않았다. 강렬한 열정이 그에게 단 하나의 인생이 아닌 수백 개의 인생을 살기를 요구했기 때문이다. 그는 자랑스럽게 말했다. "나의 가장 큰 보물은 내가 나 자신의 주인이며, 불행을 두려워하지 않는다는 사실이다." 이는 그를 용감한 귀족으로, 그가 빌려 쓴 생갈 기사라는 호칭보다 더 고귀한 귀족으로 만들어주는 남자다운 말이다. 카사노바는 다른 사람들이 자기를 어떻게 생각할지는 전혀 염두에 두지 않았다. 매혹적인 무사태평으로 세상의 도덕적 틀을 훌쩍 뛰어넘었다. 그는 평온하거나 안락한 휴식을 취할 때가 아니라 도약하고 무언가를 추진할 때만 존재의 즐거움을 느꼈고, 허랑방탕한 태도 덕분에 모든 장애물을 극복할 수 있었다. 이렇듯 날아오르는 새의 시각에서 세상을 바라보는 그의 눈에는 언제나 똑같은 일에 안온하게 얽매여 살아가는 평범한 사람들이 정말로 우습게 보였다. 무례하게 칼을 철거덕거리지만 상관의 호통 앞에서는 무릎을 꿇는 전쟁투사도, 이 책 저 책 뒤적거리며 언제나 종이만 파고드는 책벌레 학자도, 돈주머니를 깔고 앉아있거나 돈궤 앞에서 걱정스러워 하며 밤잠을 설치는 부자도 카사노바에게는 전혀 존경스런 인물이 아니었다. 그 어떤 나라, 어떤 지위, 어떤 옷도 그를 유혹할 수 없었다. 그 어떤 여인의 품도, 어떤 나라의 국경도, 어떤 직업도 카사노바를 잡아두지 못했다. 무언가에 잡힌 듯 보일 때도 그는 힘없이 늙어가기보다는 차라리 목숨을 걸고, 행복할 때는 오만하게, 불행 속에서는 의연하게, 언제 어디서나 용기와 확신에 가득 차서, 과감하게 모든 제약의 덮개를 뚫고 나갔다. 용기야말로 카사노바식 삶의 기술 안에 깊숙이 박힌 진정한 핵심이었고, 그가 지닌 재능 중 최고의 재능이었기 때문이다. 그는 안전을 꾀하지 않았고, 도리어 목숨을 걸었다. 많은 사람들이 신중을 기하는 일의 한가운데로 그는 자기 자신을 던져 넣었다. 그리고 자기가 가진 모든 것, 즉 자기 자신은 물론 달리 가질 수 있는 온갖 기회를 다 걸었다. 그런데 운명은 부지런한 사람들보다 허랑방탕한 그에게 더 많은 것을 주었고, 인내하는 사람들보다 거칠고 무례한 그를 더 좋아했으며, 평범한 다른 모든 사람들보다 무절제한 그에게 더 많은 것을 할당했다. 운명은 그를 잡아 쥐고 흔들어 여러 나라를 돌아다니게 했고, 그를 튕겨 날려서 그가 가장 멋지게 도약할 때 발을 걸어 넘어뜨렸다. 운명은 그에게 수많은 여인과 노름판의 바보들을 데려다 주었고, 유혹하듯 열정을 부채질하여 성취감을 맛보게 하다가는 그를 기만했다. 운명은 그를 절대로 놓아주지 않았다. 운명은 그로 하여금 권태에 빠지게 놔두지 않았고, 이 지칠 줄 모르는 남자, 유희의 진정한 파트너인 카사노바에게 끊임없이 새로운 기분전환 거리나 모험의 대상을 찾아주거나 만들어주었다. 그래서 그의 삶은 수백 년에 한 번 있을까 말까 할 정도로 폭넓고 다채롭고 다양하고 변화무쌍하고 환상적이고 화려했다. 그는 자신의 삶을 단지 보고하는 것만으로도 다른 사람과의 비교를 불허하는 탁월한 작가가 됐다. 자신의 의지로 그렇게 된 것이 아니었다. 그의 인생 자체가 그를 그렇게 만들었다.

피상성의 철학

나는 철학자로 살았다.

— 카사노바가 마지막으로 한 말

인생의 넓이와 영혼의 깊이는 대개 반비례한다. 카사노바처럼 재빠르고 민첩하게 모든 수면 위에서 춤을 출 수 있으려면 우선은 코르크처럼 가벼워야 한다. 자세히 관찰해보면, 누구나 감탄해 마지않는 그의 독특한 처세방식은 어떤 긍정적인 덕목이 아니라 부정적인 요소, 즉 어떠한 윤리적, 도덕적 제약도 두려워하지 않는 분방함에서 나온 것이었다. 피가 끓어 넘치고 정열에 가득 찬 이 짜릿한 인간의 정신을 해부해보면 도덕적인 면이라곤 찾아볼 수 없다. 그의 육신은 심장, 허파, 간, 피, 뇌, 근육, 그리고 정관(精管)의 말단에 이르기까지 모든 기관이 아주 튼튼하게 정상적으로 잘 발달됐지만 그의 정신은, 다른 사람이라면 도덕적 특징과 신념이 신비하게도 성격으로 형성됐을 정신은 완전한 진공, 허공, 영(零), 무의 상태였다. 그의 건강한 육체에서는 우리가 양심이라고 부르는 것의 흔적조차 꺼내 보일 수가 없다. 온갖 산과 알칼리 용액을 동원하고, 온갖 예리한 메스와 현미경을 동원한다 해도 소용없다. 카사노바의 신비로운 특징인 경쾌함과 천재성은 바로 그렇게 설명된다. 이 행운아에게는 오직 감각만 있고 영혼이 없었다. 다른 사람들이 하나같이 중요하게 또는 성스럽게 여기는 모든 것이 그에게는 아무런 쓸모도 없는 옛날 동전과 같은 것에 지나지 않았다. 그에게 도덕적 의무나 시대적 의무에 대해 설명하는 것은 아마도 흑인노예에게 형이상학에 대해 설명하는 것과 똑같은 일이었으리라. 그러니 애국심에 대해 말해봐야 무슨 소용이 있겠는

가. 73년 동안 자기 소유의 침대 하나 없이 언제나 발 닿는 곳에서 살아간 세계시민인 그는 특정한 나라에 대한 애국심은 아랑곳하지 않았다. 그는 주머니에 돈을 채울 수 있고 여자와 잠자리에 들 수 있는 곳이라면 어디에서든 편안하게 다리를 쭉 뻗고 제집처럼 안락함을 느꼈다. 종교에 대한 경외심은 어땠을까? 종교에 귀의함으로써 빵 한 조각의 이익이라도 챙길 수 있었다면 아마 그는 어느 종교든 다 받아들였을 것이다. 필요하다면 할례도 하고 중국식으로 머리를 길러 땋아 늘어뜨릴 수도 있었으리라. 내세를 믿지 않고 따뜻하고도 거친 이승의 삶만을 믿는 자에게 종교가 무슨 의미를 가졌겠는가. 그는 종교에는 전혀 흥미가 없는 듯 "이 세상 뒤에는 아무것도 없다. 적당한 때가 되면 알게 될 것"이라고 거침없이 주장했다. 그는 형이상학의 물레에 걸린 모든 실을 단호하게 끊어버렸다. 그날그날을 즐겨라, 순간순간을 붙잡아라, 포도를 먹듯 인생의 단물을 빨아먹고 껍데기는 돼지에게나 던져줘라. 이것이 카사노바의 유일한 원칙이었다. 엄격하게 감각세계만을 고수할 것, 눈에 보이고 손으로 잡을 수 있는 것을 붙잡고, 매순간에서 달콤함과 쾌락을 최대한 짜낼 것. 카사노바의 행동철학은 더도 덜도 아닌 꼭 그만큼이었다. 따라서 그는 물질세계를 자유롭게 탐닉하는 데 걸림돌이 되는 명예, 품위, 의무, 수치심, 지조와 같은 윤리적 시민의 무기를 모두 던져버릴 수 있었다. 도대체 명예가 무슨 소용이란 말인가? 카사노바가 명예를 가지고 뭘 한단 말인가? 명예에 대한 그의 평가는 "명예란 먹을 수도 마실 수도 없는 것"이라는 뚱보 폴스태프(셰익스피어의 희곡《헨리 4세》에 나오는 무뢰한의 늙은 기사 – 옮긴이)의 평가와 별반 다르지 않았다. 언젠가 하원의원들이 가득 모인 의회의 총회에서 "사람들이 사후의 명성에 대해 왈가왈부하는데 도대체 사후의 세계가 영국의 안녕과 복지를 위해 무슨 일을 했는지 정말로 알고 싶다"고 의문을 제기한, 저 용감한

영국의 하원의원과도 다를 바가 없다. 카사노바에게 명예란 그 자체가 즐길 수 있는 게 아닐 뿐만 아니라 오히려 의무와 책임이 따르기 때문에 삶을 즐기는 데 방해가 되므로 거추장스럽기만 한 것이었다. 그가 세상에서 가장 싫어한 것은 의무와 책임이었다. 그는 단 하나의 의무, 즉 멋지고 튼튼한 자신의 육체로 하여금 향락을 맛보게 하면서 여자들에게 가능한 한 최고의 즐거움을 선사하는 것 외에는 어떤 의무도 인정하지 않았고 알려고 하지도 않았다. 때문에 그는 열정적인 자신의 모습이 다른 사람들의 눈에 어떻게 비칠지에 신경 쓰지 않았고, 선인지 악인지, 단맛인지 쓴맛인지를 묻지 않았으며, 남들이 자신의 행동을 불명예스럽고 수치스러운 것이라고 여긴다는 사실에도 아랑곳하지 않았다. 수치심이라니! 그 무슨 요상한 단어, 알 수 없는 개념이란 말인가. 그의 사전에는 수치심이라는 단어가 없었다. 또한 그에게는 윤리적 분별을 하게 해주는 신경조직도 도덕적 콤플렉스도 없었다. 그래서 그는 천연덕스럽게 수많은 군중 앞에서 용감하게 바지를 내리고 두 눈 가득히 웃음을 머금은 채 자기 성기를 내보였다. 다른 사람 같으면 처형대에서도 사실대로 인정하지 않을 것들, 즉 자신의 사기행각, 결함, 창피당한 일, 성기가 손상된 사실, 매독 치료를 위해 휴양을 했던 일 등을 입 밖으로 마구 쏟아냈다. 자기가 노름에서 속임수를 썼다고 다른 사람들이 비난하면 그는 그저 놀란 표정으로 "맞아, 난 그때 돈이 없었거든!"이라고 대꾸했고, 여자를 유혹했다는 추궁을 당하면 웃으면서 "내가 여자에게 봉사했는걸!" 하고 말했다. 그는 착실한 시민이 열심히 저축해 모은 돈을 갈취하고도 미안하다는 말 한마디 하지 않았다. 오히려 반대로 그는 회고록에서 그러한 자신의 사기행각을 합리화하는 주장을 냉소적이면서도 당당하게 했다. "바보 같은 자를 속이는 것은 이성(理性)을 징벌하는 것이다." 그는 변명도 후회도 결코 하지 않았다. 이빨 빠진 사냥개 카사노바는 파산상태로 몰락해 남에게 의지한 채 일생을 마감하게 된 자기 신세를 한탄하는 대신 늦깎이로 시작한 풋내기 작가로서 대담하고 매혹적인 문장을 써내려갔다. "내가 지금 부자라면 나의 유죄를 인정하겠지만 나는 지금 아무것도 가진 게 없다. 모두 다 써버렸다. 바로 이 사실이 내게 위안을 주고 나의 정당성을 대변해준다."

작은 호두껍데기 하나 정도로 요약할 수 있는 카사노바 철학의 모토는 시종일관 '아무런 걱정을 하지 말고 현재를 살 것. 가능성에 대한 희망, 특히 불확실한 천국에 대한 희망으로 자신을 결코 속이지 말 것' 이다. 어떤 특별한 신이 우리에게 도박판으로 이 세상을 마련해 주었으니 이곳에서 즐기려면 게임의 규칙이 옳은지 그른지 따져 묻지 말고 있는 그대로 받아들여야 한다는 것이다. 실제로 카사노바는 그렇게 했다. 그는 이 세상이 달라질 수 있다느니 달라져야 한다느니 하고 이론적으로 따지는 일에는 단 일 초도 시간을 허비하지 않았다. 볼테르와 대화할 때 그는 "인류를 사랑한다면 있는 그대로 사랑하시오"라고 말했다. 그는 이 세상을 만들고 전권을 갖고 있는 조물주의 일에는 절대로 끼어들지 않았다. 오래되어 시큼털털한 반죽을 다시 이기느라 손을 더럽히는 짓은 하지 않았다. 대신 그는 훨씬 쉬운 쪽을 택했다. 날렵한 손놀림으로 그 반죽에서 건포도만 쏙쏙 빼냈다. 카사노바는 멍청한 자들이 어려움을 겪는 것은 아주 당연한 반면 영리한 자들은 신이 도와주지 않아도 스스로 문제를 해결해간다고 생각했다. 이 세상이 이미 불공평하게 만들어져 있어 어떤 사람은 비단 양말을 신고 마차를 타고 다니는데 어떤 사람은 누더기를 걸치고 배를 곯으며 살아가야 한다면, 이성이 있는 사람이 해야 할 단 하나의 과제는 스스로 마차 안으로 들어가는 일이 아니겠는가.

카사노바는 결코 분노를 터뜨리지 않았고, 그 옛날 욥처럼 신에게 "왜?", "어째서?"라는 불손한 질문을 던지지 않았다. 그는 선이니 악이니 하는 꼬리표를 붙이지 않고 모든 사실을 그저 있는 그대로 받아들였다. 정말 놀라운 감정의 경제학이 아닌가! 이가 들끓는 침상에서 단돈 2탈러에 순결을 판 열다섯 살짜리 네덜란드 소녀 오모르피가 불과 2주일 만에 독실한 기독교도 왕의 애첩이 되어 사슴공원이 딸린 궁전에서 온몸을 보석으로 치장하고 살다가 마음에 드는 남작의 부인이 된 일에 대해서도, 그리고 자기의 경우를 보건대 어제는 베네치아 변두리의 불쌍한 바이올린 악사였지만 오늘은 어떤 명문가의 양아들이 되어 손가락마다 다이아몬드를 낀 부자청년이 돼있는 일에 대해서도 카사노바는 전혀 흥분하지 않았고, 그것은 그저 진기한 일이고 희한한 일이라고만 표현했다. 이 세상은 원래가 그런 것이다. 정말로 불공평하고, 예측할 수가 없다. 세상은 앞으로도 영원히 그렇게 돌아갈 것이므로 만유인력의 법칙이니 뭐니 하는 복잡한 메커니즘을 만들려고 애쓰지 말 일이다. 인간들이여, 손톱을 세우고 주먹을 들이대서 최고의 것을 빼앗아라. 이것이 바로 최고의 지혜다. 모름지기 인류 전체를 위한 철학자가 아니라 오직 자기 자신만을 위한 철학자가 되어야 한다. 생각하지 말고 강하고 탐욕스럽게, 그리고 파도타기를 할 때처럼 다음 순간은 염려하지 말고 급하게 밀려닥치는 어떤 순간을 재빨리 포착하고 기진맥진할 마지막 순간까지 거기에 전력을 쏟아라! 이것이 카사노바의 철학이었다. 숨쉬는 일만이, 쾌락에는 쾌락으로 응하고 뜨거운 살결에는 정열과 애무로 응하는 것만이 형이상학에 확고히 반대하는 카사노바의 진정한 현실이며 관심사였다.

이렇듯 세상에 대한 카사노바의 호기심은 오직 유기체, 아니 정확하게는 인간에게만 한정돼 있었다. 그는 자연에는 무관심했다. 아마도 그는 밤하늘의 은하수를 보고 마음이 설레어본 적이 평생에 단 한 번도 없었을 게다. 자연의 고요함과 위대함은 성급한 그의 심장에 불을 붙이지 못했다. 16권에 이르는 그의 회고록을 한번 뒤적여보라. 언제나 감각이 깨어있고 총명한 눈빛을 지닌 인간 카사노바는 풍경이 수려한 유럽의 방방곡곡을, 포시에서 톨레도까지, 제네바 호수에서 러시아 초원까지 두루 여행을 했지만, 그 수많은 아름다운 경관을 보고 감탄한 문장은 한 구절도 없다. 그에게는 군인들이 드나드는 술집 한 구석에서 만난 더러운 옷차림의 접대부가 미켈란젤로의 예술작품 전체보다 더 중요했고, 공기가 혼탁한 그 술집에서 벌이는 카드놀이가 소렌토의 노을보다 더 좋았다. 그는 자연이니 건축이니 하는 것들에 대해서는 언급조차 하지 않는다. 왜냐하면 그에게는 인간을 우주에 연결해주는 기관인 영혼이 없었기 때문이다. 카사노바에게 세계란 오로지 화랑과 산책로가 있는 도시, 저녁이면 마차가 돌아다니는 곳, 어둠 속에 불빛이 흔들리는 창 너머에 있는 아름다운 여인의 보금자리, 아늑한 카페가 기다리고 있는 곳, 호기심 많은 사람들을 긁어주기 위해 카드를 돌릴 수 있는 곳, 곧바로 새로운 여인을 데려올 수 있는 사창가와 오페라 극장이 유혹하는 곳, 요리사가 여러 가지 소스와 멋진 요리로 시를 짓고 백포도주와 적포도주로 음악을 작곡하는 음식점 등을 의미했다. 이 쾌락적 인간에게 세계란 오직 도시만을 뜻했다. 도시에는 수시로 바꿔칠 수 있을 만큼 많은 여자들이 있었다. 그런 일은 오직 그만이 할 수 있었다. 카사노바는 도시에서도 특히 호사스러운 궁정의 분위기를 좋아했다. 그곳에서는 쾌락이 예술로 승화되기 때문이었다. 가슴이 넓은 모험가 카사노바는 감각을 따르는 사내이긴 했지만 결코 거친 감각의 소유자는 아니었다. 그는 예술적으로 잘 부르는 한 곡의 아리아에 매혹될 수도 있었고, 시 한 수에 행복을 느낄 수도 있었으며, 교양 있는 대화로 술기운이 달아오를 수도 있었다. 똑똑한 사람과 책에 관한 대화를 나누는 일, 한 여인에게 열광적으로 빠지는 일, 어두운 관람석에 앉아서 음악에 귀를 기울이는 일, 이 모든 것이 그에게는 마술과도 같이 삶의 즐거움을 더욱 키워주었다. 하지만 착각하지 말자. 예술에 대한 카사노바의 사랑은 유희적인 것으로서 그저 애호가의 취미 수준을 넘어서지 못했다. 그는 정신이 삶에 봉사하는 것이지 삶이 정신에 봉사해서는 안 되므로 예술은 단지 최음제, 감각을 흥분시키는 미약(媚藥), 거친 육체적 향락을 위한 섬세한 전희라고 생각했다. 그는 열정의 대상이 된 부인에게 양말 끈을 선물하면서 함께 바칠 시를 짓고 그녀를 정염에 불타게 하기 위해 아리오스토(1474~1533, 이탈리아의 시인 - 옮긴이)의 시를 낭송했다. 그는 기사들의 돈주머니를 가로채기 위한 준비 작업으로 자신의 지식을 증명해 보이기 위해 볼테르와 몽테스키외에 대한 재치 있는 대화를 나누기도 했다. 하지만 예술과 학문이 그 자체의 목적과 의미로 떠오르려고 하면 그 즉시 이 남국 출신의 감각주의자는 거기서 멈추었다. 유희의 인간인 카사노바는 본능적으로 '깊이'를 거부했다. 그는 그저 모든 사물의 피상만을 원했고, 스스로 순간의 인간, 빠르게 변신하는 인간이기를 원했던 것이다. 그에게 변화란 쾌락의 소금이었고, 쾌락은 세상의 유일한 의미였다.

 카사노바는 하루살이처럼 가볍게, 비누방울처럼 허망하게 사건들이 반사하는 빛을 받기만 하면서 시대를 날아다녔다. 지금까지 어느 누구도 끊임없이 변하는 이 영혼을 제대로 포착하지 못했고, 그 성격의 핵심을 추출해내지 못했다. 카사노바는 도대체 어떤 사람일까? 선인인가 악한인가? 정직한 사람인가 사기꾼인가? 영웅인가 건달인가? 그는 상황에 따라 완전히 달라졌다. 주변상황이 변하면 그도 변했다. 호주머니 사정이 좋을 때면 그는 어떤 고귀한 기사보다 착한 사람이었다. 그럴 때면 매혹적인 오만과 눈부신 관대함으로, 주교처럼 사랑이 넘치면서도 시동처럼 공손하게 양손 가득 돈을 집어 주위에 뿌려댔다. "절약은 나와 상관없는 일"이라며 마치 지체 높은 후원자인 것처럼 생면부지의 사람을 초대해서 호화롭게 접대하고 금화꾸러미를 선물하거나 돈을 빌려주고 정신의 불꽃놀이로 그를 황홀하게 만들어주었다. 그러나 그의 호주머니에 두둑하던 돈이 바닥나고 받지 못할 어음만 부스럭댈 때는 누구든 도박판에서 이 신사와 대적하지 말라고 충고하고 싶다. 그렇다. 그는 착한 인물이 아니다. 그렇다고 나쁜 인물도 아니다. 그는 정의할 수 있는 성격의 인물이 아니다. 그의 행동은 도덕적이지도 부도덕하지도 않다. 그는 천성적으로 도덕과 무관하다. 그의 모든 결정은 몸의 뼈마디에서 즉각적으로 튀어나오고, 그의 생각은 신경과 혈관에서 흘러나온다. 절대로 이성이나 논리, 윤리의 영향은 받지 않는다. 여인의 낌새가 느껴지면 그의 심장은 이미 미친 듯이 방망이질을 쳤고 맹목적으로 자기 기질이 이끄는 방향으로 달렸다. 도박판을 보면 손이 먼저 주머니 속으로 들어갔고, 자기도 모르게, 원하지 않아도 그의 돈이 이미 도박판 위에서 짤랑거렸다. 화가 치밀면 그의 핏줄은 터질 듯 팽팽해졌고, 입에는 떫은 침이 가득 고였고, 눈은 튀어나올 듯 충혈됐다. 그러면 그는 주먹을 불끈 쥐고 미친 듯 사정없이 눈앞의 사람을 치기 시작했고, 분노를 이기지 못해 그의 고향 사람인 벤베누토 첼리니(16세기 이탈리아의 조각가 — 옮긴이)의 다음과 같은 말처럼 미친 황소처럼 돌진했다. "나는 한번도 나 자신을 제어해본 적이 없으며 앞으로도 그럴 것이다." 그는 돌이켜 생각하지 않았고, 앞질러 생각하지도 않았다. 다급한 상황이 닥쳐야만 그의 머리에 간교한 생각이 떠올랐고, 때로는 천재적이기까지 한 영감이 번뜩였다. 그는 어떤 행동도 결코 미리 계획하거나 숙고해서 준비하지 않았다. 그러기에는 성미가 너무 급했으리라. 이러한 면모는 그의 회고록에서 수없이 확인된다. 그의 단호한 행동과 극히 어리석은 장난이나 재치 있는 사기행각은 모두 같은 뿌리에서 나온 것이었다. 그것은 갑자기 폭발하는 감정에서 나온 것이지 결코 정신적인 숙고에서 나온 것이 아니었다. 그는 어느 날 단숨에 사제복을 벗어던졌고, 군인이 된 뒤에는 갑자기 말에 올라타고 적군에게 달려가서 투항해 포로가 됐고, 일자리도 추천서도 없이 이유나 목적도 생각하지 않고 대뜸 러시아나 스페인으로 가기도 했다. 그의 모든 결단은 아무 의도도 없이 방아쇠를 당기듯 일시적인 기분에서, 변덕에서, 갑자기 느낀 권태에서 비롯된 것이었다. 그의 체험세계가 충만한 것은 그런 호방한 무계획성 덕분일 것이다. 논리적으로 생각하고 성실하게 탐구하며 계산하는 사람은 결코 모험가가 되지 못하며, 전략적 체계를 갖추고서는 그렇게 환상적인 삶의 대가가 될 수 없다.

그러므로 많은 작가들이 비상한 노력을 기울인 방식대로, 뜨겁고 충동적인 인간인 우리의 카사노바를 희곡이나 소설의 주인공으로 삼아 그에게 깨어있는 영혼, 숙고하는 정신, 혹은 《파우스트》에 나오는 메피스토펠레스와 비슷한 성향 같은 것을 부여하려고 애쓰는 것보다 더 큰 실수는 없다. 카사노바의 매력과 도약하는 힘은 오직 그가 생각하지 않는다는 점에서, 그리고 도덕을 고려하지 않는 무사태평함에서 나온 것이다. 그의 피에 단 세 방울의 감상이라도 짜 넣는다면, 또는 그에게 학식과 책임감을 지워준다면, 그는 이미 카사노바가 아니다. 어두운 분위기로 흥미를 불러일으키는 복장을 하거나, 양심 때문에 지하실에 갇혀 있는 카사노바는 이미 다른 사람의 가죽을 쓰고 있는 것이다. 그런 면이 있었다면 이 분방한 현세주의자에게 마성은 절대 없었을 것이다. 카사노바를 쫓아다니며 충동질한 유일한 악령은 극히 시민적인 평범한 이름으로 불리며, 크고 살찐 얼굴을 갖고 있다. 그 이름은 권태다. 카사노바는 내면적으로 아무런 수확도 거두지 못하면서도 끊임없이 생명의 자원을 끌어 모을 수밖에 없었다. 그러나 모든 것을 소유하려는 그의 욕구는 진짜로 탐욕스러운 인간인 나폴레옹의 마성과는 거리가 멀었다. 나폴레옹이 여러 나라와 제국을 탐했던 것은 영원에 대한 갈증 때문이었다. 카사노바의 마성은 돈 후안(14세기경 에스파냐의 귀족이었던 것으로 알려진 호색 방탕한 인물 — 옮긴이)의 마성과도 거리가 멀었다. 돈 후안은 모든 여자를 유혹함으로써 자신이 유일한 지배자로서 여자들의 세계를 자기 것으로 소유할 수 있다고 믿었다. 그저 향락의 인간일 뿐인 카사노바는 결코 꼭대기로 치달려 올라가 정상을 차지하려고 하지 않았고, 단지 지속적인 즐거움만을 원했다. 그는 다만 혼자이고 싶지 않았을 뿐이다. 냉혹한 공허함 속에서 외롭게 떨고 싶지 않았을 뿐이었다. 카사노바에게는 재미라는 놀잇거리가 없으면 어떤 평온함도 당장에 가장 끔찍한 불안이 된다. 그는 저녁에 낯선 도시에 들어서게 되면 단 한 시간도 방에 혼자 있거나 책을 읽으며 보내지 않았다. 혹시 우연의 바람이 재미를 실어다 주지 않을까, 오늘 밤 어떻게든 자신을 따뜻하게 해줄 처녀가 없을까 하고 코를 킁킁대며 사방으로 돌아다녔다. 지하 술집에서 우연히 만난 손님들과 이런저런 너스레를 떨고, 이곳저곳의 지저분한 선술집에서 수상쩍은 사기도박꾼들과 대적하고, 가엾은 창녀와 함께 밤을 지새웠다. 어디를 가든 내면의 공허함이 그를 생동하는 인간들에게로 내몰았다. 타인과 부대끼는 것만이 그의 생명력에 불을 지펴주었기 때문이다. 아마도 혼자 있는 그는 매우 우울하고 재미없는 사내였을 것이다. 이 점은 회고록을 제외한 그의 글들에서 엿보인다. 그가 권태를 "단테가 묘사하는 것을 깜박 잊었던 지옥"이라고 한 것에서 우리는 둑스에서 외로운 시절을 보내던 그의 모습을 짐작할 수 있다. 그는 팽이처럼 끊임없이 채찍을 맞아야 했다. 그렇지 않으면 비참하게 바닥에 나동그라졌다. 이처럼 카사노바는 외부의 강렬한 자극이 있어야만 도약할 수 있었다. 다른 많은 모험가들과 마찬가지로 카사노바도 스스로 무언가를 창출해내는 생성력이 부족한 모험가였다.

 때문에 자연스러운 인생의 긴장이 사라지면 그는 언제나 인위적인 긴장을 일으키고 작동시켰다. 그것은 바로 도박이었다. 도박은 독특하게 응축된 형태로 삶의 긴장상태를 재현해 도박꾼을 위험에 빠지게도 하고 운명의 축소판을 보여주기도 한다. 그러므로 도박은 순간을 사는 자들의 도피처이자 한가로운 사람들의 영원한 오락거리다. 도박 덕분에 유리잔 속의 물과도 같은 생활에 감정의 밀물과 썰물이 폭풍처럼 일어난다. 따라서 내면적으로 몰두할 일이 없는 사람들에게 도박은 그 무엇과도 바꿀 수 없는 일이 된다. 카사노바는 어느 누구보다도 도박에 깊이 빠졌다. 여자를 보면 그에게 욕망이 꿈틀거리듯 도박판에 나뒹구는 돈을 보면 그의 손가락이 움찔거렸다. 그는 도박판의 전주가 노골적인 약탈자이고 도박의 상대방이 사기도박을 하고 있음을 눈치 채고서도, 그리고 잃을 것을 뻔히 알면서도 자기가 갖고 있는 마지막 금화까지 걸었다. 자신이 최악의 패를 잡았다는 사실을 알고 있음에도 유혹을 이기지 못하고 판에 끼어들었다가 돈을 잃기 일쑤였다는 사실은 그가 도박에 얼마나 심취했으며, 그 도박벽이 얼마나 막을 수 없도록 무절제하고 방탕했는지를 잘 보여준다. 그는 사기를 쳐가면서 애써 모은 돈을 도박판에서 그런 식으로 잃은 게 한두 번이 아니었다. 하지만 바로 이런 점이 그가 진정으로 타고난 도박꾼임을 증명해준다. 그는 이기기 위해서 게임을 한 게 아니라(그랬다면 얼마나 지루했을까) 놀이를 위해서 게임을 했다. 그가 원한 것은 궁극적으로 긴장의 해소가 아니라 긴장상태의 지속이었다. 검정과 빨강, 다이아몬드와 에이스의 카드로 축소돼 진행되는 영원한 모험과 밀고 당김이 바로 그가 원한 것이었다. 그 속에서 그는 비로소 자신의 신경을 감지했고 넘쳐흐르는 자신의 열정을 느꼈다. 심장의 수축과 이완 또는 들숨과 날숨처럼 불꽃 튀는 대립관계가 그에게는 필요했다. 노름판에서 돈을 잃었다가 따고, 여자를 정복했다가 버리고 하는 대립관계와 가난할 때와 부유할 때의 교체 등 영원히 계속되는 모험이 필요했던 것이다. 아무리 영화처럼 다채로운 인생이라 해도 돌발적인 사건, 놀라운 사건과 더불어 일기(日氣)의 변화가 없는 휴지기도 있게 마련이다. 카사노바는 그러한 휴지기를 카드에 운명을 거는 인위적인 긴장으로 채웠다. 그는 도박벽 때문에 위에서 아래로 포물선을 그리며 급강하해 무(無)로 떨어졌다. 오늘은 주머니에 금화가 가득한 고관대작으로서 마차를 타고 두 명의 시종까지 거느리지만, 내일이면 유대인에게 다이아몬드를 급히 팔아넘기고 바지마저 취리히의 전당포에 잡힌다. 실제로 그랬음을 입증해주는 영수증까지 발견됐다. 하지만 이 대모험가는 더도 덜도 아닌 바로 그런 인생을 원했다. 행복과 절망이 별안간 폭발하면서 갈기갈기 찢어지는 그러한 인생을. 그러기 위해 카사노바는 자신의 전 존재를 최후의 담보로 운명에 거듭 내맡겼다. 그는 죽음 직전까지 가는 결투를 열 번이나 치렀고, 감옥이나 노예선에 갈 뻔했던 경우도 열두 차례나 된다. 물결이 끊임없이 그를 덮치고는 사라져갔다. 하지만 그는 결코 손을 오므려 한 방울의 물이라도 잡으려고 하지 않았다. 모든 도박에, 모든 여자에, 모든 순간에, 모든 모험에 매번 전력을 다하고 몰두했다. 그리고, 아니 그래서 이겼다. 그는 낯선 곳에서 노후를 보내며 비참한 거지로 죽어갔지만 결국은 최고의 것을 얻었다. 영원히 충만된 삶을.

애욕의 화신

내가 언제 유혹한 적이 있었던가? 아니다, 나는 가만히 있었다. 자연이 거룩한 마술로 자기 작품을 시작할 때도 나는 그대로 있었다. 가슴으로 모든 자연에 대해 언제나 감사하고 있었기에.
– 아르투르 슈니츨러 《스파(벨기에 동부에 있는 온천휴양도시 – 옮긴이)의 카사노바》

카사노바는 그야말로 예술의 애호가일 뿐이었다. 모든 분야에서 흉내는 냈지만 그 수준은 대부분 형편없었다. 그가 쓴 글은 서투른 시구와 몽환적인 철학서였고, 바이올린 연주 솜씨는 중간 수준이었으며, 대화는 기껏해야 이런저런 화제를 맴도는 잡학의 수준이었다. 오히려 파라오 게임, 카드놀이, 주사위 놀이, 도미노 게임, 술래잡기, 연금술, 외교술 등 악마가 발명해냈을 법한 게임들에서 훨씬 뛰어났다. 특히 사랑놀이에 있어서는 마술사나 대가의 경지에 이르렀다고 할 만큼 특출했다. 이 영역에서 그의 미숙한 여러 재능의 조각들은 창조적인 화학반응을 거쳐 애욕의 화신으로 재구성됐다. 이 모호한 애호가는 사랑이라는 분야에서만큼은 의심할 바 없는 천재성을 지니고 있었다. 그의 육체는 얼핏 보기에도 사랑의 여신인 비너스를 시중들도록 만들어진 것 같았다. 다른 사람에게는 인색한 자연이 예외적으로 과감성을 발휘해 체액, 감각, 힘, 아름다움을 모두 한 솥에 넣고 끓여서 여자들에게 즐거움을 주는 진짜 남자를 빚어냈다. 그를 남성이라 부르든, 사나이라 부르든, 귀여운 남자라고 부르든 어쨌든 무게가 있으면서도 탄력적이고, 단단하면서도 화끈한 남자의 훌륭한 표본이 만들어진 것이다. 카사노바를 여자 사냥꾼으로 보거나 신체적으로 갸름하고 날씬한 우리 시대의 미남형으로 생각한다면 잘못이다. 그는 절대로 사춘기의 미소년이 아니었다. 헤라클레스의 어깨, 로마 투사의 근육, 집시 청년의 아름다운 갈색 피부, 용병장의 저돌성과 대담함, 반항적인 숲의 신과 같은 정열을 지닌 남자로, 사내 중의 사내였다. 강철 같은 그의 몸에는 힘이 넘쳐흘렀다. 네 번에 걸친 매독 감염, 두 번의 독소 중독, 열두 번이나 검에 베인 상처, 납으로 만든 지붕 밑의 악취 나는 스페인 감옥에서 보낸 끔찍한 세월, 열기가 끓어오르는 시칠리아에서부터 냉기로 얼어붙은 모스크바까지 이어진 갑작스러운 많은 여행. 이 모든 것에도 그의 남근의 정력은 조금도 손상되지 않았다. 언제 어디서나 옆에 있는 여인이 보내는 단 한 번의 눈길, 간단한 교신만으로도 충분했다. 그것만으로도 무적의 남근은 불길에 휩싸여 꿈틀거리기 시작했다. 그는 분주했던 사반세기 내내 전설적인 그 칼을 앞세워 군주들 앞에서 이탈리아식 익살극을 보여줄 태세가 돼 있었고, 여인들에게는 그 어떤 애인보다 수준 높은 수학을 가르쳤으며, 마흔 살까지는 '잠자리에서의 실패'(스탕달에게는 이것이 그의 논문 〈사랑〉의 한 장(章)을 할애할 만큼 중요했다)를 그저 남의 얘기로만 알았다. 그는 욕망이 부르면 지치지 않고 응하는 육체, 늘 신경을 곤두세우고 모든 여인의 동정을 살피게 하는 꺼질 줄 모르는 욕망, 격정적으로 소모해도 결코 줄어들지 않는 정열, 뛰어들기를 꺼려하지 않는 유희의 충동을 갖고 있었다. 사실, 자연이 누군가에게 그만큼 완전한 현을 갖춘 육체의 악기를, 유희를 위한 사랑의 바이올린을 전 생애동안 맡겼던 예는 거의 없었다.

하지만 대가라는 명성은 그것을 제대로 지켜내기 위해 그만큼의 특별한 담보를 요구한다. 그것은 완전한 몰두, 철저한 집중이다. 하나의 충동에 집중해야만 최대의 정열에 이를 수 있으며, 한 방향만을 향해야 완벽한 성과를 거둘 수 있다. 음악가에게는 음악이, 시인에게는 시적 형상이, 수전노에게는 돈이, 운동선수에게는 기록이 가장 중요하듯 애욕에 불타는 남자에게는 여자에게 구애하고 여자를 갈망하고 여자를 소유하는 것이 가장 중요한 것, 아니 유일한 자기 것이다. 다른 모든 열정들의 질투로 말미암아 그에게 허락된 열정은 오직 이것 하나였다. 그는 오직 여자에게서만 세상의 의미와 영원성을 구했다. 그는 그 무엇에도 지조를 지키지 못했지만 오직 여인에 대한 정열에서만큼은 영원히 지조를 지켰다. 그는 새로 만난 여자의 살결에서 풍기는 향기, 그녀의 달콤한 눈길을 위해서라면 한 치의 망설임 없이 모든 것을 포기할 수 있는 인물이었다. 베네치아 총독의 반지, 푸거 가문(중세 말기 독일 아우크스부르크 시의 상업자본가 집안 — 옮긴이)의 보물, 귀족작위, 집과 관직, 투사와 시인의 명성조차 그에게는 여자가 순순히 허락하는 한순간에 비하면 무가치한 허섭스레기요 달갑지 않은 것이었다. 그는 명예, 관직, 품위, 시간을 주겠다는 약속을 수없이 받았지만, 단 한 번의 모험을 위해서 그 모든 것을 담배연기처럼 날려버렸다. 이 세상을 다 준다 해도 그는 그렇게 했을 것이다. 모험의 가능성만 있어도 그랬다. 성애를 유희로 삼는 이 인간은 욕정을 충족시키기 위해 사랑에 빠진 게 아니라 예감만으로도, 아직 손에 잡히지는 않지만 모험이 다가오는 기척만 느껴도 한껏 달아올랐다. 수백 가지 사례 가운데 한 가지 사례만 들어보자. 카사노바의 회고록 제2권의 처음에 나오는 사례로, 그가 아주 중요한 일로 속달우편을 갖고 나폴리로 여행을 하던 중에 있었던 일이다. 카사노바는 여행 도중 머문 여관의 옆방 침대에서 예쁜 여자가 헝가리 장교와 함께 있는 것을 보았다. 아니, 정확히 말하면 그는 그때 그 여자가 예쁜지 어떤지도 알지 못했다. 여자가 이불을 덮고 있었으니 보지도 못했을 것이다. 단지 젊은 여자의 웃음소리를 들었을 뿐인데 그는 벌써 흥분해서 콧구멍이 벌룩거렸다. 그녀에 대해 아는 것은 아무것도 없었다. 매혹적인지 아닌지, 예쁜지 미운지, 젊은 여자인지 늙은 여자인지, 고분고분한지 반항적인지, 미혼인지 기혼인지 그는 알지 못했다. 그럼에도 그는 당장에 봇짐을 내려놓고, 말을 마차에서 풀어놓게 하고는 모든 일정을 뒤로 미룬 채 그곳 파르마(이탈리아 북부의 도시 – 옮긴이)에 머물렀다. 앞을 가늠할 수 없는, 미미한 그 모험의 조짐에 언제나 유희를 갈망하는 도박꾼 카사노바는 애간장이 녹아내렸다. 누가 봐도 무모하고 실없어 보이는 이런 행동은 실은 가장 그답고 자연스러우며 현명한 행동이었다. 모르는 여인과 함께 보낼 한 시간을 위해서는 낮이든 밤이든 장소를 가리지 않고 어떤 어리석은 짓이라도 할 태세가 돼 있는 사내, 그게 바로 그였다. 그는 욕망에 대한 대가라면 그 어떤 것도 감수했고, 여자를 정복하기 위해서라면 어떤 저항에도 굴복하지 않았다. 언젠가 별로 대수롭게 여기지 않았던 독일의 시장 부인을 다시 만나기 위해 사교모임에 참석했다. 그녀가 자기를 기쁘게 해줄 것이라는 확신도 없었다. 초대하지도 않은 그가 나타나자 주인은 달갑지 않은 기분을 숨기지 않았다. 뻔뻔스럽게 그곳에 나타난 카사노바는 이를 악물고 주인의 냉대와 뭇사람들의 멸시를 견뎌내야 했다. 그렇게 쏟아지는 뭇매를 맞으며 그는 무슨 생각을 했을까? 동틀 무렵 연인과의 밀회가 손짓한다면, 정욕에 사로잡힌 우리의 종마는 쾌적하기는커녕 얼음처럼 차가운 지하실에서 쥐와 독벌레들 속에서 굶주리면서도 기꺼이 하룻밤을 견뎠을 것이다. 수십 번 칼에 베이거나 총탄에 맞게 된다 해도 두려워하지 않았을 것이고, 욕설과 협박, 질병과 굴욕의 위험도 무릅썼을 것이다. 아프로디테를 얻기 위해서도 아니었고, 진정한 애인을 얻기 위해서도 아니었다. 단지 자신과 성(性)이 다른 여성이라는 이유만으로 욕망의 대상이 된 여자를 얻기 위해서였다. 그는 여자라면 아무라도 좋았고, 실제로 어떤 여자든 당장에 취할 수 있었다. 카사노바가 욕정에 불타고 있는 동안에는 어느 뚜쟁이, 어느 기둥서방이든 그가 가진 것을 아주 손쉽게 빼내갈 수 있었고, 아무리 착한 남편이나 오빠라 할지라도 추잡한 일에 휘말릴 수 있었다. 그가 그렇지 않았던 적이 있을까? 카사노바의 욕망이 완전히 충족된 적이 있던가? 늘 새로운 노획물을 갈망하면서 그의 욕정은 끊임없이 미지의 것을 향해 움직였다. 남자다운 그의 육신은 끊임없이 부드러운 환락의 먹이를 욕구했으며, 한시도 멈추지 않는 모험이 주는 팽팽한 긴장을 필요로 했다. 그는 어디서든, 단 한순간, 한 주, 하루, 한 번이라도 여자가 없으면 우울해했다. 금욕이란 카사노바의 어휘로 번역하자면 한마디로 지루함과 권태였다.

그토록 색욕이 강하고 지속적으로 정력을 소모하는 남자였기에 언제나 최고의 여성만을 고집하지 않았던 것도 그리 놀랍지 않다. 낙타의 위처럼 모든 것을 먹어치우는 감각을 가지고는 미식가가 될 수 없다. 그는 그저 대식가였을 뿐이다. 따라서 카사노바의 애인이었다는 사실은 결코 자랑할 일이 아니었다. 이 지체 높은 나리가 상대하는 여자는 아름다울 필요도, 숫처녀일 필요도 없었고, 특별히 재치가 있지 않아도, 교육을 받지 않았어도, 매력적이지 않아도 상관없었다. 유혹에 약한 이 남자에게는 상대가 여자라는 사실만으로 충분했다. 그저 여자, 그와 다른 성적 존재이고, 자연이 만들어준 성기로 그의 정욕을 채워줄 수만 있으면 충분했다. 그러므로 독자 여러분, 카사노바의 사랑놀이 속에서 드넓은 사슴공원처럼 낭만적이고 아름다운 그 무엇을 발견하길 기대했다면 일찌감치 포기하시길! 마구잡이 성애 탐닉자들의 수집품이 흔히 그렇듯 카사노바의 수집품들도 가치가 균등하지 않았다. 그는 아름다운 작품들을 소장한 화랑과는 거리가 멀었다. 그의 수집품 중에는 그와 동향인 화가 레니(1575~1642, 이탈리아의 화가 – 옮긴이)나 라파엘로(1483~1520, 이탈리아 화가, 건축가 – 옮긴이)의 그림에서 볼 수 있을 법한 부드럽고 귀여운 어린 소녀도 있었고, 루벤스(1577~1640, 플랑드르의 화가 –

옮긴이)가 그린 여인이나 부셰(1703~1770, 프랑스의 화가 - 옮긴이)가 비단 부채에 그린 부드러운 홍조를 띤 여인도 있었지만, 호가스(1697~1764, 영국의 화가 - 옮긴이)의 끔찍한 화필만이 재현할 수 있는 흉측한 얼굴의 영국 창녀나 고야(1746~1828, 에스파냐의 화가 - 옮긴이)의 분노를 샀을 법한 마녀, 툴루즈 - 로트렉(1864~1901, 프랑스의 화가 - 옮긴이) 스타일의 병든 매춘부, 그리고 농부와 하녀도 있었다. 그야말로 아름다움과 더러움, 정신적 고귀함과 천박함이 다채롭게 뒤섞여 있었던 것이다. 대상을 가리지 않는 이 애욕의 화신은 쾌락에 관한 한 거침없고, 예민하고, 질긴 신경선을 갖고 있었다. 그리고 그 욕정은 위험스러울 정도로 기이한 것, 일탈된 것에까지 두루 뻗쳐 있었다. 카사노바의 표적은 오늘날이라면 법적으로 문제가 될 연령층의 여자에서부터 흉측하고 야윈 여자, 시들어빠진 칠십대 노파, 공작부인인 뒤르페에까지 이르렀다. 그는 후세에 남긴 글에서 그 끔찍한 밀애의 순간들을 부끄럼 없이 털어놓았다. 어느 나라에서건, 어떤 신분을 가졌건 여자들은 그와 결코 고전적이지 않은 발푸르기스 밤(5월 1일의 전야에 마녀들이 독일의 브로켄 산에 모여 베푼다는 술잔치 - 옮긴이)을 즐겼다. 첫 경험에서 오는 부끄러움과 전율 속에 얼굴을 붉히는 여리고 순수한 처녀들과 레이스와 보석으로 치장한 귀부인들이 유곽의 쓰레기 같은, 선술집 취객에 지나지 않는 이 인간에게 손을 건네고 윤무를 추었다. 냉소적인 곱사등이 여자, 악의에 찬 절름발이 여자, 되바라진 여자아이, 발정한 노파 등 너나 할 것 없이 발을 맞춰 마녀의 춤을 추었다. 숙모가 질녀에게, 어머니가 딸에게 온기가 채 가시지 않은 침대를 내줄 수밖에 없었고, 뚜쟁이는 자기 자식을, 마음씨 착한 남편도 자기 아내를 언제나 열정에 들끓는 이 남자의 집에 밀어 넣을 수밖에 없었고, 군인을 상대하는 창녀와 귀부인이 한날 밤에 똑같은 유흥을 그와 나눴다. 그러니 카사노바의 애정행각을 무의식적으로라도 18세기 프랑스의 멋진 동판화와 같은 양식으로, 우아하고 사랑스러운 취향으로 그려내려는 버릇은 일찌감치 버려야 한다. 절대로 그렇지 않았다. 그의 애정행각은 그저 주체 못할 욕망에 휩싸인 한 남자의 무분별한 음사(淫事)였을 뿐이다. 지칠 줄 모르고 무분별한 카사노바의 리비도는 돌산이라도 뚫고 지나갈 듯했으며, 실제로 그 어느 것도 그냥 지나치지 않았다. 난삽함 역시 일상적인 것 못지않게 그를 유혹했다. 그는 비정상적인 것에도 달아올랐고, 사리에 맞지 않는 것에도 넋을 잃었다. 이가 득실대는 잠자리, 더러운 속옷, 의심스러운 소문, 야바위꾼과의 어울림, 몰래 훔쳐보러 왔건 약속하고 왔건 간에 구경하는 관객이 있다는 사실, 비열한 착취, 고약한 질병 등 그 모든 것이 이 신과 같은 황소에게는 아무런 느낌도 주지 않는 사소한 것에 지나지 않았다. 유럽을 껴안으려 한 주피터(로마 신화의 최고 신으로 그리스 신화의 제우스와 같다 – 옮긴이)였던 그는 기형을 포함한 온갖 모양새의 여성들, 모든 모습과 골격의 여성들, 다시 말해 여성의 세계 전체를 껴안으려 했다. 그의 호기심은 환상적인 것과 자연적인 것을 가리지 않고 광적인 쾌락의 세계를 찾아 넘나들었다. 단, 그 모든 것은 상대가 여성일 경우에 한해서였다. 아무리 격렬하게 피가 들끓어도, 그 욕정의 물결은 결단코 성의 경계를 넘어섰던 적이 없다. 그는 거세된 남자와 만나면 구토감에 치를 떨었고, 동성애자의 상대가 돼 주는 소년을 보면 지팡이로 때려 내쫓았다. 그의 모든 기행과 도착행위는 기이하게도 성별에 대한 지조만은 지켰다. 물론 이 영역 안에서만큼은 한계도 장애도 정지도 없었다. 그의 욕정은 닥치는 대로, 수없이, 쉼 없이, 그리스 신화에 나오는 숲의 신처럼 영원히 들끓었다. 그리고 새로운 여자가 나타날 때마다 매번 새롭게 충전된 쾌락의 힘으로 돌진했다.

    여자들을 지배한 전대미문의 힘, 어떤 여성도 저항할 수 없었던 그의 힘은 욕망이 지닌 격정과 도취, 그리고 자연스러움에서 나온 것이었다. 여자들은 갑작스레 혈관에서부터 느껴지는 본능으로 그에게서 수컷을, 불타올라 자기에게 돌진해오는 남자를 감지했다. 카사노바가 자기에게 완전히 빠져있음을 확신한 그녀들은 (사실 카사노바는 각각의 여자에게 빠진 것이 아니라 복수(複數)의 여자들, 여자 자체, 남성의 반대인 여성에 빠진 것이었지만) 스스로 그의 소유가 되기를 원했다. 여자들은 직감했다. 마침내 한 남자가 나타났구나! 결혼을 해놓고도 일과 의무에 지쳐 가끔씩만, 또는 멜랑콜리할 때만 이따금씩 심심풀이로 구애를 해오는 다른 남자들과 달리, 그 무엇보다 여자를 중요시하는 남자, 전력을 다해 강물처럼 나에게 달려오는 남자, 자기가 가진 모든 것을 아낌없이 주는 남자, 여자 앞에서 주저하거나 고르지 않는 남자를 느꼈던 것이다. 그는 정말로 자신의 모든 것을 다 바쳐 헌신할 줄을 알았다. 육체 속에 들어있는 쾌락의 마지막 한 방울까지, 그리고 주머니 속에 들어있는 마지막 동전 한 닢까지도 상대가 여자이기만 하면, 그리고 여성에 대한 그의 순간적인 갈증을 채워주는 여자라면 그는 주저 없이 모든 것을 바칠 각오가 돼 있었다. 여자가 행복해 하고, 황홀감에 놀라고, 깔깔거리며 매혹당하는 모습을 보는 것이 카사노바에게는 그 어떤 향락보다도 궁극적인 기쁨이었기 때문이다. 주머니 속에 돈이 남아있는 한 그는 정성껏 선물을 골라 여자에게 안겨주고, 호사스럽고 경쾌하게 그녀의 허영심에 아첨했다. 그는 여자에게 레이스로 치장된 화려한 옷을 입힌 다음 그것들을 벗기기를 좋아했다. 그는 여자에게 아직 보지 못한 귀한 것을 선물해 감동시켰고, 물 쓰듯 돈을 쓰는 낭비벽과 열정의 불꽃놀이로 여자를 깜짝 놀라게 만들기를 즐겼다. 그는 그야말로 신이었다. 사랑하는 연인에게 피 끓는 열정과 황금의 비를 쏟아 붓는 주피터였다. 그러고는 역시 주피터처럼 구름 속으로 사라져버렸다. "나는 여자들을 미친 듯 사랑했다.

하지만 나는 여자보다는 자유가 언제나 더 좋았다"고 그는 말한다. 그렇다고 해서 그의 후광이 약해지지는 않았다. 오히려 더 증폭됐을 뿐이다. 천둥처럼 왔다가 홀연히 사라짐으로써 그는 어떤 여자에게든 유일한 남자로, 특별한 남자로, 두 번 다시 경험하지 못할 멋진 모험을 같이 한 남자로 기억됐다. 그와 같이한 잠자리는 다른 남자들과 나눴던 잠자리처럼 습관적이고 진부했던 기억으로 퇴색되지 않았다. 그와 사랑을 나눈 여자들은 모두 본능적으로 이 남자가 남편감이 될 수는 없다는 사실을 알아차렸다. 그저 애인으로만, 단 하룻밤의 신으로서만 뼛속 깊이 그를 묻었다. 그는 자기가 만난 모든 여자의 곁을 떠났고, 그 여자들은 그렇게 하지 않는 그를 원하지 않았다. 따라서 카사노바는 있는 그대로의 자기 모습을 지키기만 하면 됐다. 다시 말해 그는 지조가 없는 자신의 열정에 정직하기만 하면 어떤 여자든 얻을 수 있었다.

방금 내가 쓴 '정직'이라는 단어는 사실 카사노바를 가리켜 사용하기에는 터무니없는 단어다. 하지만 그가 언제나 정직하지 않았던 것은 아니다. 사기도박꾼이며 교활한 이 야바위꾼도 사랑놀이에서만큼은 성실했음을 인정해주지 않을 수 없다. 카사노바는 여자에게는 정말이지 정직하고 솔직했다. 왜냐하면 그는 오직 본능에 따른 감각적인 관계만을 여자와 맺었기 때문이다. 사랑에서 거짓이 시작되는 것은 언제나 고귀한 감정이 섞여들면서부터다. 우직하고 착한 몸은 거짓말을 하지 않는다. 육체는 과도한 긴장과 욕망으로 인해 본성적으로 다다를 수 있는 한계를 넘는 일이 결코 없다. 정신과 감정이 뒤섞일 때, 그리하여 날개 달린 정신의 본성으로 인해 한계를 넘어설 때 비로소 모든 열정은 과장되고, 지상의 관계에 영원이라는 환상을 불어넣는다. 따라서 육체의 영역을 결코 벗어나지 않은 카사노바는 자신의 약속을 지키기가 쉬웠다. 그는 보물이 가득한 관능이라는 창고에서 쾌락에는 쾌락을, 육체에는 육체를 꺼내주기만 했을 뿐 결코 마음의 죄를 짓지 않았다. 그러므로 축제가 끝났을 때 그의 여자들도 정신적인 사랑을 기대했다가 속았다고 느끼지 않았다. 그는 오직 성적인 황홀경 외에 여자들에게 다른 그 무엇도 요구하지 않았다. 영원한 마음을 주겠노라는 따위의 거짓을 속삭이지도 않았다. 때문에 여자들은 착각에 빠졌다가 다시 깨어나 현실로 돌아오는 과정을 거치지 않아도 됐다. 이런 방식의 사랑을 가리켜 저급한 것이라거나, 오로지 성욕만을 탐하고 살갗만을 탐하는 것이라거나, 정신을 갖고 있지 않은 동물적인 사랑이라고 부르고 싶은 사람이 있다면, 그렇게 하는 건 그 사람의 자유다. 하지만 카사노바의 성실성까지 비난해서는 안 된다. 사실 솔직하고 직선적인 소유욕을 가진, 공기처럼 떠도는 우리의 방종한 바람둥이가 낭만적인 몽상가들보다 여자들에게 더 진실했고, 더 착했던 건 아닐까? 괴테와 바이런의 생애 뒤에는 수없이 많은 여인들이 깨지고 짓밟히고 산산이 부서진 존재로 남겨졌다. 고상하고 우주적인 사랑은 아무 생각도 없이 어느 한 여인의 영혼을 너무 확장시키기 때문에 불같았던 사랑의 숨결이 무심해지고 나면 현실에는 아무것도 남지 않게 되기 때문이다. 이에 반해 카사노바의 부싯돌 같은 열기는 여자의 마음에 거의 아무런 상처도 입히지 않았다. 그는 여자를 쓰러뜨리지도 절망시키지도 않았다. 그는 많은 여자들을 행복하게 해주었고, 어느 여자도 신경과민으로 치닫게 하지 않았다. 그의 여자들은 모두 순수하게 감각적인 모험을 즐기다가 무사히 일상으로, 즉 남편이나 다른 애인에게로 돌아갔다. 카사노바는 모든 여자를 열대 바람처럼 스치고 지나갔고, 그 바람결에 여자들의 뜨거운 감각은 피어올랐다. 그는 여자들을 뜨겁게 달구기만 했을 뿐 가라앉히지는 않았다. 그는 파괴하지 않고 정복했고, 타락시키지 않고 유혹했다. 이러한 그의 사랑은 상처받기 쉬운 영혼에서 이루어진 게 아니라 표피라는 좀더 단단한 조직에서 이루어졌다. 이 때문에 그의 정복은 파멸을 불러오지 않았다.

단순히 성적인 격정만을 알고 추구했던 탓에 그는 극한에 이르는 정열의 절정을 단 한 번도 겪어보지 못했다. 그렇다고 해서 카사노바가 몹시 절망했으리라고 걱정할 필요는 없다. 앙리에트나 아름다운 포르투갈 여인이 자기를 떠나갔을 때도 그는 권총을 잡지 않았을 뿐만 아니라 이틀 뒤에는 다른 여자의 집이나 유곽에 모습을 드러냈다. 어느 한 수녀가 더 이상 무라노(베네치아 근처의 섬 - 옮긴이)의 수도원을 빠져나오지 못해 카지노로 올 수 없게 되어도 그는 새로 나타난 다른 수녀에게서 금세 위안을 받았다. 한 여자의 빈자리는 눈 깜짝할 사이에 또 다른 여자로 채워졌다. 그런 식으로 그는 어느 한 여자에게 완전히 빠지지 않고 끊임없이 여자를 갈아 치우며 수많은 여자들과 수많은 모험을 즐기는 완벽한 호색한의 삶을 즐겼다. 언젠가 그의 입에서 이런 위험한 말이 흘러나왔다. "그 당시에 이미 나는 사랑이란 단지 생생한 호기심일 뿐임을 어렴풋이 느꼈다." 그를 보다 잘 이해하기 위해 호기심이라는 말의 정의를 살펴보자. 먼저 '호기심(Neugierde)'이라는 단어를 분석해보면 '새로운(Neu)'과 '욕망(Gierde)'의 합성어로, 늘 새로운 것을 향하는 새로운 욕망, 항상 다른 여인과 다른 경험을 향하는 새로운 욕망을 의미한다. 에로스(그리스 신화에 나오는 사랑의 신 - 옮긴이)가 끊임없이 벌이는 장기판에서 그를 매혹하는 것은 한 개체가 아닌 변주이며 끊임없이 새로워지는 배합이었다. 그가 여인을 취하고 버리는 것은 마치 숨을 들이쉬고 내쉬는 것처럼 아주 당연하고 자연스러운 것이었다. 이러한 그의 순전한 성적 향락, 바로 이것이 예술가인 카사노바가 도대체 왜 자기가 만난 그 많은 여인들 가운데 어느 하나도 우리의 마음에 남을 만한 모습으로 그리지 않았는지를 설명해준다. 솔직히 말하면 그의 모든 서술들은 그가 자기 애인의 얼굴을 한번도 제대로 들여다보지 않고 그저 먼발치에서, 그것도 기껏해야 평범한 시각에서 관찰하지 않았느냐는 의심을 불러일으킨다. 남국적 기질을 지닌 그를 열광시키고 불타오르게 만든 것은 늘 같은 것이었다. 그것은 섬세하지 않은 관능적 요소들, 손으로 만질 수 있고 눈에 탁 들어오는 여자의 성적 요소들이었다. 이를테면 그의 서술에 과도하게 많이 나오는 "눈처럼 하얀 가슴", "성스러운 반구(半球)", "주노(Juno, 로마 신화에 나오는 주피터의 아내로, 결혼과 여성의 여신 – 옮긴이)와 같은 자태", 우연히 드러나는 "비밀스러운 매력" 등이다. 이는 마치 음탕한 사내아이가 하녀를 바라보면서 느끼는 욕망을 표현한 것과 매한가지다. 이렇듯 앙리에트, 이레네, 바베테, 마리우치아, 에르멜린, 마르콜린, 이그나치아, 루치아, 에스터, 사라, 클라라 등 캘린더에 이름이 나오는 성녀(聖女)들의 수만큼 많은 여자들 모두가 그에게는 '쾌락으로 뜨거워진 여인의 육체' 이자 '살색 젤리' 와 별반 다를 게 없었다. 그는 술에 취해서 수많은 기호, 숫자, 성적 능력, 열광 등을 뒤죽박죽 적어 놓았다. 그것들은 하나 같이 만취한 술꾼이 다음날 아침에 깨어나 숙취로 머리가 몽롱한 상태에서 간밤에 자기가 어디서 누구와 무엇을 마셨는지도 모르면서 간밤의 일을 횡설수설 이야기한 것 같은 묘사들이었다. 그 묘사들에 의하면 카사노바는 자기가 만난 모든 여자들과 오직 육체로만 즐겼고, 살갗의 감촉과 체취로 그녀들을 느꼈다. 색을 밝히는 단순한 호색가과 진실한 사랑을 아는 사람 사이의 엄청난 차이를 삶 자체보다 더 분명하게 드러내주는 것이 바로 예술이라는 잣대다. 모든 것을 얻었지만 아무것도 간직하지 않는 사람과, 얻은 것은 적지만 일시적으로 얻은 것을 영원한 것으로 승화시키는 정신적인 사람의 차이를 예술은 정확하게 보여준다. 일례로 스탕달은 사랑에 있어서는 보잘것없는 삶을 살았지만 단 한 번의 사랑 체험을 승화시켜, 카사노바가 삼천 번의 밤에 얻은 체험보다 정신적인 핵심을 훨씬 더 많이 보여주었다. 육체적 사랑이 어떠한 정신적 황홀경으로 승화될 수 있는지에 대해서는 네 연으로 이루어진 괴테의 시 한 편이 카사노바가 쓴 열여섯 권의 책 전부보다 더 많은 것을 알려준다. 따라서 좀더 높은 의미에서 보면 카사노바의 회고록은 소설이라기보다는 통계적인 보고이고, 문학이라기보다는 현장체험의 기록이고, 육체의 편력을 담은 오디세이고, 영원한 헬레네(그리스 신화에 나오는 제우스와 레다의 딸로 고전적 여성미의 전형 — 옮긴이)를 찾아 헤매는 무한한 욕정의 사나이가 펼치는 일리아드다. 카사노바가 남긴 회고록의 가치는 질이 아니라 양에 있다. 회고의 내용이 유일하고 독특하기 때문이 아니라 변화무쌍하기 때문에, 정신적 중요성을 갖고 있기 때문이 아니라 다양하기 때문에 그 가치를 인정받는다.

그리고 바로 그런 그의 다양한 체험을 기리기 위해, 늘 기록만 중시하고 정신적 능력은 별로 평가하지 않는 이 세상은 카사노바를 남근으로 여성을 정복한 개선장군의 상징으로 받들고, 그에게 고귀한 명성의 화관과 함께 전설적 인물의 왕관을 씌워주었다. 오늘날 독일을 비롯한 유럽의 모든 언어에서 '카사노바'라는 말은 무적의 모험가, 여성편력가, 유혹의 대가를 의미한다. 여성의 신화에서 헬레네, 프리네(기원전 4세기 아테네의 고급 기생으로 프락시텔레스가 조각한 아프로디테 상의 모델이 된 여성 — 옮긴이), 니농 드 랑클로(17세기 후반에 살롱을 열었던 프랑스의 고급 창녀 — 옮긴이)가 대표하는 바를 남성의 신화에서는 카사노바가 대표하는 것이다. 인류는 자신들의 수많은 하루살이 인생에서 영원한 전형을 만들어내기 위해 언제나 하나의 인물을 뽑아 그에게 보편성을 부여하곤 한다. 그래서 이 베네치아 여배우의 아들이 시대를 초월해 사랑의 화신으로 통하게 되는 뜻밖의 영예를 누리는 것이다. 물론 그는 그 영예를 또 다른 한 명의 전설적 동반자와 나누어야 한다. 또 다른 한 명이란 바로 돈 후안이다. 그는 카사노바보다 더 지위가 높은 귀족 출신이었고, 더 신비하고 더 악마적인 모습을 가졌던 스페인 출신의 경쟁자다. 카사노바와 돈 후안, 유혹의 대가인 이 둘을 암암리에 비교하고 대조하는 일은 다빈치와 미켈란젤로, 톨스토이와 도스토예프스키, 플라톤과 아리스토텔레스의 정신적 대립을 언급하는 것만큼이나 지칠 줄 모르고 계속돼 왔다. 카사노바와 돈 후안은 호색한이라는 동일한 옷을 입고 있긴 하지만, 서로 다른 두 유형을 대표해 왔고 대립하는 면도 많다. 두 사람은 하나같이 여자를 사냥하는 매가 되어 수줍어하거나 놀라는 여자들의 무리 속에 뛰어들었지만, 행동심리의 측면에서 보면 완전히 다른 품종으로 분류된다. 돈 후안은 히달고 가문 출신의 스페인의 귀족으로 폭동을 일으킨 인물이었지만 그래도 가톨릭의 정서를 지니고 있었다. 순수 혈통의 스페인 사람이었던 그의 정서와 사고는 명예를 중시하는 부류에 속했고, 중세 가톨릭교도로서 모든 육욕을 죄로 보는 기독교의 판단을 무의식적으로 따랐다. 그가 선험적으로 갖고 있었던 기독교의 시각에서 보면 혼외정사는 악마적인 것(그래서 더욱 매력적인 것이긴 했지만), 신을 거역하는 것, 금지된 것이었으며, 여자는 그러한 죄를 저지르는 도구를 의미했다. 따라서 그는 여자라는 것 자체가 이미 유혹이자 위험이며, 여자가 가진 가장 완벽한 미덕이란 것들 역시 모조리 허상, 속임수, 뱀의 가면이라고 생각했다. 돈 후안은 악마의 성인 여성의 순결과 정절을 믿지 않았다. 그는 모든 여자의 의복 안에 숨겨진 나신을 유혹했고, 여자가 유혹에 얼마나 약한지를 수많은 실례로써 폭로했다. 그는 또한 접근하기 어려워 보이는 요조숙녀, 겉으로 조신해 보이는 부인, 예수의 신부가 되기로 서약한 수녀를 비롯한 모든 여자를 예외 없이 침대로 끌어들일 수 있음을 이 세상과 신에게 증명해 보이려고 했다. 그에게 여자들은 교회에서만 천사일 뿐 잠자리에서는 그저 관능적인 존재에 지나지 않았다. 그리고 그것을 입증해 보이기 위해서 그는 매번 열정적으로 여성을 유혹했다.

그러므로 여성의 숙적인 돈 후안을 사랑의 화신, 여성들의 친구나 애인으로 평가하는 것보다 더 어리석은 짓은 없다. 왜냐하면 그는 단 한 번도 진정한 사랑에서 어떤 한 여자에게 끌려 행동한 적이 없었고, 단지 남성의 원초적 증오심에서 악마처럼 여자를 향해 달려갔을 뿐이기 때문이다. 그가 여자를 취하는 것은 소유욕을 충족시키기 위해서가 아니라 언제나 탈취욕 때문에, 즉 여자에게 가장 귀중한 명예를 빼앗기 위해서였다. 그의 정욕은 카사노바처럼 남근에서부터 불끈 솟아나온 것이 아니라 머리에서 나온 것이었다. 이 정신적 사디스트는 언제나 여자를 취함으로써 모든 여성들에게 굴욕감, 수치감, 모욕감을 안겨주려 했다. 그의 향락은 자신이 능욕할 여자가 겪게 될 절망을 미리 상상하며 만끽하는 우회적인 방법으로 이루어졌다. 그러므로 가장 빨리 옷을 벗는 여자를 최상으로 여겼던 카사노바와 반대로 돈 후안은 다가가기 어려운 여자일수록 사냥감으로서의 매력을 더 크게 느꼈다. 그에게는 접근하기 어려운 여자일수록 더 가치가 있었고, 자신의 능력을 더 잘 증명해줄 수 있었다. 저항이 없으면 충동도 사라졌다. 돈 후안이 카사노바처럼 유곽을 찾는다는 것은 상상조차 할 수 없었다. 그는 오직 대상을 굴복시키는 악마적 행위, 죄악에 빠지기, 누군가의 가정을 파탄시키기, 수녀를 능욕하기처럼 되풀이될 수 없는 일회적 행동을 하는 데 매료됐다. 돈 후안이 한 여자를 소유했다면 그것은 하나의 실험이 끝났다는 것을 의미했고, 유혹에 넘어간 그 여자는 기호와 숫자로만 명부에 기록됐다. 그는 실제로 자신의 하인인 레포렐로에게 명부를 기록하는 일을 맡겼다. 그는 단 하룻밤도, 단 한 번도 여자를 애정 어린 눈길로 바라보지 않았다. 사냥꾼이 잡아놓은 들짐승 곁에 머무르지 않듯 이 전문 난봉꾼은 끊임없이 새로운 대상을 찾아 포획물 곁을 떠나갔다. 그는 계속해서 다른 여자를, 가능한 한 많은 여자를 사냥해야 했다. 그의 원초적 충동이 결코 완수될 수 없는 사명과 충족될 수 없는 열정을 향하도록 그를 채찍질했기 때문이다. 그는 모든 여자를 남김없이 장악함으로써 여자들이 얼마나 쉽게 유혹에 빠지는지를 세상에 증명해야 했던 것이다. 이런 그의 충동은 사악한 그의 모습에 마성(魔性)까지 덧씌웠다. 돈 후안의 성애는 휴식과 향락을 추구하지도 않았고, 찾지도 못했다. 그는 일종의 '피의 복수'를 수행했다. 마치 여자들을 섬멸하겠다고 맹세한 남자 같았다. 그리고 악마는 그 일을 수행하는 데 필요한 최상의 무기를 그에게 주었다. 부, 젊음, 귀족작위, 우아한 육체, 그리고 가장 중요한 것, 얼음처럼 차갑고 완벽한 무정함을.

실제로 여자들은 돈 후안의 냉혹한 기교에 빠져들자마자 그가 악마 그 자체라는 걸 깨달았다. 다음날 아침이면, 냉랭한 비웃음의 첫물을 피부으며 자기를 조롱하는 그 사기꾼을 간밤에 나눈 사랑의 열정보다 더 뜨겁게 증오했다(모차르트는 이런 모습을 영원불멸의 음악으로 남겼다). 여자들은 자신들의 나약함을 부끄러워하고, 자신들을 속이고 기만한 이 악당에 대한 무기력한 분노에 휩싸인 채 미쳐 날뛰었다. 그리고 증오의 대상은 남자라는 족속 전체로 확대됐다. 안나, 엘비라 등 1003명에 달하는 여자들이 모두 그의 계획적인 접근에 굴복했고, 자신이 여성이라는 사실에 깊은 마음의 상처를 받았다. 이와 반대로 카사노바에게 몸을 허락한 여자들은 마치 신에게 감사하듯 카사노바에게 감사했다. 카사노바는 여자들의 감정을 조금도 상하게 하지 않았을 뿐 아니라 그들이 여성임을 모욕하지 않았고, 오히려 그들이 자신의 존재에 대해 새로운 확신을 가질 수 있게 했기 때문이다. 돈 후안이 여자들로 하여금 자신들의 몸이 달아오르고 열정에 휩싸이는 것을 수치스러워하고 경멸하게 만들었다면, 카사노바는 바로 그런 열정에의 도취를 여자들에게 가르쳤다. 애무의 대가, 성애의 대가인 카사노바는 여자들로 하여금 자신을 여자로 태어나게 한 자연의 섭리를, 그 축복받은 의무를 인식하도록 가르쳤다. 그는 가벼운 사랑의 손길로, 아직은 반쪽만인 여자의 옷을 벗기면서 그 여자로부터 수줍음과 두려움까지 말끔히 벗겨냈다. 그에게 몸을 내맡길 때 비로소 그녀는 완전한 여자가 됐다. 카사노바는 스스로 행복해짐으로써 여자들에게 행복을 주었다. 그는 여자들 덕분에 자기가 누린 환희에 대해 감사했다. "내가 누리는 기쁨의 5분의 4는 여자들을 행복하게 해주는 데서 비롯된다"고 그는 말했다. 다른 남자들이 자신의 사랑에 화답해주는 상대방의 사랑을 필요로 하듯 카사노바는 자신의 욕정에 화답해주는 상대방의 욕정을 필요로 했다. 또한 그는 헤라클레스와 같은 정력으로 자기 자신의 육체보다는 자신의 품에 안긴 여자의 육체가 황홀경 속에서 지칠만큼 도취되기를 바랐다. 스페인의 경쟁자 돈 후안처럼 거칠고 과격하게 여자를 소유하는 것은 그의 방식과는 거리가 멀었다. 카사노바는 자기 자신을 주는 것에 더 마음이 끌렸다. 때문에 그에게 몸을 바침으로써 더 많은 지식을 쌓고, 더 큰 쾌락을 느끼게 된 여자들은 모두 더욱 여자다워졌다. 그녀들은 그 행복한 제식에 새로운 신자들을 끌어들였다. 언니는 여동생을 그 부드러운 헌납의 제단으로 이끌었고, 어머니는 딸을 그 섬세한 선생에게 데려갔으며, 한 여자는 다른 여자를 그 자선의 신이 벌이는 의식과 윤무 속으로 밀어 넣었다. 돈 후안의 유혹에 넘어갔던 모든 여자가 돈 후안의 다음 표적이 된 여자에게 그는 여성의 적임을 경고해 주었던(물론 이런 경고는 언제나 소용이 없었지만) 것과는 대조적으로, 카사노바의 유혹에 넘어갔던 모든 여자는 질투심을 일으키기보다는 본능적인 자매애를 발휘해 다른 여자에게 그를 진정한 여성 숭배자로 추천해주었다. 카사노바가 개별적인 여인을 넘어서 여성 전체를 사랑했듯이 여인들도 카사노바 개인을 넘어서 정열의 대가인 남자는 모두 사랑했다.

어둠의 세월

일생동안 마음에 거리끼는 일을, 나 자신도 이해하지 못하는 일을 얼마나 많이 저질렀던가. 하지만 나를 움직인 것은 어떤 비밀스러운 힘이었다. 나의 이성은 그 힘에 아무런 저항도 할 수 없었다.

― 카사노바의 회고록

우리 남자들은 여자들이 아무런 저항도 하지 않고 이 위대한 유혹자에게 빠져들었다고 비난해서는 안 된다. 남자라도 카사노바를 만나면, 다른 사람을 매료시키고 정열적으로 만드는 그의 기술에 머리를 조아리고 말 것이다. 어떤 남자도 카사노바의 회고록을 읽으면서 질투심을 느끼지 않을 수 없을 것이다. 초조하고 불만스러운 수많은 순간 속에 덧없이 방황하는 우리의 삶보다는 이 미친 듯한 모험가의 삶이, 그가 두 손 가득히 거머쥔 향락이, 거칠게 흡입하는 쾌락주의적인 그의 삶이 더 현명하고 더 현실적이라고 여겨지기 때문이다. 그의 철학이 투덜거리던 쇼펜하우어의 철학보다, 거장 칸트의 냉엄한 원칙보다 더 생명의 활기가 넘쳐 보이기 때문이다. 단단한 틀에 갇힌, 오직 체념을 통해서만 확고해진 우리의 삶은 그의 삶에 비해 얼마나 가련해 보이는가. 우리는 사전에도 사후에도 판단을 한다. 우리는 뒤꽁무니에 양심이라는 쇠사슬을 질질 끌고 다니느라 발걸음을 옮길 때마다 힘들기 그지없다. 반면에 이 경쾌한 마음, 경쾌한 발을 가진 자는 모든 여자를 품에 안았고, 모든 나라를 돌아다녔고, 우연이라는 시소를 타고 지옥과 천국을 빠르게 넘나들었다. 그의 회고록을 읽노라면 그 어느 남자라도 이 빛나는 삶의 기술의 대가 앞에서 스스로 미숙하다고 느끼지 않을 수 없을 것이다. 괴테나 미켈란젤로, 혹은 발자크보다도 카사노바가 되고 싶은 마음이 몇 배, 아니 수백 배는 더 많이 들 것이다. 철학으로 위장한 이 협잡꾼이 문학가연하며 늘어놓은 허풍스런 글을 읽다 보면 처음에는 약간 냉소적인 마음이 들더라도 6권, 10권, 12권으로 넘어가면서 결국은 그를 가장 현명한 인간이라고, 그의 겉핥기식 철학이 사실은 이 세상에서 가장 현명하고 매력적인 학설이라고 생각하게 될 것이다.

하지만 다행스럽게도 카사노바가 우리의 이러한 성급한 경탄을 바로잡아준다. 그가 구사하는 삶의 기술들에는 매우 위험한 구멍이 뚫려 있었다. 무엇보다도 그는 나이를 잊고 있었다. 그가 구사한 것과 같은 쾌락주의적인 향락의 기술은 오로지 감각만을 추구한다. 오로지 젊은 감각, 육체적 능력, 그리고 체력을 바탕으로 한다. 따라서 핏속에 불꽃이 활활 타오르지 못하게 되면, 금세 향락의 철학 전체가 사그라지고 이내 식어버려 먹을 수도 없는 멀건 죽이 돼버린다. 오직 싱싱한 근육과 단단하고 하얀 치아를 갖고 있을 때만 향락의 삶을 장악할 수 있는 것이다. 힘이 서서히 빠지기 시작하고 감각이 말을 듣지 않게 되면 한때 좋아했던, 그리고 자기만족에 빠져 당연시했던 철학이 말을 듣지 않으니 이 얼마나 가슴 아픈 일인가. 향락만 추구하는 거친 인간의 '삶의 곡선'은 반드시 아래로 곤두박질치게 돼 있다. 비축하지 않고 낭비하는 자는 결국 파산하고, 한순간에 온기를 잃는다. 반면에 정신적인 인간, 겉보기에 포기하고 사는 것 같았던 사람은 마치 축전지처럼 자기 안에 온기를 계속 충전시킨다. 정신적인 것에 몸을 바친 사람은 세월의 그늘이 서리기 시작한 뒤에도, 때로는 인생의 황혼에 이르러서도 정화되고 변모하는 경험을 한다(괴테가 바로 그랬다). 이런 사람은 피가 식더라도 지적인 즐거움과 경이로움으로 실존을 고양시키고, 육체의 탄력성이 떨어지는 것은 비범한 사고의 유희로 보상한다. 그러나 사건이 일어나야만 내면의 흐름이 시작되는 감각적 인간은 사건이 일어나지 않으면 마른 시냇가의 물레방아처럼 멈춰서 버린다. 이런 사람에게는 나이 드는 것이 새로운 단계로의 이행이 아니라 무(無)로 몰락하는 것이다. 삶은 냉혹한 채권자여서 우리의 버릇없는 감각이 너무 일찍, 너무 성급하게 갖다 쓴 것에 대해 이자까지 붙여서 갚으라고 우리에게 요구한다. 이 때문에 카사노바의 지혜는 그의 행운과 함께 끝났고, 그의 행운은 젊음이 끝나면서 같이 끝났다. 그는 멋지고 의기양양하고 기운차게 행동할 수 있었을 때만 지혜롭게 보였을 뿐이다. 사람들은 마흔 살까지의 카사노바에 대해서는 은근히 시샘했지만 그 후의 그에 대해서는 동정했다.

베네치아의 온갖 카니발 가운데 가장 화려했던 카사노바의 카니발은 일찌감치, 그리고 서글프게도 우울한 성회수요일(聖灰水曜日, 가톨릭교의 부활절 이전 일곱 번째 수요일로 사순절이 시작되는 날 – 옮긴이)에 끝이 났다. 늙어가는 얼굴에 주름이 생기듯, 즐거웠던 그의 인생에 서서히 어둠의 그림자가 드리웠다. 그의 승리담은 점점 줄어들었으며, 불미스러운 사건이 점점 더 많아졌다. 그는 아무런 잘못도 없이 어음부도, 위조지폐, 보석저당 등의 불쾌한 사건에 연루되는 일이 잦아졌고, 영주들에게 초대되는 일은 점점 드물어졌다. 심지어 런던에서는 사형에 해당하는 혐의로 체포되기 불과 몇 시간 전에 가까스로 안개 속에 야반도주해야 했다. 바르샤바에서는 범죄자로 몰려 추적당했고, 빈과 마드리드에서는 추방

당했고, 바르셀로나에서는 40일 동안 감옥에 구금됐고, 피렌체에서는 쫓겨났고, 파리에서는 사랑하는 그 도시를 당장 떠나라는 명령서를 받았다. 이제 아무도 그를 원하지 않았다. 모두가 그를 밀어내고 모피에서 이를 털 듯 그를 털어냈다. 왜 갑자기 세상 사람들은 자기들이 그리도 좋아하던 그를 갑자기 무자비하고도 엄격하게 도덕적으로 추궁하기 시작했을까? 이 착한 젊은이가 무슨 잘못을 저질렀기에, 도대체 무슨 못된 짓을 했고, 어떤 몹쓸 사기를 쳤기에? 모두가 갑자기 등을 돌릴 만큼 돌연히 그의 사랑스럽고도 기기묘묘한 성격이 달라졌나? 그렇지 않았다. 그는 예전 그대로였다. 그는 언제나 그랬듯이 숨을 거두는 마지막 순간까지 맹목적인 자, 악당, 향락자, 즐거움을 탐하는 자, 예술 애호가로 남아 있었다. 다만 그의 추동력을 그토록 팽팽하게 유지시켰던 한 가지 요소가 사라졌을 뿐이다. 그것은 자신감, 즉 도취된 젊음의 승리감이었다. 그는 가장 죄를 많이 저지른 대상으로부터 맨 먼저 벌을 받았다. 즉, 여자들이 그의 곁을 떠나갔던 것이다. 작고 가냘픈 데릴라(고대 이스라엘의 영웅 삼손이 사랑한 여인 - 옮긴이)가 에로스의 삼손에게 치명상을 입혔다. 카사노바의 회고록에서 이 에피소드는 가장 진실하고 인간적이어서 가장 훌륭한 대목이며, 그의 삶에서 전환점을 이룬다. 노련한 유혹자가 처음으로 여자에게 속은 것이다. 그것도 여성의 덕목을 지키기 위해 그를 거부하는 고귀하고 접근하기 어려운 요조숙녀가 아니라 닳고 닳은 젊은 창녀에게. 그녀는 카사노바를 꾀어 그의 주머니에 든 돈을 몽땅 털어가고도 자신의 미천한 몸뚱이에 손가락 하나도 대지 못하게 했다. 돈을 다 지불하고, 아니 넘치게 지불하고도 치욕스럽게 거절당한 카사노바. 그는 돈과 꾀와 완력 같은 갖은 수단으로도 정복하지 못한 그 어린 창녀가 멍청하고 뻔뻔스러운 젊은 보조이발사에게는 공짜로 자기의 모든 것을 다 주는 것을 보아야 하는 굴욕을 당했다. 이 일은 카사노바의 자존심을 죽이는 최초의 일격이었다. 그때부터 카사노바는 승리감을 과시하는 행동을 하기가 어쩐지 불편하고 불안해진다. 그로 하여금 의기양양하게 세상으로 뛰어들게 하던 원동력이 마흔 살이라는 이른 나이에 제대로 작동하지 않기 시작했다는 사실이 그로서는 충격적이었지만 인정할 수밖에 없었다. 멈춰 서게 된다는 데 대한 두려움이 처음으로 그를 엄습했다. "보통 노년이 되면 팽팽함이 사라지기 시작한다는 사실을 인정해야 하는 것이 내게는 가장 큰 걱정이었다. 나에게 젊음과 힘을 의식하게 해주던 태연자약한 자신감이 없어졌다." 자신감 없어진 카사노바, 언제라도 여자를 홀릴 태세였던 초인적인 남자다움이 없어진 카사노바, 아름다움도 능력도 돈도 없어진 카사노바. 남근과 운명의 여신인 포르투나의 총애를 받던 카사노바가 뻔뻔스럽게 흥분하지도 못하고 나약한 의지만을 보이며 승리를 확신하지 못하게 됐다면, 이 세상의 노름판에서 으뜸가는 패를 놓쳐버렸다면, 그런 그는 도대체 어떤 모습이었을까? 스스로도 우수에 젖어 말했듯이 이제 그는 "더 이상 행운의 여신이 미소를 지어주지도 않고 여자들도 몰라주는, 확실한 노년의 신사"에 불과했다. 날개 잃은 새, 남자다움을 상실한 남자, 불운한 연인, 밑천 떨어진 노름꾼, 힘도 아름다움도 없는 비참하고 지루한 육체……. 독불장군의 지혜인 향락과 승리의 팡파르는 산산이 흩어졌다. 처음으로 '포기'라는 위험스러운 단어가 그의 철학에 슬며시 끼어들었다. "여자들을 사랑에 빠지게 하던 시기는 끝났다. 이제 나는 여자를 포기하거나 돈으로 그들의 환심을 사야 한다." 카사노바로서는 생각할 수도 없었던 '포기'라는 말이 잔인하게도 그에게 현실이 됐다. 여자를 사기 위해서는 돈이 필요한데 그동안 돈은 항상 여자들이 그에게 마련해주었던 것이다. 그런 기막힌 순환은 멈추었고, 게임은 끝났다. 모험가 중의 모험가에게 따분한 진지함이 생겨났다. 이리하여 늙은 카사노바, 가련한 카사노바는 향락자에서 식객으로, 세상에 대한 호기심 덩어리에서 스파이로, 전문 도박꾼에서 사기꾼으로, 그리고 거지로, 유쾌한 사교가에서 고독한 글쟁이이자 익명의 독설가로 변했다.

충격적인 구경거리였다. 카사노바가, 무수한 사랑의 전투에서 승리를 거두었던 백전노장이 무장해제를 하고 조심스러워지고 겸손해졌다니! 위대한 행운의 희극배우는 아주 조용히, 그리고 아주 은밀하게 말없이 성공의 무대를 떠났다. 그는 늙어가면서 "더 이상 처지에 맞지 않는" 화려한 의상을 벗고 반지, 다이아몬드 버클, 담배통과 함께 오만함도 내려놓았다. 그는 노름에 지고 나서 갖고 있던 패를 내던지듯 자신의 철학을 내던져버리고 냉혹한 삶의 법칙에 고개를 숙였다. 이런 식으로 시들면 매춘부는 뚜쟁이가 되고, 노름꾼은 사기 도박꾼이 되고, 모험가는 식객이 되는 법이다. 몸에 더 이상 뜨거운 피가 돌지 않게 되자 이 늙은 세계시민은 한때 자신이 그토록 사랑했던 무한한 세계의 한가운데서 갑자기 얼어붙고 극심한 감상에 빠져서 고향을 그리워하기 시작했다. 그리하여 한때는 자부심이 드높았던 그가 불쌍하게도 생을 고귀하게 마감하지 못하게 되자 참회하는 마음으로 머리를 숙이고 베네치아 당국에 처량하게 용서를 구했다. 그는 심문관에게 아첨하는 보고서를 써 보내고, 애국심이 넘치는 소원서와 베네치아 정부의 공박에 대한 해명서를 작성했다. 거기에서 그는 자기가 고초를 겪은 감옥은 "분위기가 좋은 장소"이며 그야말로 휴머니즘의 천국이라고 아무런 수치심 없이 말했다. 그의 이런 서글픈 일화들은 회고록에서 더 이상 이어지지 않는다. 그의 회고록은 치욕의 시기에 대해서는 더 이상 아무것도 이야기하지 않았고, 너무 일찍 끝을 맺었다. 그리고 그는 그렇게 어둠 속으로 물러났다. 아마도 부끄러움을 감추기 위해서였으리라. 하지만 독자 입장에서는 오히려 다행이다. 만약 그가 거기서 멈추지 않았다면, 이제는 박제가 돼버린 수탉, 다 불러 더 이상 부를 노래가 없는 가수인 그는 우리가 그에 대해 오랫동안 품었던 환상과 부러움을 얼마나 가차 없이 부수고 조롱했을까!

그 후 몇 년 동안 메르세리아 거리에는 후줄근한 차림의 뚱뚱하고 쾌활한 신사 하나가 슬그머니 나타나 어슬렁거렸다. 그는 베네치아 사람들이 하는 이야기에 열심히 귀를 기울이고, 술집에 앉아 수상한 사람들을 살피고, 저녁이면 심문관에게 보내는 지루한 염탐보고서를 끼적거렸다. 그가 쓴 불순한 보고서에는 '안젤로 프라톨리니'라는 서명이 돼 있었다. 이는 죄를 사면 받은 후 끄나풀이 되어 고분고분하게 스파이의 역할을 하는 그의 가명이었다. 그는 푼돈을 얻기 위해 사람들을 감옥에 보냈다. 그 감옥은 자신이 젊은 시절에 수감돼 있었던 곳이었고, 그는 그곳을 묘사함으로써 자신의 이름을 알리기도 했다. 그렇다. 멋진 장식을 하고 잘 차려입은 생갈의 기사, 여인들의 총아, 그 빛나는 유혹자 카사노바가 헐벗고 천박한 밀고자이자 불한당인 안젤로 프라톨리니가 된 것이다. 한때 다이아몬드 반지가 끼워져 있던 그의 손가락은 더러운 일에 끼어들어 잉크의 독을 사방으로 뿌려댔다. 급기야는 베네치아마저도 이 투덜대는 불평꾼을 한 번의 발길질로 걷어차 버렸다. 그 후 몇 년간은 아무런 소식이 없었다. 이 폐기 직전의 난파선이 마침내 보헤미아에서 파멸하기까지 어떤 비참한 행로를 거쳤는지 아는 이는 아무도 없었다. 이 늙은 모험가가 집시처럼 한 번 더 유럽을 떠돌았다는 사실만 알려졌을 뿐이다. 그는 귀족들에게 아첨하고 부자들 주변에서 얼쩡거리면서 자신의 옛 기술을 다시 써 보려고 사기도박도 했고, 유대교 신비주의인 '카발라'의 지식을 이용하면서 뚜쟁이 노릇도 했다. 하지만 젊은 시절에 그를 밀어주었던 신들, 그리고 그 자신의 뻔뻔스러움과 자신감은 이미 그를 떠났고, 여인들은 그의 얼굴에 잡힌 주름살을 비웃었다. 이제는 일이 마음같이 되지 않았다. 그는 빈 주재 대사의 비서로(아마 또 스파이 노릇을 했을 것이다) 일하며 형편없는 글 나부랭이나 끼적거렸고, 쓸모없는 인간이 되어 수시로 경찰로부터 추방명령을 받았다. 온 유럽의 불청객이 된 것이다. 빈에서 그는 마침내 한 창녀와 결혼해 그녀의 수입으로 어느 정도의 안정을 도모하려 했다. 하지만 이 일에도 그는 실패했다. 그가 끼어든 파리의 한 식탁에서 프리메이슨 회원이며 학문의 대가이자 대부호인 발트슈타인 백작이 이렇게 읊었다.

이 강 저 강 떠도는 시인,
난파된 찌꺼기이며 출렁이는 물결의 장난감인 슬픔이여.

백작은 이 수다스럽고 쇠약한, 그러나 여전히 사람들을 즐겁게 하는 냉소주의자인 카사노바를 재미있어 하면서도 불쌍히 여긴 나머지 자비심을 베풀어 둑스의 도서관 사서로, 보다 정확히 말하자면 어릿광대로 기용했다. 연봉 천 굴덴에 진기한 물건을 사들인 셈이었다. 물론 그에게 지급되는 연봉은 계속해서 그의 채권자들에 의해 차압당했다. 천 굴덴이면 비싼 값은 아니었다. 그는 그 후 13년 동안을 둑스에서 살았다. 아니, 죽어갔다.

그리하여 여러 해 동안 그늘에 가려져 보이지 않던 그가 둑스에서 다시 모습을 드러내게 됐다. 카사노바 혹은 카사노바를 어렴풋이 연상시키는 그 무엇이, 그의 미라가 나타난 것이었다. 그것은 말라비틀어지고 부서지고 허약하고 자신의 쓸개즙에 의해 보존된, 박물관의 소장품 같은 존재였다. 백작은 그러한 그를 손님들에게 보여주기를 즐겼다. 손님들은 그를 다 타버린 사화산의 분화구, 재미나지만 위험하지 않으며 남쪽지방 특유의 다혈질적이고 익살스러운 남자라고 생각했다. 그는 보헤미아의 새장 안에서 권태로움에 휩싸여 서서히 죽어갔다. 하지만 이 늙은 사기꾼은 다시 한 번 세상을 웃음거리로 만들게 된다. 세인들이 모두 그를 '묘지와 관만 기다리는, 이미 끝장난 인간' 이라고 생각하는 동안에 그는 기억을 더듬어가며 자신의 인생을 재구성함으로써 간교하게도 불멸의 세계에 슬쩍 끼어드는 모험을 감행한 것이다.

늙은 카사노바의 초상

이제 세상만물의 얼굴은 변했고, 나는 구도자의 자세로 아직 존재하고 있다. 현재의 나는 과거의 내가 아니다. 나의 존재를 세상 사람들은 믿으려 들지 않는다. 그러나 나는 존재하고 있다.
— 노년의 카사노바 초상에 들어있는 메모

1797년과 1798년에 피 묻은 혁명의 빗자루가 온갖 욕망으로 얼룩진 18세기를 종식시켰다. 수많은 기독교 왕과 왕비들의 머리가 단두대의 바구니 속에 담기고, 코르시카 출신의 키 작은 장군이 수십 명의 영주와 소영주들을 베네치아 심문관 나리들과 함께 내쫓아버렸다. 사람들은 이제 백과전서파의 글이나 볼테르, 루소의 책을 읽지 않고 마을에 내걸린 전쟁에 관한 공고문을 읽었다. 성회수요일의 재(회개를 상징 — 옮긴이)가 온 유럽 하늘에 흩날렸다. 카니발은 끝났다. 속을 부풀린 치마, 분을 뿌린 가발, 은제 구두장식, 브뤼셀제 레이스와 더불어 로코코 시대는 종말을 고했다. 사람들은 이제 벨벳 저고리 대신 제복이나 시민복만 입었다.

하지만 기이하게도 한 사람만은 시대를 잊은 듯했다. 그는 보헤미아의 가장 어두운 구석에 살고 있는 노쇠한 남자였다. 호프만(1776~1822, 독일의 소설가 - 옮긴이)의 이야기에 나오는 기사처럼 벨벳 조끼에 금색 단추와 노란색 레이스 깃을 달고 비단양말, 꽃무늬가 있는 대님, 흰색 궁중 예모까지 색색으로 치장한 한 남자가 화창한 대낮에 둑스의 성에서 나와 돌로 포장된 울퉁불퉁한 도로를 지나 시내로 들어갔다. 진기한 모습을 한 이 남자는 이젠 하인이 없어 분도 제대로 뿌리지 못했으나, 아직도 옛날식으로 머리를 주머니로 감싼 가발을 쓰고, 떨리는 손으로는 황금 징을 박은 구식 등나무 지팡이를 붙잡고 있었다. 1730년의 왕궁에서나 볼 수 있던 차림새였다. 그는 카사노바였다. 아니, 어쩌면 그의 미라였다. 그는 가난과 분노와 매독에도 불구하고 아직 살아있었다. 양피지 같은 피부, 침을 흘리며 떨리는 입술, 그 위의 매부리 코, 하얗게 센 무성한 눈썹. 이 모든 것에서 나이와 부패의 냄새가, 담즙 속에 잠긴 박제와 책 먼지의 냄새가 풍겼다. 다만 새까만 눈만은 예전과 같은 불안을 아직 그대로 담은 채 반쯤 감긴 눈꺼풀 아래에서 악의에 차 날카롭게 이리저리 움직였다. 그는 고개를 좌우로 돌려 사람들을 바라보지는 않았고, 그저 알아들을 수 없는 말을 혼자 중얼거리기만 했다. 기분이 나빠 보였다. 사실 운명이 그를 보헤미아의 진흙구덩이로 던져버린 이후 카사노바는 한번도 기분 좋았던 적이 없었다. 무엇 때문에 사람들을 바라보겠는가. 저 멍청이들, 커다란 입으로 감자나 먹어치우는, 독일인의 피와 보헤미아인의 피가 뒤섞인 저자들, 시골구석에서 쓰레기에 코나 처박고 살아가는 저자들을 뭐 하러 바라보겠는가. 한때는 폴란드 궁정대신의 배에 총구멍을 내주었고, 교황에게서 직접 황금 박차를 하사받았던 생갈 기사인 자기를 알아보지 못하고 인사도 제대로 할 줄 모르는 저들에게는 눈길을 주기만 하는 것도 과분하리라. 그의 화를 더욱 돋우는 것은, 여자들까지도 자기를 존경하기는커녕 촌스러운 웃음이 터져 나올까봐 손으로 입을 틀어막는 모습이었다. 여자들이 그렇게 웃는 이유는 무엇이었을까? 하녀들이 신부에게 이 중풍 들린 늙은이가 자신들의 치맛자락을 들치기를 좋아하고 사투리로 실없는 소리를 속살거린다고 이야기했기 때문이다. 그래도 그 천민 하녀들이 빌어먹을 남자 하인들보다는 훨씬 나았다. "발길질 해대는 노새들"에게는 속수무책이었고, 특히 집사인 펠트키르히너와 그의 시중을 드는 비더홀트는 정말로 참기 힘들었다. 그는 생각한다. 악당 놈들! 그들은 어제도 수프에 일부러 소금을 잔뜩 쳐댔고, 마카로니를 태웠고, 내 책에서 초상화를 찢어내 변기 위에 걸어두었다. 놈들은 감히 로겐도르프 백작부인이 선물한 검은 점박이 강아지 멜람피게를 때리기까지 했다. 단지 그 귀여운 짐승이 자연적 욕구를 방에서 해결했다는 이유만으로. 아, 그 좋던 시절은 다 어디로 갔는가? 그때는 그런 하인배는 창고에 가두었고, 그들의 주제넘은 짓을 참기는커녕 뼈가 누글누글해지도록 흠씬 두들겨주었지. 하지만 지금은 로베스피에르 덕분에 악당들이 윗자리를 차지했고, 자코뱅 당파가 시대를 망쳐놓았다. 그리고 이제는 나도 늙어 이빨 빠진 불쌍한 개 신세가 됐다. 그러나 온종일 한탄하고 투덜거린다고 해서 무슨 소용이 있겠는가. 천민들에게 침이나 뱉어주고 방에 가서 호라티우스(고대 로마의 시인 – 옮긴이)나 읽는 게 상책이다.

하지만 이날은 아무런 울화도 끓어오르지 않았다. 우리의 미라는 마치 마리오네트(실이나 끈으로 매달아 조작하는 인형극 – 옮긴이) 인형처럼 성급히 이 방 저 방을 씰룩거리며 돌아다녔다. 그는 온통 훈장을 매단 낡은 궁중 예복을 입었고, 그 예복에서 먼지 하나까지 말끔히 솔질해 털어냈다. 백작님께서 예고하신 바로는 오늘 지엄하신 테플리츠 전하께서 오시고 리뉴 왕자를 포함해 몇 분의 귀족들도 초대됐으며 식탁에서는 프랑스어로 대화를 나누게 될 것이다. 그러면 시샘하는 하인 놈들이 이를 악물고 내 시중을 들어줄 수밖에 없을 터이다. 그놈들은 허리를 굽히고 공손히 접시를 들고 있어야 할 것이다. 어제처럼 개한테 뼈다귀를 던져주듯 내게 더럽고 맛없는 음식을 내던지지는 못하겠지. 오늘 점심에는 오스트리아의 기사들과 함께 식탁에 앉게 될 것이다. 그들은 진지한 대화를 존중할 줄 안다. 한때는 볼테르도 경의를 표했고, 왕과 왕비들도 인정해주었던 이 철학자가 이야기하면 그들은 경청할 것이다. 어쩌면 부인들이 물러간 뒤 백작님과 왕자님이 내게 아주 친근한 음성으로 원고를 발췌해 읽어달라고 부탁할지도 모른다. 암, 그런 부탁을 하고말고. 키르히너, 이 더러운 놈아! 고귀한 발트슈타인 백작님과 야전사령관인 리뉴 왕자님께서 세상에서 가장 재밌는 내 체험담 중 한 장을 골라 읽어달라고 청하실 거란 말이다. 그럼 아마 난 그것을 낭독하겠지. 하지만 내키지 않을 경우 난 낭독하지 않을 수도 있어. 나는 백작님의 하인이 아니고 그에게 복종할 의무가 있는 것도 아니니까. 난 하인계급이 아니거든. 나는 손님이고 사서이며 그들과 동등한 입장이야. 너희 놈들은 무슨 뜻인지도 모를 거다, 이 자코뱅당 놈들아. 그렇지만 너희들과 다른 그분들께는 몇 가지 일화를 이야기해줄 거다. 아무렴, 얘기해주다마다! 나의 스승 크레비용(18세기 프랑스의 소설가다 - 옮긴이)처럼 섬세한 방식으로, 혹은 베네치아식으로 신랄하게. 어쨌든 우리는 모두 귀족이니 우리끼리는 무슨 뜻인지 이해하겠지. 사람들은 즐거운 웃음을 터트리며 교황 폐하의 궁정에서처럼 검붉은 부르고뉴 포도주를 마시겠지. 그리고 전쟁, 연금술, 그리고 책에 관해 이야기를 나눌 것이고, 무엇보다도 늙은 철학자에게 세상과 여자에 관한 이야기를 해달라고 할 테지.

그는 흥분해서 탁 트인 홀을 이리저리 돌아다녔다. 작고 마르고 악의에 찬 모습으로 비난과 오만을 가득 담은 두 눈을 반짝거리면서. 그는 자기의 십자훈장 주위에 박혀있는 모조 보석(진짜는 오래전에 영국계 유태인이 가져가버렸다)을 닦고 머리에 세심하게 분을 뿌리고 거울을 들여다보면서 루이 15세 시절의 궁정에서 절을 하던 여러 가지 방식을 연습했다(속물들과 어울리다 보면 예법을 모두 잊어버리게 되니까). 당연히 등뼈가 심상찮은 소리를 냈다. 73년 동안 유럽의 사방으로 돌아다닌 우편마차의 수레가 무사할 리 없다. 또 여자들이 얼마나 진을 빼갔던가. 하지만 적어도 머릿속의 재치만큼은 아직 녹슬지 않았다. 아직은 나리들을 즐겁게 해드리고 그들의 인정을 받을 수 있다. 그는 소용돌이 모양으로 굴린, 약간 떨린 필체로 레케 공주를 위한 환영의 시를 프랑스어로 거친 종이에 베껴 쓰고, 자신이 쓴 새 희극에 연극 애호가에게 바치는 과장된 헌사를 써넣었다. 이곳 둑스에서도 그는 자신의 본분을 잊지 않았고, 문학 모임에서는 기사로서 참석자들에게 경의를 표하는 것을 잊지 않았다.

이윽고 정말로 마차들이 속속 도착했다. 백작과 손님들은 하인들에게 모자와 외투, 모피를 벗어 건네주었지만, 높은 계단에서 중풍 든 다리로 구부정하게 서서 자신들을 맞이하는 카사노바와는 귀족의 예법대로 포옹을 나누었다. 함께 초대된 신사들에게 그는 생갈 기사로 소개됐다. 그들은 그의 문학적 업적을 찬양했고, 부인들은 앞 다투어 그를 자기 옆자리에 앉히려고 했다. 아직 음식그릇들이 치워지지 않은 상태에서 손님들이 파이프 담배를 피우기 시작하자 그가 예상했던 대로 왕자가 비할 데 없이 흥미진진한 그의 인생 이야기 쓰는 일이 잘 진전되고 있느냐고 물었고, 신사와 숙녀들은 그에게 회고록의 한 대목을 읽어달라고 한목소리로 간청했다. 모든 백작 가운데 가장 고마운 사람, 자기에게 은덕을 베푼

후원자의 소원은 거절할 수 없지 않은가? 그는 급히 자기 방으로 올라가 15권의 책들 가운데 비단 줄무늬가 들어있는 책을 뽑았다. 그것은 부인들이 있는 자리에서 낭독해도 부끄러울 일이 없는, 몇 안 되는 걸작 중 하나로 그가 베네치아 감옥에서 도주했던 사건을 기록한 것이었다. 그동안 얼마나 자주, 그리고 얼마나 많은 사람들에게 이 빼어난 모험담을 이야기해 주었던가? 쾰른과 바이에른의 선제후에게, 영국 귀족들의 모임에서, 그리고 바르샤바 궁전에서 이 이야기를 해주었지. 카사노바는, 감옥 경험담으로 사람들의 관심을 불러일으켰지만 재미는 없었던 프로이센의 폰 트렝크 남작과 자기는 다르다는 사실을 그들에게 알려주고 싶었다. 그는 최근에 덧붙여 쓴, 대단히 놀랍고 복잡한 몇 가지 이야기를 낭독한 다음 마지막으로 저 위대한 단테를 아주 뛰어나게 인용했다. 그의 낭독이 끝나자 우레와 같은 박수소리가 터져 나왔고, 백작은 그를 포옹하면서 왼손으로 금화 한 통을 그의 호주머니에 찔러 넣어주었다. 그 돈은 그에게 꼭 필요한 것이었다. 온 세상이 그를 잊어도 빚쟁이들만큼은 이 먼 곳까지 그를 찾아왔기 때문이다. 보라, 그의 뺨에 정말로 몇 방울의 굵은 눈물이 흘러내렸다. 그때 공주가 호의를 베풀어 그의 행복을 빌어주었고, 모든 사람이 찬란한 그의 걸작이 조속히 완성되기를 바라며 건배를 해주었다.

하지만 다음날에는 가슴 아프게도, 말들이 성급하게 덜거덕거리는 소음을 내는 가운데 사륜마차가 문 앞에 대기하고 있었다. 지체 높은 나리들이 프라하로 여행을 떠나기 위해서였다. 사서인 그가 자기도 프라하에 급한 볼일이 있다고 세 번이나 가볍게 암시를 주었음에도 아무도 그를 데려가려 하지 않았다. 그는 거대하고 냉랭하며 바람 부는 둑스의 돌벽 안에 남아있어야 했다. 저 버릇없는 보헤미아의 하인배들에게 내맡겨진 것이었다. 그들은 백작님의 마차바퀴가 일으킨 먼지가 가라앉기가 무섭게 벌써부터 다시 음험한 미소를 짓기 시작했다. 주변에는 온통 야만인들뿐이었다. 프랑스어나 이탈리아어로 시인 아리오스토나 장 자크 루소에 대해 이야기할 수 있는 자는 아무도 없었다. 그렇다고 해서 체슬라우 출신의 잘난 척하는 책벌레 오피츠나 아직도 자기와 기꺼이 서신을 주고받는 착한 부인들에게 보낼 편지만 쓰고 있을 수도 없는 노릇이었다. 텅 빈 방에는 다시 둔탁하고 사람을 졸리게 하는 회색 연기처럼 권태가 덮이기 시작했고, 어제는 잊고 있었던 중풍이 다리에 두 배로 끔찍한 통증을 가해왔다. 카사노바는 투덜거리며 예복을 벗었고, 두꺼운 터키산 모직 잠옷으로 떨리는 뼈를 감싼 다음 다시 투덜거리면서 유일한 추억의 도피처인 책상으로 기어갔다. 거기 쌓여있는 하얀 종이더미 옆에 잘 깎인 펜들이 기다리고 있었다. 종잇장들이 기대에 가득 차 바스락거렸다. 그는 신음하며 다가앉아 떨리는 손으로 쓰고 또 써 나갔다. 자기 삶의 지난 역사를. 카사노바를 몰고 가는 축복받은 지루함이여!

그의 해골 같은 이마 안에는, 미라처럼 말라버린 피부 속에는 딱딱한 껍데기 속에 하얀 호두가 들어 있듯이 천재적인 기억력이 생생하게 꽃을 피우며 살아있었다. 그의 빛나는 눈, 숨쉬는 넓은 코, 단단하고 탐욕스런 손이 수천 번의 모험에서 낚아챈 모든 것이 이마와 뒤통수 사이의 작은 두개골 속에 아직도 온전하고 깨끗하게 보존돼 있었다. 그리고 하루에 13시간씩이나(그는 "13시간, 그 시간이 나에게는 마치 13분처럼 흘러간다" 고 썼다) 거위깃털 펜을 빠르게 움직이는 손가락은 예전에 자신이 즐기며 쓰다듬었던 여인들의 몸을 여전히 기억하고 있었다. 책상 위에는 옛 애인들이 보낸 빛바랜 편지, 메모, 머리카락 뭉치, 계산서, 기념품 등이 어지럽게 흩어져 있었다. 불꽃이 꺼진 뒤에도 잠시 은빛 연기가 피어오르듯 빛바랜 기억으로부터 달콤한 향기를 뿜어내는, 보이지 않는 안개구름이 주위에 떠다니고 있었다. 그 색색의 환상에서 예전의 그 모든 포옹, 그 모든 키스, 그 모든 몰입의 기억이 스며 나왔다. 과거를 불러내는 것은 일이 아니라 즐거움이었다. "즐거웠던 일을 회상하는 기쁨"이었다. 중풍 든 노인은 두 눈을 반짝이고 열의와 흥분으로 입술을 씰룩거리면서 소리가 되다가 만 단어들을 혼잣말로 중얼거렸다. 절반은 그가 새로 만들어냈고 절반은 그가 기억해낸 대화들. 그는 자신도 모르게 옛 애인들의 목소리를 흉내 냈고, 자신을 조롱했던 말을 떠올리면서도 웃음이 났다. 그는 먹는 것도, 마시는 것도, 자신이 처해 있는 가난도, 비참함도, 굴욕도, 성 능력의 상실도, 노년의 근심과 괴로움도 모두 잊고 기억의 거울 속에서 꿈을 꾸며 젊은 시절로 돌아갔다. 기억에서 불러낸 앙리에트, 바베트, 테레즈와 같은 옛 여인들의 환영에게 그는 미소를 지으며 다가갔다. 어쩌면 그는 이렇게 불러낸 그녀들의 환영을 실제의 그녀들보다 더 즐겼을지도 모른다. 그는 쓰고 또 써 내려갔다. 예전에 온몸으로 겪어 낸, 정열적으로 솟아올랐다가 무너져 내리곤 했던 모험의 경험들을 손가락과 펜으로 옮겨놓고 혼자 낭독하고 웃다 보면 현재의 자신을 잊어버릴 수 있었다.

방문 앞에는 하인들의 무리가 야유를 퍼부으며 서있었다. "그 안에서 누구와 시시덕거리슈, 이탈리아 바보 영감?" 그들은 히죽거리면서 그의 괴팍함을 조롱하고 이마에 손가락을 대고 빙 돌린 다음 노인을 다락방에 혼자 남겨두고 다시 계단을 쿵쾅거리며 내려가 저들끼리 술판을 벌였다. 이 세상에는 이제 더 이상 그를 알아주는 사람이 없었다. 분노한 이 늙은 매는 마치 빙산의 꼭대기와 같은 둑스의 저 높은 탑 안에 아무도 모르게 둥지를 틀고 있었다. 그리하여 마침내 1798년 6월 말 그의 늙고 말라버린 심장은 뛰기를 멈추었고, 한때 수천의 여인들에게 뜨겁게 안겼던 그의 비참한 육신이 땅에 묻혔다. 그의 이름은 교회 명부에 제대로 기재되지도 못했다. 교회 명부에는 '카사네우스, 베네치아 인, 향년 84세'라고 썼다. 이름도 나이도 엉터리였다. 이렇게 해서 그는 가장 가까이에 있었던 사람들에게조차 낯선 존재가 돼 버렸다. 아무도 그의 묘에 신경을 쓰지 않았고, 누구도 그가 써놓은 글을 돌보지 않았다. 그의 육신도 편지도 잊혀진 채 썩어갔고, 그가 써놓은 원고들도 여기저기 굴러다니다가 도둑에게 넘어가거나 다른 무심한 이의 손에 들어갔다. 그리하여 살아있던 모든 사람들 가운데 가장 활기찬 인물이었던 그는 1798년부터 1822년까지 사반세기 동안 그야말로 완전히 죽어 없어진 것으로 여겨졌다.

자기 묘사의 천재

중요한 것은 오직 용기를 내는 일이다.
— 서문

그의 생애가 모험이었듯이 그의 부활 역시 모험이었다. 1820년 12월 13일 저명한 출판업자인 브록하우스는 전혀 알지 못하는 그렌첼이라는 신사로부터 역시 전혀 알지 못했던 카사노바라는 사람이 쓴 《1797년까지의 내 인생 이야기》의 원고를 출판하겠느냐고 묻는 편지를 받았다. 브록하우스는 어쨌든 2절판의 그 원고를 보내보라고 했고, 원고가 도착하자 그것을 전문가들에게 돌려 읽어보게 했다. 그들이 얼마나 감탄했을지 쉽게 짐작된다. 곧바로 원고의 번역이 시작됐다. 그 번역본은 아마도 외설스러운 변형이 가해지고 무화과 잎(아담과 이브의 국부를 가렸던 잎 – 옮긴이)으로 장식됐을 것이다. 특히 제4권은 떠들썩한 성공을 거두어, 약삭빠른 한 해적판 출판업자가 프랑스어본을 독일어로 번역한 것을 다시 프랑스어로 번역했을 정도였다. 그러니까 두 번의 개악을 가한 셈이었다. 그러자 욕심이 난 브록하우스는 자기도 프랑스어 재번역본을 만들어 그 프랑스어 번역본에 맞섰다. 요컨대 자코모(카사노바를 가리킴 – 옮긴이)는 예전에 자신이 활개 치며 다녔던 나라와 도시들에서 다시 살아났으나, 그의 자필 원고는 브록하우스의 철통같은 금고 속에 고이 묻히게 된 것이었다. 아마도 신과 브록하우스만 알리라. 카사노바의 원고들이 23년 동안 어떤 뒷거래와 도적질의 대상이 되며 돌아다녔는지, 그리고 그 가운데 얼마만큼이 분실되고 잘려나가고 거세되고 위조되고 변조됐는지를. 그의 원고에 일어난 모든 사건은 그 원고가 카사노바의 유산이었던 데 걸맞게 온통 비밀, 모험, 부정, 속임수의 냄새를 풍긴다. 하지만 모든 시대를 통틀어 가장 과감하고 본능에 충실한 모험소설을 갖게 됐다는 것만으로도 우리에게 기적처럼 즐거운 일이 아닌가.

정작 카사노바는 자신이 쓴 괴물 같은 자서전 원고의 출판을 진지하게 생각해본 적이 없다. 류머티즘을 앓고 있던 은둔자는 언젠가 이렇게 고백했다. "7년 전부터 나는 내 추억을 글로 쓰는 일 외에는 아무것도 하지 않고 있다. 나는 이 일을 시작한 것을 후회하면서도 끝내야 한다는 욕구를 점점 더 분명히 갖게 됐다. 하지만 나는 나의 이 이야기가 결코 세상의 빛을 보지 않게 되기를 소망하면서 쓰고 있다. 정신의 불을 꺼버리는 비열한 검열관이 출판을 허락하지 않으리라는 점도 분명하지만, 내가 앓고 있는 병의 막바지에 그나마 분별력이라도 유지됨으로써 이 글들이 모두 내 눈앞에서 불태워지는 것을 볼 수 있기를 희망한다." 다행히도 카사노바는 자신에 충실했고, 결코 분별력을 가져본 적이 없었다. 그가 언젠가 말했던 "제2의 부끄러움", 즉 자신이 부끄러워하지 않는다는 사실에 대한 부끄러움도 그의 글쓰기를 방해하지 못했다. 그는 힘차게 매일 13시간씩 둥글고 멋진 필체로 종이를 바꿔가며 이야기를 적어나갔다. 그 자신의 표현을 인용하면, 이런 그의 작업은 "미쳐버리지 않기 위한, 혹은 화병으로 죽지 않기 위한 유일한 방책이었다. 발트슈타인 백작의 성에 살고 있는 시기심 많은 악당들의 불쾌한 장난과 번거로운 일상으로 인해 생겨나는 분노 때문에 죽지 않기 위해서 말이다."

심심함을 달래기 위한 소일거리, 지적 경화(硬化)를 막기 위한 방책이라니, 회고록을 집필하는 동기로는 참으로 보잘것없다. 하지만 예술적 형상화를 추진하도록 충동하고 자극하는 권태의 역할을 무시해서는 안 된다. 돈키호테가 생겨난 것은 세르반테스의 황폐한 감옥시절 덕분이며, 스탕달의 가장 아름다운 글들은 그가 치비타베키아 늪지대에서 보낸 망명시절 덕분이다. 카메라의 어둠상자 같은 곳에서만, 인위적으로 만들어진 그 어두운 공간 속에서만 생명의 다채로운 사진들이 생겨나는 것이다. 발트슈타인 백작이 우리의 선량한 자코모를 파리나 빈으로 데려가서 잘 먹여주고 여자들의 살 냄새를 얼마든지 맡게 해주었다면, 혹은 여러 살롱들에서 사람들이 그의 정신에 존경을 표시했더라면, 그의 흥겨운 이야기들은 사람들이 초콜릿이나 샤베트를 먹으며 나누는 수다 속에 흩어져버리고 결코 잉크 속으로는 흘러들지 못했을 것이다. 늙은 탕아는 보헤미아의 벽촌에서 홀로 추위에 떨면서 마치 죽음의 왕국에서 온 사신인 양 과거를 되돌아보며 자기 이야기를 풀어나갔다. 이미 그의 친구들은 죽었고, 그의 모험들은 잊혀졌고, 이제는 아무도 그에게 존경을 표시하지 않았고, 그의 말에 귀를 기울이지도 않았다. 그래서 이 늙은 마술사는 오직 자신이 살아있다는 사실, 아니면 적어도 과거에 살았었다는 사실(실제로 그는 "아직 나는 살아 있다"고 썼다)을 스스로에게 증명하기 위해, 과거의 형상들을 다시 불러내는 유대교 신비주의의 기술을 연습했다. 굶주렸던 자들은 고기 굽는 냄새를 맡는 맛으로 살아가고, 전쟁이나 사랑으로부터 상처를 입었던 자들은 자신의 모험담을 이야기하는 맛으로 살아간다. 카사노바는 이렇게 썼다. "나는 과거를 회상하는 동안에 즐거움을 새롭게 맛본다. 그리고 지나간 고난을 비웃는다. 이제는 그것을 느끼지 않으므로." 그는 오직 자기 자신을 위해 노인의 장난감, 즉 과거라는 화려한 요술거울을 꺼내 들었다. 그는 화려한 추억으로 비참한 현재를 잊으려고 했다. 그 이상은 원하지 않았다. 이처럼 모든 것에 대한 그의 완전한 무심함이 그의 작품에 자기묘사라는 심리학적 가치를 부여해 주었다. 자신의 생애를 이야기하는 사람은 거의 모두가 목적의식을 갖고 있고, 어느 정도는 연극적 요소를 거기에 가미한다. 그리하여 자신을 무대에 올리고는 관객을 의식한 어떤 특별한 태도, 흥미로운 인물을 무의식적으로 연기하게 된다. 널리 알려진 유명인은 자기묘사를 할 때 결코 생각이 자유롭지 못하다. 처음부터 이미 상상되거나 체험된 수많은 자신의 모습들과 충돌하기 때문이다. 그래서 유명인은 자신의 의지와는 달리 이미 만들어진 전설에 맞춰 자기묘사를 해나갈 수밖에 없다. 유명인들은 명예를 지키기 위해 나라, 자식, 도덕, 그리고 자신에 대한 다른 사람들의 경외심과 존경심을 고려해야 한다. 딸린 것이 많은 사람일수록 구속이 많다. 하지만 카사노바는 극도의 무절제함을 마음껏 누려도 좋았다. 그는 자기묘사를 할 때 가족, 윤리, 사실에 묶일 걱정이 없었다. 그는 자식들을 뻐꾸기 알처럼 남의 둥지에 밀어 넣었고, 그와 잠자리를 함께 했던 여자들은 오래전에 이미 이탈리아, 스페인, 영국, 독일 등지의 땅속에 묻혀 썩어가고 있었다. 그 밖에 조국도 고향도 종교도 그를 옭아매지 않았다. 그런데 그가 누구를 보호해야 한단 말인가! 자기 자신은 더더욱 보호할 것이 없었다. 그가 이야기하려는 사실들은 이제는 더 이상 그에게 아무런 이득도 줄 수 없었고, 그를 더 이상 해칠 수도 없었다. 그래서 그는 이렇게 자문했다. "내가 진실하지 못할 이유가 무엇이란 말인가? 나는 나 자신을 속이지 않는다. 나는 오로지 나 자신만을 위해 쓴다."

카사노바에게 있어 진실하다는 말은 심각하게 숙고해서 행동한다는 뜻이 아니다. 그에게 진실하다는 말은 아주 간단한 뜻을 갖고 있다. 그것은 거리낌 없고, 깊이 생각하지 않으며, 뻔뻔하다는 뜻이다. 그는 옷을 모두 벗어버리고 편안하게 자신의 알몸을 느끼면서, 이미 메말라 죽어버린 육체를 다시 한 번 따스한 감각의 물결 속에 담그고 추억 속에서 거리낌 없이, 뻔뻔하게 찰싹거리며 물장난을 쳤다. 그가 보여주는 자신이 실제의 모습이든 상상으로 그려진 것이든 관객들은 전혀 아랑곳하지 않았다. 그는 자신의 모험담을 자랑스레 이야기하는 문필가, 장군, 시인의 태도를 보이지 않았다. 그는 마치 깡패가 자신의 칼부림 행위를 이야기하듯, 또는 처량하게 늙어가는 매춘부가 지나간 자신의 사랑이야기를 들려주듯 수치심이나 거리낌이라고는 전혀 없는 태도로 자기 이야기를 해나갔다. 그는 '나의 전기'라는 제목을 쓰고 그 밑에 "나는 나의 고백을 부끄러워하지 않는다"라고 적어놓았다. 그는 양 볼을 힘주어 부풀리지도 않았고, 과거를 후회하며 미래를 훌끔거리지도 않았다. 그는 자기 입에서 나오는 대로 이야기하듯 서술했다. 이런 점에서 볼 때 그의 회고록이 도덕성을 초월해서 진정한 고대적(古代的) 개방성을 보여줌으로써 세계사상 가장 적나라하고 자연스러운 책 가운데 하나가 된 것은 놀랄 일이 아니다. 이런 그의 태도가 거칠고 감각적일지는 모르지만, 그리고 부드러운 감각을 지닌 사람들이 볼 때는 '자기만족에 빠진 운동선수처럼 허영심을 갖고 육체적 본능의 유희를 유도하는 것'으로 여겨질지는 모르지만, 차라리 그렇게 파렴치하게 에로틱한 자신을 과시하는 것이 에로틱한 것을 슬쩍 사라지게 만드는 비겁한 요술이나 에로틱한 것에 대한 허약한 찬사보다 백배천배 낫다. 그의 시대에 씌어진 다른 에로틱한 글들과 한번 비교해 보라. 그레쿠르(1683~1743, 프랑스의 시인 – 옮긴이), 크레비용의 작품이나 포블라(18세기 프랑스의 소설가 루베 드 쿠브레의 《포블라 기사의 사랑》에 나오는 주인공으로 교활한 유혹자 – 옮긴이)를 생각해보라. 그것들은 사향처럼 달콤한 장밋빛의 외설스런 작품이거나, 에로스가 거지처럼 목동의 옷을 걸치고 있거나, 사랑이 마치 발레의 동작인 양 우아하게 발을 교차하며 등장한다. 아이도 매독도 얻지 못하는 그런 음탕한 장난들을 직접적이고 정확하며 향락의 즐거움이 넘치는 카사노바의 펄떡이는 묘사들과 비교해보라. 그러면 그 묘사들에 배어있는 인간성과 원초적인 자연성을 제대로 평가할 수 있을 것이다. 카사노바의 묘사에서는 남자의 사랑이란 요정들이 발을 담그며 노는 잔잔한 푸른 시냇물이 아니라 무시무시한 자연의 강물이다. 그 수면에는 이 세계가 다 비치고, 그 바닥에는 이 땅의 온갖 진흙과 더러움이 쌓여 질척거린다. 자기묘사에서 그처럼 격렬하고 광포하게 넘치는 남성의 성적 충동을 그려낸 사람은 없었다. 마침내 살과 정신의 혼합을 남성적 사랑으로 보여줄 용기를 가진 한 남자가 나타나 감상적인 사건과 순수한 사랑뿐만 아니라 홍등가의 모험, 적나라한 성행위, 남자라면 누구나 거치게 되는 섹스의 미로 등을 전부 다 이야기한 것이다. 자서전을 쓴 다른 위인들, 예컨대 괴테나 루소가 자기묘사에서 전적으로 진실하지 않았다고 말할 수는 없지만, 그들은 절반만 이야기하고 말거나 침묵함으로써 진실하지 못했던 부분이 있다. 괴테와 루소는 둘 다 의식적으로, 혹은 슬쩍 건망증을 빙자해 조심스러운 태도로 자기 입맛에 맞지 않거나 순전히 성과 관련된 일화들은 모두 죽여 버리고 클레르헨이나 그레첸과의 감상적이거나 정열적인 사랑놀이를 정신적인 것으로만 채색하고 확대시켰다. 그리고 그렇게 함으로써 괴테와 루소는 자기도 모르게 남자의 성애를 삶의 순수한 모습으로 승화시켜 버렸다. 괴테, 톨스토이는 물론 다른 것에 대해서는 점잔빼지 않던 스탕달도 잠자리의 모험들에 대해서는, 그리고 세속적인 사랑에 대해서는 양심의 가책을 느끼고 재빨리 건너뛰어 버렸다. 그러니 뻔뻔스러울 정도로 솔직하고 수치심을 모르는 자인 카사노바, 온갖 장막을 걷어 올린 카사노바가 없었다면, 세계문학에서 남자의 성에 대한 완전하고 솔직하며 복합적인 묘사가 빠져버렸을 것이다. 카사노바로 인해 비로소 우리는 감각의 성적 추진장치가 완전히 가동되는 모습을 볼 수 있게 됐고, 감각적으로 끈적거리고 더럽고 진창처럼 질척거리는 육체의 세계도 볼 수 됐다. 카사노바는 성적 편력을 통해 진실을 말했고, 그의 사랑의 세계는 현실만큼이나 진실했다.

카사노바가 진실했다고? 문헌학자들이 격분해서 자리에서 벌떡벌떡 일어나는 소리가 들린다. 그들은 지난 50년 동안 카사노바와 관련된 역사적 자료들을 향해 기관포를 마구 쏘아대며 수많은 거짓말들을 폭로했다. 하지만 침착하자! 이 교활한 사기도박꾼, 이 직업적인 거짓말쟁이가 자신의 회고록에서 이런저런 카드를 교묘하게 뒤섞어 자신의 운명을 뒤바꾸고, 흔히 더디게 마련인 우연의 흐름을 빠르게 만든 것은 분명하다. 그는 결핍으로 자극받은 상상력의 여러 성분으로 사랑이라는 스튜를 멋지게 장식하고 후추도 뿌리는 등 양념을 더했다. 아마 자신도 모르는 사이에 그렇게 했을 것이다. 그러나 그에게서 세세한 사실을 파고드는 학자의 면모나 믿음직한 역사가의 면모를 찾으려고 해서는 안 된다. 학문이 우리의 선량한 카사노바가 남긴 기록에서 오류를 정확하게 짚어내고자 한다면 그 숫자는 점점 더 많아질 것이다. 하지만 그런 자잘한 속임수, 연도의 오류, 허풍, 자의적인 건망중, 때로는 근거 있는 건망중으로 인해 카사노바의 회고록에 들어있는 총체적인 삶의 기록이 지닌 엄청나고도 고유한 진실성이 감소되는 것은 아니다. 카사노바는 시간과 공간을 혼합해 사건들을 더욱 감각적인 것으로 만드는 예술가로서의 당연한 권리를 충분히 행사했던 게 틀림없다. 하지만 그처럼 자신의 삶과 시대를 전체적으로 바라보는, 솔직하고 개방적이고 명료한 방식에 반대할 자가 누가 있는가. 카사노바의 회고록에는 그 자신뿐 아니라 그가 산 한 세기 전체가 생기에 넘쳐 무대에 올라 있다. 대조적이면서 떠들썩하고 짜릿하고 극적인 그 일화들 속에는 모든 계층과 신분, 그리고 온갖 나라와 풍경과 영역이 뒤섞여 소용돌이를 치고 있다. 미풍양속이건 그것을 해치는 것이건 상관이 없다. 심층으로 깊이 파고들지 못하는 그의 결점, 겉으로 보기에는 결점으로 보이는 그 특성이 그의 관찰방식에 문화적 다큐멘터리의 성격을 부여했기 때문이다. 카사노바는 전체에서 뿌리를 뽑아내지 않았고, 그럼으로써 현상 전반에 흐르는 감각을 훼손하지 않았다. 그렇다. 그는 모든 것을 분류해서 결정(結晶)을 추출하는 일을 하지 않았고, 삶의 모습을 정리하지 않은 채 그대로 우연의 연속적인 흐름 속에 느슨하게 놔두었다. 그에게는 모든 것이 자기에게 재미있기만 하면(이것이 그의 유일한 판단기준이었다) 똑같이 중요했다. 도덕적인 것에 대해서든 현실적인 것에 대해서든 그에게는 훌륭한 것도 하찮은 것도 없었고, 선한 것도 악한 것도 없었다. 때문에 그는 회고록에서 프리드리히 대제와 나눈 대화를 몇 장 앞서 나오는 매춘부와의 대화보다 조금도 더 세세하거나 정성을 들여 서술하지 않았고, 카타리나 여제의 겨울궁전과 파리의 사창가를 차별 없이 정확하고 철저하게 묘사했다. 그에게는 파라오 게임에서 금화를 얼마나 땄는지, 혹은 하룻밤에 뒤부아나 헬레네와 같은 여자를 몇 번이나 만족시켰는지가 볼테르와의 대화를 문학사에 남기는 것과 똑같이 중요한 일로 여겨졌다. 그는 세상의 어떤 일에도 도덕적 혹은 미학적 의미를 부여하지 않았고, 그 덕에 그의 회고록에서는 세계가 자연스러운 균형 상태 그대로 훌륭하게 보존됐다. 카사노바의 회고록은 지적인 측면에서 보면 인생의 흥미 있는 여러 풍경들을 섭렵한 한 똑똑한 여행자의 메모 정도에 지나지 않아 철학적 사색거리는 제공하지 못하지만, 18세기로의 역사적 여행 안내서인 동시에 재미있는 스캔들의 연대기로서 한 시대의 일상을 완벽한 단면도로 재현해냈다. 그 어느 누구의 글보다도 카사노바의 글을 통해서 우리는 18세기의 일상과 문화, 무도회, 극장, 카페, 축제, 음식점, 도박장, 사창가, 사냥, 수도원, 요새 등을 잘 알 수 있다. 그 당시의 사람들이 어떻게 여행하고 식사하고 도박을 하고 춤추고 거주하고 사랑하고 즐겼는지를, 그리고 그 시대의 풍습, 예절, 사람들이 말하는 방식, 생활방식을 알 수 있는 것이다. 그리고 전례 없이 풍부한 사실들을 뒷받침하는 세세한 현실들과 아주 격렬하게 움직이는 인간의 군상은 장편소설 스무 편을 채우고도 남을 만할 뿐 아니라 한 세대, 아니 열 세대의 소설가들에게 소재를 제공하기에도 충분하다. 그 소재가 얼마나 풍부한가를 예시해보면 군인과 영주, 교황과 왕, 깡패와 사기도박꾼, 상인과 공중인, 카스트라토, 뚜쟁이, 가수, 처녀와 창녀, 문인과 철학자, 현자와 바보 등이 그의 회고록에 다 들어있다. 한 개인이 책이라는 울타리 안에 모아놓은 것으로는 가장 재미있고 다양하다. 마치 인간 동물원과 같다. 그동안 수많은 단편소설과 희곡에 나오는 최고의 인물들과 상황들 가운데는 카사노바의 글에서 따온 것들이 많았는데, 이 광산의 광맥은 아직도 고갈될 줄을 모른다. 그동안 열 세대에 걸쳐 이 소설의 광장에서 새로운 문학적 건축을 위한 돌을 채굴해왔듯이 앞으로도 적잖은 문학가들이 저 허랑방탕한 카사노바에게서 문학적 건축물의 기초와 인물을 빌려올 것이다.

그러므로 미심쩍은 그의 재능에 대해 눈살을 찌푸리거나, 법에 저촉되는 그의 세속적인 행실을 도덕의 자로 재거나, 그의 시시한 철학적 논평에 혹독한 비판을 가하는 것은 쓸모없는 짓이다. 자코모 카사노바는 이제 교수대 선배인 비용(15세기 프랑스의 시인 — 옮긴이)을 비롯한 수많은 어두운 존재들처럼 세계문학의 작가 반열에 속하게 됐고, 수많은 도덕적 시인이나 재판관들보다 더 오래 살아남을 것이다. 그는 살아있을 때와 마찬가지로 죽은 뒤에도 미학의 모든 법칙이 무의미함을 입증하고 있고, 도덕의 교리문답을 무례하게 내던져 버리고 있다. 또한 그는 지속적으로 후세에 영향을 끼침으로써 특별한 재능이 없어도, 부지런하거나 점잖거나 고귀하거나 숭고하지 않아도 불멸의 문학이라는 거룩한 강단에 끼어들 수 있다는 것을 증명했다. 카사노바는 작가가 아니라도 가장 재미있는 소설을 쓸 수 있음을, 역사가가 아니라도 가장 완벽한 시대상을 글로 재현할 수 있음을 입증했다. 그게 가능할 수 있었던 것은 최종평가는 과정이 아니라 결과에 의해 좌우되며, 결정적인 기준은 도덕성이 아니라 힘이기 때문이다. 완벽한 감정은 생산적일 수 있다. 수치심이 없는 것도 수치심과 똑같이, 성격이 없는 것도 성격과 똑같이, 악도 선과 똑같이, 부도덕도 도덕과 똑같이 생산적인 것이다. 영원성을 이루는 데 중요한 것은 영혼의 형식이 아니라 한 인간의 충만함이다. 오직 강력한 밀도만이 영원해질 수 있다. 한 인간이 강력하고, 활력 있고, 일관되고, 그리고 순간적으로 살아가는 강도가 높을수록 그는 더욱 완전한 모습이 된다. 불멸성은 도덕과 비도덕, 선과 악을 구분하지 않는다. 불멸성은 오직 작품의 내용과 강도만을 측정한다. 불멸성은 인간의 순수함이 아닌 일관성을 요구한다. 불멸성은 도덕이 아니라 오직 밀도에 의해서만 좌우된다.

내가 누구였던가? 지금의 나는 누구인가? 이런 질문을 하기가 난처하다.
– 앙리 브륄라르 스탕달

스탕달
Stendhal

거짓과 진실에 대한 욕구

가면을 쓰고 이름을 바꾼다면 가장 좋겠지.
— 편지

스탕달보다 거짓말을 잘하고 열정적으로 세상을 현혹한 사람은 없을 것이다. 반대로 그보다 정확하고 심오한 진실을 말한 사람도 없을 것이다.

그의 가면놀이와 속임수는 이루 다 헤아릴 수 없을 정도다. 책을 펼치기도 전에 겉표지나 머리말에서 첫 번째 거짓말이 튀어나온다. 앙리 베일(Henri Beyle)은 결코 순순히 자신의 본명을 대는 법이 없기 때문이다. 그는 제멋대로 귀족칭호를 갖다 붙이는가 하면 때로는 '세자르 봉베'로 변장하고, 때로는 자기 이름 앙리 베일의 이니셜인 'H. B.' 앞에 뭔지 모를 'A. A.'를 덧붙이기도 한다. 이것이 별것도 아닌 '전직 감사관(ancien auditeur)'의 약자라고는 아무도 추측하지 못할 것이다. 가명을 써야만, 허위보고를 해야만 편안함을 느꼈던 스탕달은 어떤 때는 오스트리아의 퇴직 공무원으로, 어떤 때는 전직 기병대 장교로 자신을 가장했다.

그는 자신과 같은 프랑스 사람들을 대할 때도 수수께끼 같은 이름인 스탕달(이 이름은 축제 분위기로 유명해진 프로이센의 한 작은 도시 이름을 딴 것이다)을 가장 많이 사용했다. 그가 글에 날짜를 써넣었다면 그것은 단언컨대 틀린 날짜다. 이를테면 그는 《파름의 수도원》의 서문에서 이 책을 1830년에 파리에서 1200마일 떨어진 곳에서 썼다고 말하고 있지만 이것은 장난에 불과하다. 실제로 그 작품은 1839년 파리 한복판에서 쓰어졌다. 사실관계에도 여러 모순들이 서로 얽혀 있다. 자서전에서 그는 바그람 전투, 아스펀 전투, 아이라우 전투에 참가했노라고 자랑했지만, 이것이 사실이 아니라는 것은 그의 일기장을 보면 금방 알 수 있다. 그와 같은 전투가 벌어진 시기에 그는 파리에서 유유자적하고 있었다. 그는 또한 나폴레옹과 장시간에 걸쳐 요담을 나누었다고 몇 번인가 얘기했지만, 이런 불행이 있나! 독자는 바로 다음 권에서 "나폴레옹은 나 같은 바보와는 이야기를 나누지 않는다"는 아주 믿을 만한 고백을 듣게 된다. 그래서 스탕달의 글을 읽을 때는 그가 주장하는 내용에 신중하게 접근해야 한다. 특히 편지가 가장 의심스럽다. 그는 경찰이 두렵다는 이유로 날짜를 일부러 틀리게 표기하고 편지 말미에 매번 다른 가명을 쓰는 것을 원칙으로 삼았기 때문이다. 로마에서 유유히 산책하고 있으면서도 편지의 발신지를 오르비에토라고 적었고, "브장송에서 편지를 보낸다"고 적은 날에 실제로는 그르노블에 있었다. 연도는 간간히 틀리게, 월(月)은 대부분 틀리게 표기했고, 발신자의 이름은 거의 규칙적으로 바꾸었다. 하지만 그를 이런 바보놀음으로 몰아간 것은 대부분의 사람들이 생각하듯 단순히 오스트리아 경찰의 어두운 밀실에 대한 두려움만이 아니었다. 오히려 거짓말을 하고 사람들을 놀라게 하고 자기 모습을 가장하고 숨기를 즐긴, 그의 타고난 기질에서 비롯된 것이다. 스탕달은 호기심 많은 사람이 자기에게 너무 가까이 다가오지 못하도록 하기 위해 펜싱 검을 휘두르듯 베일과 가명을 능숙하게 둘러썼다. 그는 자신이 속임수와 계략을 매우 좋아한다는 사실을 숨기려 하지 않았다. 한 친구가 편지를 보내 그의 파렴치한 거짓말에 대해 혹독하게 질책하자 그 친구가 보낸 편지의 가장자리에 태연하게도 "정말이야!" "맞아! 맞대도!"라고 메모했을 정도다. 그는 다른 사람들을 조롱하는 재미에 빠져 관청서류에 자기 이력을 허위로 기재하고는 거기다 때로는 부르봉 왕조에 반대하는 신조를, 때로는 나폴레옹에 반대하는 신조를 적어 넣기도 했다. 출판된 것이든 사적인 것이든 그의 모든 글에는 사실과 일치하지 않는 부분이 너무 많다. 그의 마지막이자 최고의 거짓말은 유언에 따른 것이 분명한 자기 묘의 비문이다. 이것은 몽마르트르 묘지의 대리석 묘비에 새겨져 오늘날까지도 남아있다. "앙리 베일이라는 프랑스 이름으로 세례를 받고 외진 시골도시 그르노블에서 태어난 밀라노 사람 아리고 베일의 마지막 안식처." 그는 죽은 뒤에도 가면을 쓰고 다른 사람들 앞에 나타나고 싶었던 것이다. 그의 앞에서는 죽음조차 낭만적인 의상을 입어야 했다.

그럼에도 불구하고 이 위장의 대가만큼 자기 자신에 대해 그토록 많은 고백성 진실을 말한 사람이 이 세상에 얼마나 있을까? 스탕달은 필요할 경우에는 거짓말을 할 때만큼이나 완벽하게 진실을 말할 줄도 알았다. 그는 처음에는 당혹감을 일으키고 그 다음에는 사람을 놀라게 하다가 마침내는 사람을 압도하는 거침없는 태도로, 자신만의 내밀한 체험과 자기관찰 결과 중 어떤 것은 큰 소리로 적나라하게 드러내고 어떤 것은 의식의 문턱에서 재빨리 베일을 치거나 감추었다. 그는 거짓을 말할 때처럼 진실을 말할 때도 아주 대담했다. 그는 여기저기서 특유의 방만한 태도로 사회도덕의 모든 장애를 뛰어 넘고 내적검열의 모든 경계와 울타리를 뚫고 다녔다. 삶을 두려워하고 여자 앞에서는 소심하기 짝이 없는 그였지만, 웬일인지 펜만 잡으면 용감무쌍해졌다. 아무것도 거리낄 게 없고, 아무것도 방해가 되지 않은 듯했다. 혹시라도 마음속에서 그러한 저항감이 느껴질 때면 그는 그 저항감을 움켜쥔 다음 끄집어내어 하나하나 완전히 분해해 버렸다. 그는 삶에서 자신에게 방해가 되는 것을 심리학적으로 무척 잘 처리해냈다. 그는 백 년 뒤에야 심리분석학이 복잡하고 정교한 기구로 분석하고 재구성하게 될 심리체계의 잠금장치 몇 가지를 1820년경에 이미 직관적으로 풀어내는 천재성을 발휘했다. 단련된 체조선수처럼 천부적인 심리학자의 기질이 한 세기 먼저 튀어나온 것이다. 그때 스탕달은 관찰 이외의 다른 실험기구는 전혀 사용하지 않았다. 그의 수중에 있는 무기라고는 단호하고 아주 날카롭게 단련된 호기심뿐이었다. 그는 자신이 무엇을 느끼는지를 관찰하고 그 결과를 솔직하고 대담하게 표현했다. 그의 표현은 대담할수록 더 훌륭해졌고, 내밀한 것에 대해서는 더욱 정열적이 됐다. 그가 탐구하고 싶어 한 것은 자신의 감정 중에서 가장 불쾌한 것, 가슴 깊숙이 꼭꼭 숨어있는 것이었다. 그는 자주 자기 아버지에 대한 증오심을 미친 듯이 떠벌였다. 아버지가 세상을 떠났다는 소식에 슬퍼하려고 애써봤지만 허사였다고 냉소적으로 얘기했다. 그는 자신의 성 장애에 대해 고통스럽게 고백하고 번번이 실패로 끝나는 여자관계, 도가 지나친 허무감에서 비롯되는 위기를 군사작전 지도처럼 자로 잰 듯 정확하게 독자에게 제시했다. 아주 개인적이고 면밀하면서도 정직한 보고가 임상학적으로 냉철하게 이루어지는 것이다. 어느 누구도 이런 그의 솔직함을 조롱하거나 그것이 무분별한 강박감 때문이라고 말하지 못할 것이다. 그는 영혼에 대한 몇 가지 인식을 투명할 정도로 명료하고 자기중심적인 냉정한 지성의 결정(結晶)으로 추출해 우리 후세에게 남겨주었다. 이 위장의 대가가 없었다면 우리는 인간의 감정세계와 그 기저로부터 울려나오는 진실을 잘 알지 못했을 것이다. 자신에게 한번 솔직했던 사람은 영원히 솔직하며, 자신의 비밀을 알아낸 사람은 모든 사람의 비밀을 알아낼 수 있다.

초상

무척 추하긴 하지만 특징은 있는 얼굴이다.
— 가뇽 삼촌이 어린 앙리 베일에게 한 말

리슐리외 거리의 이층집 작은 다락방에 황혼이 진다. 책상 위에는 두 개의 촛불이 타고 있다. 정오 무렵부터 스탕달은 소설을 쓰고 있다. 그러다가 펜을 집어던진다. 오늘은 이것으로 충분해! 이제 원기를 북돋우러 밖으로 나가 바람을 쐬자. 잘 먹고, 모임에 참석해 친구들과 어울려 유쾌한 대화를 나누고, 여자들을 만나 생기를 얻자!

그는 나갈 준비를 한다. 프록코트를 입고 곱슬곱슬한 앞머리를 가지런히 정돈하던 그는 휙 하니 거울에 시선을 던진다. 거울 속에 비친 자신의 모습이 눈에 들어오자 경련이 이는 듯한 냉소적인 주름이 그의 입가를 비스듬히 스친다. 얼굴이 마음에 들지 않는다. 이 얼마나 세련되지 못하고 투박한 불독 같은 얼굴이란 말인가! 둥그렇고 통통하고 불그죽죽한 얼굴, 게다가 넓은 콧구멍을 가진 뭉툭하고 두툼한 코가 역겹게도 촌스러운 얼굴 한가운데 떡 버티고 있다. 그리 악해 보이지는 않는 검은 두 눈이 호기심으로 가득 차서 반짝이고는 있지만, 그 눈은 그늘진 네모 모양의 이마 아래 두꺼운 눈썹 밑으로 너무 움푹 들어가 있는데다 지나치게 작기까지 하다. 이 때문에 군대에 있을 때는 중국인이라는 놀림을 받았다. 이 얼굴에 잘난 곳이 어디 한 구석이라도 있는가? 스탕달은 한이 맺힌 듯 자신의 얼굴을 살펴본다. 아무데도 없다. 부드럽고 생기 있고 정신적인 면이 엿보이는 곳이라고는 한 군데도 없다. 모든 것이 다 무겁고 저속한, 아주 천박한 부르주아의 모습 그 자체다. 아마 갈색 수염이 테두리를 이루고 있는 둥근 머리가 이 불쾌한 몸뚱어리에서 그나마 가장 나은 곳이리라. 목은 턱에서 직각으로 꺾여 있다. 그는 감히 아래를 내려다 볼 엄두조차 내지 못한다. 불룩 튀어나온 배와 너무 짧아 꼴불견인 다리가 싫었기 때문이다. 두 다리는 뚱뚱한 몸을 힘겹게 지탱하고 있다. 그런 그의 모습을 두고 학교 다닐 때 친구들은 "걸어 다니는 탑"이라고 불렀다. 스탕달은 거울 속에서 그래도 위안이 될 만한 곳을 찾아본다. 어쨌든 손은 괜찮아 보인다. 손은 여자의 손처럼 부드럽고 아주 나긋나긋한데다 매끄러운 광택이 나는 뾰족한 손톱이 달려 있다. 손에서는 약간의 정신적인 면모와 귀족성이 엿보인다. 소녀처럼 여리고 부드러운 피부도 감각적인 성향의 사람에게는 약간의 고귀함과 예민함을 느끼게 해줄지 모른다. 그러나 누가 남자에게서 그런 여성적이며 사소한 것을 알아본단 말인가? 여자들은 남자를 볼 때 얼굴과 용모만 볼 뿐이다. 50여 년간의 경험을 바탕으로 그는 여자들은 구제할 수 없는 속물이라고 결론지었다. 오귀스탱 필롱은 그의 얼굴을 "도배장이의 얼굴"이라고 했고, 몽셀레는 그를 "약제상의 얼굴을 한 외교관"이라고 했다. 하긴 그런 평가도 그에게는 아주 친절한 것으로 여겨진다. 스탕달은 무자비한 거울을 불쾌한 듯 노려보며 자신을 "이탈리아 푸줏간 주인의 얼굴"이라 생각했기 때문이다.

이 뚱뚱하고 거대한 몸에 야성적인 근육이라도 있다면! 넓은 어깨를 믿음직하다고 여기는 여자들이 많지 않은가. 그런 여자들에게는 멋쟁이 신사보다 코사크

(흑해와 카스피해 북부 내륙의 농민 – 옮긴이)가 더 긴 시간 동안 봉사해줄 수 있다. 하지만 튼튼한 농부 같은 그의 몸통은 천박하기만 할 뿐이고, 그의 혈관에서 들끓는 붉은 피는 다만 모조품일 뿐이자 육체에 대한 정보를 그릇되게 전해주는 한심한 전령일 뿐이다. 그런데 이 거대한 남자 안에 아주 섬세하고 거의 병적인 감수성을 지닌 예민한 신경다발이 파르르 떨고 있다. 이를 알게 된 의사들은 모두 그를 "감수성의 괴물"이라고 부르며 놀라워했다. 그토록 나비 같은 영혼(이것은 저주다!)이 이렇게 크고 뚱뚱한 몸에 깃들어있다니. 그가 어려서 요람에 누워있을 때 이름 모를 밤의 유령이 와서 그의 육체와 영혼을 뒤바꾸어 놓았음에 틀림없다. 그처럼 거친 껍데기 속에 들어있는 예민한 병적 영혼은 흥분할 때마다 추위를 타며 떤다. 옆방의 창문이 열리면 핏줄이 훤히 들여다보이는 피부 위로 소름이 쫙 돋고, 그 창문이 다시 덜컹하고 닫히면 신경이 사납게 움찔거린다. 그는 여자 근처에만 가면 어지럽다. 혼란스러워지고, 걱정이 된다. 어떻게 말을 걸고 처신해야 할까 히는 불안감 때문에 거칠고 무례해진다. 도대체 이런 뒤섞임을 어떻게 이해해야 할까? 이토록 많은 살덩이, 비계, 뱃살, 이토록 둔중한 마부의 골격이 어떻게 해서 이렇게 거미줄처럼 섬세하고 상처받기 쉬운 감정을 감싸고 있을까? 어떻게 이토록 둔탁하고 나무밑동 같은 재미없는 몸매가 이렇게 복잡하고 자극 받기 쉬운 영혼을 에워싸고 있을까?

스탕달은 거울에서 몸을 돌린다. 자신의 외모가 구제불능이라는 것을 그는 젊은 시절부터 이미 알고 있었다. 그에게 리옹제 비단으로 반바지를 만들어준, 유명하고 마술사 같은 한 재단사가 그에게 처진 배를 위로 교묘하게 올려붙여주는 코르셋을 조끼 안에 달아주고 우스꽝스러운 짧은 다리를 가려주겠다고 했지만, 그도 어쩔 수 없었다. 오래전에 허옇게 된 구레나룻 위를 덮은 갈색 머리를 어두운 색으로 물들이는 염색제도, 훤히 벗겨져 반짝이는 정수리를 덮는 우아한 가발도, 금박으로 가장자리를 수놓은 영사복도, 세련되게 다듬어 반짝이는 손톱도 아무 소용이 없었다. 이런 도구와 수단들은 어느 정도는 몸매를 숨겨주고 윤을 내주고 비계 덩어리와 세월로 인한 노쇠를 감춰주기는 하겠지만, 길거리를 오가는 어느 여인도 고개를 돌려 그를 쳐다보지는 않을 것이다. 레날 부인이 줄리앙(《적과 흑》의 주인공 - 옮긴이)을, 샤스텔레르 부인이 루시앙 뢰방(《루시앙 뢰방》의 주인공 - 옮긴이)을 쳐다보듯 뭔가에 사로잡힌 황홀한 시선으로 그의 눈을 바라볼 여인은 없을 것이다. 여인은커녕 아무도 그를 주목하지 않았다. 젊은 장교였을 때도 그랬는데, 영혼이 고깃덩어리 속에 처박히고 늙어 이마가 훤히 벗겨진 지금에야 말해 무엇하랴! 다 지나갔고, 다 끝났다! 이런 얼굴로는 여자 복이 있을 리 없고, 그 밖의 다른 행운도 있을 리 만무하다.

그렇다면 이제 한 가지만 남았다. 똑똑하고, 나긋나긋하고, 정신적인 매력을 풍기고, 유머가 많아지는 것, 다시 말해 여인들의 관심을 얼굴에서 내면으로 돌리고, 기습과 언변으로 그녀들의 눈을 멀게 해 속이는 일만 남았다. "재능 있는 자들은 아름다움이 없어도 위로를 받을 수 있고" 재주는 어떻게든 아름다움을 대체할 수 있다. 불운한 외양을 한 남자는 아름다움으로 여자들의 감각을 뜨겁게 달굴 수 없으니 정신으로 그들을 사로잡아야 한다. 그러므로 감상적인 여자에게는 우수에 찬 모습으로, 경박한 여자에게는 냉소적으로 대해야 한다. 하지만 가끔은 정반대로 행동하는 것이 효과적일 때도 있다. 다만 늘 깨어있어야 하고, 언제든지 재치가 있어야 한다. "여자를 즐겁게 하라. 그리하면 그녀를 얻을 것이다." 영리하게 모든 약점을 간파하는 차가운 사람이라면 뜨거움을 가장하고, 불타는 가슴을 지닌 사람이라면 차가움을 가장하라. 변화를 주어 상대를 당황하게 만들고, 트릭을 써서 상대를 혼란스럽게 하고, 자신이 다른 사람들과 다르다는 점을 항상 상대에게 보여주어라. 그리고 무엇보다 기회가 생기면 절대로 놓치지 말고, 위험을 겁내지 말라. 여자들은 때로 남자의 얼굴 따위는 잊어버린다. 특별한 한여름 밤에는 티타니아(셰익스피어의 희곡 《한여름 밤의 꿈》에 등장하는 숲속 요정들의 왕비 – 옮긴이)조차 바보와 키스했다.

    스탕달은 최신 유행의 모자를 쓰고 노란 장갑을 끼고 나서 거울을 바라보며 일부러 차가운 조롱조의 웃음을 지어본다. 그래, 바로 이거다! 오늘 저녁 T부인 집에는 이런 미소를 지으며 등장해야 한다. 조롱이 섞이고 냉소적이고 경쾌하면서도 돌처럼 차가운 저런 미소를. 그런 다음 다른 손님들을 아연실색하게 만들어주고 재미있게 해주며 눈속임하는 것이 중요하겠지. 이 역겨운 얼굴을 번쩍이는 가면을 쓰듯 달변으로 가리자. 사람들을 몹시 당황하게 만든 다음 단번에 주목을 끄는 것이 상책이다. 큰소리치는 허풍 뒤에 용기 없는 마음을 감추는 것이다. 그는 자기 집 계단을 내려올 때 이미 요란한 등장을 생각해두었다. 그는 오늘 살롱에 도착해서 하인에게 상인 세자르 봉베가 왔다고 고하게 한 다음에 양모상인 흉내를 내며 수다스럽게 큰소리로 떠들며 들어갈 것이다. 그리고 와자지껄하게 웃고 있던 좌중의 호기심이 모조리 그에게 모아지고, 여자들이 그의 얼굴에 익숙해질 때까지 그간에 상상해놓은 양모사업에 대해 오랫동안 화려하고 뻔뻔하게 이야기할 것이다. 그런 다음 그들의 감각을 느슨하게 풀어줄 강렬하고도 재미있는 불꽃놀이 같은 일화 하나를 던져주고, 그의 뚱뚱한 몸뚱이를 가려줄 어두운 구석에서 펀치(과일주와 술 등을 섞어 만든 혼합음료 – 옮긴이) 몇 잔을 마실 것이다. 아마도 자정쯤이면 여자들이 그를 매력 있는 남자로 생각하게 될 것이다.

한 편의 영화 같은 삶

1799년 그르노블에서 파리로 가는 우편마차가 말을 바꾸기 위해 네무르에 멈춘다. 사람들이 무리지어 웅성거리고 있다. 그들은 젊은 장군 보나파르트가 어제 파리에서 공화정을 무너뜨리고 의회를 점령한 뒤 스스로 의장직에 앉았다는 소식을 플래카드와 신문에서 보고 흥분해 있다. 사람들이 모두 격렬하게 논쟁을 벌이는데 넓은 어깨에 발그레한 뺨을 가진 열여섯 살 소년은 별로 관심을 보이지 않는다. 공화국이나 의장이 다 무슨 소용이란 말인가? 그는 종합기술학교에서 공부하기 위해 파리로 간다고 했지만, 사실은 그르노블이라는 촌구석을 벗어나 파리를 체험하기 위해 길을 나선 참이다. 파리, 파리! 파리라는 이름의 거대한 술잔에 여러 가지 다채로운 꿈의 물결이 채워진다. 파리, 그것은 호화로움, 우아함, 경쾌함, 세련됨, 자유, 그리고 무엇보다도 여자, 그것도 많은 여자들을 의미한다. 그는 꿈꾼다. 젊고 아름답고 부드럽고 우아한 어떤 여인, 어쩌면 그가 수줍어하며 먼발치에서만 사랑했던 그르노블의 여배우 빅토린 카블리와 비슷한 그런 여인을 어느 날 갑자기 낭만적으로 알게 될지도 모른다. 그런 여인을 알게 되면 그녀를 위해 뭔가 대단한 일을 해내리라. 가령 미친 듯이 날뛰는 말들을 향해 돌진해서 부서진 이륜마차 속에서 그녀를 구해낸다. 그렇게 되면 그녀는 내 애인이 되겠지….

우편마차는 계속 덜컹거리며 굴러갔고, 그의 설익은 꿈들은 곧 무참하게 짓밟혔다. 그동안 소년은 주변 경치에 눈 한번 돌리지 않았고, 동승한 사람들에게도 말 한마디 건네지 않았다. 마침내 마부가 차단목 앞에 멈춰 섰다. 마차들이 굉음을 내며 울퉁불퉁한 거리를 지나 좁고 더러운, 아주 높은 건물들 사이를 굴러가고 있었고, 고약한 음식냄새와 땀내가 버무려진 가난의 냄새가 퀴퀴하게 풍겨왔다. 실망한 소년은 꿈에 그리던 도시를 놀라워하며 바라본다. 여기가 파리인데 "고작 이거야?" 파리가 이런 것일 뿐이란 말인가? 그는 나중에 군인으로서 첫 전투를 치르고 생베르나르 고개를 넘은 다음에 사랑하는 여자와 처음으로 잠자리를 같이 하고나서도 이 말을 반복하게 된다. 터무니없는 꿈을 꾸고 난 뒤에는 항상 김이 빠진다. 과도하고 낭만적인 기대에 비해 현실은 늘 무미건조해 보이는 법이니까.

마부는 생도미니크 거리에 있는 평범한 건물 앞에 그를 내려놓았다. 창문 대신 통풍창이 달려있고, 분노 섞인 우수에 젖기에 딱 알맞은 5층 다락방. 이곳에서 어린 앙리 베일은 수학책에는 눈길 한번 주지 않은 채 몇 주를 보냈다. 이곳에 있는 동안 그는 몇 시간씩 거리를 걸으면서 지나가는 여자들을 바라보는 것으로 소일했다. 맨살을 드러낸 로마식 최신유행 의상을 입은 그녀들은 얼마나 유혹적인지. 자기를 따르는 남자에게 호의적으로 농을 건네는 그들의 웃음은 또 얼마나 매력적이고 경쾌한지. 하지만 촌티 나는 푸른색 상의를 입은 멍청하고 어설픈 이 젊은이는 우아하지도 못했고, 숫기도 없어 여자에게 다가갈 엄두조차 내지 못했다. 그는 가로등 주변을 배회하며 싼값에 몸을 파는 여자들에게도 도저히 접근할 용기가 나지 않아 그녀들에게 다가가는 용감한 친구들을 부러운 눈초리로 바라보며 씁쓸해했다. 그에게는 친구도 모임도 일도 없었다. 오직 머릿속에서만 낭만적인 모험을 기대하면서 그는 투덜거리며 더러운 거리를 꿈꾸듯 걸었다. 그러다 때로는 다른 생각에 정신이 팔려 마차에 치일 뻔하기도 했다.

그는 마침내 완전히 녹초가 되고 대화, 따뜻한 온기, 친숙함이 그리워져 부유한 친척인 다뤼가(家)를 방문했다. 부르주아로 부유하고 풍족하게 살아가는 친척들에 반해 그의 지갑은 실밥이 다 보일 정도로 나달거리고 헐렁했다. 이 때문에 그는 속이 상했다. 그는 마음속으로 그들을 적으로 여기며 못마땅한 표정으로 아무 말 없이 어색하게 식탁에 앉은 채 온정을 그리는 타는 듯한 갈망을 퉁명스럽고 조롱 섞인 무뚝뚝함 뒤에 숨기고 있었다. 다뤼가의 나이 든 사람들은 아마도 그를 불쾌하고 배은망덕한 녀석이라고 결론지었을 것이다. 밤늦게 막강한 보나파르트의 오른팔이자 이 가족의 영웅이며 나중에 백작이 되는 피에르 다뤼(1767~1829, 프랑스의 군인, 정치가, 사학자 − 옮긴이)가 피곤에 절은 표정으로 국방부에서 돌아왔다. 내적 성향으로 본다면 이 군인은 어린 시인 스탕달의 동료쯤 될 것이었다. 그러나 그날 이 시인에게 한 마디의 말도 건네지 않은 것으로 보아 그는 스탕달을 서툴고 어리석은 바보쯤으로, 무엇보다도 제대로 교육도 받지 못한 얼간이라고 여기는 듯했다. 다뤼는 보나파르트의 그늘에서 중요한 일을 하며 살고 있었지만, 한가한 시간에는 호라티우스를 번역하고 철학에 관한 논문을 썼으며, 나중에 군복을 벗게 되면 베네치아의 역사를 쓸 생각이었다. 그는 결코 피곤을 모르는 일벌레로 밤낮으로 군 참모본부의 별실에서 목적이 뭔지도 모르는 기밀문서, 계획서, 계산서, 편지들을 쓰고 있었다. 어린 앙리는 다뤼가 자신의 앞길을 도와주려 한다고 해서 그를 미워했다. 왜냐하면 앙리는 앞으로 나아가기를 원한 것이 아니라 자기 자신을 향해 가기를 원했기 때문이다.

  어느 날 피에르 다뤼는 무위도식자인 앙리를 국방부로 불러들였다. 자리를 하나 마련했다는 것이었다. 뚱뚱한 어린 앙리는 이제 다뤼의 가죽채찍 아래서 편지를 쓰고 또 써야 했다. 그는 아침 열 시부터 다음날 새벽 한 시까지 손가락이 부르틀 정도로 편지와 보고서를 쓰고 또 썼다. 그토록 엄청난 편지질이 어디에 쓰이는지도 모르는 채. 하지만 얼마 지나지 않아 온 세상이 그 이유를 알게 된다. 앙리는 아무것도 모른 채로 마렝고 전투에서 시작돼 제국의 성립으로 끝나는 나폴레옹의 이탈리아 원정에 한몫 했던 것이다. 마침내 '교관'이 전쟁이 선포됐다는 기밀을 그에게 이야기해주었다. 어린 앙리 베일은 안도의 한숨을 내쉬었다. 감사하나이다! 이제 자기에게 귀찮게 구는 다뤼가 사령부를 따라가야 할 테니 이 이상한 편지질도 끝날 것이다. 그는 다시 한 번 안도의 한숨을 내쉰다. 세상에서 제일 끔찍한 일하기(그가 가장 싫어하는 두 가지는 일과 권태였다)보다는 차라리 전쟁이 나았다.

1800년 5월, 로잔, 이탈리아 원정군의 배후기지

말을 달리던 기병대 장교들이 군모 위에 달린 장식깃털이 크게 흔들릴 정도로 박장대소했다. 우스꽝스러운 광경을 본 것이다. 반은 민간인이고 반은 군인인 짧은 다리에 뚱뚱한 젊은이가 원숭이처럼 어설프게 웅크린 자세로 말 등에 매달린 채 서투른 기수를 바닥에 내동댕이치려는 고집 센 말과 한바탕 드잡이를 하고 있었다. 그의 허리춤에 비스듬하게 묶여 있던 기병용 장검이 말 엉덩이에 붙어서 흔들거리면서 그 불쌍한 동물을 계속 간질였다. 마침내 말은 높이 뛰어오르는가 싶더니 갑자기 전속력으로 밭과 무덤들을 가로질러 달려가 가련한 기수를 등에서 털어내 버렸다.

 그 모습을 보고 장교들은 왕처럼 호탕하게 웃으며 즐거워했다. 대위가 측은한 생각이 들었는지 사병에게 명령했다. "가서 저 데미안을 도와줘라." 사병이 쏜살같이 말을 타고 달려가 몇 번 채찍질하자 말은 곧 순해졌다. 사병은 얌전해진 말의 고삐를 잡고, 분노와 수치심으로 얼굴이 꽃게처럼 빨갛게 달아오른 앙리를 질질 끌다시피 해서 대위에게 데려갔다. "왜 그러십니까?" 그는 흥분해서 대위에게 물었다. 이 영원한 공상가는 벌써 체포를 당하거나 장교와 한바탕 결투를 벌이거나 하는 따위를 상상하고 있었다. 그의 모습에 재미있어 하던 대위는 그가 강력한 권력자인 다뤼의 사촌이라는 말을 듣고는 곧 정중한 태도로 자기 일행과 어울리자고 제안했다. 그런 다음 대위는 미심쩍어하는 신병에게 지금까지 어디서 무엇을 하며 지냈느냐고 물었다. 앙리의 얼굴이 새빨개졌다. 이 속물들에게 자기가 제네바에 있는 장 자크 루소의 생가 앞에서 눈물을 흘리며 서 있었다고 고백할 수는 없었다. 그래서 그는 단호하고 뻔뻔스러운 척 행동했다. 그리고 서투르긴 하지만 용감함을 가장해 그들 모두의 마음을 사로잡았다. 장교들은 동료애를 발휘해 그에게 우선 말을 탈 때 고삐를 두 번째와 세 번째 손가락 사이에 잡는 법이라든지 군도를 허리에 똑바로 차는 방법 등을 가르쳐 주었고, 그 밖에 몇 가지 군대 내 비밀을 알려주었다. 앙리 베일은 이내 자신이 군인이나 영웅이 된 듯한 기분에 빠져들었다.

그는 자신을 영웅으로 느꼈다. 적어도 누군가 다른 사람이 자신의 용기를 의심하지는 못하도록 행동했다. 그는 자신의 입에서 어리석은 질문이 튀어나오거나 불안한 한숨이 새나오게 하느니 차라리 혀를 깨물었을 것이다. 생베르나르 고개를 통과한 뒤에 그는 말안장에 앉은 채 태연스레 몸을 돌려 대위에게 거의 경멸조로 앞으로 영원히 계속하게 될 질문을 던졌다. "이게 전부입니까?" 포르바르 전선에서 몇 발의 포성이 우르릉거리는 것을 들었을 때도 그는 다시 한 번 이렇게 묻는다. "이것이 전쟁입니까? 이것뿐입니까?" 어쨌든 그는 화약 냄새를 맡음으로써 삶에 대한 순수성을 잃어버렸다. 그는 더욱 성급하게 말에 박차를 가해 이탈리아 쪽으로 빠르게 내려가면서 다른 것들도 잃어버렸다. 그렇게 잠시 전쟁이라는 모험을 겪고 나서 그는 에로스라는 무한한 모험을 향해 달려간다.

1801년 밀라노, 포르타오리엔탈레의 거리

전쟁은 이탈리아 북서부에 있는 피에몬테 지방의 여자들을 감옥 같은 답답한 생활 밖으로 불러냈다. 프랑스인들이 이곳에 진주하면서부터 여자들은 매일 허름한 싸구려 마차를 타고 푸른 하늘 아래 번쩍이는 거리를 따라 달리곤 했다. 그러다가 애인이나 정부(情夫)가 마차를 세우면 그와 잡담을 나누었고, 수작을 거는 젊은 장교들과 눈이 마주치면 싫지 않은 미소로 답하면서 부채와 꽃을 든 채 희롱을 나누었다.

열일곱 살의 하사관 앙리 베일은 길쭉하게 드리워진 그늘 아래에서 동경에 가득 찬 눈빛으로 우아한 여인들을 건너다본다. 앙리 베일은 단 한 번도 전투에 참여하지 않고 제6기병대의 하사관이 됐다. 강력한 사촌인 다뤼의 이름만 대면 그는 무엇이든 이룰 수 있었다. 그는 프랑스 기병대를 상징하는 모자 위의 검은 깃털을 바람에 나부끼며 하얀색 기병외투 뒤로 늘어진 커다란 군도를 놀라울 정도로 힘차게 덜그럭거렸다. 그가 신은 장화의 발목 부분에서는 박차 소리가 요란하게 났다. 엊그제까지 뚱뚱하고 살찐 소년이었던 그가 이제는 정말로 군인다워 보였다.

그는 거리에서 기병용 장검을 덜그럭거리며 빈둥빈둥 보도를 걸어 다니고 갈망하는 눈빛으로 여인들이나 쳐다보라고 이곳에 배치된 게 아니었다. 애초 그는 중대에 합류해 민치오 강 너머로 오스트리아 군인들을 추격하는 일을 돕는 임무를 띠고 이곳에 왔다. 하지만 열일곱 소년은 그런 속물적인 것을 좋아하지 않았고, "군도를 휘두르는 데는 정신이 필요하지 않다"는 사실을 이미 알아차린 뒤였다. 위대한 다뤼도 거친 군복무 대신 밀라노의 휘황찬란한 병참본부에 남아있고 싶었을 것이다. 야영지에는 사랑을 맹세할 만한 아름다운 여인은커녕 훌륭한 여가수들이 나와 치마로사(18세기 이탈리아의 작곡가 - 옮긴이)의 오페라를 공연하는 멋진 극장도 없었다. 앙리 베일은 이탈리아 북부의 늪지대 막사가 아니라 그곳의 오페라 극장에 자기만의 사령부를 차렸다. 그는 5층으로 지어진 극장의 특별관람석에 서서히 불이 켜지는 저녁이면 언제나 최초로 입장하는 손님이었다. 어깨를 드러낸 가벼운 실크 드레스를 입은 여인들이 하나둘 들어서면 번쩍이는 군복을 입은 군인들이 여인들의 벗은 어깨 위로 몸을 숙여 인사했다. 아! 이탈리아의 여인들은 얼마나 아름다운지. 얼마나 유쾌하고 매혹적인지. 보나파르트가 5만 명의 청년들을 이탈리아로 보내주자 그녀들은 몹시도 행복해하며 즐겼다. 이 때문에 밀라노에 사는 그녀들의 남편들은 더러는 고통스러워하고 더러는 짐을 벗은 듯 홀가분해했다.

하지만 유감스럽게도 그 여인들 가운데 어느 누구도 5만 명의 프랑스군인들 속에 들어있는, 그르노블에서 온 앙리 베일에게는 관심을 갖지 않았다. 그러니 풍만한 몸매의 안젤라 피에트라그루아라는 여인이 어떻게 앙리가 자기를 사랑하고 있다는 걸 알겠는가? 이 통통한 옷장수 딸이, 손님들 앞에서 하얀 가슴을 스스럼없이 반쯤 드러내고 장교들의 코밑수염에 입술을 갖다 대곤 하는 그녀가 앙리 베일의 마음을 어찌 알겠는가? 그녀는 농담조로 약간은 무심하게, 둥근 머리통과 갸름하고 반짝이는 검은 눈을 한 앙리를 중국인이라 불렀다. 그러나 그것뿐이었다. 그녀는 그 외에 그의 마음을 전혀 알지 못했다. 그가 그렇게 냉정하지만은 않은 그녀를 감히 차지할 수 없는 우상인 것처럼 밤낮으로 꿈만 꾸고 있고, 온 시민의 신부인 그녀를 낭만적으로 사랑함으로써 장차 불멸의 여인으로 만들게 되리라는 것을 어찌 알겠는가? 그는 매일 저녁 다른 장교들과 함께 파라오 게임을 하러 와서는 구석에서 아무 말 없이 수줍은 듯 앉아 있다가 그녀가 말을 걸면 얼굴이 백지장처럼 하얘졌다. 그가 그녀의 손을 잡거나 자신의 무릎을 그녀의 무릎에 은밀히 밀착시킨 적이 한 번이라도 있었던가? 또는 그녀에게 편지를 쓰거나 "오! 내 사랑" 하고 속삭인 적이 있었던가? 프랑스 기병 장교들의 노골적인 행위에 익숙해진, 가슴 풍만한 안젤라는 이 어린 하사관에게는 주의를 거의 기울이지 않았다. 숙맥에 가까운 그는 그녀가 자신을 갈망하는 모든 남자에게 사랑을 기꺼이, 그리고 순순히 나누어준다는 사실도 모르는 채 어쩌면 그녀가 그에게 베풀었을지도 모를 호의를 놓쳐버렸다. 커다란 기병용 장검을 차고 기수용 장화를 신었음에도 불구하고 앙리 베일은 파리에서처럼 여전히 수줍어했다. 이 소심한 돈 후안은 여전히 동정을 지키고 있었다. 그는 매일 밤마다 그녀에게 대담하게 돌진하리라 다짐했다. 어떻게 하면 여자를 정복할 수 있는지를 알려준 나이 든 동료들의 가르침도 조심스럽게 수첩에 적어 놓았다. 하지만 이론으로 무장한 이 카사노바는 사랑하는 안젤라, 그 신성한 여인 곁에 다가가자마자 금세 소심해지고 당황해서 얼굴이 소녀처럼 빨개졌다. 그는 완전한 남자가 되기 위해 자신의 동정을 버리기로 결심했다. 그는 한 매춘부(그는 나중에 "그녀가 누구이고 어떤 여자였는지는 완전히 잊어버렸다"고 썼다)의 제물이 됐다. 그런데 유감스럽게도 이 매춘부는 첫 경험의 상대자로 선택된 데 대한 보답으로 아주 고약한 것을 앙리에게 선사했다. 프랑스 총사령관의 부하들이 이탈리아로 전염시켰다고 해서 이탈리아에서 프랑스병이라고 불리는 질병을 프랑스 사람인 앙리에게 되돌려준 것이었다. 그래서 비너스의 부드러운 봉사를 갈구했던, 군신 마르스의 종복은 몇 년간 엄격한 신 헤르메스(그리스신화에서 죽은 자를 지하세계로 인도하는 신 — 옮긴이)의 형벌을 받게 된다.

1803년 파리, 다시 5층 다락방, 시민으로 복귀

군도는 어디론가 사라져버렸고, 박차와 장식용 끈, 하사관 사령장이 구석에 내동 댕이쳐져 있다. 그는 병정놀이에서 충분히 많은 것을 얻었다. 신물이 날 정도로 충분히. "나는 그것에 취했다." 어리석은 자들이 앙리 베일을 더러운 마을에 점령군으로 보내 복무하게 하면서 말을 빗질해주고 자신들의 명령에 복종하기를 요구하자 그는 도망치고 말았다. 그렇다. 순종하는 것은 이 고집 센 젊은이에게는 맞지 않았다. 그에게 최고의 행복은 "아무에게도 명령을 내리지 않고, 누구의 부하도 되지 않는 것"이었다. 그래서 그는 국방장관에게 사직을 원한다는 짤막한 편지를 써 보냈고, 인색한 아버지에게도 돈을 좀 내놓으시라고 편지를 써 보냈다. 앙리가 자신의 여러 책들에서 아주 신랄하게 비난한 아버지(앙리가 여자를 사랑하는 방식처럼 아버지도 아들을 서투르게 절제하는 태도로 사랑했던 것 같다), 항상 조롱조로 "빌어먹을 아버지"라고 부른 그 아버지가 그에게 매달 돈을 보내주었다. 물론 많은 돈은 아니었지만, 웬만한 옷을 맞춰 입거나 멋진 넥타이를 구입하고 희극을 쓰기 위한 종이를 사기에는 충분한 금액이었다. 그는 더 이상 수학공부를 하지 않았고, 대신 극작가가 되겠다는 새로운 결심을 했다.

그는 우선 '코메디 프랑세즈(파리 리슐리외 거리에 있는 프랑스 국립극단 또는 그 극장 - 옮긴이)'에 가서 코르네유(17세기 프랑스의 시인, 극작가 - 옮긴이)를 배우는 것으로 극작가가 되겠다는 결심을 실행에 옮긴다. 그런 다음 여자에 관한 지식을 얻고, 사랑하고 사랑받고, '아름다운 영혼'과 '사랑하는 영혼'을 찾아야 했던 미래의 이 극작가는 아주 중요한 경험을 두 번째로 하게 된다. 그는 아델 르부페라는 어린 소녀의 비위를 맞춰주면서, 사랑받지 못하는 불행한 애인으로서 자신의 낭만적인 욕구를 속속들이 느껴본다. 다행히도 풍만한 여자들, 그가 일기에도 기록해 놓은 여자들이 일주일에 몇 번씩 세속적인 방식으로 그를 위로해주었다. 그녀들의 위로는 즐거운 것이었고 배움을 주는 것이기는 했지만 제대로 된 열정적이고 위대한 사랑은 아니었다. 결국 코메디 프랑세즈의 어린 여배우인 루아송이 늘 들끓는 그의 열정을 사로잡아, 끊임없이 숭고한 이상을 찾아온 그의 사랑을 한 몸에 받게 됐다. 하지만 그녀는 그 이상은 아니었다. 그도 여자가 자신을 거부할 때만큼 그녀를 열렬히 사랑하지 않았다. 그는 도달할 수 없는 것만을 사랑했기 때문이다. 그러나 스무 살의 젊은이는 곧 사랑의 불꽃을 피우게 된다.

1803년 마르세유, 놀라운 변신

믿을 수 없다. 이것이 정말 앙리 베일인가? 나폴레옹 군대의 퇴역 하사관이며 파리의 신사, 어제까지만 해도 시인이었던 그란 말인가? 마르세유 항구 왼쪽으로 나 있는 더러운 거리에서 식민지산 상품을 거래하는 도소매 업체인 뫼니에 상사(商社)의 비좁은 1층 가게 안, 기름 냄새와 무화과 썩는 냄새가 진동하는 이 가게의 계산대 앞에서 검은 앞치마를 두르고 서 있는 이 점원이 정말 그란 말인가? 건포도, 커피, 설탕, 밀가루를 팔고, 고객들에게 대금지불 독촉장을 보내고, 공무원들과 세금을 흥정하는 그가 어제까지 숭고한 감정을 운율에 맞춰 노래하던 그 고귀한 영혼의 소유자란 말인가? 그렇다. 그가 바로 머리통 둥근 고집쟁이 앙리 베일이다. 트리스탄이 사랑하는 이졸데(트리스탄과 이졸데는 유럽 중세의 연애 이야기에 나오는 남녀 주인공 – 옮긴이)에게 다가가기 위해 거지로 변장하고 공주가 십자군으로 출정하는 기사를 따라가기 위해 시녀의 옷을 입었다면, 앙리 베일은 마르세유 극장의 단원으로 계약한 루아송을 따라 와서 식민지산 상품을 파는 가게의 점원이 된 것이었다. 그는 빵 굽는 일을 도와주는 견습점원 겸 제빵보조원으로

이 가게에 취직하는 영웅적인 일을 해냈다. 저녁에 극장에서 나오는 여배우를 호위하고 그녀의 애인이 되어 그녀와 함께 잠자리에 들 수만 있다면, 낮에 두 손이 설탕과 밀가루로 뒤범벅이 된들 무슨 대수란 말인가?

멋진 시간들, 멋진 꿈의 실현이었다! 하지만 유감스럽게도 낭만주의자가 자신이 꿈꾸던 이상에 너무 가까이 다가가는 것보다 위험한 일은 없다. 그는 마르세유, 꿈에 그리던 이 도시가 남방인들의 시끄러운 제스처로 인해 그르노블처럼 촌스럽고, 그 거리는 파리나 마찬가지로 냄새나고 더럽다는 것을 알게 됐다. 가슴 속의 여신과 함께 살면서 그 여신이 아름답기는 하지만 정말로 어리석다는 사실을 알게 되자 실망했다. 그는 권태를 느끼기 시작했고, 결국은 어느 날 여신이 극장에서 해고되고 구름처럼 파리로 떠나가자 기쁜 마음까지 들었다. 그는 하나의 환영에서 깨어나기 무섭게 지칠 줄 모르고 또다시 다음 환영을 찾아 떠났다.

1806년, 브라운슈바이크, 또 한번의 변신

그는 다시 군복을 입었다. 하지만 시장의 여점원이나 여재봉사의 관심이나 끄는 하사관의 거친 군복이 아니었다. 이번에는 나폴레옹 대군의 재정담당 장교의 제복이었다. 앙리 베일이 슈트롬벡 경 또는 브라운슈바이크(독일 중부의 도시 - 옮긴이)의 사교계를 대표하는 저명인사와 함께 거리를 걸어가노라면 고위층 독일인들이 모자를 벗어 존경을 표하기 바빴다. 그는 더 이상 앙리 베일이 아니다. 그의 호칭에 약간의 수정을 가해야 한다. 독일에 와서 그토록 기품 있는 자리에 앉게 된 후 그는 서류에 '앙리 드 베일'이라고 '드(de, 귀족 가문이나 출신지 표시를 하기 위해 삽입하는 말 - 옮긴이)'를 집어넣어 서명했다. 나폴레옹이 그에게 귀족 칭호도, 레지옹 도뇌르 훈장도, 그 밖의 작은 단추장식 하나도 준 적이 없지만 재빠른 관찰자인 앙리 베일은 순진한 독일 사람들이 마치 참새들이 방앗간을 찾듯 칭호를 쫓는다는 사실을 알아차렸다. 게다가 그는 매력적인 금발의 예쁜 여자들이 춤추자고 유혹하는 귀족사회에서 평범한 시민으로 지내고 싶지는 않았다. '드'라는 글자는 그의 으리으리한 군복에 특별한 후광을 더해주었다.

앙리 베일에게는 고약한 임무가 주어졌다. 프랑스군이 점령해 이미 철저하게 약탈한 곳에서 700만이라는 군세를 긁어내고, 그곳의 질서를 유지하고, 조직을 정비하는 게 그의 임무였다. 그는 이런 일은 능숙하고 재빠르게 왼손으로 처리해 버리고, 오른손은 당구를 치거나 사냥총을 쏘면서 좀더 부드러운 여흥을 위해 남겨두었다. 독일에도 마음에 드는 여자들이 있기 때문이었다. 그는 금발의 귀족 아가씨인 민헨과 플라토닉한 사랑을 나누었고, 밤에는 친구의 애인인 크나벨후버에게 가서 좀더 거친 사랑의 욕구를 해결함으로써 못다 한 사랑을 위로받았다. 그리고 전투가 벌어지는 아우스테를리츠와 예나의 태양 아래서 자기 실속을 챙기는 장군이니 원수들을 부러워하지 않고, 그저 전쟁의 그늘 속에 가만히 앉아서 책을 읽거나 독일시를 번역하고 여동생 폴린에게 보낼 멋진 편지를 썼다. 그러면서 그는 점점 더 현명해졌고, 점점 더 능숙한 삶의 예술가가 되어갔다. 그는 전쟁터에서는 낙오자였지만, 모든 예술을 좋아하는 지적 예술애호가로서 세상을 더 많이 알아가고 더 잘 관찰하는 법을 배웠다. 그럴수록 그는 점점 더 자유로워졌고, 자기 자신에게 점점 더 가까이 다가갔다.

1809년, 5월 31일 이른 아침, 빈의 스코틀랜드식 교회, 어둡고 반쯤 비어있다
교회 안의 첫 번째 긴 의자에 노인 몇 분이 허름한 검은색 상복을 입은 채 무릎을 꿇고 있다. 로라우 출신의 '착한 파파 하이든(성품이 원만해 얻게 된 하이든의 애칭

— 옮긴이)'의 친척들이다. 프랑스군의 포탄이 갑자기 그가 사랑한 도시인 빈으로 날아들었다는 소식에 등이 휜 나약한 노인은 너무 큰 충격을 받았고, 이로 인해 죽음에 이르렀다. 국가(國歌)의 작곡자인 그는 더듬더듬 힘겹게 "신이시여! 프란츠 황제를 지켜주소서!"라는 애국적인 말을 남기며 숨을 거뒀다. 프랑스군이 진격해오며 일으킨 소요 속에서 사람들은 아이처럼 가벼운 그의 시신을 굼펜도르프의 교외에 있는 작은 집에서 묘지로 서둘러 운반해야 했다. 그리고 이제 빈의 음악가들이 스코틀랜드식 교회에 모여 죽은 거장을 위해 장엄한 장례미사를 올리고 있었다. 그를 추모하기 위해 수많은 사람들이 프랑스군에게 점령당한 집들에서 몰려나왔다. 그들 속에는 헝클어지고 산발한 사자머리에 짧은 다리를 한 기인 베토벤이 있었을 것이다. 어쩌면 합창단 소년들 속에는 리히텐탈에서 온 열두 살짜리 소년 슈베르트가 있었을지도 모른다. 하지만 아무도 다른 사람에게 주의를 기울일 틈이 없었다. 갖추어 입은 제복으로 보건대 계급이 꽤 높아 보이는 프랑스 장교가 화려한 수를 놓은 학술원 예복을 입은 제2의 신사를 대동하고 들어섰기 때문이다. 모두가 경악을 금치 못했다. 프랑스의 침입자들은 선량하고 부드러운 파파 하이든에게 마지막 존경의 예를 바치는 것마저 금지하려는 것인가? 그러나 그게 아니었다. 절대로 그게 아니었다. 대군의 재정관인 앙리 베일이 사사로운 용무로 참석한 것이었다. 병영 어딘가에 있던 그는 이 영결식에서 모차르트의 진혼곡이 연주된다는 소식을 들었다. 모차르트나 치마로사의 음악을 듣기 위해서라면 이 군인 같지 않은 군인은 백 마일의 거리라도 말을 타고 달려왔을 것이다. 그에게는 4만 명의 전사자를 낸 웅대한 세계사적 전투보다도 경애하는 대가 모차르트의 40개 소절이 더 중요했기 때문이다. 그는 조심스럽게 교회 안으로 걸어 들어와서 아주 서서히 연주되기 시작하는 음악에 귀를 기울였다. 하지만 이

상하게도 그 진혼곡은 그의 마음에 들지 않았다. 음악이 "너무 시끄럽다"는 생각이 들었다. 그의 모차르트, 날개 달린 듯 가볍고 고뇌가 없는 모차르트가 아니었다. 예술이 아주 분명한 음률의 한계를 넘어서면, 인간의 목소리를 넘어 야성적이고 아무런 구속이 없는 영원성의 차원으로 넘어가면 낯설게 느껴지는 법이다. 저녁 때 케른트너토어 극장에서 〈돈 후안〉을 들었을 때도 겨우 천천히 이해되기 시작했다. 만약 베토벤(그는 베토벤의 음악에 대해서는 전혀 알지 못했다)이 그의 기질에서 나온, 모든 것을 휩쓸어가는 북풍 같은 열정적 선율을 스탕달에게 퍼부었다면 그 성스러운 카오스 앞에서 스탕달은 바이마르의 위대한 시인 괴테만큼이나 놀라워했을 것이다.

    미사가 끝났다. 밝은 표정의 앙리 베일은 번쩍거리는 군복 차림으로 당당하게 교회에서 걸어 나와 묘지를 따라 천천히 걸었다. 그는 아름답고 깨끗한 빈이라는 도시와 좋은 음악을 만들어내는 이 도시 사람들이 매혹적이라고 생각했다. 이곳 사람들은 북쪽 땅의 독일인들처럼 그렇게 힘들여 고심하고 생각에 골몰하는 일이 없었다. 이제 그는 자기 직무로 돌아가 대군의 물자조달 일을 해야 하지만, 그 일이 그리 중요하게 여겨지지 않았다. 친척인 다뤼는 말처럼 일하고 나폴레옹은 승리를 쟁취할 것이다. 일에서 재미를 찾는 그런 기이한 인간들이 생겨난 덕분에 잘 먹고 잘 살 수 있으니 이 얼마나 고마운 일인가. 어려서부터 배은망덕의 기술을 잘 배워 익힌 베일은 일에 미친 남편 때문에 괴로워하며 빈에 거주하고 있는 다뤼 부인을 위로하는, 좀더 편한 일을 선택했다. 다뤼의 아내에게 다정하고 부드럽게 선행을 베푸는 것보다 은인에게 더 잘 보답하는 길이 또 있을까? 베일과 다뤼 부인은 함께 말을 달려 공원으로 가서 부서진 정자에 앉아 다정하게 시간을 보냈다. 바그람에서 병사들이 머리통이 부서져나가는 치열한 전투를 벌이고 용감한 남편 다뤼가 곤경에 처해 있을 때 베일과 다뤼 부인은 화랑과 보석가게와 귀족의 아름다운 성을 둘러보았고, 덮개가 씌워진 사륜마차를 타고 날개 달린 듯 헝가리까지 달려갔다. 오후는 사랑의 시간이었고, 저녁은 베일이 가장 좋아하는 모차르트와 그가 작곡한 불멸의 음악의 시간이었다. 재정담당 장교의 옷을 입은 이 인간은 점차 삶의 모든 의미와 달콤함이 예술에 있음을 깨닫는다.

1810~1812년, 파리, 제국의 번영기

점점 더 화려해진다. 돈은 있으나 직분이 없다. 그는 상냥한 여인들의 도움으로 (그에게 공적이 없음을 누가 알랴!) 추밀원 고문관 겸 황실 재정감독관이 됐다. 그런데 다행스럽게도 나폴레옹에게는 고문관들이 별로 필요하지 않았다. 때문에 고문관들은 마음 내키는 대로 산보를 하거나 말을 타고 달리면서 남아도는 시간을 보냈다. 뜻밖에 많은 봉급을 받아 지갑이 두둑해진 앙리 베일은 이제 래커를 새로 칠해 번쩍이는 자신의 전용마차를 몰고 푸아 카페에서 식사를 하기도 하고 일류 재단사도 고용했다. 그는 여전히 친척 다뤼의 부인을 위로해주고 있었고, 베레이테르라는 이름의 무용수와도 관계를 맺었다. 이런 삶이 그가 젊은 날에 품었던 이상이 아니었던가! 나이 서른에 이십대 때보다 여자들에게 인기가 좋으니 이 얼마나 기이한 일이며, 그가 냉정하게 굴수록 여자들이 더욱 정열적으로 변하니 이 얼마나 설명하기 힘든 일인가? 가난한 학생일 적에는 그렇게도 지긋지긋하던 파리가 이제는 서서히 그의 마음에 들기 시작했다. 정말이지 삶이 아름다워졌다. 충분한 돈에다 시간까지 많으니 어찌 삶이 아름답게 여겨지지 않겠는가! 그래서 그는 자기만족을 위해, 아니 원래는 자신이 사랑하는 이탈리아를 회상하기 위해 《이탈리아 미술사》라는 책을 한 권 썼다. 아! 예술사를 쓰는 것은 아주 유쾌하고 아무런 구속도 받지 않는 즐거운 일이다. 특히 앙리 베일처럼 느긋하게 4분의 3은 남의 책에서 베끼고 나머지 4분의 1만 일화와 우스꽝스러운 익살로 대충 채운다면 더욱 그러하리라. 정신적인 일에 단순한 애호가로서 다가가는 것은 얼마나 행복한 일인가. 앙리 베일은 생각했다. 나이가 들면 잃어버린 시간과 여인들을 기억 속에 붙잡아두기 위해 책을 쓸 수도 있을 것이라고. 하지만 지금부터 벌써 서두를 필요는 없다. 삶은 책상 앞에서 소비하기에는 너무나 풍족하고 충만하고 아름다운 것이니까.

1812~1813년, 약간의 방해

나폴레옹이 또다시 전쟁을 일으켰다. 이번에는 천 마일이나 멀리 떨어진 곳에서였다. 하지만 그 먼 나라, 모험의 땅 러시아가 호기심 많은 이 여행객을 유혹했다. 그곳에 가면 크렘린 궁과 모스크바 사람들을 구경할 수 있을 것이다. 게다가 국비로 동방여행을 떠날 수 있다니 다시없는 기회였다. 다만 이탈리아, 독일, 오스트리아에서 그랬던 것처럼 전선이 아닌 후방에서 아무런 위험 없이 편안하게 지낼 수 있다면 더욱 좋을 것이다. 사실 그는 마리 루이제, 즉 다뤼 부인으로부터 그녀가 위대한 자기 남편에게 보내는 편지를 가득 담은 커다란 가방을 받아놓고 있었다. 모피를 두른 썰매를 매단 급행마차로 모스크바까지 그 비밀 우편물을 전달해주는 막중한 임무를 부여받은 것이었다. 가까이서 경험해본 결과 전쟁이란 항상 죽도록 지루한 일임을 알게 된 그는 개인적으로 즐길 수 있는 몇 가지를 추가로 챙겼다. 그것은 녹색 가죽장정의 12권짜리 미술사 원고뭉치와 몇 년 전에 시작한 희곡 한 편의 원고였다. 혼자서 일하기에 사령부보다 더 좋은 곳이 어디 있겠는가? 탈마(1763~1826, 프랑스의 비극배우 - 옮긴이)도 모스크바로 와서 거대한 오페라를 공연할 것이고, 그러면 그렇게 지루하지는 않을 것이다. 또 폴란드와 러시아 여자들…, 새로운 변주곡이 울려 퍼지겠지.

베일은 러시아로 가는 도중에 연극이 공연되는 곳에서만 마차를 세웠다. 전쟁 중에도, 여행 중에도 그는 음악 없이는 살 수 없었다. 어느 곳에 가든 예술은 그의 동반자여야 했다. 그런데 정말이지 놀라운 연극이 러시아에서 그를 기다리고 있었다. 그의 눈앞에 불타는 거대한 도시 모스크바, 네로 이후 그 어떤 시인도 본 적이 없는 장대한 파노라마가 펼쳐졌다. 하지만 앙리 베일은 그 격정적인 사건을 직접 겪으면서도 그에 대한 송가를 짓지 않았다. 그가 러시아에서 쓴 편지들도 마찬가지였다. 그는 그 불쾌한 사건에 대해서 거의 일언반구도 하지 않았다. 감수성이 예민한 이 향락자에게는 세계의 무력투쟁이란 음악 한 소절이나 좋은 책 한 권만큼도 중요하지 않게 된 지 오래였다. 그에게는 가슴의 섬세한 떨림이 보로디노(나폴레옹의 모스크바 원정 때 최대의 격전지 — 옮긴이)에서 울리는 포성보다 훨씬 더 감동적이었다. 그는 자기 삶의 역사를 제외하고는 그 어떤 역사에도 의미를 두지 않았다. 그래서 그는 그 거대한 화재 속에서 아름답게 장정이 된 볼테르의 작품집을 구해냈고, 그것을 모스크바 방문 기념으로 가져가려고 했다. 하지만 이번 전쟁은 얼음처럼 차가운 발로 후방에 있는 이 몽상가의 발가락까지 짓밟았다. 재정관 베일은 베레지나에서는 말끔하게 면도할 시간이 있었지만(그는 군대에서 면도할 생각을 한 유일한 장교였다) 그 다음부터는 폭파되는 다리를 서둘러 건너 도망가기에 바빴다. 그렇게 하지 않으면 목숨이 날아갈 판이었기 때문이다. 일기, 《이탈리아 미술사》 원고, 장정이 아름다운 볼테르 책, 말, 모피, 여행용 가방은 코사크 사람들에게 남겨졌다. 그는 갈기갈기 찢어진 옷을 걸치고 추위에 다 터져 갈라진 피부와 이리저리 쫓겨 다니느라 더러워진 몰골로 프로이센으로 피신했다. 그렇게 도착한 프로이센에서 그는 오페라를 보며 가쁜 숨을 가다듬었다. 원기를 회복하고 싶을 때 다른 사람들은 온천으로 달려갔지만 그는 음악을 들으러 극장으로 달려갔다. 대군의 전멸을 가져온 러시아 원정이란 것도 앙리 베일에게는 이틀 사이에 연주된 간주곡에 지나지 않았다. 다시 말해 군대가 전쟁터로 출정할 때 드레스덴에서 연주된 치마로사의 〈비밀결혼〉과, 퇴각할 때 쾨니히스베르크에서 연주된 모차르트의 〈티투스의 자비〉 사이에 끼인 간주곡에 불과할 뿐이었다.

1814~1821년, 밀라노, 다시 시민으로 돌아오다

앙리 베일은 전쟁을 충분히 경험했다. 가까이서 보면 이 전쟁이 저 전쟁 같았고, 모든 전쟁이 다 똑같아 보였다. 그는 모든 사명과 직무, 조국이니 전투니 서류니 장교니 하는 따위에 싫증이 났다. 나폴레옹이 '전쟁광중'에 휩싸여 다시 한 번 프랑스를 정복하려고 획책할지도 모르겠다. 좋다. 그리고 싶으면 그러라지. 하지만 앙리 베일은 다시는 지원병으로 나서지 않을 것이다. 이젠 누구에게도 명령하지 않고, 누구에게도 복종하지 않을 것이다. 이 세상에서 가장 자연스럽고, 가장 어려운 자기 자신의 삶을 영위하는 것 외에는 아무것도 하지 않으리라.

3년 전, 나폴레옹이 일으킨 두 차례 전쟁의 사이 기간에 앙리 베일은 호주머니에 2천 프랑을 집어넣고 아이처럼 마냥 기뻐하며 이탈리아로 휴가를 떠난 적이 있었다. 벌써 오래전부터 앙리 베일은 그 젊은 시절에 대한 향수에 젖어들기 시작했고, 이 향수는 후일 죽음을 맞이하게 되는 마지막 순간까지도 그에게서 떠나지 않았다. 그의 젊은 시절이란 이탈리아와, 그가 어린 하사관으로 소심하고 수줍게 사랑했던 안젤라 피에트라그루아를 의미하는 것이었다. 마차가 낡은 길을 굴러 내려가기 시작하자 그는 그녀를 떠올렸다. 저녁에 밀라노에 도착하자마자 그는 얼굴과 손에서 재빨리 먼지를 닦아내고 다른 옷으로 갈아입고는 음악을 들으러 마음의 고향인 스칼라 극장으로 달려갔다. 그리고 그의 말처럼 정말로 "음악이 사랑을 불러일으켰다."

다음날 아침 그는 서둘러 안젤라를 찾아가서 자기가 왔음을 알렸다. 그녀는 여전히 아름다운 모습으로 그에게 정중하게 인사했지만, 그가 누군지 잘 모르겠다는 표정이었다. 그가 앙리 베일이라고 자기소개를 해도 그녀는 이 이름으로 생각나는 게 없는 모양이었다. 그는 주앵빌을 비롯한 동료들의 이름을 대면서 그녀의 기억을 떠올리려고 애썼다. 수천 번도 더 꿈꾸었던 사랑스런 그녀의 얼굴이 마침내 미소와 함께 환하게 밝아졌다. "아, 그 중국인이시군요." 경멸스러운 이 별명이 안젤라가 자신의 낭만적인 애인에 대해 알고 있는 전부였다. 물론 앙리 베일은 이제 열일곱 소년도, 좋아하는 여자 앞에서 아무 말도 못하는 얼간이 바보도 아니었다. 그는 용감하고도 탐욕스럽게 그녀에 대한 그때의 열정이 지금도 여전하다고 고백했다. 그녀는 놀라는 표정을 지었다. "왜 그때 얘기하지 않았어요?" 그녀는 마음 넓은 여자에게는 아무것도 아닌 사소한 것쯤은 틀림없이 허락했을 것이라고 말했다. 다행스럽게도 그럴 시간은 아직도 충분히 많이 남아있었다. 이 낭만주의자는 그 즉시, 그러니까 처음 그녀를 마음에 담은 뒤로 11년이 지난 뒤에야 안젤라의 사랑을 얻었고, 그 날짜와 시간을 자신의 바지 멜빵에 새겨 넣을 수 있게 됐다. 9월 21일 11시 30분이었다.

앙리는 다시 파리로 돌아갔다. 그는 1814년에 마지막으로 또 한번 전쟁에 광분한 코르소 지방을 감독하고 조국을 지켜야 했다. 하지만 다행히도 파리에 세 명의 황제가 입성했다. 프랑스인으로서의 애국심이 없었던 앙리 베일은 프랑스의 패배에도 불구하고 오로지 전쟁이 끝났다는 사실에 뛸 듯이 기뻐했다. 이제 그는 모든 관직과 조국으로부터 영원히 해방됨으로써 드디어 이탈리아로 떠날 수 있게 됐다. 음악과 여인들, 사람들과 대화하고 글을 쓰고 예술에만 전념하는 멋진 세월이 펼쳐졌다. 그는 너무나도 마음이 헤픈 안젤라처럼 사람을 치욕스럽게 기만하는 여자들이나 아름다운 마틸데처럼 순결을 지키기 위해 그를 거부하는 여자들과 세월을 보냈다. 하지만 그는 점점 더 자신의 자아를 느끼고 인식하게 됐다. 그는 매일 밤 스칼라 극장에서 음악을 들으며 영혼을 정화하고 때로는 당대의 가장 고귀한 시인인 바이런 경과 대화를 즐기면서 나폴리에서 라베나에 이르는 아름다운 이탈리아 땅의 모든 것, 예술정신으로 형성된 모든 풍요로운 것을 자기 안에 집약시켜갔다. 누구에게 예속되지도 방해받지도 않는 삶이 펼쳐졌다. 그가 자기 자신의 주인이었고, 곧 자기 자신에 대한 대가였다. 무엇과도 비교할 수 없는 자유로운 세월! 그는 "자유 만세!"를 외쳤다.

1821년, 파리

자유 만세라고? 무슨 소리! 이탈리아에서 자유를 외치는 것은 안 될 일이었다. 오스트리아의 신사들과 관청도 이 말에 불같이 화를 냈다. 책도 마음대로 써서는 안 됐다. 곧 오스트리아의 엄격한 검열관 바브루셰크(이보다 더 멋진 이름을 지을 수 있을까? 하지만 이것이 실명인지 여부를 누가 알겠는가)가 빈에 있는 경찰국장 제들니츠키에게 앙리 베일이 쓴 책 안에 들어있는 '무수히 많은 비난할 만한 부분들'에 대해 보고할 참이었다. 《하이든에 대한 서한집》처럼 순전히 표절한 책이나 《이탈리아 미술사》《로마, 피렌체, 나폴리》같이 4분의 3이 다른 작가의 글을 베낀 책들에도 책장들 사이사이에 오스트리아 당국의 코를 간질이는 후추와 소금이

뿌려져있기 때문이었다. 자유로운 정신의 소유자이며 이리저리 마음대로 떠돌아다니기를 좋아하는 앙리는 이러다가는 오스트리아인들에게는 비밀결사당원으로, 이탈리아인들에게는 스파이로 몰릴 판이었다. 그러니 환상을 접고 떠나는 편이 더 나았다. 그런데 자유를 누리기 위해서는 한 가지가 더 필요했다. 그것은 바로 돈이었다. '빌어먹을 아버지(베일은 자기 아버지를 이보다 더 정중하게 부른 적이 없다)' 는 말썽꾸러기 자식에게 몇 푼 안 되는 연금조차 남겨놓지 않음으로써 당신이 얼마나 바보였는지를 결국 증명하고야 말았다. 그러니 이제 어디로 갈 것인가? 그르노블은 사람을 질식시키는 곳이었다. 부르봉 왕가의 식충들이 탐욕스럽고 게으르게 돈을 움켜쥐고 내놓지 않게 된 다음부터는 섭섭하지만 후방에서도 멋지고 쾌적한 마차여행을 즐길 수 없게 됐다. 그러니 파리로, 다락방으로 돌아가 일을 하는 수밖에. 지금까지는 그저 애호가로서 즐거움을 위해 해왔던 일인 책을 쓰고 또 쓰는 일을 할 수밖에 다른 도리가 없었다.

1828년 파리, 철학자의 아내 트라시 부인의 살롱
한밤중. 초가 거의 다 타들어갔다. 신사들은 '휘스트' 라는 카드놀이를 하고 있었고, 중년의 트라시 부인은 소파에 앉아 친구 및 후작부인과 이야기를 나누고 있었다. 그러나 그녀는 대화에 집중하지 못하고 불안한 듯 계속 귀를 쫑긋거렸다. 저기 뒤쪽 벽난로가 있는 다른 방에서 온갖 이상한 소리가 들려오고 있기 때문이었다. 자지러지는 듯한 여자들의 웃음소리, 곧이어 남자의 깊고 낮은 큰 목소리, 잠시 후 다시 "절대로 안 되오. 그건 말도 안 되지"라는 화가 난 듯한 외침. 터졌다가는 재빨리 사그라지는 저 독특한 웃음소리…. 트라시 부인은 신경이 예민해졌다. 이 소란은 필시 여자들을 손안에 넣고 주무르는, 저 밉상스런 베일의 짓이다. 그는 여느 때는 똑똑하고 섬세하고 유별나고 재미난 사람이지만 여배우들, 특히 이탈리아 여자인 파스타 부인과 교제하고부터는 매너가 영 엉망이 돼버렸다. 트라시 부인은 친구와 후작부인에게 양해를 구한 뒤 그에게 예의를 지켜달라고 부탁하기 위해 서둘러 그쪽으로 건너갔다. 그 무렵 베일은 몸을 일으켜 펀치 한 잔을 손에 든 채 뚱뚱한 자기 몸매를 감추려는 듯 벽난로 그늘 속에 몸을 움츠리고는 군인이라도 얼굴을 붉힐 만한 일화에 막 불을 댕기려는 참이었다. 숙녀들은 크게 웃으면서 손을 내젓고 도망칠 듯한 태도를 보이기도 했지만, 이 유명한 이야기꾼에게 사로잡혀 호기심 어린 표정으로 흥분한 듯 자리를 뜨지 못하고 있었다. 베일은 실레노스(그리스 신화에서 산과 들에 사는 정령 — 옮긴이)처럼 붉고 기름진 얼굴에 반짝이는 눈을 가진, 영리한 호인의 모습을 하고 있었다. 트라시 부인이 가까이 다가가 엄한 눈길을 보내자 그는 하던 이야기를 얼른 중단했고, 여자들은 그 기회를 틈타 잽싸게 도망쳤다.

곧 불이 꺼지고 하인들이 촛농이 뚝뚝 떨어지는 촛대를 들고 손님들을 계단 아래까지 정중하게 배웅했다. 밖에는 서너 대의 마차가 기다리고 있었다. 여인들은 동행한 남자들과 함께 마차에 올랐다. 베일만이 혼자 시무룩하게 남았다. 아무도 그를 데려가지 않았고, 같이 가자고 청하는 사람도 하나 없었다. 그는 일화를 들려주는 데는 더없이 좋은 사람이었지만, 여자들에게는 아무런 가치도 없는 남자였다. 퀴리알 백작부인은 그를 해고했다. 무용수를 후원할 돈이 부족했기 때문이다. 베일은 이제 서서히 늙어가고 있었다. 그는 불만스러운 표정으로 11월의 가을비를 맞으며 리슐리외 거리에 있는 자기 집을 향해 발걸음을 옮겼다. 옷이 더러워진들 그게 무슨 대수랴? 재단사에게 아직 옷값을 주지 못했지만 그는 별로 개의치 않았다. 어쨌든 삶에서 최고의 순간이 지나갔다. 이제는 정말로 끝장을 내야 했다. 깊은 한숨이 흘러나왔다. 그는 언짢은 기분으로 꼭대기 층까지 계단을 걸어 올라가(이제 계단을 오르노라면 가끔은 짧은 목으로 호흡하기가 곤란해질 때도 있었다) 불을 켜고 서류와 계산서들을 뒤적거렸다. 이 얼마나 비참한 결산인가? 재산은 바닥나고 출간한 책들은 아무런 수입도 가져다주지 못했다. 벌써 몇 년이나 지났는데 《연애론(Amour)》은 27권밖에 팔리지 않았다(그는 "아무도 이 책을 감히 건드리려 하지 않으니 '성스러운 책'이라고 부르고 싶다고 출판사 사람이 어제 내게 냉소적으로 말했다"고 썼다). 하루 5프랑의 연금. 이것은 귀엽고 싱싱한 젊은이에게는 많은 돈일지 몰라도 여자와 자유를 사랑하는 뚱뚱한 중년 남자에게는 처참할 정도로 적은 액수였다. 그러니 끝장을 내는 게 최고일밖에. 앙리 베일은 종이를 꺼내 이 우울한 달에 접어든 후 벌써 네 번째로 유서를 썼다. "여기 서명한 사람은 이 리슐리외 거리 71번지 호텔 안의 소유물을 사촌 로맹 콜롱에게 물려준다. 나는 곧바로 공동묘지에 묻히기를 바라며, 장례비용은 30프랑 이내로 사용하기를 바란다." 그러고는 추신을 덧붙였다. "로맹 콜롱에게 누를 끼치게 된 데 대해 용서를 빌며, 이 불가피한 사건을 놓고 부디 슬퍼하지 말기를 간청하는 바이다."

"이 불가피한 사건을 놓고"라는 조심스런 문구가 무슨 뜻인지를 내일이면 친구들이 이해하게 되리라. 소식을 듣고 달려와서는 총알이 권총 속에 들어 있지 않고 내 두개골에 박혀있는 걸 보게 될 테니까. 하지만 다행히 이날 앙리 베일은 무척 피곤했다. 그는 자살을 하루 더 연기했다. 다음날 아침 친구들이 찾아와 그를 유쾌하게 만들어주었다. 한 친구가 방 안을 이리저리 돌아다니다가 책상 위에서 '줄리앙'이라는 제목이 쓰인 하얀 종이를 발견했다. 그는 이게 뭐냐고 물었고, 스탕달은 소설을 쓰려고 했다고 대답했다. 친구들은 우수에 젖은 이 친구의 용기를 열심히 북돋아주었고, 그는 실제로 그 작품을 쓰기 시작했다. 그는 '줄리앙'이라는 제목을 지우고 '적과 흑'으로 바꿔 썼다. 그날 이후 앙리 베일은 죽고 다른 이름이 영원불멸의 삶을 시작한다. 그 이름은 스탕달이다.

1831년, 치비타베키아, 새로운 변신

화려한 프랑스 외교관 제복을 입은 뚱뚱한 신사가 증기선에서 내리자 포함이 축포를 터뜨리고 돛대의 깃발이 인사라도 하듯 세차게 흔들렸다. 경례! 수놓은 조끼와 멜빵바지를 입은 신사는 프랑스의 영사로 부임하는 앙리 베일이었다. 또 한 번의 변혁을 계기로 그는 높은 지위를 얻었다. 그에게 기회를 가져다준 것은 예전에는 전쟁이었고, 이번에는 6월혁명이었다. 자유주의자로서, 어리석은 부르봉 왕가에 굽히지 않고 대항했던 게 효과가 있었다. 여인들이 하루가 멀다 하고 간언한 덕분에 그는 자신이 사랑하는 남쪽 나라에 영사로 올 수 있게 된 것이었다. 그는 원래 트리에스테로 가기를 원했지만, 유감스럽게도 메테르니히 경이 불온한 책의 저자는 그 지역의 영사로 바람직하지 않다고 선언하고 그에게 비자를 내주지 않았다. 그래서 그는 기쁨은 좀 덜하지만 치비타베키아에서 프랑스를 대표하게 됐다. 어쨌든 치비타베키아도 이탈리아 땅이었고, 게다가 1만 5천 프랑이라는 봉급까지 받게 됐다.

치비타베키아가 지도상의 어디에 있는지 금방 찾지 못한다고 부끄러워해야 할까? 전혀 아니다. 치비타베키아는 이탈리아의 모든 도시 가운데 가장 보잘것없는 곳이다. 아프리카를 방불케 하는 무더위가 열기를 푹푹 내뿜고 하얀 석회가 덮인 최악의 분지, 과거에는 고대 로마의 범선들이 드나들었지만 지금은 모래가 퇴적된 좁은 항구, 쇠락한 도시, 황량하고 지루하고 텅 빈 도시다. 이 도시에서는

"사람들이 권태로워 죽을 지경"이라고 그는 썼다. 이 유형지에서 가장 그의 마음에 드는 것은 로마를 향해 나있는 도로였다. 그 도로를 따라가면 로마까지의 거리가 17마일밖에 안 됐다. 앙리 베일은 직책상 허용되는 것보다 더 자주 이 도로를 이용하기로 결심했다. 그는 원래 일을 해야 했다. 보고서를 쓰고, 외교업무를 수행하고, 자리를 지켜야 했다. 하지만 외교부에 있는 바보들이 자신이 올리는 보고서를 전혀 읽지 않는데 도대체 무엇 때문에 책상 앞에 앉아 시간을 보내며 정신을 허비해야 한단 말인가? 그는 모든 서류를 악당 같은 부하직원 타베르니에게 맡겼다. 상관이 자리를 자주 비운다고 입방정을 떨지 않도록 입막음하려면 이 작자, 자신을 미워하는 이 악의에 가득 찬 짐승 같은 녀석에게 레지옹 도뇌르 훈장이라도 줘야 했다. 여기서도 앙리 베일은 자신의 직무를 쉽게 생각했다. 자기 같은 시인을 끔찍한 늪에 빠뜨리는 국가를 거꾸로 속이는 것, 그것은 진정한 이기주의자에게 주어진 명예로운 의무처럼 여겨졌다. 여기에서 천천히 바보가 되어가는 것보다는 로마에 있는 영리한 사람들과 함께 화랑을 구경하거나, 갖은 핑계를 다 동원해 파리로 가는 것이 더 나을 것 같았다. 언제까지 부치 씨와 같은 골동품상의 가게에 가서 시시한 반쪽 귀족들과 잡담이나 나눠야 한단 말인가. 아니다. 그보다는 차라리 나 자신과 이야기하는 것이 더 낫다. 오래된 고서점에서 몇 권의 연대기를 사서 그중에서 가장 아름다운 것을 소설로 옮겨 쓰는 것이 백배 낫다. 나이는 쉰 살이지만 영혼은 아직도 젊은 사람인 것처럼 서술해야지. 그렇다. 시간을 잊기 위해서는 자기 자신을 되돌아보는 것이 가장 좋다. 영사가 된 뚱뚱한 그에게 예전의 수줍음 많던 소년은 아주 멀게 느껴졌다. 그는 글을 쓰면서 "또 하나의 인간을 발견하고 있다"고 생각했다. 스탕달이라는 별칭을 사용하는 앙리 베일은 자신의 청춘시절을 두꺼운 노트에 글로 쓰면서도 그 글의 주인공으로 내세운 앙리 브륄라르가 누구인지 아무도 눈치 채지 못하도록 'H. B.' 라는 암호를 사용했다. 그러고는 모두가 잊어버린 자기 자신을 스스로도 잊어버렸다. 그것은 예술로 할 수 있는 기만이었지만, 그래도 위안을 주는 회춘의 유희였다.

1836~1839년, 파리

그는 다시 한 번 부활한다. 다시 귀환해 스포트라이트를 받다니 놀랍다! 신이시여, 여인들을 축복하소서. 모든 선(善)이 그녀들에게서 나오나니. 그녀들은 외무 대신이 된, 유명한 몰레 백작에게 오랜 시간 아양을 떨어서 그로 하여금 국가에 위해한 어떤 사실에 눈을 감도록 만들었다. 치비타베키아에 주재하는 영사라는 사람이 3주간의 휴가를 아주 뻔뻔스럽게 슬그머니 3년으로 연장하고는 자기 부임지인 치비타베키아로 돌아갈 생각조차 하지 않는 사실을 몰레 백작이 모른 척하게 만들었던 것이다. 그렇다. 영사 앙리 베일은 진흙구덩이 같은 일에 처박히는 대신 쾌적한 파리에서 자기 부하 관리들이 아닌 그리스의 도박꾼들 속에 섞여서 봉급을 탕진하고 있었다. 그는 시간이 남아돌아 다시 사교계에 나갈 수 있게 돼 기분이 좋았고, 여전히 소심하기는 해도 또다시 연애를 시도할 수 있게 되어 좋았다. 그리고 자신이 하고 싶은 것, 특히 인생에서 가장 아름다워 보이는 일, 즉 자신의 호텔 방에서 이리저리 왔다 갔다 하면서 소설 《파름의 수도원》을 구술할 수도 있었다. 일을 하지 않고도 받는 두툼한 봉급으로 사람들의 심기를 거스르는 글, 또는 사탕발림이나 진통제가 들어있지 않은 글을 쓰는 사치를 부릴 수 있었다. 자유로우니까. 앙리 베일에게는 자유 이외의 하늘은 이 세상에 존재하지 않았다.

하지만 그 하늘이 갑자기 무너져 내렸다. 그의 보호자였던 용감하고 너그러운 외무대신 몰레 백작이 실각하고(그에게 기념비를 세워줘야 할 시기에) 새로운 권력자인 수(Soult) 장군이 외무대신 직을 대신 맡게 된 때문이었다. 수 장군은 시인 스탕달에 대해 아는 바가 없었지만, 관등서열 표를 보고는 파리의 극장에 느긋하게 앉아 시간을 보내는 사람이 3년 전부터 로마교황령에서 프랑스를 대표하는 일로 봉급을 받는 영사 베일이라는 사실을 발견했다. 장군은 처음에는 이상하다고만 생각하다가 나중에는 문서는 나 몰라라 하고 빈둥거리는 그 게으른 관리에게 불같이 화를 냈다. 그러고는 지체하지 말고 당장 파리를 떠나 치비타베키아로 가라는 엄명을 내렸다. 앙리 베일은 시인의 옷을 벗고 툴툴거리며 제복을 다시 입었다. 쉰네 살의 앙리 베일은 이글거리는 여름의 땡볕 아래 마지못해 다시 유형지로 떠나야 했다. 그는 이번이 마지막이라고 느꼈다.

1841년 3월 22일, 파리

거대하고 육중한 체구의 남자가 자신이 사랑했던 번화가에서 힘겹게 발을 질질 끌며 걸어가고 있었다. 이 거리에서 멋쟁이 신사 차림으로 화려한 지팡이를 빙빙 돌리며 여자들을 바라보던 좋은 시절은 다 어디로 가버렸을까? 이제는 걸음을 옮길 때마다 후들거리는 팔을 단단한 지팡이에 의지하지 않을 수 없다. 스탕달, 그는 지난 일 년 사이에 너무 많이 늙어버렸다. 반짝이던 눈빛은 푸르스름하게 그늘져 무겁게 처진 눈꺼풀 아래에서 흐릿하고, 입술 위로는 움찔움찔 경련이 일었다. 몇 달 전 뇌졸중이 그를 덮쳤다. 그 옛날 밀라노에서의 첫경험을 회한 가득한 마음으로 추억한 일이 그에게 큰 타격을 주었던 것이다. 그에게 피를 빼내는 사혈법(瀉血法)을 쓰고 연고와 여러 가지 물약으로 괴로움을 주던 사람들은 마침내 그가 치비타베키아를 떠날 수 있도록 허락했다. 하지만 이제 와서 파리가 다 무슨 소용이고, 《파름의 수도원》에 대한 발자크의 감동적인 글이 무슨 소용이란 말인가? "한차례 허무가 스쳐 지나가고" 죽음의 손길을 경험해본 남자에게 수줍게 첫 번째 꽃봉오리를 틔우기 시작한 명성이 도대체 무슨 소용이란 말인가? 번쩍이는 화려한 마차도, 한가하게 잡담을 나누며 지나가는 행인도, 옷자락을 살랑거리는 매춘부도 거들떠보지 않는 가운데 쓸쓸한 그림자와 같은 그가 집 쪽으로 힘겹게 발을 질질 끌며 천천히 움직이고 있다. 저녁 분위기가 물씬 나는 거리의 반짝거리는 빛의 유희 속에서 슬픈 까만 점 하나가 천천히 걸어간다.

갑자기 사람들이 몰려들었다. 호기심 어린 군중…. 뚱뚱한 남자 하나가 증권거래소 바로 앞에서 쓰러졌다. 돌출된 눈은 아무런 움직임이 없었고, 얼굴은 파랗게 질려 있었다. 두 번째 치명적인 발작이 그를 덮친 것이었다. 누군가가 가늘게 가쁜 숨을 몰아쉬는 그를 질식 시킬 듯 목을 꽉 조인 셔츠의 단추를 풀어주고 약국으로 데려갔다가 그가 기거하는 작은 호텔 방까지 데려다 주었다. 방에는 무수한 종이들, 메모들, 이제 막 시작한 작품들, 일기장들이 널려있었다. 그중 하나에 특별히 예언적인 말이 적혀 있었다. "의도적인 것이 아니라면 노상객사는 웃음거리가 아니라고 생각한다."

1842년, 궤짝

값싼 화물인 커다란 나무궤짝이 치비타베키아에서 프랑스로 덜그럭거리며 운반됐다. 그것은 스탕달의 유언장 집행인인 사촌 로맹 콜롱에게 배달됐다. 콜롱은 경건한 심정으로(신문에 난 추도사가 고작 여섯 줄밖에 안 되는데 다른 누가 이 고인에게 신경이나 쓰겠는가?) 이 기인의 작품 전체를 출간하리라 생각했다. 그런데 망치로 궤짝을 뜯어보니, 오 맙소사, 그 안에는 얼마나 많은 종이가 들어 있던지! 그

종이들에는 하나같이 꼬불꼬불한 암호와 비밀스런 기호들이 무수히 적혀 있었다. 재미없는 글쟁이의 유물이라니. 로맹 콜롱은 아주 읽기 편안하고 확실한 글씨로 쓰인 작품을 몇 개 꺼내어 충실하게 그대로 베껴 적었다. 그러다가 지쳐 떨어졌다. 그래서 그는 《루시앙 뢰방》이라는 소설 원고에는 체념한 듯 "아무것도 시작할 수 없음"이라고 적었고, 자서전 《앙리 브륄라르》는 쓸모없는 것으로 보고 제쳐두었다. 그 상태로 몇 십 년이 흘렀다. 저 "쓸모없는 뭉치", 무용지물 종이더미로 무엇을 시작한단 말인가? 콜롱은 그것들을 다시 궤짝에 집어넣어 스탕달의 어릴 적 친구인 크로체에게 보냈고, 크로체는 그것을 다시 최후의 안식처가 될 그르노블의 도서관에 넘겨주었다. 그르노블의 도서관 사서는 그 도서관의 오랜 관습에 따라 모든 원고에 숫자를 적어 넣은 쪽지를 부착하고 도장을 찍은 후 도서목록에 기록해두었다. 평안히 잠드소서! 이렇게 해서 2절판 크기의 노트 60권에 담긴 스탕달의 필생의 작품과 삶이 공식적으로 사장됐다. 그리고 커다란 방에 갇힌 그 원고더미 위로 먼지가 뽀얗게 앉기 시작했다. 그 후 40년 동안은 아무도 자기 손가락에 먼지를 묻혀가며 잠자는 그 원고를 읽어볼 생각을 하지 않았다.

1888년 11월, 파리

인구가 늘어나면서 도시가 넓게 확장됐다. 파리는 이미 400만 명의 인구를 자랑하게 됐지만, 언제나 앞으로만 쭉쭉 뻗어나가기만을 바라지는 않았다. 그래서 대단위 사회인 파리는 몽마르트로 가는 새로운 도로를 설치할 계획을 세우기 시작했다. 그런데 유감스럽게도 도로를 내야 할 곳에 몽마르트 묘지가 성가신 장애물로 떡하니 버티고 있었다. 사람들이 고심 끝에 생각해낸 기술적인 대안은 산 사람들을 위해 죽은 자들의 묘지 위를 건너가는 다리를 설치하는 것이었다. 그래도 몇 개의 무덤은 파헤치지 않을 수 없었고, 이때 사람들은 4번째 줄의 11번째에서 버려진 황폐한 묘 하나를 발견했다. 그 묘비에는 "밀라노 사람 아리고 베일, 말했노라 썼노라 사랑했노라"라는 기이한 비문이 적혀 있었다. 프랑스 묘지에 웬 이탈리아 사람? 기이한 비문에다 기이한 남자로군. 누군가가 우연히 그곳을 지나가다가, 가명으로 매장되기를 원했던 프랑스 작가 앙리 베일이라는 사람이 있었다는 사실을 생각했다. 사람들은 긴급히 위원회를 결성하고 낡은 비문을 옮겨 적을 새로운 대리석 판을 마련하기 위해 얼마간의 기금을 모았다. 이리하여 갑자기 사라져버렸던 이름이 오래전에 썩어버린 시신 위에서 다시 반짝이게 됐다. 1888년, 그가 잊혀진 지 46년 만의 일이었다.

그런데 이상한 우연의 일치가 일어난다. 누군가가 그의 무덤을 생각해내고 시신을 이장한 바로 그해에 그의 원고들이 발견됐다. 젊은 폴란드의 언어학자 스트리엔스키가 그르노블에 와서 한가하게 빈둥거리던 중에 도서관에 들러 책을 뒤적이다가 먼지가 쌓인 오래된 자필 2절판 노트 원고들이 구석에 처박혀 있는 것을 발견했다. 그는 그 원고들을 읽으면서 암호를 해독해내기 시작했다. 그런데 읽으면 읽을수록 재미가 있었다. 그는 그것들을 출판해줄 사람을 물색하다가 마침내 적임자를 찾아냈다. 이리하여 스탕달의 일기, 《앙리 브륄라르》와 《루시앙 뢰방》이 빛을 보게 됐다. 처음으로 진짜 스탕달이 백일하에 자기 모습을 드러낸 것이다. 그때서야 진정한 의미에서 그와 동시대인인 당시 사람들이 자신들의 형제와 같은 그의 영혼을 알아보고 열광했다. 스탕달은 동시대인들을 위해서가 아니라 앞으로 다가올 다음 세대를 위해 작품을 썼다. 그의 책들에는 "나는 1880년이 되어서야 유명해지리라"는 구절이 여러 번 나온다. 이런 구절은 그전에는 허공을 향한 부질없는 말처럼 들렸지만 놀랍게도 현실이 됐다. 그의 육체가 땅속에서 발굴된 때와 같은 시점에 그의 작품들은 무상함의 어두운 그늘을 벗어나 솟구쳐 올랐다. 평소에 그렇게 믿을 수 없었던 사람이 자신의 부활을 연도까지 정확하게 예고하다니, 시인은 역시 예언자인가 보다. 그의 모든 말, 아니 이 한 구절만 보더라도.

자아와 세계

그는 사람들의 마음에 들지 않았고 남들과 아주 달랐다.

앙리 베일은 태어날 때 이미 부모에게서 창조적인 이중성을 물려받았다. 그의 내부에 다른 성질을 가진 두 개의 반쪽이 서로 잘 어울리지 못하고 상충되고 있었다. 그의 아버지인 셰뤼벵 베일, 배은망덕한 아들이자 적수인 앙리가 항상 악의적으로 "빌어먹을 아버지"라고 부른 그의 아버지는 끈질기고 인색하고 영악하고 돈만 밝히는 시골 부르주아를 전형적으로 대변하는 인물이었다. 플로베르와 발자크가 성난 손으로 문학의 벽에 내동댕이친 사람들의 전형이었던 것이다. 앙리 베일은 아버지에게서 장대하고 뚱뚱한 체격뿐만 아니라 기질과 정신적인 면에서 자기편향적인 이기주의를 물려받았다. 그와 달리 어머니인 앙리에트 가뇽은 낭만적인 남방 출신이었고, 심리학적으로도 남방 출신의 기질이 다분했다. 그녀를 보았다면 라마르틴(1790~1869, 프랑스의 시인 — 옮긴이)도 그녀에 관한 시를 썼을 것이고, 장 자크 루소도 감상적으로 변했을 것이다. 그녀는 탐닉적인 감정을 지녔고, 애교 있고 음악적이며 남국적인 성격을 갖고 있었다. 앙리 베일이 보여준

에로스에 대한 정열, 넘쳐흐르는 충만한 감정, 고통스럽고 거의 여성적이라고 할 수 있는 감수성은 일찍 세상을 떠난 어머니에게서 물려받은 것이었다. 상이한 두 성격이 만들어낸 기이한 산물 앙리 베일은 핏속에 흐르는 상충하는 두 흐름에 의해 부단히 이리저리 휩쓸렸다. 그는 평생 아버지에게서 물려받은 기질과 어머니에게서 물려받은 기질 사이에서, 리얼리즘과 낭만주의 사이에서 흔들렸다. 그래서 미래의 시인 앙리 베일은 늘 모순적이고 이중적인 세계 속에서 자라났다.

어린 앙리 베일은 어려서부터 감정적으로 판단하곤 했다. 그는 어머니는 사랑했지만(심지어 그는 자신이 조숙하고 위험스런 정열로 어머니를 사랑했노라고 고백했다) 아버지에 대해서는 질투하고 경멸하고 증오했다. 아버지에 대해 그는 마치 스페인 사람처럼 왠지 모르게 차갑고 냉소적으로 닫혀있었고, 심문하듯 탐색하는 증오심을 갖고 있었다. 《앙리 브륄라르》의 처음 몇 페이지에 나오는 자기묘사보다 더 완벽하게 오이디푸스 콤플렉스를 문학적으로 표현한 것은 없을 것이다. 그러나 때 이르게 나타난 이런 양면의 긴장은 갑자기 깨져버린다. 그는 일곱 살 때 어머니를 잃었고, 열일곱 살 때 우편마차를 타고 그르노블을 떠나면서 마음속으로 아버지가 죽었다고 생각했기 때문이다. 그 후 그는 아버지에 대해 함구했고, 마음속에서 증오와 경멸로 아버지를 죽이고 묻어버렸다. 끈질기고 계산에 밝으며 객관적인 시민이었던 아버지는 비록 멸시의 허연 석회가루를 뒤집어쓰고 잿물에 뒤범벅이 되긴 했지만, 그의 핏속에서는 유령처럼, 그러나 생생하게 50년간을 더 머무른다. 이 50년 동안 베일과 가뇽, 아버지와 어머니라는 그의 두 영혼의 조상, 즉 객관적인 정신과 낭만적인 정신은 부단히 그의 내부에서 서로 싸우지만 어느 하나가 다른 하나를 완전히 굴복시키지는 못한다. 앙리 베일은 어느 순간에는 어머니의 자식이지만 다음 순간에는 아버지의 자식이 됐다. 동시에 두 사람 모두의 자식인 경우도 허다했다. 그는 때로는 소심하고 겁이 많았지만 때로는 돌처럼 단단하고 아이러니했고, 때로는 열광적이고 낭만적이었지만 다시 불신에 가득 차고 계산적으로 변했다. 눈 깜짝할 사이의 간격을 두고 열정과 냉혹함이 쉭쉭 소리를 내며 서로 부딪치기도 했다. 감정이 이성을 누르고 그 위로 넘쳐흐르는가 하면 지성이 다시 감정을 우악스럽게 가로막기도 했다. 이쪽이든 저쪽이든 결코 온전히 어느 한쪽 영역에 속하지 않았다. 이성과 감정 사이에 벌어지는 영원한 전투 중에서 스탕달이 치른 심리전보다 더 굉장한 것은 없을 것이다.

그러나 미리 말해두자면, 그것은 결정적인 전투나 대상을 섬멸해버리는 전면전은 아니었다. 이 전투로 스탕달은 패하지도 않았고, 극렬한 대립을 견디지 못해 갈가리 찢기지도 않았다. 향락적인 본성은 비극적인 운명에 맞서서 확실한 윤리적 무감각, 냉철하게 관찰하는 깨어있는 호기심을 지켰다. 그리고 깨어있는 본질적 정신은 그가 살아있는 동안 파괴적이고 악령 같은 모든 힘을 조심스럽게 피해나갔다. 그의 영악함이 내린 지상명령이 자기보존이었기 때문이다. 스탕달은 실제 전쟁인 나폴레옹 전쟁에서 총탄을 피해 언제나 후방에 머물러 있었다. 마찬가지로 그는 영혼의 전쟁에서도 생사를 건 용사의 단호한 입장보다 안전한 관찰자의 입장을 선택했다. 그에게는 모든 갈등을 삶의 결단으로 끌어올린 파스칼, 니체, 클라이스트 등이 보여준 최후의 도덕적 자기희생이 결여돼 있었다. 그는 분열을 감정적으로 견디면서 자신의 확고한 정신을 바탕으로 그것을 미학적 연극으로 향유하는 데 만족했다. 그래서 그의 본질은 이성과 감성의 격한 대립에도 불구하고 완전히 통째로 흔들리지 않았고, 이런 자신의 이중성을 진심으로 미워하지도 않았다. 아니 심지어 그런 자신의 이중성을 사랑하기까지 했다. 그는 다이아몬드라도 자를 듯한 자신의 정확한 지성을 아주 귀중한 것으로 사랑했다. 그것이 그에게 세상을 이해할 수 있게 해주기 때문이었다. 하지만 다른 한편으론 자신의 충만한 감정, 과도한 감수성도 사랑했다. 그것이 그에게 무미건조한 평범한 일상에서 벗어날 수 있게 해주기 때문이었다. 마찬가지로 그는 두 가지 본질에서 오는 위험도 잘 알고 있었다. 그중 하나는 숭고한 순간조차 얼어붙게 해 맑은 정신으로 깨어 있도록 해주는 지성의 위험이요, 다른 하나는 경계가 모호하고 비현실적인 것 속으로 과도하게 그를 끌어들여 삶의 조건인 명료함을 파괴하는 감정의 위험이었다. 그래서 그는 두 가지 중 어느 한 입장에 서게 되더라도 다른 편 입장의 특성을 배우고자 했다. 즉 그는 감정을 지성적으로 분명하게 만들려고 노력하는 동시에 이성을 열정적인 것으로 만들려고 했다. 그는 평생 동안 팽팽하게 긴장돼 있으면서 예민한 감수성의 껍질을 뒤집어 쓴 낭만적인 지성인이자 지적인 낭만주의자가 되고자 했다.

그래서 스탕달의 모든 공식은 언제나 두 개의 답을 냈다. 결코 완전한 통일을 이루어 하나의 답을 만들어내지 못했다. 그는 그런 이중적인 세계에서만 완전한 충족감을 느꼈다. 가장 강렬한 순간은 그의 내면에 존재하는 두 대립물이 상호침투하면서 나란히 병존하는 데서 비롯됐다. 그는 언젠가 "감정이 없으면 재기(才氣)도 없어진다"고 말했다. 이 말은 감정적으로 흥분하지 않고는 생각을 잘 할 수 없고, 흥분한 자신의 심장박동 수를 측정하지 않고는 정확하게 느낄 수가 없다는 의미다. 그는 몽상을 삶의 감정 중에서 가장 귀중한 조건으로 신성시하는가 하면 ("나는 몽상을 가장 사랑했다"고 그는 말했다) 그 대립물인 깨어있는 정신이 없이는 살아갈 수 없다고 말하기도 했다("명료하게 보지 못하면 세계의 모든 것이 내게서 사라져버렸다"고 그는 말했다). 괴테가 자기에게는 향락이라고 불리는 것이 "항상 감성과 오성 사이에서 부유하고" 있다고 고백했던 것처럼, 스탕달의 경우에는 정신과 피가 불같이 뜨겁게 뒤섞여야만 세상의 감각적인 아름다움을 느낄 수 있었다. 그는 자신의 대립적인 두 성향이 끊임없이 마찰해야만 영혼의 전기(電氣)가 일어난다는 것을 알고 있었다. 오늘날에도 우리는 스탕달의 책을 읽기 시작하자마자 신경세포가 따끔거리고 불꽃이 튀기는 듯한 느낌을 갖게 되고, 뭔가가 바스락거리다가 팽팽하게 긴장되면서 찌르듯 자극하는 생동감을 느낀다. 이처럼 생명력이 극단에서 극단으로 도약했기에 그에게 힘의 열기, 빛을 발하는 창조적인 열기가 있었던 것이다. 언제나 깨어있는 상승의 본능이 모든 열정을 발동시켜 폭넓은 긴장이 유지된 것이다. 그가 무수하게 남긴 독특한 심리관찰 결과 중 가장 주목할 만한 것은, 육체의 근육이 무기력해지지 않도록 하기 위해서는 부단한 운동이 필요한 것처럼 심리적인 힘도 부단한 연습과 상승과 발전을 거쳐야 유지된다는 것이다. 스탕달은 이런 자기완성을 향한 작업을 어느 누구보다도 지속적으로 철저하게 연습했다. 나름의 인식을 얻기 위해 예술가가 자신의 악기를, 군인이 자신의 무기를 사랑하는 것과 똑같은 마음으로 그는 자기 본질의 두 끝을 붙잡고 부단히 돌보며 영혼의 자아를 훈련시키는 데 몰두했다. 그는 고도의 감정적 긴장 상태를 유지하기 위해 밤마다 오페라 극장을 찾아가 음악을 들으며 자기 내면의 팽창력을 달구었고, 중년에 접어들어서도 의도적으로 항상 새로운 연애를 향해 달려갔다. 또한 그는 약해진 흔적이 역력한 기억력에 정확성을 보충하기 위한 보조수단으로 특별한 심령수련을 실시했다. 그는 매일 아침 면도칼을 갈 듯 자기관찰이라는 숫돌로 자신의 인지능력을 연마했다. 그는 책을 읽거나 대화를 하는 것을 통해 매일 "몇 가지 새로운 아이디어"를 받아들여 자기 자신을 채우고 자극하고 긴장시키면서 내면을 풍부하게 하는 정진을 계속했다. 이리하여 그의 이성은 날카롭게, 감정은 유연하게 끊임없이 연마됐다.

이러한 지적이고 세련된 자기완성의 기술 덕분에 스탕달은 지적으로나 감성적으로나 아주 탁월하게 세밀해졌다. 세계문학에서 수십 년을 거슬러 올라가 봐도 그처럼 예민한 감수성과 냉철한 이성을 동시에 갖춘 감각의 작가를 찾아내기 어렵다. 하지만 피부 아래에 그토록 부드럽고 예민한 신경과 그토록 지적이면서도 관능적인 신경을 가진 사람은 그로 인한 고통을 치르지 않을 수 없다. 섬세함은 언제나 상처받기 쉬움을 전제로 하는 법이고, 예술에는 은총인 것이 예술가에게는 거의 언제나 생사를 가르는 위협이 된다. 스탕달이라는 초(超)유기적인 존재가 주변 세계로 인해 고통을 받으면서 격정적이고 감상적인 시대의 한가운데서 낯설고 언짢은 표정으로 서 있는 모습이라니! 그처럼 지성적인 박자감각을 지닌 사람은 비정신적인 것을 모욕으로 느낀다. 그러므로 그의 낭만적인 정신은 평균적인 인간의 둔감함과 타성에 젖은 윤리의식을 악몽으로 느끼지 않을 수 없다. 동화 속의 공주가 수많은 솜털과 껍질 속에서도 완두콩을 찾아내듯이 스탕달은 모든 잘못된 말, 거짓된 제스처를 고통스럽게 감지해냈다. 모든 사이비 낭만성, 서툰 과장, 비겁한 모호함이 자신의 지적 본능에 닿을 때마다 그는 마치 차가운 물이 아픈 이에 닿아 시릴 때처럼 고통스러워했다. 솔직함과 자연스러움에 대한 그의 감각과 정신적인 까다로움은 모든 낯선 감정의 과잉됨과 모자람을 식별해냈고(그는 "내가 가장 싫어하는 사람은 천박한 사람과 속물이다"라고 말한 적이 있다), 진부한 것과 억지로 꾸며 부자연스런 것을 감지해냈다. 그리고 그로 인해 괴로워했다. 서툰 행동 하나가 아름다운 에로스의 모험을 망쳐버릴 수 있는 것처럼 그의 경우에는 감정으로 과도한 단맛을 내거나 격정의 효모를 넣어 과도하게 부풀린 어구 하나가 책 전체를 망칠 수도 있었다. 언젠가 그는 감동에 사로잡혀 나폴레옹이 치르는 전쟁을 지켜보고 있었다. 천둥 같은 대포 소리에 지축이 흔들리는 가운데 저녁하늘의 구름은 핏빛으로 물들었다. 일몰의 태양이 만들어낸 예상치 못한 색깔놀이, 그리고 그 속에 뒤엉킨 살육의 광경이 그의 예술가적 영혼을 자극했다. 마치 신경이 마비된 것처럼 그는 그것에 저항할 수가 없었다. 그는 그 자리에 서서 공포와 감동과 경외감 같은 다양한 감정들이 불러일으키는 감응으로 몸을 바르르 떨었다. 그때 불행한 일이 일어났다. 옆에 서 있던 장군이 그 압도적인 광경을 과장된 한마디로 표현하고 싶다는 생각을 한 것이다. "거대한 전쟁이로다!" 그가 기분 좋게 내뱉은 이 어설픈 격정의 말이 스탕달을 강렬하게 싸고돌던 모든 감응을 일시에 거둬가 버렸다. 그는 속으로 그 어리석은 장군을 욕하고 실망감과 박탈감까지 느끼면서 서둘러 그 자리를 떴다. 지극히 예민한 그의 감각이 상투적이거나 거짓이 섞인 감정표현을 감지해냄으로써 한창 부풀어 오르는 감정의 박자를 뚝 끊어버린 것이었다. 불명료한 사고, 과장된 말, 감정의 과시나 과장은 이 감수성의 천재로 하여금 곧바로 미적인 거부감을 일으키게 했다. 그래서 그는 자신과 동시대의 예술을 거의 다 마음에 들어 하지 않았다. 당시의 예술은 샤토브리앙(1768~1848, 프랑스의 작가 − 옮긴이)과 같은 감미로운 낭만주의와 빅토르 위고(1802~1885, 프랑스의 작가 − 옮긴이)와 같은 사이비 영웅주의로 장식돼 있었다. 그는 그런 예술가들을 참아낼 수 없었다. 그런데 그의 과민한 감수성은 자기 자신에 대해서도 발휘된다. 자신이 조금이라도 감각에 맞지 않거나 불필요한 감정의 고저를 나타내든가, 감상적으로 빠져버린다든가, 비겁하게 애매모호해지고 불성실해지면 그는 엄한 선생님처럼 자신을 호되게 나무랐다. 언제나 깨어있는, 가차 없는 오성(悟性)이 아주 멀리 떨어져 있는 몽상에까지 기어들어가 수치심을 감싸고 있는 모든 껍질을 가차 없이 벗겨냈다. 자신을 그토록 정직하게 교육한 예술가는 거의 없으며, 비밀스런 샛길이나 미로까지도 그토록 무섭게 감시한 영혼의 관찰자도 드물 것이다.

그 정도로 자신을 잘 알고 있었기에 스탕달은 자신의 신경과 정신이 지닌 과도한 감수성이 자신의 천재성이자 덕목인 동시에 위험이라는 것을 잘 알고 있었다. 극도로 민감한 그는 다른 사람들이라면 살짝 긁히고 말 정도의 상처에도 피를 흘렸다. 그래서 스탕달은 어려서부터 본능적으로 타인을 자신의 자아와 완전히 대립되는, 자신과는 다른 영혼을 가진 종족에 속하는 사람이라고 생각했다. 이러한 자신과 타인 사이의 상이함을 그는 아주 일찍부터 느꼈다. 그르노블의 미숙한 작은 소년이었을 때 그는 학교친구들이 아무 생각 없이 즐겁게 이리저리 경중경중 뛰어다니는 모습을 보면서 자신은 그들과 다르다고 느꼈고, 나중에 이탈리아에서 군에 갓 입대한 하사관으로서의 그도 장교들을 바라보면서 같은 느낌을 가졌다. 처음에 그는 장교들이 밀라노의 여자들을 희롱하고 일부러 큰소리로 떠들면서 장검을 널그럭거릴 때 한편으로는 놀라고 다른 한편으로는 부러워하면서 서투르게 그들을 흉내내려고 했다. 그 당시 그는 자신의 연약함과 서투름, 섬세함을 남자로서의 결함으로, 한심스러운 열등함으로 생각하고 부끄러워했다. 그래서 여러 해 동안 지극히 우스꽝스럽고 헛되게도 자신의 본성을 억누르고 속물들을 그대로 따라하려고 했다. 그런데 이런 그의 노력은 자신을 거친 전쟁터의 사내들과 비슷하게 보이게 하거나 그들에게 강렬한 인상을 주기 위한 것에 지나지 않았다. 그러나 다음 순간 이 정서적 인간은 자신에게 존재하는 치유될 수 없는 이질성의 매력, 그 우수 어린 매력을 천천히, 아주 힘겹게, 그리고 고통스럽게 발견하게 된다. 심리학자로서의 그가 깨어난 것이다. 스탕달은 점차 자기 자신에게 호기심을 느끼게 됐고, 자기 자신을 새로이 발견하기 시작했다. 처음에 그는 자기가 대부분의 다른 사람들과 다르다는 사실만을, 즉 자기는 신경조직이 섬세하고 감수성이 예민해서 대단히 민감하다는 사실만을 확인했다. 주위의 어느 누구도 스탕달만큼 열정적으로 느끼고 명료하게 사고하지 않았다. 설사 그런 사람이 있었다 해도 그 열정적 감정과 명료한 사고가 스탕달만큼 기묘하게 뒤섞여 있지는 않았을 것이다. 스탕달은 어디에서든 가장 섬세한 것을 느끼면서도 실제 생활에서는 아주 하찮은 것조차 이루지 못했다. 이런 종류의 기이한 인간들이 존재하는 것이 틀림없다. 그렇지 않다면 어떻게 그가 몽테뉴를, 지나치게 넓으면서도 조잡한 것을 경멸하는 그 신랄하고 지혜로운 정신을 이해할 수 있었겠는가? 모차르트와 똑같은 경쾌한 영혼을 지니고 있지 않았다면 그가 어떻게 모차르트를 느낄 수 있었겠는가? 서른 살이 되어서야 스탕달은 처음으로 자신이 불운한 인간의 전형이라기보다는 오히려 기이하면서도 아주 고귀한 종족에 속하는 특별한 부류, 즉 '특권적인 존재'라고 느끼기 시작했다. 그와 같은 특권적인 존재들은 평범한 암석덩어리 속에 보석들이 박혀있는 것처럼 여기 저기 흩뿌려져 여러 민족, 종족, 국가들 속에서 나타난다. 스탕달은 프랑스 사람들이 아니라 바로 그런 특권적인 존재들에게서 고향을 느꼈다. 그래서 그는 몸이 커지면서 꽉 끼게 된 옷을 벗어버리듯 국적을 벗어던졌다. 그는 졸렬한 무리나 일에 바쁜 도당과 한 무리로 섞이지 않고 가끔씩 시간 속으로 노를 저어가는, 훨씬 섬세한 영혼과 훨씬 예민한 신경을 가진 사람들과 함께 눈에 보이지 않는 그들만의 조국에 거주하게 된 것이다.

 스탕달은 자신이 살았던 시대를 훌쩍 뛰어 넘어 그들 '행복한 소수', 밑줄을 그어주지 않아도 책을 읽을 수 있는 귀 밝고 눈 밝고 이해가 빠른 사람들, 모든 신호와 눈빛을 마음의 본능으로 이해하는 사람들을 위해서만 책을 썼고, 그들에게

만 자신의 감정의 비밀을 털어놓는다. 굵은 글씨로 쓴 요란한 플래카드만 눈에 들어오고 강한 향료를 사용해 기름지게 요리한 것만 입에 맞는 주변의 천박하고 시끄러운 속물들은 그와 아무런 상관도 없었다. 스탕달은 그의 주인공 줄리앙을 통해 "타인이 내게 무슨 상관이란 말인가?"라고 거만하게 말한다. 그렇게 비속하고 천박한 세계에서는 출세하지 못한다고 해서 부끄러워할 필요가 없다. "평등이란 사람을 즐겁게 해주는 법칙"이고 천민들에게 자신을 맞추기 위해서는 그들과 똑같은 일을 하지 않으면 안 되지만 그는 다행히도 스스로 생각하기에 비범함 존재, 우월한 존재, 개별적이고 특이한 존재, 하나의 개체이자 독립된 존재이지 떼 지어 다니는 인간 무리에 속하지 않았다. 스탕달은 자신이 특별하다는 것을 알게 된 뒤에는 굴욕적인 외모, 뒤처진 출세, 여자들의 모욕, 문학에서 성공하지 못한 것을 오히려 자신의 우월함을 증명하는 사실로 받아들이고 즐겼다. 그의 열등감은 쾌활한 자만심으로, 즉 승리를 구가하듯 아주 밝고 근심걱정 없는 자만심으로 급변한다. 그는 계속해서 모든 유대관계를 멀리하고 자기 영혼의 얼굴, 즉 자신의 성격을 돋보이게 다듬는 한 가지에만 관심을 쏟는다. 미국화한 세상, 테일러식 경제체제의 세계에서는 특별함만이 가치를 지니기 때문이었다. "조금이라도 비범한 것만이 흥미롭다." 그러니 비범한 존재가 되어라! 우리 안에 들어 있는 진기함이라는 종자를 꽉 붙들고 강화하라! 튤립만 전문적으로 키우는 네덜란드의 농부도 스탕달이 자신의 이중성과 독특함을 귀중한 교배종으로 만들어 키워낸 것보다 더 조심스럽게 꽃을 키워내지는 못할 것이다. 그는 그렇게 키워낸 것을 '베일리즘'이라고 자칭한 자기 정신의 핵심 속에 보관했다. 그가 말한 '베일리즘'이란 앙리 베일 속에 앙리 베일을 변함없이 유지한다는 나름의 철학이었다. 오직 다른 사람들과 좀더 거리를 두기 위해 그는 "사회 전체와 전쟁 중"인 줄리앙처럼 의식적으로 시대와 대립하면서 살아갔다. 시인으로서의 그는 아름다운 형식을 경멸하고 시민법을 진정한 시학으로 선언했다. 군인으로서의 그는 전쟁을 비웃었고, 정치가로서의 그는 역사를 무시했고, 프랑스인으로서의 그는 프랑스인들을 조롱했다. 그는 다른 사람들이 접근해오지 못하도록 자신과 사람들 사이의 도처에 고랑을 파고 가시철조망을 설치했다. 이랬으니 그가 출세에 실패한 것도 당연했다. 그는 군인, 외교관, 문인으로서 성공하지 못했지만, 그래서 그의 자긍심은 배가됐다. "나는 무리지어 다니는 가축이 아니다. 그러므로 나는 아무것도 아닌 사람이다." 아니다. 야비한 정신을 가진 무리에게만, 아무 가치도 없는 사람들에게만 그는 아무것도 아닐 뿐이다. 그는 계급, 종족, 지위, 조국 등의 그 어디에도 자신을 끼워 맞추지 않을 때 행복감을 느꼈다. 노예 같은 무리에 끼어 성공을 향해 넓은 길을 무거운 발걸음으로 느릿느릿 걷기보다는 두 다리를 가진 역설적인 존재로서 자기 발로 자기 길을 산책하듯 걸을 때 그는 더욱 감동을 느꼈다. 차라리 뒤처지는 것이, 차라리 아웃사이더로 홀로 있는 것이 더 낫다. 단 자유로울 것! 자유의 의미, 즉 모든 강제와 영향에서 벗어난다는 것이 무엇인지를 스탕달은 천재적으로 알고 있었다. 이따금 어쩔 수 없이 직업을 갖거나 제복을 입어야 할 때는 생계유지에 꼭 필요한 만큼만, 더도 덜도 아닌 딱 그만큼만 자기 자신을 투자했다. 그의 친척인 다뤼가 그에게 기병의 제복을 입혔을 때도 그는 자신을 군인이라고 생각하지 않았고, 소설을 쓸 때도 그는 전문적인 글쓰기에 몸과 마음을 다 바치지는 않았다. 화려하게 수를 놓은 외교관복을 입고 지내야 했을 때 그는 근무시간 중에만 앙리 베일이라는 사람을 사무실 책상에 앉혀 놓았는데, 그 사람은 진짜 스탕달과 껍데기만, 불룩 튀어나온 배와 뼈마디만 같을 뿐이었다. 그는 예술에도, 학문에도, 관직에는 더더욱 참된 자신의 본질 중 일부분도 투자하지 않았다. 실제로 그와 함께 지낸 동료들 가운데서 어느 누구도 자신이 프랑스의 위대한 시인과 같은 연대에서 훈련을 받았거나 같은 사무실 책상에서 서류를 주고받았다는 사실을 평생 알지 못했다. 발자크를 제외하고는, 저명한 문학 동료들조차 그를 재미있는 만담가이며 어쩌다 일요일에 자신들의 경작지로 승마를 하러 나오는 퇴역장교로만 알았다. 아마도 그의 동시대인들 가운데서는 쇼펜하우어(1788~1860, 독일의 철학자 - 옮긴이)만이 내면 심리에서 자신의 위대한 형제인 스탕달과 비슷했을 것이다. 쇼펜하우어도 완전히 차단된 정신적 고립 속에서 살았으면서도 세상에 영향을 끼쳤다.

스탕달 고유의 실체를 알게 해주는 마지막 부분은 항상 보이지 않게 따로 놓여 있었다. 이 진기한 마지막 부분을 규명하면 스탕달이라는 사람을 실제 그대로 완전하게 알 수 있다. 그는 내향적인 자신의 삶의 태도가 이기적인 것이고 자기애적인 요소를 갖고 있음을 부인한 적이 없다. 오히려 그는 그러한 자기중심주의를 자랑스럽게 여기 그것에 시위하듯 '에고티즘'이라는 도전적인 이름을 새로 붙이기까지 했다. 에고티즘은 '에고이즘'을 잘못 쓴 것이 아니다. 비속하고 더러운 잡종의 형제인 에고이즘과 에고티즘을 혼동해서는 안 된다. 에고이즘은 다른 사람 것을 모두 자기 것으로 끌어 모으려는 탐욕스런 손을 갖고 있고, 질투로 일그러진 얼굴을 하고 있다. 에고이즘은 시기심이 많고, 대범하지 못하며, 만족할 줄도 모른다. 정신적인 성향이 섞여든다 해도 꿈 없는 야수적 감성이 그대로 유지된다. 이와 달리 스탕달의 에고티즘은 누군가에게서 뭔가를 빼앗으려 들지 않는다. 에고티즘은 귀족적인 고고한 태도로 돈벌레들에게는 돈을, 명예욕에 사로잡힌 자들에게는 관직을, 야심가들에게는 훈장과 깃발을, 문인들에게는 비누거품 같은 명성을 허용한다. 이로써 그들이 행복해지기를! 또한 에고티즘은 그들이

한 줌의 금을 차지하기 위해 목을 길게 뺃고, 비굴하게 굽실거리고, 칭호에 연연해하며 품위 있는 체하고, 거드름을 피우면서 떼거리로 몰려다니며 자신들이 세계를 지배하노라고 말하는 모습을 위에서 내려다보며 비웃는다. 잘한다, 잘해! 에고티즘은 그들을 반어적으로 비웃는다. 하지만 그 비웃음이 시기심이나 소유욕에서 비롯된 것은 아니다. 오히려 그들이 각자 자기 주머니를 가득 채우고 배불리 먹으며 살아가기를 바란다. 스탕달의 에고티즘은 열정적인 자기방어일 뿐이다. 다른 누구의 영역도 침범하지 않는 대신 어느 누구도 자기 문지방을 넘어오지 못하게 한다. 오로지 인간 앙리 베일 안에 완전히 고립된 공간, 개성이라는 희귀한 열대식물이 아무런 방해도 받지 않고 자랄 수 있는 산실을 만들어내고자 하는 야심만 가득했다. 스탕달은 자신의 견해와 성향, 열망을 독자적으로 길러내려 했다. 한 권의 책이나 하나의 사건이 다른 사람들에게 얼마만한 가치가 있는가 하는 문제는 그에게 그리 중요하지 않았다. 어떤 사실이 동시대와 세상에, 더 나아가 영원에 어떤 영향을 끼칠지에 대해서 그는 도도하게 무시하는 태도를 취했다. 그는 자기 마음에 드는 것만을 아름답다고 말했고, 자기가 적절하다고 생각한 것만을 올바르다고 말했고, 자기가 경멸하는 것을 경멸스럽다고 말했다. 어떤 견해를 피력하는 사람이 자기 혼자뿐이라고 해서 불안해하는 일은 결코 없었다. 오히려 고독은 그에게 행복감을 주고 자의식을 강화시켰다. "타인이 내게 무슨 상관이란 말인가?"라는 줄리앙의 외침은 훈련된 진짜 에고티스트인 스탕달의 미학에 그대로 통용되는 것이었다.

이쯤에서 "그런데 그 당연하고도 당연한 일에 에고티즘이라는 거창한 말이 필요하단 말인가?"라는 사려 깊지 못한 항변이 튀어나올지도 모르겠다. 자신이 아름답다고 생각하는 것을 아름답다고 말하고, 자기 인생을 자기 개인적인 생각에 따라 구성하는 것은 지극히 자연스럽고도 자연스러운 일이 아닌가? 그렇다. 그렇게 말할 수도 있겠다. 하지만 자세히 살펴보라! 어느 누가 스스로를 완전히 독립적이라고 느끼고 독립적으로 사유할 수 있는지, 어떤 책이나 그림, 사건에 대한 평가의 의견을 마치 자기 것인 양 개진하는 사람 중에 그 의견을 한 시대에 맞서서, 전 세계에 맞서서 철저하게 밀고나갈 용기가 있는 사람이 얼마나 있는지를. 우리 모두는 알지 못하는 사이에 누군가의 영향을 스스로 인정하는 것보다 훨씬 더 많이 받고 있다. 시대의 공기는 우리의 폐 속에, 심장 깊숙이까지 들어와 있으며, 우리의 판단과 견해는 무수히 많은 동시대인들의 판단 및 견해들과 마찰하면서 자신도 모르는 사이에 그 뾰족하고 날카로운 모서리가 깎여나간다. 암묵적인 대중의 견해가 라디오 전파처럼 보이지 않게 대기를 떠다닌다. 따라서 자연적인 반사행위만으로 그것이 자기주장이라고 말할 수는 없다. 그것은 시대의 견해에 동화하는 것이고 다수의 느낌에 항복하는 것이다. 하지만 압도적인 다수가 복숭아처럼 부드럽게 인류의 대세에 순응하지 않았다면, 수백만 명의 사람들이 본능에서건 타성에서건 자기 자신의 사적이고 개인적인 관점을 포기하지 않았다면 세상이라는 거대한 기계는 오래전에 이미 멈춰버렸을 것이다. 그래서 대기 중에 떠도는 수백만 명의 정신적인 압력에 대항해 자기 자신의 고립된 독자적 의지를 펼치기 위해서는 매번 아주 특별한 에너지와 극도로 고조된 용기가 필요하다. 하지만 과연 몇 명이나 이런 용기를 갖고 있을까? 자기 자신의 고유성을 보존하기 위해서는 한 개인인 자기 안에서 아주 특별하고 잘 검증된 여러 힘들이 작용해야 한다. 여기서 여러 힘들이란 확고한 세계인식, 신속한 정신적 통찰력, 모든 집단과 무리에 대한 절대적인 경멸, 그 어떤 것에도 주저하지 않는 자세, 용감하고 도덕에 얽매이지 않는 태도, 그리고 무엇보다도 용기, 다시 강조하지만 용기, 자기

확신을 갖고 흔들림 없이 확고하게 말안장에 앉아있을 수 있는 용기다.

에고티스트 중에서도 단연 최고의 에고티스트인 스탕달은 그러한 용기를 갖고 있었다. 그가 얼마나 과감하게 시대에 대항해 돌진했는지, 혼자서 모든 사람을 상대로 번쩍이는 위풍만을 갑옷으로 걸치고 순간적인 속임수와 거친 공격으로 반세기 동안 얼마나 고군분투했는지, 그러다가 눈에 보이지 않게 입은 숱한 상처로 피를 흘리기도 하지만 마지막 순간까지 꼿꼿이 등을 세우고 앉아서 자신의 고유성과 고집을 한 치도 양보하지 않던 그의 모습을 보는 것은 우리의 영혼에 도움이 된다. 무언가에 반대하는 것은 그의 본질이었고, 독립은 그의 욕망이었다. 이 불굴의 반항아가 얼마나 무도하고 뻔뻔하게 일반 사람들의 견해를 반박했고, 얼마나 대담하게 그 견해들에 도전했는가는 그가 쓴 여러 책들에 나오는 숱한 사례들을 보면 알 수 있다. 모두가 전쟁에 열광하던 시대에, 그의 표현을 빌면 "(프랑스에서는) 아무 거부감 없이 영웅의 용기를 군악대 으뜸 고수(鼓手)의 용기로 보는" 시대에 그는 워털루 전투(나폴레옹이 최후의 패배를 당한 전투 - 옮긴이)를 가리켜 카오스적 힘들이 알 수 없게 뒤엉킨 것이라고 표현했다. 그리고 역사가들이 세계사의 대서사시라고 찬양한 나폴레옹군의 러시아 원정 중에 자기는 지겹도록 권태로웠다고 아무 거리낌 없이 고백했다. 자기에게는 애인과 재회하기 위해 이탈리아로 여행하는 것이 조국의 운명보다 더 중요했고, 모차르트의 아리아가 정치적인 위기보다 더 흥미로웠노라고 주저 없이 말했다. 심지어 프랑스가 외국군에 의해 점령됐을 때도 그는 그것이 아무런 일도 아닌 양 코웃음쳤다. 오래전부터 선택된 사람들인 유럽인에 속하고 세계주의자였던 그는 미친 듯이 급선회하는 전쟁, 유행에 따른 견해, "가장 바보 같은 사랑"인 애국주의나 민족주의 등은 안중에 두지 않고 오로지 정신의 참된 구현에만 매달렸다. 그러나 무시무시한 눈사태 같은 격동의 세계사 한가운데서 그가 개인적인 것들을 아주 주관적인 관점에서 정겹게 강조하다 보니 그의 일기를 읽는 사람들은 때때로 그가 그 모든 역사적인 사건이 벌어진 시대에 살았던 사람인가 하는 의구심을 갖게 된다. 하긴 어떤 의미에서 스탕달은 그 현장에 없었다. 말을 타고 전장을 뛰어다니거나 관직에 앉아있을 때도 그는 항상 자기 자신에만 몰두하고 있었기 때문이다. 그는 영혼을 움직이지 못하는 사건에 대해서는 정신적인 연대감을 갖거나 동참할 의무를 느끼지 않았다. 괴테가 세계사적으로 중요한 날에 중국서적을 읽었다는 사실만 적어놓았듯이 스탕달의 연대기를 보면 그는 자신이 사는 시대의 세계가 뒤흔들리는 순간에도 오로지 개인적으로 중요한 일들만 기록했다. 시대의 역사와 그의 역사는 서로 다른 글자와 어휘를 갖고 있는 듯하다. 그래서 스탕달은 자기 자신만의 세계에 대해서는 탁월한 증인이지만, 주변 세계에 대해서는 신뢰할 수 없는 증인이다. 완전한 에고티스트, 타인의 추종을 불허하는 최고의 에고티스트인 그에게 모든 사건은 오로지 일회적이고 재구성될 수 없는 개인으로서의 스탕달 또는 베일이 세계의 흐름으로부터 경험하고 고통당한 감정으로 압축된다. 어떤 예술가도 이 영웅적인 자기편집광, 확신에 가득 찬 에고티스트보다 더 고집스럽고 철저하며 광신적인 태도로 자신의 자아를 위해 살지 못했으며, 그보다 더 기교 있게 독특한 자신의 자아를 발전시키지 못했다.

바로 이러한 폐쇄성, 조심스런 단절, 완전한 차단을 통해 스탕달이라는 농축액은 줄어들거나 이물질이 섞이지 않고 자기 본래의 향기를 간직한 상태로 온전하게 보존될 수 있었다. 그리고 우리는 시대의 염료에 물들지 않은 그에게서, 그 희귀하고 섬세한 표본에서, 그 영원한 개인적 인간의 전형에서 심리만을 완전히 분리해내어 관찰할 수 있게 됐다. 사실 프랑스에서 그가 살았던 시대를 통틀어 봐도 그토록 표현이 신선하고 참신하며 외부의 영향에 동요되지 않고 자기의 세계를 고수한 채 세계를 표현해낸 작가나 작품은 없다. 그가 시대를 거부했기 때문에 그의 작품들이 시대를 초월해서 영향력을 끼치는 것이고, 그가 내적 삶만을 살았기 때문에 그토록 생생하게 그런 영향력을 끼치는 것이다. 한 인간이 시대를 위해 살면 살수록 그는 그 시대와 더불어 사멸하기 쉽다. 하지만 한 인간이 자기 안에 자신의 참다운 본질을 더 많이 간직하면 할수록 그의 많은 부분이 시대를 넘어 남아 있게 된다.

예술가

진실을 말하자면, 내 글이 남들에게 읽힐 만큼 나에게 재능이 있는지 확신할 수 없습니다. 그렇지만 가끔은 글을 쓰는 것이 즐겁습니다. 이것이 전부입니다.

— 발자크에게 보낸 스탕달의 편지

문학의 열렬한 수호자인 스탕달은 사람, 직업, 관직을 비롯해 그 어떤 것에도 완전히 자기 자신을 바치지 않았다. 물론 장편 내지 단편 소설, 심리학적 작품 등 책을 쓸 때는 오로지 그것에만 전념해 글을 썼지만, 이런 그의 정열은 자기만족을 위한 것이었다. 사후에 "자신에게 만족감을 주지 않는 일은 아무것도 하지 않았음"을 삶의 최대 업적으로 인정받은 스탕달은 생전에 글을 쓰는 일이 그에게 자극을 줄 때까지만, 단지 그런 동안에만 예술가였다. 그는 예술이 자신의 궁극적인 목적, 즉 즐거움, 쾌락, 자기만족을 가져다주는 경우에만 예술에 봉사했다. 그러므로 스탕달이 시인으로서 세상에서 중요한 인물이 됐다고 해서 그가 자신의 예술을 중요하게 여겼으리라고 생각한다면 큰 착각이다. 맙소사! 자유를 꿈꾸던 이 광신자가 자신이 작가라는 족속의 하나로, 직업적인 저술가의 하나로 간주되고 있는 것을 안다면 얼마나 분노할까. 그의 유언 집행자는 스탕달의 궁극적인 의지를 자의적으로 변형시켜 완전히 자기 마음대로 그의 문학을 과대평가함으로써 "썼노라, 사랑했노라, 말했노라"라고 대리석 묘비에 새겨 넣었다. 하지만 스탕달의 유언에는 분명히 그 순서가 "말했노라, 썼노라, 사랑했노라"로 돼 있었다. 스탕달은 자신의 좌우명에 충실하게 글쓰기보다는 삶을 우선시했음을 영구히 알리고 싶어 그런 순서를 선택한 것이었다. 그는 향락이 창작보다 중요하다고 생각했다. 그에게 글쓰기는 자아발전에 보탬이 되는 즐거운 오락의 기능을 갖고 있을 뿐이었고, 권태를 이기게 해주는 많은 강장제들 가운데 하나였다. 삶을 즐기는 이 정열적인 사람에게 문학이란 자신의 개성을 드러내는 임시적 표현형식이지 결정적인 표현형식이 아니었다. 이런 사실을 모른다면 그를 제대로 알지 못하는 것이리라.

물론 그는 어려서 파리에 갓 도착했을 때 이상만으로 고지식하게 자신도 언젠가는 시인이 되고 싶다고, 그것도 유명한 시인이 되고 싶다고 원했던 적이 있다. 하지만 열일곱 살의 나이에 그런 소원을 품지 않는 사람이 어디 있단 말인가? 그때 그는 몇 편의 철학적 논문에 매달렸고, 미완성으로 끝나긴 했지만 운문극을 쓰기도 했다. 하지만 그 다음 14년간 그는 문학일랑 완전히 잊어버리고 말안장에 앉아 있거나, 관직을 수행하거나, 거리를 산책하거나, 공연히 우수에 차서 사랑하는 여인들을 바라보거나 하면서 글쓰기보다는 음악이나 미술에 훨씬 더 관심을 가졌다. 1814년에 돈이 다 떨어져 타고 다니던 말까지 팔지 않을 수 없게 되자 그는 화를 내며 황급히 다른 필명을 사용해 《하이든의 생애》라는 책을 하나 써 갈겼다. 아니, 오히려 가난한 이탈리아의 작가인 카르파니의 글을 그가 훔쳤다고 말하는 편이 옳겠다. 카르파니는 나중에 자신의 글을 약탈당한 것을 알고 놀라서, 알지도 못하는 사람인 봉베(스탕달의 필명 - 옮긴이)에게 비명을 질러대며 그러지 말라고 하소연했다. 스탕달은 그 뒤 다시 《이탈리아 미술사》를 썼는데 이것 역시 다른 책들에서 이것저것 긁어모아 짜 맞추고 몇 개의 일화를 산발적으로 군데군데 뿌려놓은 것에 지나지 않았다. 그가 이렇게 한 것은 책을 쓰면 돈이 굴러들어 오기도 했지만, 다른 한편으로는 붓을 마음대로 휘갈기면서 온갖 필명으로 세상을 우롱하는 것이 재미있기 때문이었다. 그래서 그는 오늘은 미술사가로《이탈리아 미술사》를 쓰고, 내일은 경제학자로《기업가에 대한 음모》를 쓰고, 모레는 문학이론가로《라신과 셰익스피어》를 쓰거나 심리학자로《연애론》을 쓰는 등 몇 권의 책을 즉흥적으로 써냈다. 그는 이렇게 우발적으로 책을 써내면서 글쓰는 일이 그리 어렵지 않다는 것을 알게 됐다. 똑똑하며 자신의 생각을 재빨리 말로 옮길 수 있는 사람에게는 글을 쓰는 것과 대화를 하는 것 사이에 차이가 거의 없고, 말과 구술 사이에는 더더욱 차이가 없다. 사실 책을 연필로 직접 쓰든, 구술하여 다른 사람으로 하여금 받아쓰게 해서 자기 손목의 관절을 쉬게 하든, 그 집필형식은 스탕달에게 아무런 차이도 상관도 없었다. 이처럼 그는 문학을 기껏해야 기인에게 좋은 여흥거리 정도로 느꼈다. 자신의 작품에 굳이 앙리 베일이라는 실명을 써넣을 필요가 없다고 생각했다는 것 자체가 야망에 대한 그의 무관심을 입증하기에 충분하다.

마흔 살이 되어서야 비로소 그는 좀더 자주 창작에 몰두했다. 왜 그랬을까? 그가 명예욕을 갖게 됐거나 좀더 정열적이 되고 예술을 사랑하게 되어서였을까? 그게 아니었다. 전혀 그렇지 않았다. 다만 살이 좀더 쪘기 때문이었다. 살이 찌는 바람에 그는 유감스럽게도 여자들 사이에서 인기가 떨어졌고, 돈은 없는데 시간만, 다른 무엇으로도 채울 수 없는 시간만 쓸데없이 많아졌기 때문이었다. 간단히 말해 권태에서 벗어나게 해줄 무언가가 필요했던 것이다. 한때 풍성하고 촘촘했던 머리카락을 가발이 대신해주듯 이제 소설이 스탕달의 삶을 대신해주었다. 그는 현실에서는 줄어든 모험을 온갖 종류의 몽상을 형상화하는 것으로 보충했다. 그리고 마침내 글쓰기에 재미를 느끼게 된다. 살롱에서 만나 시시한 말이나 주고받는 사람들보다는 자기 자신을 더 유쾌하고 재치 있는 대화상대자로 여기게 된다. 그렇다. 정말이지 소설 쓰는 일을 너무 진지하게 생각하지만 않는다면, 그리고 파리의 문인들처럼 손가락을 땀과 명예욕으로 더럽히지만 않는다면, 글을 쓰는 일은 아주 기분이 좋고 깨끗하고 고상한 만족감을 주는 일이면서 에고티스트에게 걸맞은 일일 뿐만 아니라 중년의 신사에게는 갈수록 더 매력적인, 자유로운 정신의 유희다. 더구나 이 일은 그렇게 힘든 것도 아니다. 아무런 구상 없이도 값싼 대필자를 시켜서 소설 한 편을 석 달 만에 받아 적게 할 수 있으니 그리 많은 노력과 시간을 허비하지 않아도 된다. 게다가 적을 슬며시 조롱하고 세상의 속물근성을 반어적으로 꼬집는 재미도 만만치 않다. 가면을 씀으로써 자신을 드러내지 않은 채 자기 영혼의 아주 작은 움직임까지도 낱낱이 고백을 해놓고는 그것을 희한한 젊은이의 고백인 것처럼 만들어버릴 수도 있다. 체면을 깎이지 않으면서 정열적인 모습을 보여줄 수도 있고, 노인이어도 부끄러워하지 않고 소년처럼 꿈꿀 수도 있다. 그래서 스탕달의 창작행위는 향락이 됐고, 점점 더 능통한 향락자의 아주 사적이고 은밀한 환희가 됐다. 스탕달은 위대한 예술이나 문학사를 창조할 생각은 하지 않았다. 그는 발자크에게 "나는 내가 좋아하는 것에 대해서만 말했고, 소설을 만드는 기술에 대해서는 생각해본 적이 없다"고 솔직하게 고백한 바 있다. 이런 그가 형식이니 비평이니 독자니 신문이니 하는 것을 염두에 두었을 리 없고, 자기 이름을 영원히 길이길이 남기겠다는 생각을 했을 리는 더더욱 없다. 나무랄 데 없는 에고티스트로서 그는 글을 쓸 때 오로지 자기 자신만을, 자신의 즐거움만을 생각했다. 그러다가 아주 늦게야 마침내, 그러니까 쉰 살 무렵에야 책을 쓰는 것으로 돈을 벌 수 있다는 특이한 사실을 발견하게 된다. 그리고 이 발견은 그의 삶에 쾌감을 더해주었다. 앙리 베일의 이상은 늘 고독과 자유였기 때문이다.

그가 쓴 책들은 그 가치만큼 성공을 거두지는 못했다. 독자의 위장은 기름을 두르지 않았거나 감상성이라는 향료를 뿌리지 않은 건조한 음식에는 익숙하지 않다. 그래서 그는 자기 작품을 읽을 또 다른 독자들, 한참 지난 뒤 다른 세기에 속하게 될 엘리트들, 그 "행복한 소수", 다시 말해 1890년대나 1900년대에 살게 될 세대를 머릿속에 그려야 했다. 그렇다고 해서 동시대인들의 냉담한 반응이 스탕달에게 심각한 상처를 주지는 않았다. 책이라는 것이 결국은 자기 자신에게 보내는 편지에 지나지 않는데 "타인이 내게 무슨 상관이란 말인가?" 스탕달은 자기 자신을 위해서만 글을 썼다. 이제 나이가 들어가는 이 향락주의자는 새롭고 아주 매력적인 최후의 즐거움을 생각해냈다. 저 위 다락방에서 목제 책상에 촛불을 두 개 밝혀놓고 글을 직접 쓰거나 구술하는 것. 내밀한 자기 영혼, 자기 생각과의 그런 대화는 말년의 스탕달에게는 여자들이나 친구들보다, 푸아 카페나 살롱에서의 대화보다, 심지어는 음악보다도 더 중요해졌다. 스탕달은 쉰 살이 되어서야 고독 속의 즐거움, 즐거움 속의 고독이라는 가장 오래된 그의 첫 번째 이상을 마침내 예술에서 발견했다.

물론 그것은 때늦은 황혼녘의 기쁨이었고, 체념의 구름으로 짙게 덮인 것이었다. 스탕달의 문학은 자신의 삶을 창조적으로 만들어가기에는 너무 늦게 시작되어 서서히 진행되는 죽음을 완성하고 그것을 예술적으로 만들어주는 것이었을 뿐이다. 스탕달은 마흔세 살에 자신의 첫 번째 소설인《적과 흑》(이보다 앞선《아르망스》는 진정한 의미의 처녀작이 아니다)을 쓰기 시작했고, 쉰 살에《루시앙 뢰방》, 쉰네 살에 세 번째 소설인《파름의 수도원》을 쓰기 시작했다. 그의 문학적 업적의 전부라고 할 수 있는 이 세 소설의 본질적인 핵심은 한 가지로 요약된다. 즉 세 소설은 하나의 근원적 체험 내지 원초적 체험의 세 가지 변주곡인 것이다. 세 작품은 이제 나이가 든 앙리 베일에게서 소멸되기는커녕 오히려 재생되려고 하는 젊은 시절 그의 영혼을 기록한 역사다. 따라서 그의 후배이자 그를 경멸했던 플로베르가 자신의 작품에 붙인 제목인 '감정교육'을 오히려 그의 세 작품 모두에 갖다 붙일 수도 있다.

세 작품에 등장하는 세 명의 젊은이들, 즉 학대받는 농부의 아들 줄리앙, 심성이 유약한 후작 파브리치오, 은행가의 아들 루시앙 뢰방은 다 같이 이글이글 불타오르는 한없이 큰 이상을 품고 냉혹한 시대의 한복판으로 걸어 들어간다. 그들은 모두 나폴레옹, 영웅적인 것, 위대한 것, 자유에 열광한다. 넘쳐나는 충만한 감정으로 그들은 현실의 삶이 허용하는 것보다 더 높고, 더 정신적이고, 더 활기 찬 형식을 우선적으로 추구한다. 또한 그들은 여자들을 향한 정열로 가득 차 있으면서도 종잡을 수 없게도 무덤덤한 심장을 갖고 있다. 서리처럼 차갑고 냉혹하며 역겨운 세상 속에서는 아무리 뜨거운 심장을 지녔어도 그것을 감추고 자신의 열광을 숨겨야 한다는 결정적인 인식이 그들에게 있는 것이다. 하지만 그들의 순수한 돌진은 사소한 것에 부닥쳐, 다시 말해 스탕달의 영원한 적인 "타인"의 소시민적 불안감에 부닥쳐 산산조각이 난다. 점차 그들은 적의 술책, 간교하고 자잘한 권모술수, 교활한 계산을 배운다. 그들은 세련돼 가고, 거짓말도 할 줄 알게 되고, 세속적이 되고, 냉혹해진다. 더 나쁘게 말한다면 그들은 약아지고, 나이 든 스탕달처럼 계산에 밝아지고, 이기주의자가 된다. 결국 그들은 각각 화려한 외교관, 천재적인 사업가, 출중한 주교가 된다. 요컨대 그들은 자신의 참된 영혼의 왕국, 즉 청춘과 순수한 이상에서 고통스럽게도 내팽개쳐졌다고 느끼자마자 현실과 결탁하고 순응하게 되는 것이다.

쉰 살의 앙리 베일이 이 세 편의 소설을 쓰게 된 것은 소설 속의 세 젊은이들을 위해서였다. 아니, 그보다는 언젠가 가슴속으로 남몰래 호흡했던 자신의 실종된 젊음, 자기 자신, 스무 살 시절의 젊음을 다시 한 번 정열적으로 체험하기 위해서였다. 그는 인생을 알게 되고 체념한 사람의 냉정한 정신으로 가슴속에 품고 있던 젊음을 소설 속에서 이야기했고, 예술을 아는 지성인으로서 영원한 '초기 낭만주의'를 묘사했다. 그리하여 스탕달은 자신의 본질인 근원적 대립을 놀라울 정도로 융합시킨다. 그는 나이가 들면서 터득하게 된 명료함으로 젊은 시절의 고귀한 혼란을 묘사했고, 정신과 감정 사이에서, 즉 사실주의와 낭만주의 사이에서 자신이 벌여온 삶의 투쟁을 잊혀지지 않을 세 가지 전투로 그려냈다. 그리고 그 세 가지 전투에서 승전한다. 그 각각의 전투는 인류의 기억 속에 마렝고 전투, 워털루 전투, 아우스테를리츠 전투(나폴레옹이 치른 전투들 – 옮긴이)와 마찬가지로 오래오래 간직된다.

스탕달이 그린 세 젊은이는 각각 다른 운명, 다른 혈통, 다른 성격의 인물이지만, 감정에서만큼은 형제지간이다. 그들을 만들어낸 창조자인 작가가 자신의 낭만적 기질을 그들에게 물려주었기 때문이다. 그리고 세 주인공의 적대자로 등장하는 인물들 역시 하나다. 모스카 백작, 은행가 뢰방, 라 몰 백작도 역시 앙리 베일이다. 그러면서도 그들은 완전히 정신적인 사람이 된 지성인들이고, 이성이라는 뢴트겐선을 쏘인 뒤로는 모든 이상이란 이상은 깡그리 다 타버린 지혜로운 노인들이다. 이 세 적대자들은 삶이 젊은이들을 결국 어떤 모습으로 만들어놓는지를 보여준다. 즉 "모든 분야에 열정적인 관심을 보이다가 곧 환멸을 느끼고 조금씩 깨어나는 모습"(이는 앙리 베일이 자신의 삶에 대해 평가한 말이기도 했다)을 상징적으로 보여주는 것이다. 영웅적인 열광은 완전히 소멸되어 버리고, 빼어난 책략과 술수가 마법적인 도취상태를 대체하고, 차가운 유희의 욕구가 원초적인 정열을 대체한다. 그리고 그들은 세계를 지배한다. 모스카 백작은 제후들을, 은행가 뢰방은 증권가를, 라 몰 백작은 외교계를 지배한다. 그러나 그들은 자신들이 조종하는 끈에 매달려 춤추는 꼭두각시 인형들을 좋아하지 않는다. 그들은 인간들의 비참함을 가까이에서 보아서 적나라하게 알고 있기 때문에 인간들을 경멸한다. 그들은 아름다운 것과 영웅적인 것에 대해 여전히 일말의 감정을 느끼기는 하지만, 그러한 감정은 아무것도 이루지 못하면서도 모든 것을 꿈꾸는 젊은이들의 모호하고 혼란스럽고 어설픈 동경에 대항해 자신들의 충족감을 내세우려는 것일 뿐이다. 열정적인 젊은 시인 타소와 대적한 냉철하고 똑똑한 귀족 안토니오(십자군전쟁에 관한 영웅서사시로 대작인 《예루살렘의 해방》을 완성한 이탈리아의 시인 타소는 늙은 대신인 안토니오와 충돌했다. 안토니오는 풋내기인 타소가 인기를 끄는 것이 비위에 거슬렸고, 타소는 안토니오의 속물근성이 마음에 들지 않았다 – 옮긴이)처럼 산문적인 삶을 사는 사람은 자기보다 젊은 라이벌과의 관계에서 마치 정신과 감정, 각성과 꿈의 관계인 것처럼 반은 후원자, 반은 적대자 역할을 한다. 그리고 그 젊은 라이벌을 반쯤은 경멸하고 반쯤은 남몰래 시기하면서 그의 곁에 서 있게 된다.

스탕달이 그린 세계는 남자의 운명이 지닌 영원한 두 축, 즉 아름다움을 향한 카오스 같은 치기 어린 동경과 현실에서의 권력욕 사이를 맴돈다. 수줍어하면서도 뜨거운 열망을 지닌 젊은이에게 여자가 다가온다. 그녀는 남자의 들끓는 동경을 부드러운 숄 안으로 받아들여 포효하는 그 남자의 갈망을 선(善)이라는 음악으로 부드럽게 진정시킨다. 그런 여자들, 바로 온화하고 고상한 정열을 지닌 '스탕달의 여인'들인 레날 부인, 샤스텔레 부인, 산세베리나 공작부인은 각각 젊은이의 감정이 순수하게 연소되도록 도와준다. 그러나 여자의 성스러운 헌신으로도 젊은이의 어리고 순수한 영혼은 그대로 유지되지 못한다. 삶 속으로 한 발짝씩 걸어 들어갈 때마다 세 젊은이는 인간이 지닌 비열함의 늪 속으로 더욱더 깊숙이 빠져든다. 달콤하게 영혼을 확장시키는 작용을 하는 영웅적인 여인의 맞은편에는 언제나 더럽고 속물적인 현실과 뱀처럼 간교하고 차가운 모사꾼이나 야심가, 즉 인간들의 도당이 있다. 스탕달은 평범한 것에 대한 분노가 섞인 경멸의 시선으로 그들을 바라본다. 그리고 그는 이제 나이는 들었지만 여전히 사랑에 빠진 채 자기가 젊은 시절에 지녔던 낭만적인 관점에서 여자들을 미화시키지만, 천박한 무리에 대해서는 분노에 쌓여 도살장으로 밀어 넣듯 그들을 줄거리 속에 밀어 넣어 하찮은 재료들로 만들어 버린다. 오물처럼 끈적끈적하고 말랑말랑하며 순종적인 재판관, 변호사, 장관, 의장대 장교, 살롱의 재담꾼, 수다스런 영혼 등으로 빚어지는 것이다. 하지만 이 얼마나 영원한 저주인가? 그 모든 보잘것없는 자들을 줄 세워 놓으면 그 수가 대단히 많아 절대다수가 됨으로써 지상에서는 언제나 그렇듯이 숭고한 것을 짓눌러버린다. 그래서 그의 서사적 문체 안에서는 치유가 불가능한 몽상가의 비극적인 우수와 체념한 자의 예민한 아이러니가 알 수 없게 서로 뒤섞여있다. 스탕달은 그의 소설에서 상상 속의 이상적인 세계를 열정적으로 묘사하는 반면 현실세계는 그만큼의 증오를 품고 묘사한다. 그는 이 영역과 저 영역, 다시 말해 정신과 감정의 두 세계에 살면서 두 곳 모두를 고향으로 느끼는 '두 세계의 대가'인 것이다.

그러나 바로 이 점, 그러니까 그의 노년에 씌어진 작품인데도 젊은이의 감정을 표현하고 통찰력이 뛰어난 사고를 보여준다는 점이 스탕달의 소설이 지닌 특별한 매력이자 높은 작품성에 대한 증명이다. 그가 노년에 이런 작품을 쓸 수 있었던 것은 시간상으로 일정한 거리가 생겨야만 모든 정열의 의미와 아름다움을 창조적으로 설명할 수 있기 때문이다. "열정에 빠진 자는 그 열정의 순간에는 자기의 감정이 지닌 뉘앙스를 세세하게 알지 못한다." 환희에 빠진 자는 자신의 그런 상태를 찬양하면서 그것을 서정적으로 무한한 경지에 이르게 할 수는 있을지 모르지만 그것을 설명하거나 서사적으로 해석할 수는 없다. 진정한 서사적 분석은 언제나 통찰력과 안정된 피와 깨어있는 이성, 그리고 정열을 넘어선 상태를 요구한다. 스탕달의 소설들은 내면을 묘사하면서 동시에 그것을 밖에서 안으로 들여다보는 관점을 훌륭하게 드러낸다. 그는 자신의 남성성이 상승하는 국면과 퇴락하는 국면 사이의 경계 상에서 감정을 이성적으로 묘사한다. 그는 다시 한 번 사로잡힌 듯 정열을 느끼지만 이제는 그것을 이해할 수 있고, 안으로는 그 밀도를 높이면서도 밖으로는 일정한 경계선을 그을 수 있다. 이런 감정의 묘사는 자신에게서 새롭게 연주되는 정열의 속내를 소설을 통해 관찰하고자 하는 스탕달의 충동이자 내밀한 욕구의 표현이다.

이와 달리 외적인 사건, 소설의 기술적인 부분은 하찮게 여겨져서 상당히 즉흥적으로 적당히 구성된다(스탕달 자신이 고백한 바에 따르면, 그는 한 장(章)을 끝낸 시점에서 그 다음 장에 무슨 일이 일어날지를 전혀 알지 못했다). 그의 작품들은 내면적 파도의 일렁임이 있는 경우에만 예술적인 힘이 있고 독자에게 감동을 준다. 따라서 영혼이 공명하는 게 느껴지는 부분이 가장 아름답고, 작가 자신이 사랑하는 인물의 말이나 행동 속으로 자신의 부끄러워하는 영혼이 흘러들어간 부분, 즉 작가 자신이 지니고 있는 분열로 인해 작품 속의 인물이 고통을 받는 부분이 가장 훌륭하다고 말할 수 있다. 《파름의 수도원》에 나오는 워털루 전투에 대한 묘사는 이탈리아에서 보낸 작가의 청년기 전체를 천재적으로 축약해 놓은 것이다. 스탕달이 이탈리아에 갔던 것처럼 그의 작품에 등장하는 줄리앙은 전쟁터에서 영웅적인 것을 발견하기 위해 나폴레옹에게 간다. 그러나 현실이 그의 이상적인 생각들을 하나씩 빼앗아간다. 그는 소란스럽게 덜그럭거리는 기병대의 공격 대신에 현대전의 무의미한 혼란을 체험하게 되며, 위대한 군대가 아니라 욕설을 퍼붓는 냉소적인 한 무리의 전쟁노예들을, 영웅이 아니라 형형색색의 평상복을 입은 평범한 인간들을 보게 된다. 스탕달은 이러한 깨달음의 순간을 대가답게 표현했다. 우리가 살고 있는 지구상의 세계에서 영혼의 황홀경이 현실세계에 의해 계속해서 무참하게 깨져나가는 광경을 그보다 완성도 높게 묘사한 예술가는 없을 것이다. 그는 작품 속 인물들에게 자신의 체험을 부어넣은 곳에서만 예술적 오성을 초월한 진정한 예술가가 된다. 그 자신이 "감정이 없으면 재기(才氣)도 없다"고 하지 않았던가.

하지만 기이하게도 소설가 스탕달은 이러한 공감의 비밀을 어떻게든 숨기려 한다. 그는 우연히 자신의 작품을 읽게 될 독자, 결국은 회의적 태도로 책을 읽게 될 독자가 상상의 인물인 줄리앙, 루시앙, 파브리치오에게 작가인 자신의 영혼이 얼마만큼 반영되고 드러나 있는지를 알아차릴까봐 부끄러워한다. 그래서 스탕달은 서사적인 작품에서는 의도적으로 돌처럼 차가운 척하고, 의도적으로 문체를 냉각시킨다. 그는 "나는 문체를 얻고자 온힘을 다한다"고 했다. 애처롭기보다는 딱딱하게 보이고, 격정적이기보다는 극도로 단순하게 보이고, 서정적이기보다는 논리적으로 보일 것! 그래서인지 그는 건조하고 즉물적인 문체에 익숙해지기 위해 매일 아침 일에 착수하기 전에 민법책을 읽는다는 말을 내뱉었다. 하지만 스탕달의 이 말은 건조함이 자신의 이상이라는 의미가 아니다. 사실 그는 "논리에 대한 위장된 사랑", 명료함에 대한 열정을 갖고 있었고, 표현하고 난 뒤에는 증발해 없어지는, 눈에 띄지 않는 문체를 추구했다. "문체는 투명한 니스 칠 같아서, 그 밑에 있는 사실, 색깔, 이념을 변질시키지 말아야 한다." 글은 기교 넘치는 콜로라투라, 즉 이탈리아 오페라의 장식음처럼 서정적으로 앞으로 도드라져서는 안 되고, 반대로 대상 뒤로 사라져야 한다. 글은 잘 재단된 신사의 양복처럼 눈에 띄지 않아야 하며, 영혼의 움직임만을 정확하고 분명하게 표현해야 한다. 스탕달에게는 명료함이 특히 중요했다. 그는 프랑스 사람 특유의 명료함에 대한 본능으로 모호함, 흐릿함, 두껍게 부풀린 것, 그리고 무엇보다 장 자크 루소가 프랑스 문학에 도입한 자기향락적인 감상주의를 싫어했다. 그는 뒤엉킨 감정 속에서도 명료함과 진실을 원했고, 어둡게 그늘진 미로 같은 마음속으로 내려가서도 밝음을 원했다. '글쓰기'란 그에게는 '해부하기', 다시 말해 복잡하게 이것저것 뒤섞인 감정을 그 구성요소들로 나누어서 그 온도를 재거나 정열을 질병인 것처럼 임상학적으로 관찰하는 것을 의미했다. 자기 자신의 깊이를 분명하게 잴 줄 아는 사람만이 진정으로 남자답게 자신의 깊이를 즐길 수 있고, 자기 자신의 혼란스런 상태를 관찰하는 사람만이 자신의 감정이 지닌 아름다움을 안다. 그래서 스탕달은 고대 페르시아의 덕목, 즉 '황홀경에 빠진 마음이 열광적인 도취의 상태에서 드러내는 바를 깨어있는 정신으로 숙고하기'를 연습했다. 마음으로는 영혼의 황훌한 하인이 되고, 논리로는 정열의 주인이 되고자 한 것이다.

자신의 감정을 인식하고 정열을 규명함으로써 이성을 통해 그 비밀을 배가시키는 것이 스탕달의 공식이다. 그의 영혼이 낳은 자식인 작품 속의 주인공들은 작가인 스탕달과 똑같은 감각의 방식을 지니고 있다. 그들도 맹목적인 감정에 우롱당하기를 원치 않는다. 그들은 감정을 감시하고, 그 소리에 귀를 기울이고, 규명하고 분석하려 한다. 자신의 감정을 느낄 뿐 아니라 그것을 이해하려고 하는 것이다. 그래서 그들은 끊임없이 자신의 감정이 참된 것인지 아닌지, 그 뒤에 또 다른 감정, 더 깊은 감정이 숨어있는 것은 아닌지 의심의 눈초리로 감시한다. 그들은 사랑에 빠지면 항상 속도조절 나사를 설치하고, 자신이 서 있는 곳의 기압을 파악하기 위해 계기판을 살펴본다. 그리고 끊임없이 묻는다. "내가 그녀를 사랑하게 된 건가? 내가 그녀를 아직도 사랑하는가? 이런 감정 속에서 내가 느끼는 바는 무엇인가? 나는 왜 이 이상의 것을 느끼지 못하는가? 나의 사랑은 진정일까 아니면 강요된 것일까? 단지 그녀를 사랑하도록 내가 스스로를 설득한 것은 아닐까? 내가 뭔가 연극을 하고 있는 건 아닐까?" 그들은 끓어오르며 격동하는 맥박에 손을 대고 있기에 흥분의 열기를 나타내는 곡선이 한 박자만이라도 멈추면 그것을 금세 알아차린다. 사건이 격류처럼 빠르게 휩쓸고 지나갈 때도 "그는 생각했다", "그는 자신에게 말했다"는 두 마디로 이야기의 흐름이 중단된다. 근육을 움켜쥐고 신경의 움직임을 알기 위해 물리학자나 생리학자처럼 지적인 해석을 찾으려 하는 것이다. 한 가지 예로《적과 흑》에 나오는 저 유명한 사랑의 장면을 살펴보자. 이 장면은 소설 속 인물들이 자신의 처녀성이나 동정을 바치는 뜨거운 순간에도 머리로 생각하고 명철하게 깨어있는 상태인 것으로 묘사하는 스탕달의 방식을 보여준다. 줄리앙은 목숨을 걸고 밤 한 시에 사다리를 타고 창문이 열려

있는 어머니 방의 바로 옆에 있는 마틸드 드 라 몰 양의 방으로 올라간다. 이것은 낭만적인 가슴에서 나온 행동이자 정열적인 계획에서 나온 행동이다. 하지만 두 사람은 정열에 빠져있는 가운데서도 곧 이성을 되찾는다. "줄리앙은 아주 당황했다. 그는 자신이 무슨 행동을 했는지 알지 못했고, 그러자 사랑도 느끼지 못했다. 그는 당황한 가운데서도 용감해야 한다고 생각하고 그녀를 포옹하려 했다. 그러자 그녀는 '안 돼요' 하면서 그를 밀쳐냈다. 그녀의 거절에 그는 아주 만족했고 서둘러 주위를 둘러보았다." 이처럼 스탕달의 주인공들은 과감한 모험을 하는 도중에도 지성적인 의식이 있고 냉정하게 깨어 있다. 계속되는 다음 장면을 읽어보자. 결국 거만한 처녀는 흥분한 가운데서도 이리저리 숙고해본 다음 아버지의 비서인 줄리앙에게 몸을 바친다. "마틸드는 그를 친밀하게 당신이라고 부르기가 힘들었다. 하지만 그렇게 불려도 줄리앙은 기쁘지가 않았다. 그는 자신이 행복감을 느끼지 못한다는 사실을 확인하고 놀랐다. 행복감을 그녀와 공유하기 위해 그는 결국 한발 물러나 곰곰이 생각하지 않을 수 없었다. 그러자 자신이 까다롭게 사람을 고르기로 유명한 한 처녀의 호의를 받고 있음을 알게 됐다. 이런 숙고를 통해 그는 허영심이 충족된 데서 오는 행복감을 창조해냈다." 이 최고의 '사랑의 예술가'는 부드러움이나 뜨거운 정열 없이도 '숙고'와 '확신' 덕에 낭만적인 애인을 유혹할 수 있게 된다. 그녀도 이렇게 중얼거린다. "그이에게 얘기해야지. 사랑하는 사람에게 얘기하는 건 당연한 거야." 스탕달 이전에 감히 어느 작가가 자신의 작품 속 인물로 하여금 애인을 유혹하는 순간에도 이런 식으로 냉정하게 자신을 제어하고 계산하도록 할 수 있었겠는가? 이 대목에서 우리는 열기를 온도별로 분류하고 감정을 충동의 종류별로 분해하는 스탕달의 심리서술이 구사하는 아주 본질적인 기법에 가까이 다가가게 된다. 스탕달은 정열을 하나의 덩어리로 관찰하지 않고 그것을 세세한 부분들로 나누어 관찰한다. 그는 그 세세한 결정(結晶)들을 현미경으로, 심지어는 시간의 현미경까지 동원해 추적한다. 실제의 공간에서 경련하듯 움찔거리며 굴러가는 것이 있다면 그게 무엇인지를 알기 위해 그의 천재적인 분석정신은 미분법을 사용해 그 움직임을 무수한 시간 단위로 나눈다. 그는 심리가 움직이는 속도를 우리의 눈앞에서 인위적으로 늦추어 그것을 정신적으로 통찰할 수 있도록 해준다. 따라서 스탕달 소설의 줄거리는 지상의 시간이 아닌 영혼의 시간 속에서 진행된다. 이것은 그가 가져온 혁신이다!

스탕달과 더불어 서사예술은 처음으로, 그리고 계속적인 발전을 예감하며, 무의식의 기능을 해명하는 쪽으로 방향을 전환한다. 《적과 흑》은 나중에 실험소설(실험실의 과학자 같은 태도로 소설작품 속에서 환경에 대한 인물의 반응을 실험하듯 서술한 소설 - 옮긴이)의 장을 열게 된다. 스탕달의 소설에 나오는 많은 구절들은 실제로 실험실의 냉철함이나 교실의 차가움을 연상시킨다. 그러나 그럼에도 불구하고 예술에 대한 그의 정열은 발자크만큼이나 창조적이다. 다른 점이 있다면 스탕달의 경우에는 정열이 논리적인 것과 명료함에 대한 광적인 추구로, 영혼을 밝혀 보려는 의지로 전환된다는 것이다. 그에게는 세계를 형상화하는 것이 단지 인간의 영혼을 파악하기 위한 우회로에 지나지 않는다. 소리를 내며 움직이는 만물 가운데 그의 뜨거운 호기심을 사로잡는 것은 오직 인류뿐이고 인류 중에서도 그로서는 쉽게 규명할 수 없는 한 인간, 즉 스탕달이라는 소우주뿐이다. 이 한 사람을 규명하기 위해 그는 시인이 됐고, 그를 형상화하기 위해 작가가 됐다. 스탕달은 가장 완전한 예술가로서의 천재성을 갖고 있었음에도 불구하고 개인적으로는 예술에 종사하지 않았다. 그는 오직 영혼의 움직임을 측정하고, 그것을 음악으로 바꾸기 위한 가장 섬세하고 가장 정신적인 도구로 예술을 이용했을 뿐이다. 그에게 예술은 목적이 아니었고, 그의 유일하고 영원한 목적인 자아의 발견과 자기인식의 즐거움을 얻기 위한 수단이었을 뿐이다.

쾌락의 심리학

나의 진정한 정열은 알고 느끼는 데 있다. 이 정열은 한 번도 충족된 적이 없다.

한번은 어떤 모임에서 점잖은 한 시민이 스탕달에게 다가와 정중하고 사근사근한 태도로 그 낯선 신사의 직업을 물었다. 냉소적인 스탕달은 입가에 악의적인 웃음을 띠고 작은 두 눈에서는 오만방자한 불꽃을 냈다. 그는 겸손을 가장하면서 "인간의 마음을 관찰하는 사람이라오"라고 대답했다. 이 대답은 질문을 해온 부르주아를 비꼬는 즐거움에서 나온 반어적인 말이었다. 하지만 장난기 섞인 숨바꼭질 같은 그 말 속에는 솔직함도 상당부분 섞여 있었다. 심리적인 사실을 관찰하는 것만큼 스탕달이 평생 목표의식을 갖고 계획적으로 추진한 일은 없기 때문이다.

스탕달은 기이하다 할 정도로 심리학자적인 욕구가 강했다. 그는 '쾌락의 심리학'을 아는 극소수의 사람들 가운데 하나였고, 정신적인 인간이 지닌 향락적인 열정에 방탕하다 싶을 정도로 푹 빠져 있었다. 그런데 마음의 비밀에 대한 그의 섬세한 도취는 또 얼마나 설득력이 있으며, 그의 심리학 기술은 아주 간단한데도 얼마나 마음을 고양시켜주는지! 그의 예민한 신경에서, 그리고 섬세한 귀와 눈을 가진 그의 감각기관에서 촉수를 내민 호기심이 생동하는 사물들로부터 달콤한 정신적 골수를 음미하듯 빨아들였다. 이 탄력적인 지성인은 그 어떤 것도 굳이 낚아챌 필요가 없었다. 그는 현상들을 억지로 눌러서 짜내거나, 프로크루스테스의 침대와 같은 어떤 체제에 맞추기 위해 뼈를 부러뜨리지 않았다. 스탕달의 분석에는 불현듯 찾아오는 발견의 놀라움과 행복감, 우연한 만남이 가져다주는 신선함과 기쁨이 들어있다. 그의 남성적이고 귀족적인 약탈의 욕구는 너무도 당당해 헐떡거리고 땀을 흘려가며 인식을 뒤쫓거나 수많은 논증을 해가며 인식을 추적하지 않았다. 그는 사실들을 정밀하게 분석하거나 동물의 내장을 보고 신의 뜻을 추측하는 점술가들의 무미건조한 수작업을 혐오했다. 미적 가치에 대한 그의 섬세한 감수성과 손가락 끝의 촉수는 야만적이고 탐욕적인 움켜쥠이 필요 없었다. 사물의 향기, 그 본질이 내뿜어 공중에서 부유하는 기운, 그것이 발산하는 에테르처럼 가벼운 정신적인 무엇이 이 미식가에게 그가 대면한 사물의 내적 실체가 지닌 완전한 의미와 그 비밀을 알려주기 때문이었다. 그는 아주 미세한 움직임에서 감정을, 일화에서 역사를, 하나의 경구에서 인간을 인식한다. 따라서 사라져버릴 듯한, 거의 포착할 수 없는 세세한 것, 축약된 것, 떡잎만큼 작은 포착만으로도 충분했다. 그는 바로 이런 미시적 관찰이 심리학에서 결정적이라는 것을 이미 알고 있었다. 그의 작품 속 주인공인 은행가 뢰방은 "세부묘사 속에만 개성과 진실이 있다"고 이미 말했다. 스탕달 자신도 "당연한 일이지만 디테일을 사랑하는" 시대의 방법론을 자랑스러운 표정으로 칭찬했다. 그는 공허하고 무겁고 얼기설기하게 짜여진 심리학적 가설이 아니라 세포와 박테리아 분자에 근거를 둔 진실에서 육체를 파악하고 꼼꼼하게 귀를 기울여 신경의 떨림에서 영혼의 강도를 짐작하는 시대, 즉 다가오는 다음 세기를 예견하고 있었다. 칸트의 후배들과 셸링, 헤겔, 그 밖의 학자들이 대학 강단에서 아직도 마술을 부리듯 단숨에 모자에서 우주 전체를 꺼내보이던 시대에 이 고독한 사람은 머지않아 탑처럼 높은 철학의 전함(戰艦)이나 거대한 체계의 시대는 결국 종말을 고하고, 잠수함처럼 물밑으로 접근하는 세부관찰의 어뢰만이 정신의 바다를 지배하게 될 것이라는 사실을 이미 알고 있었다. 편협한 전문가들과 유별난 시인들 속에서 이런 영리한 탐지기술을 수행하는 데 따르는 고독함이라니. 그는 홀로 그들 모두, 즉 당시의 우직하고 학식으로 무장한 영혼 탐구자들보다 앞서나갔다. 그는 지식으로 잔뜩 쌓아놓은 가설들을 등에 짊어지고 있지 않았기에 그들보다 앞서나갈 수 있었다. 그는 "나는 비난도 수긍도 하지 않고 그저 관찰만 할 뿐"이라고 말했다. 인식을 유희로, 스포츠로 여기고, 뭔가를 알아내는 즐거움 때문에 그것을 스스로 행하는 것이다! 문학적인 감각으로 모든 철학자보다 저만큼 앞서간, 그의 정신적 형제인 노발리스(18세기 독일의 시인 - 옮긴이)처럼 그는 인식의 '꽃가루'만을 사랑했다. 그 꽃가루 안에는 뿌리를 뻗어갈 넓은 체계가 싹의 형태로, 가설로 들어 있었다. 스탕달의 관찰은 현미경으로나 감지해낼 수 있는 작은 변화나 감정이 결정을 맺는 순간에 한정된다. 그럴 때만 그는 스콜라 철학자들이 거창하게도 세계의 비밀이라고 불렀던, 육체와 영혼이 부화하는 순간을 피부로 느꼈다. 이렇게 해서 그는 최소의 지각에서 최대의 진리를 끄집어냈다. 그래서 그의 심리학은 사유의 세공술, 소공예로 미세한 것을 다루는 것처럼 보인다. 이런 그의 심리학에는 어떤 이론보다 미세하고 정확한 인지가 감정의 세계를 더 깊이 통찰하게 해준다는 확신이 깔려 있다. "감정은 느끼기보다 이해해야 한다." 우연히 생기는 지각을 제외하고는 심리에 대한 학문에 이르는 통로, 저 어둠에 이르는 확실한 통로는 없다. "감정만이 진실한 것"이며 "개념은 일평생 다섯 개 내지 여섯 개만 주의 깊게 관찰하면 그것으로 족하다"고 그는 말했다. 이 말은 벌써 법칙(억압적인 법칙이 아니라 단지 개인적인 법칙), 즉 하나의 정신적인 질서를 암시하고 있다. 그 법칙이나 질서를 파악하거나 예감하기만 했어도 진정한 심리학자의 욕망과 열정을 지녔다는 뜻이다.

스탕달은 그러한 유용한 미세관찰, 정확하게 들어맞는 일회적인 발견을 무수히 해냈다. 그중 많은 것들이 그가 수행한 예술적 심리분석의 축이 되고 기초가 됐다. 하지만 스탕달 자신은 이런 발견이 지니는 가치를 높이 평가하지 않았다. 자신에게 섬광처럼 떠오르는 개념들을 정돈하거나 체계적으로 분류하지 않고 그냥 종이 위에 적어놓았을 뿐이다. 그의 편지나 일기, 소설 속에는 이러한 알곡들이 풍성하게 여기저기 흩뿌려진 채 누군가에 의해 우연히 발견되기를 기다리고 있다. 잘 살펴보면, 그의 심리학적 작업은 대략 120개 내지 240개의 문장들과 여러 소설의 부분들이 전부다. 그는 여러 부분들을 한 덩어리로 묶는 수고를 거의 하지 않았고, 그 부분들을 덕지덕지 반죽해서 현실의 질서나 완결된 이론으로 만들려고 하지도 않았다. 그가 한 권의 책으로 펴낸 사랑에 대한 유일한 연구논문조차 단편, 문장, 일화들의 혼합 요리다. 그는 이 연구서를 "사랑론"이라 부르지 않고 "사랑에 관하여"라고 불렀다. 좀더 정확하게 번역하자면 "사랑에 관한 몇 가지"라고 해야 할 것이다. 그는 기껏해야 몇 가지 기본적인 차이를 근거로 사랑을 정열적 사랑, 육체적 사랑, 감각적 사랑으로 나누었다. 그는 또 사랑의 생성과 소멸에 대한 급조된 이론을 연필로 스케치하듯 적어놓았다(그는 실제로 이 책을 그런 식으로 썼다). 그리고 암시와 추측, 재미있는 일화들로 잡담하듯 엮어 책임지지 않아도 되는 가설에만 머물렀다. 깊이 생각하는 사상가, 철두철미한 사상가, 타인을 위한 사상가가 되려는 노력은 절대로 하지 않았고, 우연히 부딪힌 것을 계속 추적하려고 애쓰지도 않았다. 유럽의 이 한가로운 여행자는 깊이 생각하고 이야기를 늘이고 분석하는 일처럼 부지런함을 요하는 작업은 느긋하고 넓은 마음으로 육체노동자나 본성이 끈질긴 사람들의 몫으로 넘겨주었다. 실제로 프랑스 사람들 모두가 그가 손쉽게 전주곡을 울린 모티브의 대부분을 갖다 쓰고 변형시켰다. 그의 유명한 '사랑의 결정(結晶) 이론'(사랑의 감정을 느끼는 과정은 '잘츠부르크 광맥', 즉 오래전부터 소금물에 절어있던 광산에서 순식간에 투명한 수정이 만들어지는 과정에 비유됐다)에서 수많은 심리학적 소설이 탄생했고, 텐(Hippolyte Taine, 1828~1893, 프랑스의 작가 - 옮긴이)은 스탕달이 인종과 환경이 예술가에게 끼치는 영향에 대해 언뜻 스치듯 한 말에서 두툼하고 무거운 가설을 이끌어냈다. 심리학적 자극도 일하기 싫어한 천재적 즉흥시인인 스탕달로 하여금 단편이나 경구 이상의 글을 쓰게 하지 못했다. 이 점에서 그는 같은 프랑스 사람인 파스칼, 샹포르, 라로슈푸코, 보브나르그 등의 제자다. 그들 또한 자기 견해를 끌어 모아 펑퍼짐한 엉덩이로도 앉을 수 있는 두툼한 '진실의 방석'으로 만들어놓지 않았다. 날개 달린 진실의 본질을 존중하는 마음에서였다. 스탕달은 자기가 터득한 인식이 인간을 편리하게 할지, 오늘 당장이라도 진실한 것으로 통용될지, 100년이 지나서야 비로소 진실로 인정될지 여부에 신경 쓰지 않고 편안하게 진실을 툭 던져놓았다. 자기보다 앞서서 그런 인식에 도달한 사람이 있었는지, 장차 자신의 그런 인식을 계승할 사람이 있을지 여부도 관심 밖이었다. 그는 숨쉬고 말하고 글쓰는 것처럼 힘들이지 않고 자연스럽게 사고하고 관찰했다. 이 자유사상가는 동지가 없다고 걱정해본 적도 없다. 관조하되 더 깊이 관조하고 사유하되 더 깊이 사유하는 것, 그것만으로 그는 충분히 행복했다.

 그는 니체처럼 용기 있는 사상가였다. 때로는 진실을 갖고 장난을 치기도 하고 육체적 욕망과 같이 인식을 사랑할 정도로 넘치는 용기를 가진 매혹적인 사상가였다. 삶의 감정으로 충만한 그의 정신은 진주처럼 영롱하고 경쾌했다. 그가 남긴 하나하나의 경구는 어쩌다 가장자리로 똑 떨어진, 풍요로운 영혼에 맺혔다가 떨어진 물방울일 뿐이다. 스탕달 본연의 충만함은 늘 내부에, 죽음만이 깨뜨릴 수 있는 반질반질한 유리잔 속에 차갑고도 뜨거운 채로 보관돼 있었다. 그 내부에서 새어나온 물방울들은 정신적인 것이 지니는 밝고 가벼운 매력이 있어 좋은 샴페인처럼 둔탁한 심장박동을 빠르게 해주고 무딘 삶의 감정에 새 바람을 불어넣어준다. 그의 심리학은 잘 훈련된 뇌의 기하학이 아니라 응집된 현존재의 정수다. 이 점이 그의 진실을 그토록 진실하게, 그의 통찰을 그토록 예지력 있게, 그의 인식을 그토록 세계적으로 인정받게 만들었고, 무엇보다도 그 모든 것을 일회적이면서도 영원한 것으로 만들었다. 그 어떤 부지런한 사상가의 사유도 스탕달의 거침없는 사유만큼 살아있는 것들을 그 완전한 의미대로 파악할 수 없을 것이다. 개념과 이론은 호메로스의 서사시에 나오는 저승의 신 하데스의 그림자처럼 고정될 수 없는 형식이고, 거울에 비치는 무정형의 영상일 뿐이다. 개념과 이론은 인간의 피를 마셔야만 제 목소리와 형체를 얻고, 인류에게 말을 걸 수 있다.

자기묘사

내가 누구였던가? 지금의 나는 누구인가? 이런 질문을 하기가 난처하다.

스탕달이 놀라우리만치 훌륭한 자기묘사를 할 수 있게 해준 스승은 바로 자기 자신이다. "인간을 알기 위해서는 자기 자신을 연구하는 것으로 충분하다. 사람을 알기 위해서는 그 사람을 실제로 겪어보아야 한다"고 그는 말했다. 이에 덧붙여 그는 자신의 연구 대상은 오로지 자기 자신이었으며 다른 사람들에 대해서는 단지 책을 통해서만 알았다고 말했다. 스탕달의 심리학은 늘 자기 자신에서 출발해서 항상 유일한 목표점이었던 자기 자신에게로 되돌아갔다. 한 개인을 찾아가는 이런 우회로는 그러나 인간 영혼의 폭넓은 범위를 모두 포괄했다.

스탕달이 자기관찰을 처음 배운 시기는 어린시절이었다. 누구보다 사랑했던 어머니를 일찍 여읜 뒤에 그는 온통 적대적이고 이질적인 정신이 자기 주위를 둘러싸고 있음을 알아차렸다. 그는 자신의 영혼을 부정하고 숨겨야 했다. 그는 일찍부터 이렇게 끊임없이 위장하면서 거짓말하는 '노예의 기술'을 터득했다. 그는 토라지거나 누군가에게 원한을 품고 구석에 몸을 웅크리고 앉아 아버지, 숙모, 선생님, 그를 괴롭히고 지배하는 모든 사람의 말을 엿들으면서 시간을 보냈다. 증오심은 그의 눈초리를 더욱 원한에 가득 차게 만들었고, 부득이한 자기방어 또는 주위의 불가피한 오해로 인해 이 세상에서 객관적인 학습을 하기도 전에 심리학에 정통하게 됐다.

이토록 위험한 조기학습에 이은 두 번째 학습은 보다 오래 계속됐다. 엄밀히 말하면 두 번째 학습은 그의 평생을 두고 지속됐다. 그 두 번째 학습은 사랑과 여자들이 가르쳤다. 연인으로서의 스탕달은 영웅도 정복자도 아니었고, 그가 그토록 닮고 싶어서 즐겨 변장하던 대상인 돈 후안은 더더욱 아니었다는 사실을 우리는 이미 알고 있다. 그 자신도 이런 우울한 사실을 부정하지 않았다. 메리메(19세기 프랑스의 역사가, 극작가, 소설가 – 옮긴이)는 사랑에 빠져있지 않은 스탕달은 한 번도 보지 못했다고 썼다. 게다가 그는 불행한 사랑만 하기 일쑤였다. "나의 평상시 태도는 불행한 연인의 태도다." 스탕달도 자신이 사랑에 거의 실패했다고 고백했고, 심지어는 "나폴레옹 군대의 장교들 가운데 나만큼 여자를 소유해보지 못한 사람은 아마 없을 것"이라고까지 말했다. 넓은 어깨의 아버지와 뜨거운 피를 가진 어머니에게서 저돌적이고 불같은 기질을 물려받은 그는 성급하게 모든 여자에 대해 그녀들이 자신에게 맞는지 아닌지를 검토했다. 하지만 그랬음에도 불구하고 그는 몹시도 슬픈 모습의 '사랑의 기사'로 평생을 살았다. 대신 그는 목표한 대상에서 멀리 떨어진 안전한 자기 책상에 앉아서 사랑의 전략을 짜는 데는 탁월했다. 그래서 이따금씩 자기의 여신을 언제 무너뜨릴 것인지를 정하고 일기에 그 시간까지 계산해 적어 놓고는 상상 속에서 기쁨을 미리 맛보는 걸 즐겼다. 이를테면 "이틀 후면 나는 그녀를 소유할 수 있다"는 식이었다. 하지만 막상 목표한 그녀에게 가까이 가면 우리의 카사노바 지망생은 곧 수줍은 학생이 돼버렸다. 처음의 호기로운 돌격은 순순히 자신을 허락하는 여자 앞에서 수줍어져 어쩔 줄 몰라 하는 것으로 끝나곤 했다. 이런 일은 그가 고백했듯이 거의 규칙적으로 벌어지는 일이었다. 그는 여자에게 친절해야 할 때면 수줍어하거나 멍청해지고, 다정해야 할 때는 냉소적이 되고, 공격적이 돼야 할 순간에는 감상적이 돼버렸다. 요컨대 그는 계산하느라 또는 윤리적 규범 때문에 좋은 기회들을 놓쳐버렸다. 이렇듯 때를 맞추지 못하는 이 낭만주의자는 당황해서 또는 감상적이고 바보처럼 비칠까 두려운 나머지 자신의 부드러움을 시끄럽고 우악스러운 기마병의 태도나 코사크인의 노골적인 태도로 위장했다. 그래서 그는 여성들과의 관계에서 실패해서 절망하곤 했고, 이런 그의 비밀은 결국 친구들의 입에도 오르내리게 됐다. 사랑에서 손쉽게 승리를 거두는 것만큼 스탕달이 평생 갈망한 것이 있을까? 실제로 그는 "사랑은 내게 언제나 가장 큰 사건, 아니 유일한 사건이었다"고 말한 적이 있다. 그는 그 어떤 철학자나 시인, 그리고 나폴레옹보다 가뇽 삼촌과 다뤼 장군을 더욱 존경했다. 그들이 정신적 혹은 심리적 수단을 사용하지 않고도 무수한 여인들을 거느렸기 때문이다. 스탕달은 감정에 몰두하는 것만큼 여자의 사랑을 얻는 데 방해가 되는 것은 없다는 점을 점차 알게 됐다. 결국 그는 "여자를 얻기 위해서는 당구 한 판을 이기려는 정도의 노력만 기울여야 한다"고 자신을 설득했다. "나는 난봉꾼의 재간을 갖기에는 너무 예민하다." 그가 이 문제보다 더 지속적으로, 더 집중적으로 생각한 문제는 없다. 사랑의 문제에서 시작된 바로 이러한 예민하고 불신에 가득 찬 자기해부는 그가(그리고 그와 더불어 우리도) 감정의 가장 섬세한 조직의 내부를 완전히 들여다본 데서 생겨난 행동이다. 사랑에서의 실패, 그리고 몇 번 안 되는 정복 횟수(그는 통틀어 여섯 번 내지 일곱 번을 꼽았다), 그는 바로 이것이 자신을 심리학에 능통하게 만든 것이라고 말한 바 있다. 그가 다른 사람들처럼 행복한 사랑을 했다면 그렇게 끈질기게 여자의 심리와 그 심리의 섬세하고 보드라운 발산에 귀를 기울이지 않았을 것이다. 그는 여자들에게서 자기 심리를 시험하는 법을 배웠다. 관찰자를 완전한 전문가로 만든 것은 뒤로 한 발짝 물러나 있는 태도였다.

이러한 스탕달의 체계적인 자기관찰이 이례적으로 일찌감치 자기묘사에 이르게 된 데는 또 하나의 특별한 이유, 그것도 지극히 기이한 이유가 있었다. 그는 기억력이 나빴다. 더 정확하게 말하면, 그의 기억력은 완전 제멋대로였다. 그래서 그는 손에서 연필을 놓지 않았다. 읽던 책의 가장자리, 아무 종이나 편지, 그리고 특히 일기에 그는 끊임없이 기록하고 또 기록했다. 그는 중요한 체험을 깜빡 잊어버려서 자기 삶의 연속성(그가 지속적으로 계획을 짜고 작업한 유일한 예술작품)이 중단될지도 모른다는 두려움 때문에 모든 감흥, 모든 사건을 항상 그 즉시 문자로 고정시켰다. 그는 퀴리알 남작부인(클레망틴 브뉘, 프랑스의 장군, 남작, 상원의원이었던 알베르 필리베르 퀴리알의 부인, 1814년부터 스탕달과 알고 지내는 정도의 사이였다가 1825년부터 정열적인 관계로 바뀌어 스탕달에게 무려 280여 통의 편지를 보냈다고 한다 − 옮긴이)의 편지들, 눈물에 젖어 찢겨진 그야말로 감동적인 연애편지들에 기록자의 냉철한 객관성으로 언제 둘 사이의 관계가 시작됐고 언제 끝났는지, 그리고 몇 날 몇 시에 자기가 안젤라 피에트라그루아를 마침내 정복했는지를 적어 놓았다. 그래서 우리는 그가 펜을 손에 쥐고서야 비로소 생각을 하기 시작한 게 아닌가 하는 인상을 받게 된다. 이 민감한 기록광 덕분에 우리는 그의 문학적 발언이라든가 편지, 일화 등 온갖 표현형식으로 이루어진 60권 내지 70권의 자기묘사(지금까지 그 절반밖에 출판되지 않았다)를 접할 수 있게 됐다. 스탕달의 전기가 그토록 온전히 보전된 것은 그가 허영심에서 비롯된 자기과시적 고백의 욕구를 갖고 있었기 때문이 아니라, 다시는 얻을 수 없는 자신의 실체가 한 방울이라도 자신의 엉성한 기억에서 새나갈지 모른다는 이기적 불안감을 갖고 있었던 덕분이다.

    스탕달은 자신의 속성을 분석했던 것처럼 자신의 기억능력도 분명하게 분석해놓았다. 우선 그는 자신의 기억이 철저히 이기적임을 밝혔다. "나는 관심 없는 것은 전혀 기억하지 못한다." 그래서 그는 마음 밖의 것, 즉 숫자, 날짜, 사실, 장소 등을 거의 기억하지 못했다. 아주 중요한 역사적 사건이라 할지라도 그 세부적인 것들은 모두 잊어버렸다. 여자는 물론 바이런(1788~1824, 영국의 시인 − 옮긴이)이나 로시니(1792~1868, 이탈리아의 오페라 작가 − 옮긴이)와 같은 친구들과의 관계에서도 그는 언제 그들을 만났는지를 기억하지 못했다. 그는 이런 자신의 결함을 부인하지 않고 주저 없이 인정했다. "나는 오직 내 감정에 대해서만 진실하다." 그리고 무엇이든 느낌이 적중했을 때만 그것의 진실성을 인정했다. 어느 작품에선가 그는 "사물의 실재를 묘사하려는 것이 아니라 그것이 남긴 인상만을 기록하려 한다"고 분명하게 "항변"했다. 스탕달에게 있어 사건이란 그 자체로서는 전혀 존재하지 않는 것이고 영혼을 자극할 때에만 비로소 존재한다는 것을 이보다 더 극명하게 증명하는 것은 없다. 영혼에 자극이 느껴질 때면, 극단적으로 일방적인 감정을 기억하는 그의 능력은 다른 무엇에도 비교할 수 없을 정도로 예리하게 작동하기 시작했다. 그는 자신이 전에 나폴레옹과 얘기한 적이 있는지, 자신이 실제로 생베르나르 고개를 넘었는지 아니면 동판화를 보았던 것을 착각하는 것인지에 대해서는 정확히 기억하지 못했지만, 일단 여자에게 내적으로 매료되면 그녀의 스쳐지나가는 몸짓, 억양, 움직임을 다이아몬드처럼 투명하게 기억해냈다. 하지만 감정이 전혀 관여하지 않는 곳에서는 미동도 하지 않는 어두운 안개가 몇 십 년도 넘게 머물러 있었다. 그런데 더 이상한 것은 감정이 지나치게 격렬해져도 그의 기억능력이 파괴됐다는 사실이다. 삶의 가장 긴장된 순간, 예를 들어 알프스를 넘어갔던 일, 그르노블에서 처음 파리로 여행했던 일, 여자와 처음으로 밤을 함께 보낸 일 등을 묘사할 때 그는 "느낌이 너무 강해 기억이 나지 않는다"라는 말만 되풀이했다. 따라서 감정이라는 제한된 좁은 영역 밖에서는 스탕달의 기억이, 그리고 예술성이 불분명하기 그지없었다. "나는 인간적인 회화만을 포착한다. 그 밖의 분야에 대해서는 무지하다." 그는 오로지 마음에 각인된 인상만을 망각하지 않았다. 그래서 이 지독한 이기주의자는 자신이 써놓은 자서전만으로는 세상에 대한 증인이 될 수 없다. 그는 반추하며 느낄 수만 있었지 반추하며 사고하지는 못했다. 그는 영혼의 반추라는 우회로를 통해 간접적으로 실제 과정을 재구성했다. 그는 사건 당시의 사실을 기억하는 대신 당시의 감정을 기억해냄으로써 오히려 사실을 고안해내고 꾸며냈다. 그래서 그의 자서전에는 소설 같은 요소들이 들어있고, 그의 소설에는 자기묘사의 요소들이 들어있다. 그에게서 괴테가 《시와 진실》에서 보여준 것과 같은, 자기 세계에 대한 포괄적인 묘사를 기대해서는 안 된다. 스탕달은 자서전 작가로서도 단편(斷片)을 좋아하는 인상주의자였다. 사실 그는 당연히 개인적인 용도로 수십 년에 걸쳐 기록한 일기인 《주르날(Journal)》 속의 얼기설기한 스케치와 기록만으로 자화상을 만들기 시작했다. 사소한 감흥이라도 그것이 아직 뜨거울 때, 포획된 새의 심장처럼 손 안에서 불안하게 팔딱일 때 우선 그것을 포착해 기록할 것! 그런 것들이 하늘하늘 날아가 버리지 않게 꽉 붙잡고 있을 것! 떠내려가면서 모든 것을 함께 휩쓸어가는 불안한 기억의 흐름을 믿지 말 것! 사소한 일들, 어린애 장난감 같은 감각을 커다란 궤짝 속에 알록달록 쌓아놓는 것을 부끄러워하지 말 것! 나중에 어른이 되어 과거에 자기 가슴에서 나온 신기하고 평범한 것들에 관심을 가지게 될지 누가 알랴. 그는 천재적 본능으로 감정의 작은 순간적 모습들을 조심스럽게 모으고 간직했다. 그는 성숙한 남자, 박식한 심리학자, 우월한 예술가로서 자기 청춘의 역사, 어린 시절을 놀랍고도 낭만적인 시선으로 바라보는 자서전, 그가 《앙리 브륄라르》라고 제목을 붙인 거대한 그림 속에 그것들을 전문가답게 정돈해 놓았다.

　스탕달은 자신의 소설에서처럼 뒤늦게야 의식적인 자전적 작품들 속에서 그의 젊은 시절을 정신적으로 재구축하려고 했다. 로마의 몬토리오에 있는 성베드로 성당 계단에 한 늙은 남자가 앉아서 지나간 삶을 돌이키며 곰곰이 생각에 잠겨 있다. 그는 이제 몇 달만 지나면 쉰 살이 된다. 청춘이며 여인들이며 사랑은 지나갔다, 다 지나갔다. 이제 "내가 누구였던가? 내가 어떤 사람이었나?" 하고 되돌아볼 시간이 온 듯하다. 도약과 모험에 대한 기대로 심장이 강렬하게 팔딱거리던 자신을 탐구하던 시간은 지나가버렸다. 이제 결산을 하고 과거를 되돌아볼 시점에 와 있다. 저녁때 대사 집의 모임에 갔다가 지루해져서(정복할 여인도 없었고, 쓸데없는 대화로 피곤해졌기 때문에) 귀가하자마자 그는 갑자기 결심한다. "내 삶을 글로 써야 해! 이삼 년 안에 그것이 완성되면 아마도 나는 내가 어떤 사람이었는지를 알게 되겠지. 내가 유쾌한 사람이었는지 우수에 차 있었는지, 똑똑했는지 어리석었는지, 용감했는지 비겁했는지, 그리고 무엇보다 행복한 사람이었는지 불행한 사람이었는지를."

가벼운 결심이었지만 어려운 과제였다. 왜냐하면 《앙리 브륄라르》를 쓰면서 스탕달은 호기심을 갖게 된 다른 사람들이 자신을 알아보지 못하도록 암호를 장치하면서도 한편으로는 진실하자고 작정했기 때문이다. 자기 자신을 거역해 진실해지는 것, 그리고 그 진실을 유지하는 것이 얼마나 어려운 일인지를 그는 잘 알고 있었다. 과거의 어두운 미로 속에서 길을 찾으며 빛과 환영을 구분하고 걸어가는 길 굽이굽이마다 숨어서 끈질기게 자기를 기다리고 있는 거짓말의 유혹을 뿌리치는 일은 얼마나 힘든가! 심리학자 스탕달은 이때 처음으로, 그리고 아마도 유일하게 위조화폐같이 사람을 끌어당기는 기억에 현혹당하지 않는 독창적인 방법을 발견해낸다. 그것은 빠르게 글로 옮기고, 그것을 다시 읽어보거나 생각하지 않는 것이었다(그는 "나는 체면 차리지 않고 단숨에 써내려가는 것을 원칙으로 한다"고 쓴 적이 있다). 그리고 수치심이나 걱정은 저만치 밀어둔 채 자신의 내면에서 재판관, 검열관이 깨어나기 전에 자신의 고백을 불쑥 들이대기와, 화가로서가 아니라 순간을 찍는 사진사처럼 작업하기였다. 자기 안에서 늘 들끓는 것이 인위적이고 연극적인 포즈를 취하기 전에 그 특징적인 움직임을 그대로 잡아내는 것도 중요했다. 스탕달은 자신에 대한 회상을 신속한 필치로 단번에 써내려가면서 그동안 쓴 것을 다시 뒤적이지 않고 마치 친구에게 보내는 개인적인 편지인 양

문체, 통일성, 방법론에는 전혀 신경을 쓰지 않았다. "나는 거짓 없이 쓰기를 바란다. 아무 환상도 품지 않고, 즐겁게, 친구에게 보내는 편지처럼." 그리고 다음의 한 마디 한 마디는 특히 중요하다. 그는 "장 자크 루소처럼 예술적으로 거짓말을 하지 않기 위해", "바라는 대로", "환상을 품지 않고", "진실하게", "즐겁게", "개인적인 편지처럼" 쓰고자 했다. 그는 정직한 회고록을 남기기 위해 아름다움을 의식적으로 희생시켰고, 심리묘사를 제대로 하기 위해 예술을 의식적으로 희생시켰다.

사실 순수하게 기교적인 측면에서 살펴보면 《앙리 브륄라르》는 그 속편인 《어느 에고티스트의 회상》과 마찬가지로 미심쩍은 작품이다. 두 작품은 너무 급하게, 너무 꾸밈없이, 너무 계획 없이 휘갈기듯 씌어졌다. 기억 속의 사실이 자신의 손끝에 닿으면 그것이 그 자리에 맞는지 어떤지를 생각해 보지도 않고 번개처럼 빠르게 책으로 옮겼기 때문이다. 그래서 마치 보통의 메모에서 보듯이 숭고한 것이 천박한 것과, 아주 평범한 것이 내밀한 개인사와 맞물려 있다. 하긴 이렇게 아무런 강요 없이 셔츠바람으로 편하게 얘기함으로써 갖가지 솔직함이 드러나기는 했다. 그리고 그 각각의 솔직함으로 인해 《앙리 브륄라르》는 여느 책보다 훨씬 더 영혼의 기록으로 느껴진다. 어머니에 대한 위험스러울 정도의 사랑, 아버지에 대한 동물적이고 치명적인 증오에 대한 결정적인 고백. 그러한 순간들은 다른 사람들 같으면 무의식의 틈 속에 비겁하게 숨어들어가 있어 검열관이 감시만 해도 감히 고개를 쳐들지 못하는 것들이다. 그런데 이런 내밀한 것들이 의도적인 도덕적 방심의 순간에 밀수되듯(이렇게 밖에 말할 수 없다) 밀려나온다. 스탕달은 자신의 감정이 자기 자신을 "멋지게" 또는 "도덕적으로" 치장할 시간을 주지 않는다. 그리고 바로 그러한 천재적인 심리체계를 통해 감정이 꿈틀거리는 순간에, 그것이 무디고 태만한 다른 것들을 제치고 절규하듯 튀어 오르는 순간에 그것을 움켜쥔다. 이렇게 붙들린 죄와 기행들이 벌거벗은 채로, 영혼이 그대로 드러난 채로 전혀 부끄럼 없이, 갑자기 종이 위에 옮겨져 처음으로 인간의 눈을 빤히 응시한다. 조그마한 어린애의 심장에서 티져 나온 비극적이지만 야생 그대로의 근심걱정, 거친 악마적 원초적 분노의 감정이 얼마나 놀라운지! 그가 증오하던 세라피 숙모가 세상을 떠났을 때(그는 "나의 불쌍한 어린 시절을 따라다닌 두 악마 중 하나는 숙모였다"고 썼다. 또 하나의 악마는 아버지였다) 작은 앙리, 이 뼛속까지 고독하고 비참한 아이가 "무릎 꿇고 신에게 감사하는" 장면을 어찌 잊을 수 있으랴? 그런데 바로 그 옆에는(스탕달의 감정은 미로처럼 여러 갈래로 교차한다) 이 악마가 성적으로 조숙한 어린애의 마음을 잠깐 동안 사로잡았다고 짤막하게 적혀 있다. 인간이란 얼마나 다층적인가. 아주 대조적이고 모순적인 것들이 신경의 끄트머리에서 서로 접촉하고, 날지 못하는 어린아이의 영혼이 비천한 것과 숭고한 것, 야만적인 것과 예민한 것을 한 잎 한 잎 아주 얄팍하게 포개진 상태로 지니고 있는 모습이라니! 자서전에서의 분석은 이렇게 방심한 상태에서의 우연한 발견과 더불어 비로소 시작된다.

형식, 구조, 후세, 문학, 도덕, 비평에 대한 무관심과 태만함에 의해, 그리고 자기향락적 요소와 훌륭한 개인적 요소에 의해《앙리 브륄라르》는 그 무엇과도 비교할 수 없는 영혼의 기록이 된다. 스탕달은 자신의 소설 속에서는 예술가이기를 원했다. 하지만 자서전에서는 자기 자신에 대한 호기심이 발동한 한 인간이고 개인일 뿐이다. 그의 자화상에는 단편적인 것들이 발산하는, 말로 형언할 수 없는 매력과 즉흥성에서 비롯되는 자연발생적 진실이 담겨있다. 스탕달은 그의 작품으로도 자서전으로도 어떤 사람인지 끝내 알아낼 수 없는 사람이다. 그래서 우리는 끊임없이 그가 내는 수수께끼를 풀고, 인식하면서 이해하고, 이해하면서 인식하고 싶은 유혹을 느낀다. 뜨거우면서도 차갑고 사유와 정신으로 바르르 떨고 있는 그의 여명같이 어스름한 영혼은 살아 숨쉬는 우리에게 오늘날에도 계속 강력한 영향을 끼친다. 그는 자신을 형상화함으로써 호기심과 영혼을 들여다보는 기술을 후세에 전했으며, 우리 모두에게 자기 자신을 향한 질문과 자기 자신에게 귀를 기울이는 데서 얻을 수 있는 놀라운 즐거움을 가르쳐주었다.

현존하는 모습

1900년대에 가서야 사람들이 나를 이해하리라.

스탕달은 19세기라는 한 세기 전체를 훌쩍 뛰어넘었다. 그는 디드로와 볼테르가 살았던 거친 물질주의 시대에서 출발해서 우리에게 삶의 과학이 돼버린 심리학, 다시 말해 심리물리학의 시대 한가운데에 착륙했다. 니체가 말한 대로 "그를 매료시켰던 수수께끼 몇 개를 풀고 그를 이해하기 위해서는 두 세대가 필요했던 것"이다. 두 세대나 지났지만, 놀랍게도 그의 작품은 거의 노쇠하거나 차갑게 냉각되지 않았다. 그가 선취한 발견의 상당부분은 인류의 공동자산이 된 지 오래고, 그의 예언 중 많은 것이 현실로 나타나는 중이다. 그는 자신과 함께 살았던 동시대인들의 뒤에 물러서 있다가 결국 그들 모두를 능가했다. 발자크만이 예외였다. 발자크와 스탕달은 작품으로는 상당히 적대적인 관계에 있지만, 자신을 넘어서서 시대를 형상화했다는 데서 공통점을 갖고 있다. 발자크는 계급과 그 전복,

돈의 사회학적 위력, 정치의 메커니즘을 당시 통용되던 관계를 넘어서 기괴한 것으로 확대시킨 반면 스탕달은 "앞을 내다보는 심리학적인 눈으로, 그 특유의 사실포착으로" 개인을 잘게 나누고, 단계별로 쪼개고, 뉘앙스를 주어 표현했다. 이로써 발자크는 사회의 발전을, 스탕달은 새로운 심리학을 우리에게 펼쳐보였다. 발자크의 개혁적 사고는 현대사회를, 스탕달의 직관은 현대의 인간을 예견한 것이다.

　자기관찰을 연습하고 심리학을 배운 스탕달형 인간들(바로 오늘날의 우리가 그렇다)은 의식이 있음을 기뻐하고, 도덕적 편견이 없고, 신경이 극도로 예민하고, 자기 자신에게 호기심이 많고, 모든 차가운 인식론에 피곤해하면서도 자신의 본질을 인식하기를 갈망한다. 낭만주의자들 사이에 고독하게 섞여 있던 스탕달이 느꼈던 것처럼, 섬세한 인간은 이제 더 이상 괴물도 기인도 아니다. 스탕달 이후 심리학과 심리분석이라는 새로운 학문이 비밀을 밝혀내고 얽힌 것들을 풀어낼 온갖 종류의 섬세한 도구를 우리의 손에 들려주었기 때문이다. 이 "기이한 선지자적 예감을 갖고 있는 인간(니체는 스탕달을 다시금 이렇게 불렀다)"은 우편마차를 타고 파리에 처음 도착했던 시절, 또는 나폴레옹 군대의 제복을 입고 있었던 시절부터 이미 얼마나 많은 것을 알고 있었던가? 그의 독단적이지 않은 태도, 청년시절에 갖고 있던 '선택받은 유럽인'이라는 자부심, 세상의 기계적 냉철함에 대한 기피, 모든 거창한 집단적 영웅주의에 대한 혐오는 바로 오늘날 우리가 가지고 있는 것들이 아닌가! 그가 자신이 살던 시대의 지나친 감상주의를 내려다보던 해맑은 거만함은 이제 와서 돌이키면 얼마나 정당해 보이는가. 그는 자신의 시대를 살면서도 우리의 시대를 잘 알고 있었고, 유별난 문학적 실험으로 무수한 길들을 개척하고 많은 자취를 남겼다. 일례로 도스토에프스키의 《죄와 벌》에 나오는 라스콜리니코프는 줄리앙 없이는 탄생할 수 없다. 톨스토이가 그린 보로디노 전투(1812년 9월 나폴레옹의 모스크바 원정 중에 있었던 최대의 격전 – 옮긴이)의 장면 또한 그 고전적인 선례인 워털루 전투(1815년 6월 나폴레옹과 영국 – 프로이센 연합군이 맞붙은 전투 – 옮긴이)에 대해 스탕달이 사실에 충실하게 선구적으로 묘사해 놓은 장면이 없었다면 그려지지 못했을 것이다. 니체의 '걷잡을 수 없는 사유의 즐거움' 또한 그 누구보다도 스탕달의 언어와 작품에서 신선한 자극을 받은 것이다. 그리하여 스탕달이 평생 찾으려 했으나 찾지 못했던 "박애정신을 가진 인간들", "우월한 인간들", 그들이 마침내 그에게 다가왔다. 그리고 그의 자유로운 박애주의적 영혼을 유일하게 인정한 뒤늦은 조국인 "그와 비슷한 인간들"이 그에게 영원한 시민권과 시민의 제관을 수여했다. 그와 같은 세대 중에서 지금 우리의 시대와 정신 및 감정을 공유했던 사람은 그를 형제로 반긴 단 한 사람, 즉 발자크 외에는 없었다. 우리는 압박감이라는 심리학적 매체와 차가운 종이에 써놓은 글을 통해 그가 형상화한 모습들을 가까이서 호흡하고 친숙하게 느낀다. 하지만 자기 자신을 규명한 극소수에 속하는 스탕달은 아직도 다 규명되지 못한 채 모순 속에서 흔들리고 있다. 수수께끼 같은 색으로 빛을 발하며 비밀을 만들기도 하고 감추기도 하면서, 완성됐지만 결코 끝나지 않은 채 항상 변함없이 신선하고도 생생하게 살아있다. 이처럼, 영혼의 아주 섬세한 움직임만이 시간이 흐르면서 가장 넓은 파장을 불러일으킨다.

한 인간의 일생의 역작만큼, 그리고 종국엔 인생 전체만큼 강력한 영향력으로 모든 인간을 똑같은 감정으로 몰고 가는 것은 없다.
— 일기, 1894년 3월 23일

톨스토이

Tolstoi

전주곡

중요한 것은 윤리적 완성에 도달하는 것이 아니라 완성해가는 과정이다.

— 노년의 일기

 "우스 땅에 욥이라는 사람이 살고 있었다. 그는 진실하고 정직하며 하나님을 두려운 마음으로 섬기고 악을 멀리하는 사람이었다. 그에게는 양 칠천 마리, 낙타 삼천 마리, 암나귀 오백 마리가 있었다. 그리고 그는 많은 종도 거느리고 있어서 사실상 동방에서 제일가는 부자였다." 욥의 이야기는 이렇게 시작된다. 그는 축복받아 남부러울 것 없는 사람이었지만 하나님이 그를 외면해 문둥병에 걸리면서 무미건조하고 안락한 일상에서 깨어나 영혼의 고통을 겪게 된다.

 레오 니콜라예비치 톨스토이의 정신적인 변화과정도 그렇게 시작됐다. 톨스토이도 세상의 권력자들 가운데 '윗자리'를 차지했고, 선조에게 물려받은 집에서 어느 것 하나 부족함 없이 풍족하게 살고 있었다. 그는 건강과 힘이 넘쳤고, 열렬히 사랑하던 여자를 아내로 맞았으며, 슬하에 열세 명의 자식을 두었다. 노력과 영혼의 산물인 그의 작품은 시대를 비추는 불후의 명작이 됐다. 야스나야 폴랴나(톨스토이의 출생지 - 옮긴이)의 농부들은 이 지체 높은 귀족이 지나가면 경외심에서 머리를 조아렸고, 그의 명성에 전 세계가 고개를 숙였다. 시험당하기 전의 욥처럼 레오 톨스토이는 더 이상 바랄 게 없었다. 언젠가 그는 편지에서 인간으로서 할 수 있는 가장 오만한 말을 쓴 적이 있다. "이보다 더 행복할 수 없다."

그런데 하룻밤 사이에 모든 것이 의미와 가치를 잃었다. 열심히 일에 몰입해 있던 사람이 갑자기 일하기 싫어지고, 아내가 낯설어지고, 자식들도 자신과 무관하게 느껴졌다. 그는 한밤중에 어수선한 잠자리에서 일어나 몽유병 환자처럼 불안하게 이리저리 서성였다. 낮에는 일에서 손을 떼고 시선을 한곳에 고정시킨 채 멍하니 책상 앞에 앉아 있었다. 한번은 다급하게 계단을 올라가서는 엽총을 장롱 안에 넣어버렸다. 그 총으로 자기 자신을 겨누게 될까 두려웠던 것이다. 이따금씩 너무나 괴로워서 숨이 막힐 것 같았고, 때로는 어두운 방에서 아이처럼 흐느꼈다. 편지가 와도 뜯어보지 않았고, 친구를 집 안에 들이지도 않았다. 그는 자기 아들들을 경계하는 눈빛으로 바라보았다. 아내는 갑자기 침울해진 남편을 보고 절망했다.

톨스토이는 왜 이렇게 갑자기 변한 것일까? 그것은 소리 없이 그의 인생을 갉아먹는 어떤 병 아닌 병 때문이었다. 문둥병이 욥을 덮쳤던 것처럼 그 무언가가 톨스토이의 삶을 덮친 것이다. 이 불행은 외부에서 온 것일까? 레오 니콜라예비치 톨스토이에게 무슨 일이 일어난 것일까? 러시아 최고의 권력자이자 최강자인 그가 왜 그렇게 갑자기 즐거움을 잃고 비극적으로 침통해진 걸까?

사실 그에게는 아무런 일도 일어나지 않았으니, 이보다 더 무서운 대답은 없을 것이다. 그러나 더 끔찍한 일은 톨스토이가 사물의 배후에서 무(無)를 보았다는 사실이다. 그의 영혼에 어떤 균열이 일어난 것이다. 균열된 틈은 가늘고 어둡게 내부를 향해 나 있었다. 그리고 무엇에 홀리기나 한 듯 동요된 눈은 따뜻한 피가 흐르는 삶의 배후에 자리 잡은 공허를 바라본다. 차갑고 낯설어 이해할 수 없는 무를, 덧없는 존재의 배후에 드리워진 영원한 무를 응시한다.

딱 꼬집어 뭐라고 설명할 수 없는 내면의 저 밑바닥을 들여다본 사람이라면 다시는 그것을 외면하지 못한다. 어둠이 의식 속으로 밀려들어와 그의 삶의 빛과 색을 소멸시켰다. 입가의 웃음은 얼어붙었고, 어떤 것이든 손을 대면 냉기가 느껴졌다. 동시에 무엇을 바라보든 '허무'라는 단어가 떠올랐다. 사물들은 이제껏 충만했던 감정에서 떨어져나가 시들어버리고 그 가치를 잃었다. 명성은 바람처럼 허망하게 변했고, 예술은 바보놀음으로 전락했다. 돈은 누런 종이조각으로 변했고, 살아 숨쉬던 건강한 신체는 벌레들의 서식처가 됐다. 보이지 않는 시커먼 벌레들이 모든 가치에서 즙과 단맛을 빨아들였다. 인간이 원초적으로 지닌 불안감으로 인해 끔직한 밤의 허무함을 맛본 이들에게는 세계란 혹한과도 같다.

에드거 앨런 포의 '소용돌이'(포의 작품인 《큰 소용돌이에 빨려듦》에 비유한 것 ― 옮긴이)가 모든 것을 휩쓸어 갔고, 파스칼의 '심연'(파스칼이 인간과 신 사이에 존재한다고 한 심연을 가리킴 ― 옮긴이)이 정신의 높이보다 더 깊게 느껴졌다.

이런 생각과 느낌을 거역하고 은폐해봐야 헛된 일이다. 그 어두운 흡인을 신이라고 부르고 신성시해봐야 아무 소용이 없다. 복음서 종이로 검은 구멍을 막아보려 해도 막아지지 않는다. 원초적 어둠은 양피지를 뚫고 교회의 촛불을 꺼뜨리는 법이다. 우주의 극한에서 불어오는 얼음 같은 냉기는 언어의 부드러운 숨결로는 따뜻해지지 않는다. 숲 속에서 아이들이 무서움을 떨쳐버리려고 큰 소리로 노래하듯이 숨을 조일 듯 압박해오는 정적을 깨뜨리기 위해서 큰 소리로 설교를 한다 해도 다 부질없는 짓이다. 한번 놀란 사람에게는 어떤 의욕과 지혜도 그 침울해져버린 마음에 위안이 되지 못한다.

세계적인 거장 톨스토이는 쉰넷에 처음으로 거대한 허무와 맞닥뜨렸다. 그때부터 그는 죽을 때까지 초지일관하게 존재의 배후에 있는 검은 구멍을, 그 불가해한 내면을 응시했다. 우리 시대가 낳은, 가장 통찰력 있고 가장 정신적인 인간인 레오 톨스토이의 시선은 허무를 응시할 때조차 날카롭고 또렷했다. 일찍이 그렇게 대단한 힘으로 불투명한 힘, 허무의 비극과 맞서 싸운 사람은 없었다. 톨스토이보다 더 단호하게 한 인간의 운명에 대한 질문을 인류의 운명에 대한 질문과 대치시킨 사람은 없었다. 영혼을 빨아들이는 공허한 피안의 시선을 그보다 더 처절하게 겪으면서 잘 견뎌낸 사람은 없었다. 검은 눈동자의 남성적 양심이 열정적으로 관찰하고자 하는 예술가의 시선에 대해 분명하고 대담하게 열려 있었기 때문이었다.

레오 톨스토이는 한순간도 현존재의 비극 앞에서 비겁하게 시선을 돌리거나 눈을 감아버리지 않았다. 그의 눈은 근대 예술에서 가장 주의 깊고 진실하며 확고부동했다. 그의 위대함은 파악하기 힘든 것에도 조형적인 의미를 부여하려 했고, 불가피한 것에도 진실성을 부여하려는 영웅적인 시도에 있었다.

톨스토이는 스무 살부터 쉰 살까지 30년 동안 아무런 근심 없이 자유롭게 창작하며 살았다. 쉰 살부터 죽을 때까지는 오직 삶의 의미와 인식을 위해서만 살았다. 진실을 위해 투쟁하며 자신뿐만 아니라 인류 전체를 구원하겠다는 엄청난 과제를 떠맡기 전까지만 해도 그는 순조로운 삶을 살았다. 그러나 그는 그런 엄청난 과제를 스스로 떠맡아 영웅, 더 나아가 성자의 경지에까지 이르지만, 결국은 그 과제를 완수하지 못함으로써 가장 인간적인 사람이 된다.

초상

내 얼굴은 평범한 농부의 얼굴이었다.

무성한 숲과 같은 얼굴. 숲 속의 빈터라기보다는 덤불이다. 입구마다 안을 들여다볼 수 없게 막혀있다. 바람에 나부끼는, 넓고 숱이 많으며 권위적인 수염은 뺨까지 올라가서 몇 십 년 동안 육감적인 입술을 덮었고 갈라진 갈색 나무껍질 같은 피부를 감춰주었다. 이마 밑의 눈썹은 손가락 두께만큼이나 숱이 많았고, 짙은 속눈썹은 나무뿌리처럼 뒤엉켜 있었다. 잿빛 머리카락이 바람에 나부껴 헝클어져서 그 숱 많은 머리가 전체적으로 불안해 보였다. 정신 사납게 흘러내린 그의 무성한 머리카락은 어디를 보아도 울창한 열대의 원시림 같았다. 가장 남자다운 남자의 초상인 미켈란젤로의 모세 상처럼 톨스토이의 외모에서도 제일 먼저 눈에 띄는 것은 하얀 기품 같은 성부(聖父)의 수염이다.

그러니 수염에 감추어진 본래의 얼굴모습과 본질을 제대로 파악하기 위해서는 어쩔 수 없이 그의 용모에서 이 수염덤불을 빼내고 생각해야 한다(그리고 수염을 기르지 않은 젊은 시절의 모습은 본래의 얼굴모습을 분명하게 밝히는 데 도움이 된다). 이렇게 해보면 누구든 깜짝 놀라지 않을 수 없다. 두말할 나위 없이 자타가 공인하는 풍부한 정신의 소유자인 이 귀족의 얼굴이 농부의 거친 얼굴과 별반 다를 게 없기 때문이다. 이 정령은 러시아 고유의 천막집, 즉 연기로 검게 그을린 나지막한 오두막을 주거지 겸 작업실로 선택했다. 풍부한 영혼의 소유자인 그는 그리스의 신전이 아닌 소박한 시골 사당을 주거로 삼았다. 촌스러운 그의 외모는 오두막과 잘 어울렸다. 아주 작은 창문 위에 얹혀있는 대들보처럼 작은 두 눈 위에 붙어있는 낮은 이마는 대패질이 서툴게 된 나무처럼 거칠었고, 진흙을 개어놓은 듯한 피부는 까칠했다. 무딘 사각형의 얼굴 한가운데는 짐승처럼 큰 콧구멍을 가진 코가 주먹으로 맞은 듯 널찍하게 주저앉아 있고, 헝클어진 머리카락 뒤로는 두 귀가 보기 흉하게 늘어져 있다. 움푹 파인 양 볼 사이에는 불만에 가득 찬 듯한 두꺼운 입술이 있다. 한마디로 예술적 감각이라고는 전혀 없으며, 조야하고 거의 비천하다고 할 만큼 평범한 생김새다.

이 비극적인 노동자의 얼굴은 어디를 보나 그늘과 우울함, 침체와 무거움뿐이다. 대리석으로 만든 공 같은 도스토예프스키의 이마에서 보이는 향상하려는 도약이나 넘치는 빛, 과감한 정신적 비상은 찾아보려야 찾을 수가 없다. 그 어디에도 빛이 드는 곳, 광채를 발하는 곳이라고는 없다. 누군가가 이 점을 부인한다면 그것은 톨스토이를 미화하거나 거짓말을 하는 것이다. 그의 얼굴은 침체돼 있고 폐쇄적이어서 구원할 길이 없다. 사원이 아닌 감옥이며, 빛이 들지 않아 답답하고 침침하며 불쾌하다. 젊은 시절부터 톨스토이는 자신의 외모가 볼품이 없다는 것을 잘 알고 있었다. 그는 사람들이 자신의 외모를 풍자하는 데 대해 항상 불쾌해했다. 그리고 일찍이 "이토록 넓은 코와 두꺼운 입술, 작은 잿빛 눈을 가진 인간에게는 현세의 행복이 없으리라"는 말을 되뇌며, 숱이 많은 검은 수염으로 험오스런 자기 외모를 감추었다. 이 수염은 한참 후에 그의 나이와 함께 은빛으로 변했을 때에야 존경심을 불러일으켰다. 그때에야 비로소 우울한 구름이 사라졌다. 그리고 그의 마지막 10년간에는 가을날의 석양처럼 이 비극적인 풍경에 온화한 빛이 드리워졌다.

끝없이 방랑한 톨스토이의 정령은 열악하고 답답한 공간, 즉 평범한 러시아인의 외모에 거처를 마련했다. 사람들은 그의 외모에서 모든 것을 감지하고 싶어

했지만 정신적인 인간, 작가, 창조자의 모습이 그 안에 들어있으리라고는 짐작조차 하지 못했다. 소년시절과 청년시절에, 그리고 성인이 되고 노인이 되어서도 언제나 톨스토이는 여느 사람과 다를 바 없었다. 그에게는 어떤 모자나 저고리도 다 맞았다. 그래서 그는 익명의 전형적인 러시아인의 외모를 하고 뜨내기들이 드나드는 술집에서 술에 취해 놀 수 있었고 장관회의를 주재할 수도 있었다. 그는 시장에서 흰 빵을 살 수도 있었고, 대주교의 실크 미사복을 입고서 자기 앞에 무릎 꿇은 사람들 머리에 성호를 그어줄 수도 있었다. 어디에서든, 어떤 일터에서든, 어떤 복장을 하든, 그의 외모가 눈에 띄지 않았음은 자타가 공인하는 사실이다. 그는 대학시절에도 전혀 눈에 띄지 않았다. 장교일 때는 그저 단순히 검을 찬 사람처럼 보였고, 시골의 귀족일 때는 촌스런 시골 신사같이 보였다. 그가 수염이 허연 하인과 함께 마차를 타고 가는 사진 속에서 마부석에 앉은 두 노인 중 누가 백작이고 누가 마부인지를 분간하려면 꼼꼼 잘 살펴봐야 한다. 사정을 모르고서는, 레프(톨스토이를 가리킴 - 옮긴이)가 농부들과 대화를 나누는 사진 속에서 마을사람들과 한데 섞여 있는, 주위의 그리고르, 이반, 일리야, 표도르보다 백만 배나 더 평범한 털북숭이 레프가 백작이란 사실을 도무지 알아챌 길이 없다. 모두를 다 합쳐놓은 것 같은 그는 특별한 인간의 가면을 쓰지 않고 평범한 서민의 모습을 하고 있었다. 이처럼 그의 얼굴은 별다른 특징이 없었고, 너무나도 러시아인다웠다. 그 얼굴에는 러시아 전체가 담겨 있었다. 그는 자기 고유의 외모가 아닌 러시아적 외모를 지니고 있었다.

    이런 까닭에 그를 처음 보는 사람들은 십중팔구 실망스러워했다. 사람들은 각자 마음속으로 매우 인상적인 인물을 만날 것이라고 기대하면서 멀리 떨어진 곳에서 기차로, 툴라에서부터는 마차를 타고 달려와 그의 집 접견실에서 경외심으로 가득 찬 채 이 거장이 등장하기를 기다렸다. 그들은 톨스토이가 흘러넘치는 듯한 성자의 수염을 기른, 영향력 있고 위풍당당한 남자일 거라 상상한다. 그리고 우뚝 솟아 당당한 거인 같고 천재 같은 그의 모습을 상상한다. 벌써부터 기대감에서 오는 전율이 각자의 어깨를 누른다. 그들은 자기도 모르게 우러러보게 될 족장의 거인적 풍모 앞에 고개를 숙인다. 마침내 문이 열린다. 그런데 보라. 작고 땅딸막한 한 남자가 뛰는 듯한 걸음걸이로 수염이 날릴 정도로 날쌔게 들어와 다정하게 미소를 지으며 놀란 손님 앞에 선다. 그는 쾌활하고 빠른 말투로 손님과 이야기를 나누기 시작한다. 그는 한 사람 한 사람에게 가볍게 악수를 청한다. 손님들은 악수를 나누며 마음속으로는 놀라움을 금치 못한다. "어떻게? 이 친절하고 쾌활한 남자, 눈(雪)을 뒤집어쓴 듯한 날렵한 이 노인"이 정말로 레오 니콜라예비치 톨스토이란 말인가? 위풍당당함을 기대하면서 느꼈던 전율은 사라진다. 호기심 많은 손님은 용기를 내어 그의 얼굴을 다시 쳐다본다.

그런데 그를 쳐다보던 사람의 피가 갑자기 멈춘다. 짙은 눈썹 뒤의 잿빛 눈동자가 무성한 정글 속의 표범처럼 자기를 응시하기 때문이다. 초상화에서는 잘 드러나지 않는, 전에 그의 얼굴을 보았던 사람들이 하나같이 이야기하던 그 강렬한 시선이다. 칼로 찌르듯 날카롭고 강철처럼 단단하고 번득이는 그 시선은 모든 사람을 꼼짝 못하게 만든다. 몸을 옴짝달싹할 수가 없다. 그 시선으로부터 벗어나는 것은 불가능하다. 누구든 최면에 걸려 마비된 것처럼, 깊은 내면까지 꿰뚫어 보는 그 시선을 견뎌내야만 한다. 톨스토이의 첫 번째 시선과 부딪히지 않을 방법은 없다. 그 시선은 한 발의 총알처럼 거짓의 철관을 모두 뚫고 다이아몬드처럼 거울을 모두 조각낸다. 톨스토이의 찌르듯 꿰뚫는 시선 앞에서는 아무도 거짓을 말할 수 없다. 이는 투르게네프와 고리키를 비롯한 수많은 사람들이 증언한 사실이다.

그러나 그렇게 엄격하게 시험하는 듯한 그의 시선을 받아야 하는 것은 한순간 뿐이다. 곧 그의 눈 속의 홍채가 다시 부드럽게 풀려 회색으로 빛나면서 수줍은 미소를 띠며 떨리거나, 부드립고 기분 좋은 광채로 온화해진다. 물 위에 비친 구름처럼, 감정의 변화가 줄곧 마법적이고 불안한 눈동자에 어린다. 두 눈동자는 분노할 때면 한줄기 차가운 섬광을 발하고, 불만을 느낄 때면 맑은 수정처럼 얼어붙고, 온유할 때는 햇볕처럼 따사롭고, 정열을 보일 때는 불처럼 활활 타오른다. 이 두 개의 신비로운 별은 굳게 다물어진 입이 움직이지 않아도 내면의 빛만으로 미소를 지을 수 있고, 음악이 감미로우면 시골 여인네처럼 "눈물을 흘리며 울" 수도 있다. 두 별은 또한 정신적 만족에서 광명을 얻을 수 있고, 갑자기 우수로 뒤덮여 흐릿하게 어두워질 수도 있으며, 거기서 빠져나오면 뭐가 뭔지 알 수 없게 될 수도 있다. 그것들은 무엇이든 냉정하고 가차 없이 관찰할 수 있고, 외과용 메스처럼 절개할 수 있고, 뢴트겐 광선처럼 그 내부를 투시할 수 있고, 곧바로 다시 호기심의 빛을 발할 수도 있다. 인간의 이마에서 빛나는 이 "달변의 눈"은 온갖 감정의 언어를 말한다. 늘 그랬듯이 고리키는 그의 눈동자에 대해서도 가장 적절한 표현을 찾아냈다. "톨스토이는 눈 속에 수백 개의 눈을 갖고 있다."

그 눈 속에서, 톨스토이의 외모 중 유일하게 그 눈 속에서 천재성이 보인다. 사유하는 인간으로서 도스토예프스키가 지닌 아름다움이 대리석 아치와 같은 이마에서 나타났듯이, 눈빛의 인간으로서 톨스토이가 발하는 모든 빛의 힘은 천 겹 눈 속에 축적됐다가 그 눈을 통해 나타난다. 톨스토이의 얼굴 중 나머지 부분, 예를 들어 덤불 같은 수염은 움푹 파인 이 귀중한, 자력 있는 이 광석을 가리기 위한 베일, 보호막, 껍데기에 불과할 뿐이다. 이 자석은 세상을 끌어당기고 세상을 비취준다. 그의 눈은 금세기의 가장 정확한 우주만물 관측렌즈다. 이 렌즈로는 그 무엇이라도 상세히 볼 수 있다. 보라매처럼 쏜살같이 날아 개체 하나하나에 내려 앉을 수도 있고, 동시에 광활한 우주를 파노라마처럼 둘러볼 수도 있다. 이글이 글 타올라 정신의 꼭대기에 앉을 수도 있고, 영혼의 어둠 속을 마치 그곳이 천국인 양 밝게 투시할 수도 있다. 그의 눈은 열정과 순수성을 지니고 있고, 무아경 속에서 신을 바라볼 수 있는 빛나는 수정체를 충분히 갖고 있기 때문이다. 그리고 메두사(그리스 신화에 나오는 괴물 - 옮긴이)처럼 보는 이를 서서히 굳어지게 하는 '허무의 얼굴'을 꼼꼼하게 들여다볼 용기도 충분하게 갖추었다. 이 눈으로는 무엇이든 가능하다. 다만 아무것도 하지 않기, 우두커니 있기, 반수면 상태로 있기, 순수한 휴식의 기쁨, 그리고 행복과 꿈의 은총은 누릴 수 없을 것이다. 왜냐하면 톨스토이가 눈을 뜨는 순간 그 눈은 어쩔 수 없이 냉철하게 깨어 냉정하게 노획물을 찾으러 가야 하기 때문이다. 이 눈앞에서는 모든 망상이 깨지고, 모든 거짓이 폭로되며, 모든 믿음이 파괴된다. 이 진실의 눈앞에서는 모든 것이 겉으로 드러난다. 그러므로 톨스토이가 자기 자신에게 이 회색 단도를 뽑아들 때면 그 결과는 언제나 끔찍했다. 칼날이 지독히도 예리하게 심장의 가장 깊은 곳까지 찔렀기 때문이다.

   이런 눈을 가진 사람은 진실을 볼 줄 알며, 세계와 모든 지식이 그의 것이다. 그러나 그렇게 영원히 진실되고 깨어있는 눈을 가진 사람은 행복하지 못한 법이다.

생명력과 죽음

나는 오래, 아주 오래 살기를 소망한다. 그리고 죽음을 생각할 때면 나는 아이 같은 시적(詩的) 수줍음에 가득 차곤 한다.

— 젊은 날의 편지

타고난 건강이었다. 한 세기는 거뜬히 버틸 만큼 잘 단련된 신체, 단단하고 옹골찬 뼈대, 불끈 튀어나온 근육, 황소처럼 참으로 대단한 힘. 젊은 시절에 톨스토이는 바닥에 누워 한 손으로 무거운 군인 한 명을 들어올릴 수 있을 정도로 힘이 좋았다. 근육이 유연해서 도움닫기 없이도 체조선수처럼 가볍게 가장 높은 줄을 뛰어넘었다. 그는 물고기처럼 헤엄쳤고, 코사크 기병처럼 말을 탔으며, 농부처럼 풀을 베었다. 강철 같은 육체는 피곤이 뭔지 몰랐다. 오직 정신만이 피곤을 느꼈다. 그의 모든 신경은 극도의 진동능력이 있었고, 톨레도의 검(스페인의 톨레도에서 생산된 검. 유럽 최고의 검으로 알려졌다 – 옮긴이)처럼 단단하면서도 탄력이 있었다. 그의 모든 감각은 부드럽고 민첩했다. 생명력의 둥근 벽 어디에도 갈라진 금이나 틈, 균열, 결함, 흠이 없었다. 그러므로 제아무리 중한 질병이라도 그 단단한 장방형 육체를 뚫고 들어갈 수 없었다. 믿기지 않을 정도로 강인한 그의 육체는 어떤 약점도 없이 외부의 침입에 대해 완전히 차단돼 있었고, 나이를 먹는 데 대해서도 방어가 철저한 상태였다.

유례없는 생명력이었다. 근대의 모든 예술가가 농부처럼 거친 이 털보 남자 옆에서는 하나같이 여자처럼, 약골처럼 보였다. 톨스토이와 비슷하게 노년에도 창조적 작업을 계속한 다른 예술가들도 그 육체는 거세게 몰아대는 정신으로 인해 나이가 들면서 지쳐갔다. 괴테(괴테는 생일이 톨스토이와 같은 8월 28일이고 톨스토이처럼 여든세 살까지 창조적인 세계관을 가졌다는 점에서 톨스토이와 형제의 운명을 나누었다)는 노년에 이르기 훨씬 전부터 추운 겨울을 싫어했고, 몸이 뚱뚱해지자 닫힌 창문 안에만 앉아 있었다. 노년의 볼테르는 책상에 앉아 한 장 한 장 글을 끼적거리는 정도였고, 화석처럼 굳어갔으며, 인간으로서는 이미 병들어 박제된 새와 같았다. 노년의 칸트는 미라처럼 뻣뻣한 몸으로 힘겹게 한 발 한 발 내디디며 쾨니히스베르크의 가로수 길을 걸었다. 그런데 원기왕성한 노인 톨스토이는 추위에 얼어 벌겋게 된 몸으로 숨을 몰아쉬면서 얼음물에 뛰어들었다. 그는 힘든 정원 일을 마다하지 않았고, 테니스를 할 때면 날렵하게 공을 향해 달려갔다. 예순일곱에는 당장이라도 자전거를 배우고 싶다는 호기심에 현혹됐다. 일흔 살에는 거울처럼 반들거리는 얼음판에서 스케이트를 탔고, 여든 살부터는 하루도 빠짐없이 체조로 근육을 단련했다. 죽기 직전인 여든두 살 때는 빠른 속도로 말을 몰아 30여 킬로미터를 질주하고도 말이 멈춰서거나 더 이상 달리지 않으면 느닷없이 말 잔등에 채찍을 사정없이 휘둘렀다. 아니, 다른 예술가들과는 아예 비교도 하지 말자. 19세기에는 원초적 생명력을 지닌 그와 비교할 만한 상대가 없었으니.

 러시아의 거목 톨스토이는 고령에도 여전히 건재했다. 최후의 순간까지 그의 눈은 예리하게 빛났다. 호기심 많은 그는 말을 타고 가다가 나무껍질에서 기어 나오는 아주 작은 딱정벌레를 찾아내기도 했고, 날고 있는 새를 망원경도 없이 맨눈으로 관찰했다. 귀도 밝았고, 짐승의 코에 가까운 그의 넓은 코는 즐거움을 빨아들였다. 언 땅이 풀리면서 흙냄새가 섞인 지독한 거름냄새가 갑작스럽게 그의 코를 찌르면, 수염은 허옇지만 여전히 청춘인 이 순례자는 일종의 도취감에 사로잡혔다.

　한꺼번에 풍겨오는 여러 냄새가 지나간 여든 번의 봄을 더욱 또렷이 생각나게 했다. 그 느낌이 너무도 강렬하고 감동적이어서 갑자기 그의 눈에서 눈물이 넘쳐흘렀다. 노인 톨스토이는 무거운 농부장화를 신고, 힘줄이 불거진 다리로 촉촉하게 젖은 땅을 가로질러 쿵쿵 걸어갔다. 고령이라서 손은 떨렸지만 신경은 아직 약해지지 않았다. 당시에 그가 쓴 이별편지에는 소년시절의 어린애다운 큼직한 필체의 흔적이 그대로 남아있다. 그의 정신 역시 근육의 힘줄이나 신경처럼 변함없이 살아 숨쉬고 있었다. 말 한마디 한마디는 여전히 뭇사람을 제압했고, 기억력 또한 뛰어나 잊혀졌던 세세한 것들을 놀랄 정도로 정확하게 다시 기억해냈다. 앞뒤가 맞지 않는 말에는 여전히 눈썹을 실룩거리며 분노를 표했고, 웃을 때는 입을 둥그렇게 벌리고 떠나갈 듯 호탕하게 웃었다. 그는 여전히 상징적인 표현을 섞어가며 이야기했고, 아직도 피가 격렬하게 소용돌이쳤다. 《크로이체르 소나타》(톨스토이가 쓴 작품 - 옮긴이)에 관한 토론에서 누군가가 그 나이에는 욕정을 버리기가 쉽다는 말로 넌지시 고희의 톨스토이를 조롱하자 그의 두 눈은 당당함과 분노로 번득였다. 그는 그 말은 옳지 않다면서 "내 육체는 여전히 건재하며 여전히 싸우고 고투해야 한다"고 말했다.

　그처럼 확고한 생명력이 바로 그의 지칠 줄 모르는 창조정신을 설명해준다. 세계적인 대작을 집필한 육십대 중반까지 실제로 그는 단 일 년도 쉰 적이 없다. 그의 창조정신은 결코 휴식을 몰랐고, 냉철하게 깨어있는 그의 활발한 감각은 잠들거나 식을 줄을 몰랐다. 고령이 될 때까지 톨스토이는 특별한 병이 없었다. 하루에 열 시간을 작업하면서도 심각한 피로 때문에 괴로워한 적이 한 번도 없었다. 항상 깨어있는 그의 감각은 특별히 일부러 고양시켜야 할 필요가 없었다. 그는 각성제나 포도주, 커피 등의 자극도 필요하지 않았다. 그는 결코 열정이나 육체적 향락으로 달아오르지 않았고, 오히려 그 반대였다. 잘 단련된 그의 감각은 매우 건강하고 팽팽하게 긴장되어 넘칠 듯 충만해 있었다. 그래서 그의 감각은 아주 가벼운 건드림에도 어느새 날렵하게 움직였고, 물방울 하나만 더해져도 넘쳐흘렀다. 톨스토이는 놀랍도록 건강하면서도 예민한 감각을 지니고 있었다. 그런 고도의 민감성이 없었다면 어떻게 그가 예술가가 될 수 있었겠는가!

그의 매우 건강한 신경의 건반은 조심스럽게 다루어야 했다. 신경의 거센 반격이 모든 감정을 위험하게 만들기 때문이었다. 그래서 그는 괴테나 플라톤과 마찬가지로 음악을 두려워했다. 음악은 감정의 깊고 내밀한 파도를 너무 강렬하게 자극했다. "음악은 내게 끔찍한 영향을 끼친다"고 그는 고백했다. 그리고 실제로 가족들이 피아노 주변에 둘러앉아 기분 좋게 음악을 듣고 있노라면 그는 콧구멍을 벌름거리기 시작했다. 그는 거부감을 나타내고 눈살을 찌푸렸으며 "목에 이상한 압박감"을 느꼈다. 그리고 급히 몸을 돌려 문 쪽으로 달려갔다. 눈물이 흘러내려 주체할 수 없었기 때문이다. 한번은 놀랄 정도로 자신의 감정을 주체하지 못하게 되자 "내게 이 음악을 들려주는 자는 도대체 누구인가?"라고 반문한 적이 있다. 그가 느끼기에 음악은 자신에게 뭔가를 원했고, 자신이 절대 드러내지 않기로 작정한 감정의 비밀창고 깊숙한 곳에 숨겨둔 무언가를 끄집어내겠다고 위협했다. 그런데 그 숨겨진 것이 이제 격렬한 흥분 속에서 위로 솟구치고 흘러넘치려 했다. 어떤 강렬한 것(톨스토이는 '어떤 강렬한 것'의 힘과 과도함을 두려워했다)이 움직이기 시작했다. 불쾌하게도 그는 내면에서, 내면의 아주 깊은 곳에서 자신이 욕망의 파도에 사로잡혀 잘못된 흐름에 휩쓸리는 것을 느꼈다. 그러나 그가 넘치는 혈기를 혐오한 것은, 혹은 두려워한 것은 어쩌면 과도함이 무엇인지를 잘 알고 있었기 때문일지도 모른다. 그렇기에 여자라는 존재에 대해서도 그는 건강한 사람에게는 자연스럽지 못한, 은둔자와 같은 거부감을 갖고 관찰했다. 그에게 여자는 "어머니의 임무를 완수하고 행실이 단정하거나 존경받을 나이에 이른 경우에만 해롭지 않은" 존재로 여겨졌다. 그러니까 그가 "일생동안 육체의 무거운 업으로 느꼈던" 성적인 것을 넘어선 경우로만 여자의 의미를 한정시켰다. 그리스정교에 반대하고 자기 내면의 강요에 의해 기독교도가 되고 수도사가 된 그에게 여자는 음악과 함께 악(惡)을 의미할 뿐이었다. 그는 음악과 여자는 욕망을 불러일으키기 때문에 "용기, 결단, 분별력, 정의감 등 우리의 타고난 특성"에 등을 돌리게 만든다고 생각했다. 또한 톨스토이는 여자는 남자를 "육체의 죄악으로" 이끈다고 설교했다. 여자들은 그가 내놓기를 꺼려하는 "어떤 것을 그에게서 원한다"는 것이었다. 여자는 눈을 뜨게 될까 두려운 위험한 것을 자극하는 존재였다. 그가 두려워한 위험한 것이란 정신의 영역에 속하는 것이 아니었다. 그것은 바로 걷잡을 수 없는 욕망이었다. 음악 앞에서는 의지가 느슨해지고 어느새 "짐승"이 몸을 일으켰다. 여자 앞에서는 어느새 피에 굶주린 한 무리의 사냥개들이 울부짖으며 쇠창살을 흔들어댔다. 톨스토이는 광란에 휩싸인 수도자 같은 공포, 건강하고 밝고 솔직하고 자연스러운 욕망에 대한 광적인 두려움에서 숨겨졌던 자신의 격렬한 남성성을 느낄 수 있었다. 그리고 젊은 시절에는 아직 자유롭게 탐닉하며 광란하던 자기 내면의 동물적 욕망을 감지할 수 있었다. 그는 체호프와 비교해 자신을 "지칠 줄 모르는 방탕아"라고 말한 적이 있다. 그리고 그런 자신의 욕망을 50년 동안이나 둥근 천장으로 덮인 지하공간 안에 가뒀다. 그러나 완전히 매장된 것은 아니었다. 그의 엄격한 윤리적 작품을 보면 그에게는 평생토록 지나치게 건강한 욕망이 넘쳤다는 사실이 은밀하게 나타난다. 이처럼 그의 작품에서 볼 수 있는 것 중 하나는 바로 여자에 대한 두려움이다. 이것은 유혹하는 여자에 대한 두려움, 지나치게 기독교적이며 상대를 외면하게 만드는 정체 모를 두려움이었지만, 사실은 자기 자신의 무절제한 욕망에 대한 두려움이었다.

톨스토이의 작품 구석구석에서 그러한 두려움을 느낄 수 있다. 그는 자기 자신, 자신의 굉장한 힘 말고는 무서울 게 없었다. 가끔 극도로 건강한 자신에 대한 행복감에 도취될 때면 동물적인 무절제한 욕망에 대한 두려움이 드리우는 그림자도 그만큼 커졌다. 물론 그는 둘째가라면 서러울 만큼 이를 악물고 그런 욕망을 억제했다. 그러나 그는 스스로 알고 있었다. 자기가 어쩔 수 없는 러시아인이란 것을. 그러니까 절제할 줄 모르는 민중의 하나이며, 탐닉의 광신자이며, 극단의 노예라는 것을. 때문에 그의 분별 있는 의지는 육체를 지치게 하고 감각기관을 끊임없이 작동시켜 모든 것이 발산되도록, 그리하여 육체가 숨을 쉬고 즐길 수 있도록, 위험하지 않은 놀 거리를 찾았다. 그는 베르제르커(Berserker, 고대 북구 설화에서 곰의 껍질을 쓰고 싸우는 광포한 전사 ― 옮긴이)처럼 억척스런 노력을 기울여 낫질과 쟁기질을 해서 근육을 단련했고, 체조로 감각기관을 둔화시켰다. 그는 감각기관을 해독(解毒)하고 순화시키기 위해 일상에서 벗어나 마차를 몰고 자연 속으로 달려갔다. 그리고 그곳에서 내면의 의지에 의해 강하게 억눌렸던 것을 마음껏 발산했다. 그가 가장 큰 열정을 보인 놀 거리는 사냥이었다. 사냥을 하다 보면 밝고 어둡고를 떠나 모든 감각기관의 탐닉을 멈출 수 있었다. 톨스토이는 미친 듯 질주하는 말의 땀 냄새에, 스릴 넘치는 사냥감 추격과 목표물 조준이 주는 흥분감에, 심지어는 그로 인한 두려움에 흠뻑 취했다. 그는 또한 피투성이가 되어 쓰러진 채 몽롱한 눈으로 응시하는 거친 야수의 고통에도 도취됐다(이 점은 훗날 광적일 만큼 동정심이 많았던 톨스토이를 생각하면 이해되지 않는 부분이다). 언젠가

막대기를 힘껏 내려쳐 늑대의 두개골을 박살낸 뒤 "나는 죽어가는 짐승의 고통에서 진정한 희열을 느낀다"고 고백하기도 했다. 그가 피에 도취되어 이렇게 의기양양하게 외치는 모습을 보고서야 우리는 비로소 한평생(광란의 젊은 시절을 제외하고) 억눌려있던 그의 잔인한 본성을 짐작할 수 있다. 윤리적인 신념에서 사냥을 포기한 뒤에도 그는 들판에서 토끼가 튀어나오는 것을 보면 곧바로 총을 뽑아 쏘고 싶은 충동에 자기도 모르게 손을 움찔거렸다. 그러나 그는 다른 욕구와 마찬가지로 이런 욕구도 끝까지 철저하게 억눌렀다. 결국 그는 육체에 대한 감각적인 기쁨 속에서 살아있는 것을 그저 바라보고 묘사하는 것에 만족했다. 이 얼마나 통렬하고 현명한 기쁨인가! 아름다운 말 옆을 지날 때면 그는 행복감에 활짝 웃었다. 말의 따뜻하면서 비단결 같이 보드라운 어깨를 토닥이고 쓰다듬어줄 때면 감각적인 쾌락을 느꼈고, 손가락 사이로 고동치는 짐승의 생명이 주는 온기를 느꼈다. 동물적인 모든 것이 그를 감동시켰다. 그가 몇 시간이고 황홀한 눈으로 젊은 아가씨들의 춤을 관찰할 수 있었던 것은 오로지 부드러운 육체의 우아함 때문이었다. 그리고 아름다운 남자나 여자를 만날 때면 그는 멈춰 서서 넋을 잃고 대화에 몰두했다. 그러고는 상대방을 좀더 자세히 관찰하면서 "인간이 이다지도 아름답다니, 이 얼마나 놀라운 일인가?"라고 탄성을 질렀다. 그는 살아있는 생명의 그릇으로서의 육체, 빛을 느끼는 표면으로서의 육체, 뜨거운 피가 흐르는 혈관을 감싸고 있는 것으로서의 육체를 사랑했던 것이다. 즉 그는 뜨겁게 요동치는 육감적인 육체를 삶의 의미이자 영혼으로 생각하고, 그것을 사랑했다.

그렇다. 그는 인간의 동물적인 본성을 가장 옹호한 작가로, 음악가가 자기 악기를 사랑하듯 육체를 사랑했다. 그는 인간이 가진 가장 자연다운 형태로서 육체를 사랑했으며, 나약하고 표리부동한 자신의 영혼보다 원초적인 육체를 더 사랑했다. 그는 육체가 어떤 형태를 하고 있든 언제나 처음부터 끝까지 육체를 사랑했다. 그의 보고에 의하면, 자기애에 대한 최초의 자각은 두 살 때로 거슬러 올라간다! 이것은 내가 잘못 쓴 게 아니다! 두 살 때라는 것을 나는 다시 한 번 강조하고 싶다. 그래야 시간의 흐름 속에서도 톨스토이의 모든 기억이 얼마나 또렷하고 분명하게 남아있었는지를 이해할 수 있으므로. 괴테와 스탕달은 일곱 살 또는 여덟 살 때의 일도 분명하게 기억하지 못했다. 반면 톨스토이는 이미 두 살 때, 훗날 예술가가 되는 유아들이 흔히 그렇듯 온갖 다양한 감각을 느꼈고, 그 감각은 그의 내면에 집중적으로 축적됐다. 그가 신체에 대한 최초의 느낌을 서술한 다음 글을 읽어보라. "나는 나무욕조 속에서 새롭지만 싫지 않은 용액의 향기에 푹 파묻혀 있었다. 누군가가 그 용액으로 내 몸을 씻어주었다. 그것은 십중팔구 밀뜨물이었을 것이다. 그 새로운 느낌이 내게 강한 인상을 주었다. 나는 가슴 앞쪽으로 갈비뼈가 보이는 나의 자그마한 몸을 처음으로 기분 좋게 느꼈다. 그리고 매끈하고 거무스름한 두 뺨, 소매를 걷어 올린 유모의 팔, 모락모락 김이 나는 따뜻한 밀뜨물과 그 향기를 느꼈다. 그중에서도 작은 손으로 욕조를 문지를 때 나의 내부에서 생기는 매끄러운 느낌이 가장 좋았다."

글을 읽었으니, 이 어린 시절의 기억을 감각의 영역에 따라 분석하고 정리해보자. 그러면 톨스토이가 두 살짜리 젖먹이였을 때 이미 보편적인 감각이 깨어나 주변의 세계를 파악한 것에 틀림없이 감탄할 것이다. 그는 유모를 보고, 밀뜨물 냄새를 **맡고**, 이미 새로운 인상을 **식별해내고**, 물의 온기를 **느끼고**, 소리를 **듣고**, 매끄러운 나무욕조를 손으로 **쓰다듬는다**. 여러 신경다발의 동시적인 지각은 삶을 느끼게 해주는 감각의 대상 중에서 유일하게 손으로 만져볼 수 있는 표면인 육체에 대한 "기분 좋은" 자기관찰로 흘러간다. 여기서 우리는 얼마나 어린 나이에 그에게 감각의 빨판이 생겨났는지, 젖먹이인 톨스토이가 세계의 다양한 유입을 얼마나 강하게, 또 세세하게 또렷한 인상으로 바꾸어 놓는지를 이해하게 된다. 또한 이 모든 인상을 승화시키고 고양시킬 수 있게 된 것은 성인이 되어서야 비로소 가능했다는 것을 이제 짐작할 수 있으리라. 욕조 안에서 자그마한 자신의 몸으로 느낀 장난 같고 아이다운 이 작은 쾌감은 필연적으로 거의 광란에 가까운 거친 현존재의 욕망으로 확대된다. 그리고 이 욕망은 어린아이처럼 내부와 외부, 세계와 자아, 자연과 삶을 한데 뒤섞음으로써 도취감으로 변한다. 그리고 사실상 만물과 일체가 되게 하는 이러한 도취감은 완전히 성인이 된 후에도 이따금 그를 홀리듯 엄습한다. 그의 책을 읽어보라. 그 육중한 남자는 가끔 몸을 일으켜 숲으로 나가 수백만 명 중 자신을 선택한 세계를 바라보며 그 세계를 다른 누구보다도 강렬하게 느끼고 인식한다. 그리고 마치 굉음이 울리는 허공 속에서 자신의 내면을 동요시키는 무한한 뭔가를 붙잡기라도 하려는 듯 갑자기 황홀한 몸짓으로 가슴을 쭉 펴고 양팔을 뻗는다. 또는 자연의 우주적 충만함은 물론 아주 작은 것에도 감동하여 몸을 구부려 짓밟힌 엉겅퀴 잎사귀 하나를 곱게 펴주는가 하면 잠자리의 움직임을 열심히 관찰하기도 한다. 그리고는 그 모습을 지켜보고 있는 친구들에게 쏟아지는 눈물을 들키지 않으려고 얼른 몸을 돌린다. 당대의 어떤 시인도, 월트 휘트먼조차도 목양신(牧羊神)의 욕정과 고대풍의 신성을 갖춘 이 러시아인만큼 세속적, 육체적 기관들의 물리적 욕망을 강하게 느끼지는 못했으리라. 그리하여 우리는 "나 자신이 자연"이라는 그의 오만하기 이를 데 없는 말의 뜻을 이해하게 된다.

    육중하고 장대한 이 남자는 스스로가 우주 속의 우주 그 자체로서 모스크바의 대지에 확고하게 뿌리 내리고 있었다. 그렇기에 우리는 그 어떤 것도 그의 강한 세속성을 뒤흔들 수 없을 것이라고 생각할 수밖에 없다. 그러나 대지 자체도 가끔은 지진 때문에 진동하는 법이다. 그럴 때면 톨스토이 역시 확신을 잃고 비틀거렸다. 갑자기 눈이 멍해지고 감각이 불안해져 허공을 향해 손을 뻗었다. 붙잡을 수 없는 무엇이, 따뜻한 육체와 삶의 충만함 저 너머에 있는 무엇이, 온 신경을 곤두세워도 이해할 수 없는 무엇이 그의 시야에 들어온 것이다. 이것은 감각적인 인간인 그로서는 파악할 수가 없는 것이었다. 대지의 사물이 아니며, 흡수할 수도 융합할 수도 없는 물질이기 때문이었다. 그것은 침범당하기를 거부하고, 검토의 대상이 되기를 거부하며, 언제나 모든 것을 흡수하려는 세속적인 감정들 가운데 하나로 편입되기를 거부하는 어떤 것이다. 갑자기 눈앞의 둥근 공간을 파괴하는 공포감을 어떻게 이해할 수 있겠는가? 언젠가는 귀로 듣지 못하게 되고, 입으로 말할 수 없게 되고, 앙상한 손에 감각이 없어지고, 아직 따뜻한 피가 흐르는 발가벗은 건강한 육체가 벌레에게 갉아 먹히고 돌처럼 차가운 해골로 변할 수 있다는 것을 어떻게 상상할 수 있겠는가? 오늘이든 내일이든 그의 내면에도 이 허무와 암흑, 배후에 도사리고 있는 이것, 저항할 수 없는 이것이 불시에 찾아온다면, 또 방금 전까지만 해도 체액과 힘이 넘쳐흐르던 그의 내면에 비감각적인 방식으로 현존하는 이것이 불시에 찾아온다면 어떻게 되겠는가? 톨스토이는 무상함을 생각할 때면 늘 심장의 피가 멎는 듯했다. 그가 무상함과 처음으로 대면한 때는 어린 시절이었다. 누군가가 그를 어머니의 주검으로 데리고 갔다. 어제까지만 해도 살아있던 생명체가 차갑게 굳은 채로 누워있었다. 당시에 그는 아직 감정적으로나 이성적으로나 그 장면을 설명할 수 없었지만, 그 모습은 80년이 지나도 잊혀지지 않았다. 다섯 살짜리 아이는 외마디 비명을 질렀다. 공포에 질린 날카로운 외침이었다. 아이는 미칠 듯한 공포에 휩싸여 방에서 뛰쳐나갔다. 복수의 여신에게 쫓기는 듯한 두려움에서 벗어나려고 발버둥쳤다. 죽음에 대한 생각은 항상 그런 식으로 불시에 목을 짓누르며 그를 덮쳤다. 마치 형이나 아버지, 숙모의 죽음처럼. 얼음 같이 차가운 손이 늘 싸늘하게 그의 목덜미를 스쳤다. 그리고 그의 신경을 분열시켰다.

아직은 죽음의 위기에 처하지 않았지만 죽음이 코앞까지 닥쳤던 1869년에 엄습해온 죽음의 하얀 공포를 그는 이렇게 묘사했다. "나는 드러누우려고 했다. 그러나 몸을 펼 수가 없다. 공포감이 다시 나를 일으켜 세운다. 그것은 불안, 그러니까 구토하기 직전과 비슷한 불안이다. 무엇인가가 나의 존재를 갈기갈기 찢어발긴다. 그러나 완전히 찢지는 않는다. 나는 다시 한 번 잠을 청한다. 그러나 공포가 그 자리에 와 있다. 빨갛고 하얀 빛으로. 무엇인가가 나의 내부를 찢는다. 무엇인가가 내 안에서 나를 찢으면서도 나를 한군데로 결속시킨다." 무서운 일이 일어난 것이다. 톨스토이가 죽기 40년 전, 그러니까 죽음이 그의 몸에 손가락 하나를 대기도 전에 이미 죽음에 대한 예감이 살아있는 영혼을 뚫고 그의 안으로 침투했고, 그 뒤로 그는 이 예감을 쫓아낼 수가 없었다. 밤마다 거대한 불안이 그의 침대 옆에 앉아서 그의 삶에 즐거움을 주는 근원을 갉아먹었다. 이 불안은 또한 그의 책 갈피갈피에 웅크리고 앉아 부패하기 시작하는 어두운 생각들을 갉아먹었다.

죽음에 대한 톨스토이의 불안은 그의 생명력만큼이나 초인적이었다. 노발리스(18세기 독일의 시인, 소설가 – 옮긴이)의 신경쇠약, 레나우(19세기 오스트리아의 시인 – 옮긴이)의 우울증, 에드거 앨런 포가 관능적 쾌락에 대해 느낀 불가사의한 공포와 비교해서 죽음에 대한 톨스토이의 불안을 신경불안이라고 말하는 것은 그를 지나치게 소심하게 보는 것이리라. 그렇다. 그의 경우에는 완전히 동물적이고 무방비 상태인 거대한 공포, 극단적인 두려움, 폭풍과도 같은 불안, 내동댕이 쳐진 삶에 대한 공포가 갑자기 분출됐다. 남자답고 영웅적인 정신의 소유자라면 보통 그렇지 않은데 톨스토이는 죽음을 두려워했다. 평생 죽음에 대한 공포의 노예로 산 그는 흡사 벌겋게 달구어진 쇠에 낙인이 찍힌 듯 놀라서 감정도 주체 못하고 크게 소리치곤 했다. 그의 불안은 짐승 같은 공포심으로 폭발하고 충격적으로 분출됐다. 그것은 인간이라는 피조물이 가지고 있는 근원적인 불안이었다. 그는 이런 생각에 사로잡히지 않으려 했다. 그러고 싶지 않았다. 그는 목 졸린 사람처럼 사지를 버둥거리며 자신을 잠식해오는 불안에 강하게 저항했다. 톨스토이는 아주 안전한 상태에서 전혀 예기치 않게 기습을 당했다는 사실을 잊지 말자. 곰처럼 건장한 이 모스크바 사나이에게는 삶과 죽음 사이에 건널목이 없었다. 기본적으로 그토록 건강한 사람에게는 죽음이 절대적으로 낯선 이물질인 반면 보통 사람들에게는 일반적으로 죽음과 삶 사이에 병이라는 다리가 놓여져 있다. 오십대의 보통 사람들 모두 또는 대부분이 이미 죽음의 일부를 잠재적으로 가지고 있다. 그들에게 죽음은 전혀 낯선 남의 일이 아니며 예기치 않게 닥쳐오는 놀랄 일도 아니다. 그러므로 그들은 처음으로 죽음이 강하게 손을 내밀어도 쉽사리 자제심을 잃거나 두려움에 떨지 않는다. 예컨대 도스토예프스키는 눈에 안대를 하고 환영행사에 참석했고, 서있을 때는 기둥을 붙잡아야 했고, 매주 간질발작을 일으키며 쓰러졌다. 그는 고통에 익숙해서 죽음을 전혀 예감하지 못했고, 건강한 사람보다 죽음에 대한 생각에 훨씬 더 침착하게 대응했다. 따라서 도스토예프스키는 완전한 소멸을 가져오는 공포의 그림자가 덮치더라도, 수치스러울 정도로 몸서리치며 괴로워했던 톨스토이와 달리 크게 두려워하지 않았다. 톨스토이는 죽음이 가까이 있다는 생각만 들어도 벌써 벌벌 떨기 시작했다. 샘솟는 자아와

"삶에 대한 도취" 속에서만 삶의 완전한 가치를 느꼈던 톨스토이에게 서서히 진행되는 생명력의 약화는 일종의 병을 의미했다(그는 서른여섯에 스스로 노인으로 자처했다). 이런 예민한 감수성 때문에 죽음에 대한 생각은 총알처럼 그를 명중시켰다. 존재를 생생하게 느끼는 사람만이 비존재에 대해 그토록 강렬한 두려움을 가질 수 있다. 존재와 비존재는 서로 상관관계가 있다. 마적인 생명력 또한 마적인 죽음에 대한 공포에 맞서 저항하기 때문에 톨스토이의 경우 존재와 비존재 사이에 그런 거대한 싸움이 발생한 것이다. 그것은 아마도 세계문학에서 유례없는 가장 큰 싸움이리라. 초인적인 힘의 본성만이 초인적인 힘에 저항하기 때문이다. 톨스토이같이 위대하고 의지가 강한 자는 쉽게 허무 앞에 굴복하지 않는다. 그런 사람은 처음에는 충격을 받았다가 즉시 벌떡 일어나 불시에 나타난 적을 무찌르기 위해 기운을 차리고 근육의 힘을 모은다. 아니, 톨스토이의 충만한 생명력은 싸워보기 전에는 자신의 패배를 인정하지 않는다. 최초의 공포에서 회복되기가 무섭게 그는 철학으로 요새를 굳건하게 하고, 다리를 놓고, 보이지 않는 적을 제거하기 위해 논리학이라는 병기고에서 가져온 투석기로 적에게 돌을 쏘아댄다. 그의 첫 번째 방어수단은 죽음을 무시하는 것이었다. "나는 죽음에 흥미를 느낄 수가 없어. 이유는, 내가 살아있는 한 죽음은 존재하지 않기 때문이지." 그는 죽음을 "믿을 수 없는 것"이라 부르고 거만하게도 자기가 "죽음을 두려워하는 것이 아니라 다만 죽음에 대한 공포를 두려워할 뿐"이라고 주장했다. 그는 죽음을 두려워하지 않으며 죽음을 생각할 때 공포심을 느끼지 않는다고 끊임없이(삼십 년 동안이나!) 큰소리쳤다. 그러나 그는 자신을 포함해 어느 누구도 속일 수 없었다. 불안 노이로제가 처음 그를 덮쳤을 때 확신에 찬 그의 영혼과 감각의 벽이 어김없이 무너졌기 때문이다. 톨스토이는 쉰 살부터는 오직 예전의 생명력 넘치던 자기확신의 잔해 속에서 투쟁했다. 그는 한 발짝씩 뒤로 물러나면서 죽음을 단지 허깨비나 허수아비에 불과한 것이 아니라 말로는 위협할 수 없는 지극히 존중할 만한 상대로 인정하게 되었다. 그래서 그는 피할 수 없는 덧없는 삶을 계속 살아가는 것이 가능한지 아닌지를 시험해 보려 했다. 그리고 사람은 죽음과 맞서 싸우면서는 살아갈 수 없음을 깨닫고 죽음과 더불어 살아가려 했다.

이런 점을 인정한 후에야 비로소 죽음에 대한 톨스토이의 태도가 두 번째 국면에 접어들어 결실을 맺게 된다. 그는 죽음의 현존에 "더 이상 저항하지 않고" 궤변으로 죽음을 물리칠 수 있다는 망상에서 벗어났다. 즉 그는 죽음을 자기 존재의 일부로 받아들이고, 자기의 생활감정 속에 융합시키며, 피할 수 없는 그것에 단련되고 "익숙해지려고" 노력했다. 죽음은 정복할 수 없지만 죽음에 대한 공포는 정복할 수 있다. 인생의 거장이라면 그것을 인정해야 한다. 그는 이제 그 두려움을 극복하는 데 전력을 쏟는다. 스페인의 트라피스트 수도회 회원들이 두려움을 쫓아내기 위해 밤마다 관 속에서 잠을 잔 것처럼 톨스토이는 날마다 부단히 의지를 단련하면서 끊임없이 자기암시를 하듯 죽음에 대한 경고를 되뇌었다. 그는 죽음을 두려워하지 않고 "온 영혼의 힘을 다해" 한시도 죽음을 잊지 않도록 자신을 채찍질했다. 그때부터 그는 일기를 쓸 때마다 첫마디를 무슨 암호 같은 글자로 시작했다. 그것은 "오늘도 나는 살아있다"라는 뜻의 약자였다. 그는 몇 년에 걸쳐 매달 "나는 죽음에 점점 더 가까이 간다"라는 자기경고성 글을 기록했다. 그는 죽음을 직시하는 데 익숙해졌다. 익숙함은 낯설음을 해소시켜주고 공포를 극복하게 해준다. 그 결과 30년 후에는 죽음과의 싸움을 통해 외부의 것이 내부의 것이 되고, 적이 일종의 벗이 된다. 그는 죽음을 자기 가까이로 끌어들이고, 내면에 받아들이며, 삶의 영적 요소로 만든다. 그럼으로써 근원적 두려움을 "없는 것이나 마찬가지인 상태"로 만든다. "우리는 죽음에 대해 깊이 생각할 필요가 없다. 그러나 항상 죽음을 가까이 두고 봐야 한다. 그러면 삶 전체가 더 찬란하고 의미 있고 풍성해지며 즐거워진다." 곤경이 미덕이 된 것이다. 톨스토이는 불안을 객관화함으로써 불안을 극복했다(예술가의 영원한 구원!). 그는 자신의 창조물을 만들면서 죽음과 죽음에 대한 공포를 떨쳐버렸다. 그래서 처음에는 파괴적으로 보였던 것이 삶을 심화시켰고, 예기치 않게 그의 예술을 크게 고양시켰다. 열정이 넘쳤던 그는 불안에 가득 차 철저히 탐구했고, 상상 속에서 미리 수천 번이나 죽어본 덕분에 죽음을 가장 통찰력 있게 서술하고 형상화한 최고의 거장이 됐다. 불안은 언제나 현실보다 앞서가며 환상의 나래를 편다. 불안은 어떤 경우든 무디고 둔감한 건강함보다 창조적이다. 그러나 과연 막강한 힘을 가진 자에게 수십 년 동안 깨어있는 근원적 불안, 그리고 극도의 공포감과 혼미한 상태란 어떤 것인가! 불안 덕분에 톨스토이는 육체적 소멸의 모든 징후와 성향, 죽음의 신이 칼을 휘둘러 소멸하는 육체에 새긴 모든 표시, 침몰하는 영혼의 공포와 놀라움을 알게 된다. 이 예술가는 의식 속에서 자신이 소명을 받았음을 강하게 느꼈다. "나는 죽고 싶지 않아, 나는 죽고 싶지 않아"라며 소름이 끼칠 정도로 울부짖는 이반 일리치의 죽음, 레빈의 형이 맞는 비참한 종말, 소설 속에 표현된 생명의 다양한 소멸. 《세 죽음》은 톨스토이가 의식의 극단에 겸손하게 귀 기울여 얻은 가장 위대한 심리학적 성과로, 예의 그 파국적인 혼란과 고통스런 공포 없이는 생각할 수 없으리라. 이러한 수백 가지의 죽음을 묘사하기 위해 톨스토이는 혼란에 빠진 영혼 속에서 생각의 극단까지 치달아 자신의 죽음을 미리 여러 번 체험했을 뿐만 아니라 자신의 죽음과 함께 살았다. 불안의 예감만이 그의 예술을 피상적인 것, 현실의 단순한 관찰과 모사가 아닌 심오한 통찰로 끌어올려주었다. 불안의 예감만이 그에게 먹구름의 내부에서 터져 나오는 형이상학적인 '렘브란트(빛을 중시한 네덜란드의 화가 - 옮긴이)의 빛'을 가르쳐주었다. 톨스토이는 삶의 한가운데에 있는 그 어떤 것보다도 통렬하게 죽음을 미리 체험했기 때문에 죽음을 생생하게 살아있는 것으로 만들 수 있었다.

위기는 창조적인 인간에게 주어지는 운명의 선물이다. 그리하여 위기는 톨스토이의 예술에서처럼 세계정신을 향한 창조적인 인간의 자세에 더 큰 새로운 균형을 만들어낸다. 대립하는 것들이 서로 스며들고, 삶의 욕망과 그 비극적 상대 사이의 무서운 싸움이 지혜롭고 조화로운 타협 앞에 굴복한다. 마침내 평온해진 감정은 다음과 같이 스피노자가 한 말의 의미에서 최후의 순간에 대한 공포와 희망 사이를 떠돈다. "죽음을 두려워하는 것은 좋지 않다. 죽음을 소망하는 것 또한 좋지 않다. 저울대를 놓을 때는 바늘이 한가운데로 오게, 그리고 저울판이 균형을 이루게 놓아야 한다. 그것이 삶의 최고 조건이다."

비극적 불협화음은 마침내 조화를 찾는다. 백발의 톨스토이는 더 이상 죽음을 증오하지 않고 죽음에 대해 초조해하지도 않는다. 그는 더 이상 죽음을 피하지 않는다. 더 이상 죽음과 대항해 싸우지도 않는다. 예술가는 눈에 보이지는 않으나 이미 존재하는 작품을 예감하면서 구상하듯이 오직 조용히 명상하는 가운데 죽음을 꿈꿀 뿐이다. 그러므로 오랫동안 두려워했던 바로 그 마지막 순간이 그에게 완전한 은총을 선사한다. 결국 그의 죽음은 삶만큼 위대했으며, 또한 작품 중의 작품이었다.

예술가

창작에서 오는 즐거움 외에 진정한 즐거움은 없다. 인간은 연필, 장화, 빵을 만들 수 있다. 그리고 아이를, 다시 말해 인간을 생산해낼 수도 있다. 진정한 만족은 창작을 통해서 이루어진다. 불안, 고통, 양심의 가책, 수치심과 결합되지 않은 것은 진정한 만족이 아니다.

― 편지

무릇 예술작품이란 그것이 예술적으로 형성된 과정을 잊고 예술작품 자체가 현실로 느껴질 때 비로소 최고의 단계에 도달한다. 톨스토이의 경우 이러한 숭고한 속임수는 여러 차례 완벽의 경지에 이른다. 그의 소설들은 너무도 실감나게 피부에 와 닿아, 그것이 가공의 인물들에 대한 허구의 이야기라고 생각하기가 어렵다. 그의 소설을 읽노라면 열린 창문을 통해 현실세계를 내다보고 있다는 생각만 들 뿐이다.

그렇기 때문에 톨스토이 같은 예술가만 있다면 예술은 굉장히 단순한 것이며 문학은 현실의 정확한 재구성, 숭고한 정신적 노력 없이 씌어진 철저한 모사에 지나지 않는다고 쉽게 생각하게 될 것이다. 또 문학을 하기 위해서는 그의 말대로 "거짓을 말하지 않는다는 소극적 특성"만 있으면 된다고 생각할 것이다. 왜냐하면 그런 문학작품들은 그 속에 등장하는 모든 것들을 소박하고 자연스럽게 묘사함으로써 우리로 하여금 마치 실제를 보는 것처럼 느끼게 하기 때문이다. 따라서 톨스토이의 서사문학에서는 불같은 광포함, 탄생의 열정, 예언적인 환상의 힘이 쓸모없고 부재하는 것처럼 보인다. 냉정하고 분명한 한 남자가 악마적인 도취가 아니라 노력 없이 순전히 즉물적인 관조와 고집스런 재구성을 통해 현실의 복사판을 생산해냈다고 여겨질 법하다.

그러나 바로 여기서 감사하는 마음으로 작품을 향유하는 독자의 감각은 예술가의 완벽성에 속은 것이다. 그도 그럴 것이 진실보다 더 어려운 것이 무엇이 있으며, 명료함보다 더 힘든 것이 무엇이 있겠는가? 톨스토이가 남긴 초고를 보면 그가 쉽게 성공한 작가가 결코 아니며, 가장 탁월하고 가장 끈기 있는 일꾼이었다는 증거를 무수히 발견할 수 있다. 세상을 그린 그의 거대한 프레스코화는 수백 번의 꼼꼼한 개별적 관찰이라는 다양한 색의 무수한 돌조각들로 대단한 공을 들여 만든 예술적 모자이크다. 2천 페이지에 달하는 엄청난 분량의 서사시인 《전쟁과 평화》는 일곱 차례나 수정됐고, 이 작품을 위한 스케치와 기록은 산더미 같았다. 소소한 역사적 사실들, 감각적인 세세한 것들이 신중하게 기록으로 문서화됐다. 톨스토이는 보로디노 전투를 생생하게 묘사하기 위해 군 참모부의 지도를 손에 들고 이틀 동안 말을 타고 전장을 누볐고, 아직 생존해 있는 참전용사에게 작은 경험담이라도 듣기 위해 기차를 타고 먼 곳까지 달려가기도 했다. 그는 모든 책을 철저히 독파하고, 도서관을 샅샅이 뒤졌으며, 심지어는 실제 사실을 한 톨이라도 더 긁어모으기 위해 귀족가문이나 기록보관소를 찾아가 사람들에게 잊혀진 문서와 사적인 편지를 보여 달라고 요청하기도 했다. 이렇게 하다 보니 해를 거듭하면서 수만, 수십만 가지의 소소한 관찰들이 작은 수은 덩어리처럼 됐다가 마침내 그것이 점점 빈틈없이 서로 침투해서 둥글고 순수하고 완전한 형태를 갖추었다. 진실을 위한 싸움이 마무리되자 그는 그것을 더욱 확실하게 하기 위한 싸움을 시작했다. 서정시인인 보들레르가 자신의 시구를 정성껏 다듬고 손질하고 윤을 낸 것처럼 톨스토이는 완벽한 예술가의 열정으로 자기의 산문을 망치로 두들기고 기름칠을 하고 유연하게 만들었다. 그는 1만 페이지에 달하는 자신의 작품 가운데 단 한 문장이라도 눈에 거슬리거나 형용사 하나라도 잘못 쓴 게 발견되면 참지 못했다. 이미 송부한 원고에 잘못된 것이 있다는 사실을 알고 깜짝 놀라 단어의 모음 하나를 고치기 위해 모스크바의 식자공에게 인쇄를 중지하라는 전보를 칠 정도였다. 그의 작품은 초판에서 그치지 않고 정신의 증류과정에 의해 다시 한 번 녹여지고 새롭게 다듬어졌다. 그의 예술작품이 아무리 자연스러워 보인다 해도 그가 힘들이지 않고 써낸 것은 하나도 없다. 톨스토이는 7년 동안 하루 8시간 내지 10시간씩 작업했다. 그러니 아무리 신경이 굵은 톨스토이라도 대작을 끝낼 때마다 심리적으로 기진맥진했던 것은 당연하다. 그는 갑자기 소화가 안 되고 감각이 흐릿해져 넋이 나간 것 같았다. 그럴 때면 그는 모든 문화생활을 멀리하고 절대고독 속으로, 바슈키르(볼가 강과 우랄 산맥 인근의 스텝 지대에 사는 유목민족 - 옮긴이)의 황야로 들어갔다. 그곳의 오두막에 묵으면서 마유주(馬乳酒, 말젖을 숙성시킨 발효주 - 옮긴이) 요법으로 영혼의 안정을 되찾기 위해서였다. 바로 이 호메로스풍의 서사시인, 자연과도 같고 물처럼 맑으며 민중적인 소박함을 지닌 이 소설가는 만족하지 못하고 고통 받는 예술가의 기질을 내면에 감추고 있었다(그런 사람이 또 존재할까?). 그러나 다행스럽게도 완성된 작품에서는 창작의 고역이 드러나 보이지 않는다. 우리 시대의 한가운데 존재하며 거의 예술작품이라고 느껴지지 않는 톨스토이의 산문은 그러나 모든 시대를 넘어 마치 영원에서 나온 듯하고, 자연 그 자체로 근원도 나이도 없는 듯하다. 그의 작품 어디에도 특정 시기의 특징을 보여주는 것은 없다. 작가의 이름을 가리고 톨스토이의 단편소설을 보면 그것이 어느 연대에, 심지어는 몇 세기에 창작됐는지 아무도 장담하지 못할 것이다. 이는 톨스토이의 산문들이 절대적으로 시대를 초월한 작품임을 의미한다. 《세 노인》이나 《사람에겐 얼마만큼의 땅이 필요한가》와 같은 민중설화는 롯과 욥의 시대, 즉 인쇄술이 발명되기 1천 년 전이나 글자가 발명된 초기에 생겨난 것처럼 보인다. 반면《이반 일리치의 죽음》《폴리쿠시카》《홀스토메르》는 19세기뿐만 아니라 20세기, 30세기에도 속할 수 있는 작품들이다. 그도 그럴 것이 이들 작품은 스탕달, 루소, 도스토예프스키의 경우처럼 한 시대의 영혼이 시대정신을 표현한 것이 아니라 시대를 초월해서 변화에 굴복하지 않는 원시적인 영혼, 현세의 정신, 근원적 감정, 근원적 불안, 무한성 앞에서의 인간의 근원적 고독을 표현하고 있기 때문이다. 그리고 인간이라는 절대적인 영역에서와 마찬가지로 창작이라는 상대적인 공간에서도 그의 균형 잡힌 노련미는 시간을 초월한다. 톨스토이는 서술기법을 전혀 배울 필요가 없었고, 배운 것을 잊어버리지도 않았다. 그의 타고난 천재성은 진보도 퇴보도 몰랐다. 그가 스물넷에 쓴《코사크 사람들》에 나오는 경치 묘사와 황혼기인 예순에 쓴《부활》에 나오는 저 잊지 못할 찬연한 부활절 아침 묘사는 시들 줄 모르는 자연의 신선함, 손에 잡히는 유기적, 무기적 세계의 구체적인 모습을 온 감각으로 느끼게 해준다. 따라서 톨스토이의 예술에는 학습도 없고, 하강도 도약도 없다. 톨스토이의 예술은 반세기 동안 한결같이 사실적인 완벽성을 유지해왔다. 그의 작품들은 유연하고 가변적인 시간 속에서도 획 하나 변한 것 없이 신 앞의 바위처럼 진지하게 지속적으로 꼿꼿하게 서 있다.

 그러나 바로 이 균형 잡힌, 그러므로 개인성이 전혀 부각되지 않는 완벽함 때문에 우리는 작품 속에서 예술가가 함께 호흡한다는 것을 거의 감지하지 못한다. 톨스토이는 환상세계의 창조자가 아니라 단순히 직접적인 현실을 보고하는 사람처럼 보인다. 실제로 우리는 가끔 톨스토이를 시인이라고 부르기를 주저한다. 왜냐하면 시인이라는 용어는 왠지 다른 종류의 존재, 즉 고양된 형태의 인간이나 신화 또는 마법과 신비롭게 결합된 존재를 의미하는 것처럼 여겨지기 때문이다. 이런 시인의 이미지와는 달리 톨스토이는 고차원적인 유형의 인간이 아니라 현세를 초월하지 않는 완전한 이승의 인간이었다. 또한 모든 현세적인 존재의 정수였다. 그는 어디에서도 포착 가능한 것, 감각적으로 명료한 것, 명백한 것의 영역을 벗어나지 않았다. 이러한 범위 안에서는 그가 얼마나 완벽한가! 그에게는 평범한 특성을 넘어 음악적이거나 마법적인 다른 특성은 없었다. 어느 누구보다도 그는 평범한 특성을 지녔다. 다만 그는 영적인 면에서 보통 사람보다 더 강도 높은 기능을 보였을 뿐이다. 보통 사람보다 더 뚜렷하고 명료하게, 더 폭넓고 통찰력 있게 보고, 듣고, 냄새 맡고, 느꼈다. 그는 더 오래, 더 논리적으로 기억하고, 더 민첩하게, 더 종합적으로, 더 정확하게 사고했다. 요컨대 인간의 모든 특성이 톨스토이의 완벽한 유기체적 장치 속에서는 평범한 사람의 기질보다 백배는 더 강도 있게 형성돼 있었던 것이다. 그렇다 해도 톨스토이는 결코 평범함의 테두리를 벗어나지 않는다(이런 이유로 도스토예프스키에게는 당연했던 '천재'라는 말이 그에게는 거의 쓰이지 않는다). 톨스토이의 작품에는 결코 마성이라든지 파악 불가능한 혼이 깃들어있지 않다. 현세와 결합된 이러한 환상이 '사실적인 기억'을 넘어서서 평범한 인간에게는 존재하지도 않는 것을 어떻게 창작할 수 있겠는가. 때문에 그의 예술은 항상 사실적이고 객관적이며 분명하고도 인간적이다. 일상의 예술이며 현실의 강화다. 그러므로 그가 서술을 하면 우리는 예술가가 아닌 사물 자체가 말하는 소리를 듣는 것 같다. 그의 작품에 나오는 인간과 동물은 마치 따뜻한 자기의 보금자리에서 나오는 듯하다. 배후에서 그들을 열정적으로 부추기는, 예컨대 도스토예프스키처럼 인물들에게 격렬하게 채찍질하고, 흥분해서 소리치고, 정열의 투기장으로 그들을 밀어 넣는 시인의 열정은 느껴지지 않는다. 톨스

톨스토이의 서술에서는 그의 숨소리가 들리지 않는다. 그는 마치 산악지대 농부가 산 꼭대기로 기어 올라가듯 천천히, 균형 있게, 단계별로, 한 걸음 한 걸음, 비약 없이, 조급함 없이, 권태로움이나 처짐 없이 서술한다. 그래서 우리 또한 그와 보조를 맞추고 있다는, 유례없는 안도감을 느낀다. 우리는 동요하고, 회의하고, 그러면서도 권태를 느끼지 않으면서, 그의 억센 손에 이끌려 한 발짝씩 그가 세워놓은 서사시의 거대한 산을 오른다. 그리고 한 단계 오를 때마다 지평선이 넓어지면서 더 넓은 전망이 우리의 시야에 펼쳐진다. 서서히 사건들이 전개되고 멀리 있는 경치가 점점 또렷해진다. 이 모든 일은 아침에 태양이 떠올라 한 치의 오차도 없이 대지를 비추듯 필연적으로, 그리고 시계처럼 정확하게 일어난다. 톨스토이는 초창기의 서사시인이나 음유시인, 찬송시인이나 연대기 작가들이 신화를 서술하듯 자연스럽게 서술한다. 그때는 아직 인간들 사이에 조급함이 없었고, 자연은 인간이 만들어낸 것들과 아직 분리되지 않았고, 인간과 동물, 식물과 돌을 분류하는 오만한 인간중심적 차등이 없었고, 시인은 하찮은 것과 강력한 것을 구별하지 않고 모든 것에 똑같은 경외심과 신성을 부여했던 때다. 톨스토이에게는 경련을 일으키며 죽어가는 개의 울부짖음과 훈장을 단 장군의 죽음, 그리고 바람에 부러져 죽어가는 나무의 소멸 사이에 아무런 차이가 없었다. 아름다운 것과 추한 것, 동물적인 것과 식물적인 것, 순수한 것과 순수하지 못한 것, 마법적인 것과 인간적인 것, 이 모든 것을 그는 똑같은 화가의 시선으로, 영혼의 눈으로 바라보았다. 그가 인간을 자연화한 것인지, 아니면 자연을 인간화한 것인지를 구분하려고 한다면 그건 말장난에 불과하다. 그에게는 현세의 어떤 영역도 차단돼 있지 않았다. 그의 감정은 젖먹이의 분홍빛 살결에서부터 혹사당해 비틀거리는 말의 가죽에 이르기까지, 시골 아낙의 무명치마에서 총사령관 각하의 군복에 이르기까지 미치지 않는 곳이 없었다. 또한 그는 가장 비밀스럽고 육체적인 감각에 대한 알 수 없는 확신을 갖고 있었고, 어떤 육체나 영혼에든 이성적이면서도 감각적으로 통해 있었다. 가끔씩 여자들은 놀라면서 그에게 묻는다. 남자는 체험할 수도 없는 여자만의 내밀하고도 은밀한 육체적 느낌을 어떻게 그토록 실감나게 묘사할 수 있는지 궁금하다는 것이다. 예를 들자면 엄마가 젖을 짜기 위해 젖가슴을 누를 때의 느낌이나, 처녀가 처음으로 무도회에서 드러낸 팔에 기분 좋게 살랑거리는 찬 공기의 느낌을 어떻게 아느냐는 것이다. 그가 동물이 놀랐을 때의 울음소리를 표현한 것을 본 사람이라면 아마도 그에게 이런 질문을 하고 싶을 것이다. "도대체 직관력이 얼마나 대단하기에 도요새의 냄새가 가까워질 때 사냥개가 갖는 고통스런 욕구를 짐작할 수 있으며, 순수 혈종의 말이 달릴 때만 나타내는 본능을 어떻게 처음부터 알아맞힐 수 있습니까?" 《안나 카레니나》에 나오는 사냥 장면을 읽어보라. 눈으로 보는 듯한 느낌을 주는 그의 정확하고 세세한 묘사가 뷔퐁에서 파브르에 이르는 동물학자나 곤충학자들의 온갖 실험을 능가한다. 톨스토이의 정확한 관찰력은 지상에 존재하는 것이면 무엇이든 그 대상이 되며 우선순위가 없다. 그는 사랑에 관련된 편견이 없었다. 그의 사심 없는 시각에서는 군인 중 마지막 군인이자 한 개인에 불과한 나폴레옹은 그를 따라다닌 개보다, 그리고 그 개가 밟고 다닌 돌보다 더 중요하거나 본질적이지 않았다. 현세의 영역에 있는 모든 것, 개별 인간과 군중, 식물과 동물, 남자와 여자, 노인과 아이, 총사령관과 농부는 똑같이 수정처럼 투명한 빛과 함께 그의 감각기관에 흘러들었다가 그곳에서 질서정연하게 다시 솟아나온다. 이로 인해 그의 예술은 언제나 진실한 자연의 균형 같은 것을 담고 있고, 그의 서사시는 호메로스를 떠올리게 하는 바다처럼 단조로우면서도 훌륭한 리듬을 담고 있다.

그렇게 많은 것을 완벽한 시선으로 바라보는 사람은 어떤 것도 꾸며낼 필요가 없다. 그만큼 시적으로 관찰하는 사람은 어떤 것이든 굳이 시로 만들 필요가 없다. 공상가인 도스토예프스키와 반대로 완벽하게 깨어있는 예술가인 톨스토이는 기이한 것을 표현하기 위해 현실의 문턱을 넘을 필요가 결코 없었다. 그는 초현실적인 환상의 공간에서 사건들을 끌어오는 것이 아니라 평범한 현실, 평범한 사람들 속으로 대담하고도 모험적으로 동굴을 파내려갔다. 톨스토이는 잘못된 병적 기질을 새삼스럽게 인간에게서 관찰할 필요가 없었다. 또는 인간을 넘어서 셰익스피어나 도스토예프스키처럼 신비스럽게 신과 동물 사이의 중간단계 또는 아리엘과 알료사, 칼리반과 카라마조프(셰익스피어의 《템페스트》와 도스토예프스키의 《카라마조프 형제》에 나오는 인물들 - 옮긴이)의 중간단계를 애써 새로이 고안해낼 필요가 없었다. 톨스토이가 도달한 깊이에서는 가장 평범하고 진부한 농촌청년이라도 신비스러워진다. 소박한 농부, 군인, 술고래, 개 등 그 무엇이라도, 귀하고 섬세한 영혼이 아니라 어떤 면에서는 가장 하찮게 보이는 인간이라도 톨스토이는 그 풍부한 영혼의 심원한 동굴로 충분히 들어갈 수 있었다. 그는 이렇게 평범한 인물들에게서, 미화시키는 방법이 아니라 심화시키는 방법으로 특별한 영혼을 추출해낸다. 그의 예술작품은 현실이라는 한 가지 언어만을 말한다. 이것이 그의 한계다. 그러나 그 언어는 이전의 그 어떤 시인의 언어보다 완벽하다. 이것이 그의 위대함이다. 톨스토이에게 아름다움이란 곧 진실이다.

따라서 그는, 다시 한 번 분명히 말하자면, 단순히 관찰자가 아니라 모든 예술가 중에서 가장 통찰력 있는 예술가이고, 창작하는 시인이 아니라 가장 완벽한 현실보고자다. 톨스토이는 도스토예프스키처럼 예민한 신경을 통해서나 휠덜린 또는 셸리처럼 환각을 통해서 섬세한 지각을 얻은 것이 아니라, 오직 빛처럼 반사되며 퍼지는 감각들의 합동작용을 통해 지각을 얻었다. 이런 감각들은 벌처럼 끊임없이 떼 지어 날아와 그에게 항상 새롭고 다채로운 꽃가루를 가져다주었다. 그러면 그 꽃가루가 극도의 사실성 속에서 발효돼 예술작품이라는 황금빛 벌꿀로 형성됐다. 그는 놀랄 정도로 순종적이고 투시력 있는 예민한 귀를 가졌다. 그래서 강하면서도 섬세한 신경을 지닌 그의 감각만이, 신중하고 민감해서 거의 동물처럼 발달한 그의 감각만이 그에게 모든 현상으로부터 유례없는 재료를 가져다준다. 그러면 마치 화학자가 식물과 꽃에서 얻은 정기 어린 재료들을 느긋하게 증류하듯 날개 없는 예술가의 신비스런 화학이 그 재료들을 서서히 영혼으로 변화시킨다. 서술자인 톨스토이의 놀라운 소박함은 전혀 예측할 수 없는 다양하고도 무수한 개별적 관찰에서 비롯된 것이다. 그는 서사적 증류과정을 그의 소설세계에 적용하기 전에 먼저 의사처럼 각자의 신체적 특성을 기록하는 일반검진을 시작한다. 그는 언젠가 친구에게 이렇게 쓴 적이 있다. "자네는 이 준비작업이 내게 얼마나 힘든지 모를 걸세. 이것은 우선 밭을 갈고 그 밭에 씨를 뿌리기 위해 필요한 일이지. 마침내 기획이 끝나면 등장인물을 구상하고, 그 다음에는 방대한 작품 속의 인물들에게 일어날 사건에 대해 생각하고 또 생각하네. 하지만 정말이지 견디기 힘든 일은, 여러 가지 가능한 행동들을 생각하고 백만 개의 가능성 중에서 하나를 선택하는 것이라네."

각각의 인물에 대해 진행되는 이런 과정은 환상적이라기보다는 기계적이었다. 그러니 얼마나 많은 낱알들을 인내심의 방아에 찧고, 또 새롭게 뭉쳐서 형상화해야 했는지를 생각해보라. 그에게 각각의 개체, 각각의 인간은 수천 개의 개별적인 것들로 이루어진 것이었고, 그 개별적인 각각은 훨씬 더 미세한 것들로 구성된 것이었다. 왜냐하면 그는 냉철하게, 오차 없는 확대경처럼 공정한 시각으로 모든 성격의 징후를 철저히 연구했기 때문이다. 예컨대 입을 묘사할 때 그는 한 획 한 획 주의를 기울이는 홀바인(르네상스 시기의 대표적인 독일 화가 - 옮긴이) 풍으로 윗입술과 아랫입술의 특성을 각각 구분하고, 어떤 심리적 감동을 받았을 때 입 주변의 주름에 일어나는 경련도 빠짐없이 정확히 기록한다. 그는 웃을 때와 화날 때의 주름을 구분해 스케치하듯 정확하게 측정한다. 그리고 나서야 비로소 서서히 입술 색깔을 칠하고, 보이지 않는 손으로 도톰한 입술이나 단단한 부분을 만져본 듯 묘사하며, 입술을 그늘지게 만드는 콧수염의 어두운 부분을 그린다. 이렇게 해서 겨우 입술의 육감적인 부분만이 초벌 형태로 완성된다. 그리고 그 초벌 그림에 입의 특징적인 기능인 언어의 리듬을 표현하고, 유기적으로 이 특별한 입술에 맞는 전형적인 목소리를 그려서 보충해준다. 해부학 책과 같이 그는 입술과 마찬가지로 코, 뺨, 턱, 머리카락의 모습을 거의 섬뜩할 정도로 세밀하게 묘사해서 다른 것들과 매우 정확하게 조화를 이루게 한다. 이 모든 관찰, 즉 음향적, 음성적, 시각적, 역학적 관찰은 이 예술가의 내밀한 실험실에서 다시 한 번 서로 비교 검토된다. 톨스토이는 세세하게 관찰한 환상적인 총체로부터 근원적인 것들을 끌어낸다. 그리고 선택이라는 체로 수없이 많은 혼란스러운 것들을 걸러내는 방법으로 그것들을 정리한다. 관찰의 내용이 그토록 풍부한 데 비해 그 결과물에 대한 평가에는 인색하다는 것이 그의 특징이기도 하다.

그도 그럴 것이 모든 감각적인 것이 기하학적으로 정확하게 자리 잡고 신체적인 특징이 완성되면 그때 비로소 눈에 보이는 인간인 골렘(유태교 전설에서 점토로 만들어진 벙어리 인형으로 강력한 힘을 갖고 있어 박해받는 유태인을 구제한다고 함 - 옮긴이)이 말을 하고 살아 숨쉬기 시작하기 때문이다. 톨스토이의 경우 신성한 나비인 영혼 또는 마음은 언제나 섬세한 관찰의 촘촘한 그물에 포획돼 있다. 반대로 톨스토이와 짝을 이루는 천재적이고도 직관적 투시자인 도스토예프스키의 경우에는 개별화가 영혼에서 이루어진다. 도스토예프스키에게는 영혼이 일차적인 것이고, 육체는 빛을 발하며 불타는 알맹이를 곤충의 껍질처럼 느슨하고 가볍게 감싸는 것일 뿐이다. 영혼은 심지어 가장 행복한 순간에 육체를 불태워버리고 솟아오르게 하며 감정의 에테르 속으로, 순수한 무아지경 속으로 날아오르게 한다. 그러나 이지적 투시자이자 깨어있는 예술가인 톨스토이의 경우에는 영혼이 결코 날아갈 수 없다. 결코 완전히 자유롭게 숨쉴 수 없다. 육체가 항상 단단한 껍질로 무겁게 영혼에 매달려 있기 때문이다. 그렇기 때문에 작품 속에 등장하는 가장 활기찬 인물들조차도 결코 현세적인 것을 완전히 떠나 신에게로 날아오를 수도, 세상에서 자유로울 수도 없다. 그들은 오히려 짐꾼처럼 자신의 육체를 짊어지고 숨을 헐떡이며 힘들게 한 걸음 한 걸음 신성함과 정화를 향해 한 계단씩 올라간다. 그들은 무거운 짐과 현세의 것들에 짓눌려 늘 지쳐있다. 우리는 날개 없고 유머 없는 이 예술가를 통해 우리가 좁은 대지에 살고 있고, 죽음의 구속을 받고 있고, 달아날 수도 도망갈 수도 없고, 밀려드는 무(無)에 둘러싸여 있음을 고통스럽게 상기하지 않을 수 없다. 예지적인 투르게네프는 언젠가 톨스토이에게 "당신이 더 많은 정신적 자유를 얻기 바랍니다"라고 쓴 적이 있다. 우리 또한 톨스토이의 인물들에게 바로 이것을 원한다. 즉 더 많은 정신적 자유와 더 힘찬 영혼의 비상을, 사실성과 육체성에서 벗어나기를, 혹은 최소한 순수하고 명징한 세상에 대해 꿈꿀 수 있기를 원한다.

그러니 우리는 톨스토이의 예술을 '가을의 예술'이라고 부를 수 있으리라. 모든 윤곽은 칼날처럼 분명하고 날카로워, 언덕이 없는 러시아 황야의 지평선과 현격하게 구분된다. 그리고 담황색 숲에서는 메마름, 허망함, 무상함의 쓸쓸한 냄새가 혹독하게 풍겨온다. 톨스토이의 풍경에서는 항상 가을이 느껴진다. 곧 겨울이 오겠구나. 그러면 죽음이 자연 속으로 걸어 들어오겠지. 그러면 모든 인간이, 또 우리 내부의 영원한 인간이 소멸해버리겠지. 그것은 꿈이 없는 세상이고, 망상과 거짓이 없는 세상이며, 끔찍하게 공허한데다가 신마저 없는 세상이다. 칸트가 정치적인 이유로 신을 창조해냈듯이 톨스토이는 삶을 이유로 말년에야 비로소 그의 우주 속에 신을 창조해낸다. 그의 세계에는 냉엄한 진실, 명료함 외에 다른 빛이 없으며, 그 명료함 역시 냉엄하다. 도스토예프스키의 경우에는 무엇보다도 영혼의 영역이 톨스토이의 균형 잡힌 차가운 명료함보다 더 음울하고 더 어둡고 더 비극적으로 우리를 압박한다. 그러나 도스토예프스키는 이따금 그의 어두움을 찬란한 도취의 황홀경으로 산산조각 낸다. 그의 심장은 단 몇 초만이라도 환상의 하늘로 솟구쳐 오른다. 이에 반해 톨스토이의 예술에는 도취도 위안도 없다. 그의 예술은 언제나 신성할 정도로 냉철하며 물처럼 투명하고 담담할 뿐이다. 우리는 그 놀라운 투명성 덕분에 어디든 깊이 들여다볼 수 있다. 그러나 이렇게 해서 얻은 인식이 영혼을 완전한 무아경이나 황홀경에 젖어들게 하지는 못한다. 톨스토이의 예술은 돌처럼 차가운 빛과 철저한 객관성으로 과학처럼 우리를 진지하게 숙고하게 만들기는 하지만 행복하게 만들지는 못한다. 이것이 톨스토이의 예술이다.

    그러나 누구보다도 예지자인 톨스토이가 엄격한 눈으로 만든 자신의 작품, 그러니까 황금빛 꿈의 보상이나 음악의 은총이 없는 예술의 비정함과 냉정함을 어찌 느끼지 않았겠는가! 그는 마음속으로는 자신의 예술을 결코 사랑하지 않았다. 그 이유는 그것이 자신이나 남들에게 행복하고 긍정적인 삶의 의미를 선사해주지 못하기 때문이었다. 그의 현존재 전체가 삶의 가혹한 눈동자 앞에서 처절한 절망의 몸짓을 했으니 더 말해 무엇 하겠는가. 톨스토이에게 영혼은 죽음으로 뒤덮인 정적의 공간 한가운데서 경련하는 작은 유기체이고, 역사는 우연히 일어난 사실들의 무의미한 카오스다. 그리고 육체를 가진 인간은 아주 잠시 생명의 따뜻한 껍질로 옷을 입은 변화하는 뼈대이며, 바로 이러한 설명할 수 없는 무질서한 분망함은 흐르는 물이나 시들어가는 나뭇잎처럼 목적이 없다. 허망한 그림자를 쫓은 지 30년이 지나 톨스토이가 갑자기 자기 예술의 방향을 전환한 것이 정녕 이해되지 않는단 말인가? 그가 그 무거운 사슬에서 벗어나 다른 사람들의 삶을 가볍게 해주는 영향력을 동경한 것이, 또 "인간 속에 있는 더 숭고하고 더 좋은 감정들을 일깨워주는" 예술을 동경한 것이 정녕 이해되지 않는단 말인가? 그도 언젠가는 가벼운 가락으로도 인간의 마음속에 신뢰의 음률이 흐르게 해주는 청아한 희망의 리라(바이올린 비슷한 옛 현악기 - 옮긴이)를 연주하고 싶어 하리라는 것을, 현실의 모든 답답한 압박을 풀어주고 구원해주는 예술을 향한 향수가 그를 사로잡았다는 것을 이해할 수 없단 말인가? 그러나 모두 부질없는 일이다! 무섭도록 명징하게 깨어있는 의식으로 감시하는 톨스토이의 눈은 현실의 삶을 죽음의 그림자가 드리워진 어둡고 비극적인 것으로 바라볼 뿐이었다. 거짓말을 할 줄도 모르고 하고 싶어 하지도 않는 예술에서 진정한 영혼의 위안을 기대할 수는 없을 것이다. 하긴 현실의 삶을 비극적으로 보고, 또 그렇게 표현했기 때문에 나이가 들면서 삶 자체를 바꾸고 인간을 더 낫게 만들며, 도덕적 이상을 통해 그들을 위로하고 싶다는 소망을 갖게 됐는지도 모른다. 실제로 예술가 톨스토이는 인생의 두 번째 시기에서는 단순히 삶을 서술하는 데 만족하지 않고, 예술을 통해 영혼을 교화하고 고양시킴으로써 의식적으로 예술에 의미와 윤리적 과제를 부여하려고 했다. 그의 장단편 소설들은 이제 더 이상 세계를 있는 그대로 베껴내지 않고 새롭게 형성하고 '교육적'으로 영향을 끼치고자 한다. 톨스토이는 그 시기에 '전염성이 강한' 예술, 다시 말해 구체적인 예를 통해 독자에게 불의에 대해 경고하고 본보기 사례를 통해 선(善)을 촉구하는 특별한 종류의 예술작품을 시작한다. 후기의 톨스토이는 삶의 시인에서 삶의 재판관으로 한 단계 올라선다.

후기 톨스토이의 목적에 맞는 공론적 경향은 이미 《안나 카레리나》에서 눈에 띈다. 이 작품에서 이미 윤리적인 것과 비윤리적인 것이 운명적으로 서로 엇갈린다. 감각적 인간이자 믿음이 없으며 자신의 정열만 좇는 이기주의자인 브론스키와 안나는 벌을 받아 번뇌의 연옥에 던져진다. 반대로 키티와 레빈은 순수한 인물로 구제된다. 지금껏 그 어느 편도 들지 않는 순수한 서술가였던 톨스토이는 이 작품에서 처음으로 자기가 만들어낸 인물들에 대한 찬반양론에 관여한다. 교과서식으로 주요 골자를 강조하고 흡사 감탄부호와 인용부호로 이루어진 듯한 작품을 만들려고 하는 그의 새로운 경향과 공론을 일으키려는 저의는 점점 더 성급해진다. 《크로이체르 소나타》와 《부활》에서는 결국 얄팍한 문학의 옷이 벌거벗은 윤리신학을 덮었고, 전설이 그럴듯한 형식으로 설교자의 설교수단이 된다. 톨스토이에게 예술은 점차 그 궁극적 목적에 맞지 않게 되고 그를 만족시키지 못하게 된다. 그는 '아름다운 거짓말'이 '진실'에 도움이 될 경우에만 그것을 사랑할 뿐이다. 이제 진실은 전처럼 현실을 있는 그대로 보여주는 진실, 즉 감각적 심리적 현실의 진실을 말하는 것이 아니라, 그 자신의 말처럼 그에게 위기를 알게 해준 더 높은 정신적이고 종교적인 진실을 말하는 것이다. 이때부터 톨스토이가 생각하는 '좋은 책'은 완벽하게 형상화된 책이 아니라, 책의 예술적 가치와는 상관없이 '선(善)을 장려하는 책'이고 인내하는 인간, 부드럽고 기독교적인 인간, 인간적이고 친절한 인간이 되는 데 도움이 되는 책이 된다. 따라서 그가 보기에

"해독을 끼치는 사람"인 셰익스피어보다는 정직하고 평범한 베르톨트 아우어바흐(19세기 독일의 소설가 – 옮긴이)가 그에게 더 중요한 작가로 여겨진다. 이처럼 톨스토이는 예술가에서 이론가로 점차 변모한다. 누구보다도 탁월하게 인류를 서술하는 사람인 톨스토이는 의식적으로, 그리고 경외심을 갖고 인류의 개선자, 도덕주의자로 퇴각한다.

그러나 신성한 것이 다 그렇듯, 너그럽지 못하고 시기심 많은 예술은 자기를 부정하는 자에게 복수를 한다. 예술은 더 큰 힘에 종속되어 봉사해야 할 때 발버둥치며 주인에게서 벗어난다. 또한 톨스토이가 이론적으로 형상화하려고 하면 그 즉시 그의 인물들이 지닌 원초적 감각이 지치고 창백해진다. 이성의 차가운 회색빛이 뿌옇게 비쳐들면 사람들은 논리의 광활함 속에서 비틀거리다 더듬더듬 힘겹게 출구를 향해 나아간다. 톨스토이는 자신이 쓴 《어린 시절의 기억들》《전쟁과 평화》그리고 명작 단편들을 훗날 맹신적인 도덕주의의 관점에서 "저속하고 무가치하며 쓸모없는 책들"이라고 경멸했다. 그 이유는 이 작품들이 단지 미학적 요구만을, 그러니까 "저열한 방식의 즐거움"만을(들으소서, 아폴로 신이여!) 충족시켜 준다는 것이었다. 그러나 그가 경멸한 작품들이 사실은 걸작들이며, 목적의식을 지닌 도덕적 작품들이 오히려 졸작이다. '윤리의 압제'에 몰두할수록 그는 자신의 천재성의 원천인 감각의 진실성에서 멀어지고, 예술가로서 더욱더 균형감각을 잃어 갔다. 안타이오스(그리스 신화에 나오는 거인 – 옮긴이)처럼 그는 지상의 모든 힘을 갖고 있다. 그는 뛰어난 혜안으로 감각적인 것을 들여다보는 데는 마지막 노년에 이르기까지 천재적이었던 반면 불분명한 것, 형이상학적인 것을 향해 손을 뻗을 때는 놀랍게도 균형을 잃었다. 한 예술가가 억지로 정신 속을 떠돌며 날기를 희구하는 광경은 거의 충격적이다. 무거운 발걸음으로 험준한 대지를 걷고 그 대지를 경작하고 일구고 인식하고 서술하는 것은 그에게 운명적으로 결정된 일이었다. 그것은 우리 시대의 누구도 하지 못한 일이기도 하다.

이런 부분은 시대와 작품을 불문하고 영원히 반복되는 비극적인 모순이다. 예술가가 예술작품을 통해 자신이 확신하고 있고 사람들에게 확신시키고자 하는 신념을 고취하려고 할수록 자기 자신을 취약하게 만든다. 진정한 예술은 이기적이다. 예술은 그 자체와 완성만을 원한다. 순수 예술가는 자기의 작품만 생각하면 될 뿐 그 예술을 감상할 다른 사람들을 생각할 필요가 없다. 따라서 현혹되지 않는 냉담한 눈으로 감각세계를 형상화했을 때 톨스토이는 가장 위대한 예술가였다. 하지만 동정심에서 작품을 통해 도움을 주고 개선하고 인도하고 교화하려는 순간 그의 예술은 감동을 잃고 그 자신은 작품 속의 모든 인물들보다 더욱더 운명에 흔들리는 인물이 된다.

자기묘사

자기의 삶을 인식한다는 것은 자기 자신을 인식한다는 것을 의미한다네.
— 루사노프에게, 1903년

톨스토이의 엄격한 시선은 세상에 대해서나 자기 자신에 대해서나 냉혹하기 그지없다. 그는 천성적으로 현실세계의 내부에서든 외부에서든 불분명함, 모호함, 어두운 그림자를 견디지 못했다. 그는 나무의 분명한 선(線)이나 놀란 개의 움찔하는 동작에서 엄밀하게 가장 정확한 윤곽을 관찰하는 데 익숙한 예술가였기 때문에 답답하고 불분명한 면이 복합된 자신을 결코 견딜 수가 없었다. 그래서 그의 기본적인 탐구욕은 계속해서 어쩔 수 없이, 일찍부터 자기 자신을 향해 있었다. 그는 열아홉 살 때 일기장에 "나를 철저히 알고 싶다"고 기록했다. 톨스토이 같은 진실의 광신자는 열정적인 자서전 작가일 수밖에 없다.

그러나 자기묘사는 세상에 대한 묘사와는 반대로 결코 예술작품이라는 일회적인 성과로 완결되지 않는다. 자아는 형상화를 통해 결코 완전하게 분석되지 않는데 그 이유는 일회적인 관찰로는 끊임없이 변화하는 자아를 분석할 수 없기 때문이다. 그러므로 훌륭한 자기묘사가는 자기형상화를 평생 반복한다. 뒤러, 렘브란트, 티치안 등 모든 예술가가 청년기의 초기에 거울 앞에서 자기묘사를 시작했고, 손에서 힘이 빠져나갈 나이가 돼서야 그것을 그만두었다. 왜냐하면 변함없이 지속되는 요소뿐만 아니라 변화의 흐름도 자기묘사를 하도록 그들을 자극했기 때문이다. 위대한 현실묘사가인 톨스토이도 자기묘사를 결코 성공적으로 해내지 못했다. 그는 자기가 생각한 대로 분명한 인물 속에 자신을 담아냈지만, 그것이 네홀류도프든 사리친이든 피에르든 레빈이든 완성된 작품에서는 자신의 모습을 찾아볼 수 없었다. 그리하여 새로운 형식을 붙잡기 위해서 그는 늘 다시 시작해야 했다. 그러나 예술가인 톨스토이가 자기 영혼의 그림자를 잡으려 애썼듯이 그의 자아 역시 지칠 줄 모르고 영혼의 도피를 계속했다. 그의 영혼이 완성할 수 없는 새로운 과제를 향해 달아나면, 의지의 거장인 그는 그 과제를 해결하고 싶은 유혹을 느꼈다. 따라서 톨스토이는 60년 동안 늘 자신의 모습을 형상화한 어떤 인물을 작품에 반영하곤 했다. 그러나 그 어떤 작품도 단독으로는 그의 넓이를 모두 포괄하지 못했다. 톨스토이의 모든 장편, 단편 소설, 일기와 편지를 모두 합쳐야만 그의 자기묘사가 비로소 모습을 드러내며, 그것은 우리 세기에 한 인간이 남겨놓은 것 가운데 가장 다양하고 신중하고 확실한 자화상이다.

허구를 만들어내는 것이 아니라 항상 새롭게 체험하고 인지한 것만을 재현한 톨스토이는 살아있는 것, 관찰한 것을 절대 시야에서 놓치지 않았다. 부단히, 강제적으로, 가끔은 자신의 의지를 거역하면서, 항상 깨어 있으려는 의지도 넘어서서 그는 지칠 정도로 자신에 대해 철저히 탐구하고 귀를 기울이고 설명하면서 자신의 삶에 대해 "보초를 서야" 했다. 그래서 자기 자신을 기록하고자 하는 그의 열정은 심장의 고동이나 머릿속의 생각처럼 한순간도 멈추지 않았다. 그에게 창작은 언제나 스스로를 지향하고 보고하는 것을 의미했다. 때문에 그는 기억에 의한 순전히 기계적인 사실재현, 교육적 조정과 도덕적 조정, 윤리적 고발과 영적 고해, 자기억제와 자기격려로서의 자기묘사, 미학적, 종교적 행위로서의 자서전 등 자기묘사를 위한 모든 형식을 사용했다. 아니, 그가 한 자기묘사의 모티브와 형식들을 하나하나 상세히 설명하자면 한도 끝도 없을 것이다. 우리는 그의 일기를 통해 여든의 톨스토이 못지않게 일흔의 톨스토이에 대해서도 알 수 있다. 또 그의 청년시절의 정열과 결혼의 비극, 그만의 내밀한 생각, 일상적인 행동을 알 수 있다. "입을 꾹 다물고 산" 도스토예프스키와 반대로 톨스토이는 "대문과 창문을 열어놓고" 생활하기를 갈망했기 때문이다. 따라서 우리는 수없이 묘사된 그의 외부 모습뿐 아니라 그의 모든 몸짓과 발걸음, 그리고 팔십 평생의 일시적인 사소한 일화들까지 모두 알고 있다. 그가 제화공과 같이 있을 때, 농부들과 대화를 나눌 때, 말을 타거나 밭을 갈 때, 책상에 앉아있거나 잔디에서 테니스를 칠 때, 아내와 있을 때, 친구들과 있을 때, 손녀와 있을 때, 심지어는 잠을 잘 때, 죽을 때의 모습까지도 우리는 속속들이 알고 있다. 더군다나 특징적인 것은, 그가 유례없을 정도로 신체를 집중적으로 묘사했다는 점과 자신의 기록에 아내와 딸, 비서와 기자들, 불시에 찾아온 방문객 등 모든 주변 사람들에 대한 회상과 기록을 수없이 많이 남겼다는 점이다. 톨스토이가 회상을 기록하기 위해 쓴 종이를 모으면 아마도 야스나야 폴랴나의 숲을 다시 만들어낼 수 있을지도 모른다. 톨스토이처럼 의도적으로 그렇게 개방적인 삶을 산 작가는 일찍이 없었으며, 그처럼 스스럼없이 자신을 알린 작가도 드물다. 내적, 외적 관찰을 통해 그런 식으로 부단하게 자기 기록을 남긴 사람은 괴테 이후로는 톨스토이가 유일하다.

자기관찰에 대한 톨스토이의 이런 강박증은 그의 의식 자체와 마찬가지로 멀리 과거로 거슬러 올라간다. 그의 강박증은 말을 배우기 한참 전에 아장아장 걸을 때부터 분홍빛 살갗의 몸속에서 이미 시작되어, 말을 하고 싶어도 말이 나오지 않는 여든넷에 죽음의 병상에서야 비로소 끝났다. 유아기의 침묵에서 시작해서 마지막 노년기의 침묵에 이르는 거대한 시간적 공간 속에서 그는 한순간도 말을 하지 않거나 글을 쓰지 않은 적이 없다. 고등학교를 갓 졸업한 열아홉 살의 대학생 톨스토이는 일기장을 한 권 샀다. 그리고 당장에 그 첫 페이지에 이렇게 썼다. "나는 한번도 일기를 써본 일이 없다. 일기의 유용성을 몰랐기 때문이다. 그러나 내 능력의 발전과정에 전념하는 이 시점에서 일기를 쓰면 내 발전의 과정을 따라갈 수 있을 것이다. 일기에는 삶을 위한 법칙들이 담겨야 한다. 그리고 일기에는 내 미래의 행위들도 미리 기록돼야 한다." 그는 상인처럼 맨 먼저 계정계좌, 즉 계획과 성과의 대차대조표를 작성했다. 열아홉의 톨스토이는 상인처럼 자기라는 투자자본에 대해 이미 완전히 파악하고 있었다. 그는 첫 번째 자기결산 때 자신은 "특별한 인간"이며 "특별한 과제"를 부여받았음을 분명히 밝혔다. 그러나 애송이 청년으로서 나태하고 충동적이고 감각적인 자신의 성향에서 도덕적인 삶이라는 성과를 끌어내려면 얼마나 많이 의지의 절제력을 키워야하는지를 냉정하게 확인했다. 그는 자신이 조금이라도 힘을 잃지 않도록 스스로 매일의 일과에 대한 통제기구를 만든 것이다. 따라서 그의 일기는 우선 교육적으로 자기 자신을 통찰하기 위한, 그리고 "자신의 삶에 대해 보초를 서기 위한"(톨스토이의 이 말을 계속 반복한다) 자극제로 이용됐다. 예를 들어 소년 톨스토이는 하루를 냉정하게 이렇게 약술했다. "12시부터 2시까지 비기체프와 보냄. 너무 거리낌 없이 말함. 허영심이 강하고 자기기만적이었음. 2시부터 4시까지 운동. 지구력과 인내력 부족. 4시부터 6시까지 식사, 불필요한 것들을 사들임. 집에 와서는 글을 쓰지 않았음. 게을렀음. 볼콘스키에 가야 할지 가지 말아야 할지 결정하기 어려웠음. 거기 가서 거의 말을 하지 않음. 비겁함. 옳지 못한 행동을 함. 비겁함, 자만심, 경솔함, 나약함, 게으름." 소년은 너무 일찍부터 가차 없이 혹독하게 자기 손으로 자신의 목을 졸랐다. 그는 이런 강철 같은 태도를 육십 년 동안 버리지 못했다. 여든두 살이 돼서도 열아홉 살 때처럼 스스로에게 채찍질을 했다. 그는 노년이 돼서도 피곤에 지친 몸이 스파르타식 의지력 훈련을 감당하지 못하면 "비겁함, 나쁨, 나태함" 등 자신을 비난하는 말로 일기장을 도배했다.

그러나 그가 조숙한 도덕주의자였던 것과 마찬가지로 내면의 예술가 기질 역시 일찍부터 자신의 형상을 얻고자 갈망했다. 그는 스물세 살에(세계문학에서 유일무이한 일이다!) 세 권짜리 자서전을 쓰기 시작했다. 톨스토이의 첫 시선은 거울 같은 시선이었다. 젊은 톨스토이는 세상경험이 없었다. 그가 스물셋에 글쓰기의 대상으로 선택한 것은 바로 자신의 유년시절 체험이었다. 열두 살의 뒤러가 소녀처럼 갸름하고 아직은 세상사에 찌들지 않은 자기 얼굴을 우연히 얻은 종이에 그리려고 연필을 잡았던 것처럼, 카프카스 요새에 배치된 애송이 포병 소위인 톨스토이는 장난기 섞인 호기심에서 자기의 '유년시절', '소년시절', '청년시절'을 서술하기 시작했다. 당시에 그는 누구를 위해 쓰는지는 생각하지 않았다. 문학잡지니 신문이니 하는 것을 통해 그것을 대중에 공개한다는 생각은 꿈에도 하지 않았다. 그는 본능적으로 표현을 통해 자신을 알리고 싶다는 충동에 따를 뿐이었다. 그 막연한 충동이 어떤 목적을 갖고 있었던 것도 아니었으며, 그가 훗날 스스로에게 강요한대로 "도덕적 요구라는 빛을 따른 것"은 더더욱 아니었다. 카프카스의 젊은 장교는 호기심과 지루함 때문에 자기 고향과 자신의 어린 시절 모습을 수채화 그리듯 기록했다. 젊은 장교 시절의 톨스토이를 보면 훗날 그에게 싹튼 가난한 자들의 구원자 같은 태도나 참회의 모습, 선에 대한 의지 등을 전혀 짐작할 수 없다. 오히려 자신의 "유년시절의 끔찍함"에 대해 마치 엄중히 경고하듯이 알리려고 애썼다. 아니, 그런 일은 아무에게도 소용없는 짓이었다. "작은 어린아이에서 성장해온 과정 외에는" 달리 체험한 것이 없는 스물세 살의 톨스토이가 애송이의 순수한 장난기에서 "어린아이가 어떻게 성장해왔는지를", 그리 많지 않은 그의 생활상, 첫인상들, 부모님, 친척, 교육자들, 사람들, 동물과 자연에 대해 서술했다. 이런 일상적인 이야기들은 나중에 의식 있는 소설가로서 톨스토이가 펼쳐 보인 심원한 분석과는 한참 거리가 먼 것이었다. 톨스토이는 훗날 자신의 위치 때문에 세상 사람들 앞에서는 참회자로, 예술가들 앞에서는 예술가로, 신 앞에서는 죄인으로, 자신에게는 겸손의 본보기가 돼야 한다는 의무감을 느꼈다. 하지만 젊은 시절의 자신에 대해 이야기하는 톨스토이는 낯선 것들 속에서 고향 같이 따뜻한 환경을 동경하고 이미 사라져버린 선(善)의 형상을 동경하는 한창 젊은 나이의 귀공자였을 뿐 그 이상은 아니었다. 별 뜻 없이 쓴 자서전이 명성을 안겨주는 예기치 못한 일이 벌어지자 레오 톨스토이는 그 속편인 《성년시절》의 집필을 즉시 중단했다. 유명한 소설가가 돼버린 톨스토이는 무명작가 시절의 느낌을 결코 되찾지 못했다. 성숙한 대가가 되어서도 조형적인 자기묘사에 성공하지 못했다. 이 예술가가 청년시절에 장난삼아 품었던, 완벽하고 체계적인 자기묘사를 한다는 생각에 다시 몰두하기까지는 반세기라는 세월이 걸렸다. 그러나 종교에 귀의함으로써 예술가로서의 과제와 모든 생각이 바뀌어버린 톨스토이는 자기 삶의 기록을 전 인류에게 바치게 된다. 자신의 "영혼의 정화"를 통해 인류를 정화시키기 위해서였다. 그는 "자기 삶에 대한 진실한 묘사는 각각의 인간에게 큰 가치가 있다. 그러니 그 묘사는 모든 사람에게 유용해야 한다"고 새로운 자기 견해를 마치 강령처럼 선언했다. 그리고 여든 살이 되자 이런 자신의 주장을 결정적으로 정당화하기 위한 모든 준비를 다 했다. 그는 "열두 권의 내 작품들을 채우고 있는 예술적 잡담, 오늘날 독자들이 과분하게도 큰 의미를 부여해주는 예술적 잡담보다는 사실에 충실한 자서전이 더 유용하다"고 생각했지만, 그런 자서전을 시작하자마자 곧바로 중단하고 말았다. 그 무렵에는 자신의 현존재에 대한 인식에 몰두하면서 진실에 대한 기준이 높아졌고, 다의적이고 변화하는, 진실의 모든 형식을 알게 됐기 때문이다. 스물셋의 톨스토이가 거울처럼 매끄러운 표면에서 아무 근심 없이 스키를 타듯 평탄하게 달렸던 곳에서 여든의 톨스토이는 책임감을 인식하고 진실을 추구하는 사람으로서 낙담한 채 놀라 지난날을 돌아본다. 그는 "내 삶의 역사 속에 어쩔 수 없이 끼어든 부족함, 부정직함"에 대해 두려워했고, "노골적으로 한 거짓말이 아니라 하더라도 그런 식의 자서전이 삶을 잘못 조명해서 악을 포함한 나의 내면에 마치 선이 들어있는 것처럼 의도적으로 밝히 위장함으로써 거짓이 되는 것"을 두려워했다. 그는 솔직하게 고백한다. "내가 진실을 있는 그대로 쓰고 내 삶의 과실을 감추지 않겠노라고 결심했을 때 나는 다시 한 번 그런 자서전이 갖고 있는 위력에 놀랐다." 그러나 톨스토이가 자서전을 중단함으로써 생긴 손실에 대해 지나치게 불평하지는 말자. 당시에 그가 집필한 것, 예컨대 《참회록》에서 우리는 다음과 같은 내용을 소상히 알게 됐으니. 즉 종교적 위기를 겪은 뒤 진실에 대해 톨스토이가 느꼈던 욕구를 살펴보면, 그의 모든 표현의지는 항상 자기 자신을 채찍질하는 광신자적, 고행자적 욕구로 바뀌었고, 그의 모든 고백은 격렬한 자기비난으로 바뀌었다. 말년의 톨스토이는 더 이상 자신을 묘사하려 하지 않고 다만 인간들 앞에서 겸손해지려 했으며 "스스로 고백하기 힘든 것을 말하고 싶어 했다." 자신의 비열함과 죄를 엄격하게 탄핵함으로써 오히려 진실이 왜곡된다 하더라도 그는 고백하기 힘든 것을 고백하는 최후의 자기묘사를 하고 싶어 했다. 톨스토이가 그러한 자기묘사를 하지 않았어도 우리는 아쉬울 게 없다. 삶과 시대를 포괄하는 그의 다른 자서전, 즉 작품, 편지, 일기를 모두 모으면 괴테 이후 어느 시인이 보여준 것보다도 완벽한 자서전이 되기 때문이다. 《코사크 사람들》에 나오는 귀족 출신의 젊은 소위 올레닌은 모스크바 생활에서 오는 우울증과 무기력감 때문에 자기 직업 또는 자연으로 도피하는데, 그의 옷차림 하나하나, 얼굴 주름 하나하나가 젊은 포병 대령 시절의 톨스토이 그대로다. 《전쟁과 평화》에 나오는, 골똘히 생각하기 좋아하는 우울한 기질의 피에르 베주호프와 《안나 카레니나》에 나오는, 신을 추구하고 삶의 의미를 얻으려고 정열적으로 노력하는 시골귀족 레빈은 신체적인 것에 이르기까지 영락없이 위기 직전의 톨스토이 그 자체다. 《신부 세르게이》에서 수도복을 입은 세르게이가 저 유명한 톨스토이의 신성(神性)을 향한 싸움을 나타내고, 《악마》의 주인공이 감각적인 모험에 저항하는 톨스토이를 보여준다는 점을 누구도 부인하지 못할 것이다. 그의 작품에 나오는 인물들 가운데 가장 특이한 인물인 네흘류도프 후작에게서는(톨스토이의 모든 작품에 네흘류도프와 같은 인물이 등장한다) 톨스토이가 남몰래 마음 깊숙한 곳에서 소망하던 이상적인 자신의 모습, 그의 모든 의도와 윤리적 행위가 담긴 이상적인 모습의 톨스토이를 볼 수 있다. 《빛은 어둠 속에서 빛난다》에 등장하는 사리친도 살짝 변장하긴 했지만 톨스토의 모습이고, 그의 집안에서 일어나는 비극적 장면들은 그가 톨스토이임을 여실히 보여준다. 그래서 오늘날에도 배우가 항상 톨스토이 가면을 쓰고 등장할 정도다. 톨스토이처럼 폭넓은 본성은 수많은 인물들로 분산되지 않을 수 없다. 괴테의 시처럼 톨스토이의 산문은 삶 전체를 포괄하는, 장면이 장면을 보충하는, 단 하나의 위대한 고백이다. 그 다양한 영혼의 세계에는 무의미한 것, 탐구되지 않은 것이 하나도 없다. 말하자면 미지의 영역이 단 한 곳도 없다. 거기서는 사회, 가족, 서사시, 문학, 시간, 형이상학에 관한 모든 문제가 논의된다. 괴테 이후로 한 작가가 지닌 정신적, 도덕적 기능을 그만큼 속속들이 보여준 작가는 없다. 톨스토이는 괴테처럼 초인적으로 보이는 인간성을 평범하고 건강한 인간, 인간이란 족속의 완벽한 전형, 영원한 '나'와 보편적인 '우리'로 묘사했기에 우리는, 이번에도 또 괴테의 경우처럼, 그의 전기를 완성되어가는 삶의 완벽한 형식으로 느끼게 된다.

위기와 변신

인간의 삶에서 가장 중요한 사건은 자신의 자아를 인식하게 되는 순간이다. 이 사건의 결과는 가장 자비로울 수도 있고 가장 끔찍할 수도 있다.

− 1898년 11월

창조의 과정에서 모든 위험은 은총이 되고, 모든 장애는 도움이 되고 치유의 원동력이 된다. 왜냐하면 그것이 영혼이 지닌 미지의 힘을 강력하게 발현시키기 때문이다. 문학을 하는 사람에게 만족이나 탄탄대로만큼 위험한 것은 없다. 톨스토이는 인생행로에서 꼭 한번 자기를 망각하고 해이해진 적이 있다. 이런 경험은 한 인간으로서는 행복한 일이지만 예술가로서는 위험한 일이다. 그는 자기 자신을 향한 순례여행 중에 딱 한번, 그러니까 83년간의 생애 가운데 16년 동안 만족할 줄 모르는 자신의 영혼이 휴식을 취하도록 했다. 결혼한 즈음부터 《전쟁과 평화》와 《안나 카레리나》를 완성할 시점까지 톨스토이는 자신과 자신의 작품에 파묻혀 평화롭게 살았다. 양심의 파수꾼 역할을 하던 일기는 13년간(1865~1878년)이나 침묵한다. 행복한 톨스토이는 작품 속에 파묻혀 자신에 대한 관찰은 중단하고 오로지 세계를 관찰하기만 한다. 일곱 명의 자식들을 낳고 두 권의 영향력 있는 서사적 작품을 썼지만, 이런 일이 그에게 어떤 문제가 되지도 않았다. 이 시기, 오직 이 시기에만 톨스토이는 시민적으로 존경할 만한 가족이기주의 속에서 근심 없이 살아가는 다른 사람들과 마찬가지로 행복하고 만족스럽게 살았다. "'왜'라는 끔찍한 질문"에서 해방됐기 때문이다. 그는 이렇게 썼다. "나는 이제 내 처지에 대해 생각하지 않는다. 골몰히 생각하는 시간은 다 지나갔다. 그리고 내 감정을 더 이상 파헤치지 않는다. 나는 내 가족과의 관계에서 오로지 느끼기만 할 뿐 성찰하지 않는다. 이런 상황이 내게 엄청나게 큰 자유를 보장한다." 이 시기에는 그의 내면에서 솟구치는 형상들이 자기몰두의 벽을 넘어섰다. 그리고 도덕적 자아를 지키는 냉엄한 경비초소가 맥없이 물러나고, 이 예술가에게 자유로운 활동과 의미 있는 유희가 허락됐다. 이 시기에 레오 톨스토이는 유명해졌고, 재산이 네 배로 불어났고, 아이들을 교육시켰고, 집도 넓혔다. 그러나 행복을 만끽하고 명성에 만족하며 부유함으로 살찌는 것은 이 도덕적 작가에게 영원히 허락되지는 않는 것이었다. 그는 어떤 창작의 작업에서든 자기 자신의 완전한 형상화라는 본래의 업으로 돌아갈 수밖에 없었다. 그런데 신은 그를 역경 속으로 부르지 않았다. 그래서 그는 스스로 역경을 향해 나아가기로 했다. 외부로부터 운명이 주어지지 않았기에 자기 내부로부터 스스로 비극을 창조해내기로 한 것이다. 삶은 항상(더욱이 그의 삶처럼 격렬한 삶은!) 부유하는 상태를 지속하려 한다. 세상으로부터 밀려오는 운명의 흐름이 멈추면 정신은 현존재의 순환이 끊이지 않도록 내부로부터 새로운 샘물을 파낸다. 톨스토이가 나이 오십이 다 되어 경험한 것, 그러니까 갑작스럽게 예술을 외면하고 종교로 귀의한 것은 그 시대의 다른 사람들에게는 납득하기 어려운 의외의 사건이었다. 그러나 우리는 그에게 일어난 이런 현상을 전혀 이상하다고 생각하지 않는다. 매우 건강한 그의 발전과정에서 비정상적인 것을 찾으려고 한다면 헛수고가 될 것이다. 톨스토이에게서 비정상적으로 보이는 것은 다만 격렬한 감정의 표출뿐이었다. 톨스토이가 쉰 살에 시도한 대전환에 특별한 것은 없다. 그것은 대부분의 남자들이 겪는 하나의 평범한 사건에 지나지 않았다. 다만 다른 남자들의 경우에는 변화를 예민하게 느끼지 못하기 때문에 그런 사건이 일어나도 눈에 띄지 않을 뿐이다. 그것은 육체적, 정신적 유기체가 점점 늙어가는 자기 자신에게 어쩔 수 없이 순응하는 현상이다. 즉 예술가의 갱년기가 그에게 닥친 것이었다. 톨스토이는 이 영혼의 위기를 두고 "삶이 멈추었고 끔찍해졌다"고 표현했다. 쉰 살의 톨스토이는 체력이 감퇴되어 생산성 있는 일에 몰두할 힘이 약해지고 영혼이 굳어지기 시작하는 위험한 지점에 도달했다. 감각의 움직임은 더 이상 예술적이지 못했고, 바깥에서 받는 인상의 색채도 자신의 머리카락처럼 선명하지 못하고 흐릿했다. 우리가 이미 괴테를 통해 익히 알고 있는 '두 번째 시기'가 그에게도 시작된 것이었다. 이 시기는 따뜻한 감각의 유희가 개념의 압축으로 승화되고, 대상이 현상이 되고, 형상이 상징이 되는 시기다. 정신의 심오한 변화기에 늘 그렇듯, 이런 새로운 변화는 처음에는 몸이 약간 불편해지는 것으로 시작된다. 정신의 냉각에 대한 불안감, 쇠락에 대한 무서운 공포가 갑작스럽게 불안한 영혼을 전율시킨다. 민감한 육체의 지진계는 곧 다가올 진동을 기록한다(변화할 때마다 불가사의한 병을 앓았던 괴테를 생각해보라!). 그러나 여기서 우리는 규명이 불가능한 영역에 발을 들여 놓게 되는데, 어둠 속에서 몰려오는 그러한 공격의 의미를 영혼이 미처 알아채기도 전에 유기체는 이미 자발적으로 방어를 시작한다. 그것은 인식이나 인간의 의지와는 상관없이 불가해한 자연의 배려로 주어지는 심리적, 육체적 변화다. 동물이 날이 추워지기 한참 전부터 갑자기 따뜻한 겨울털로 털갈이하듯 인간의 영혼에도 절정기가 지나자마자 최초의 노화시점에 새로운 정신적 보호복, 방어용의 두꺼운 껍질이 자라난다. 정신분석가나 심리학자들의 말을 인용하자면, 정신적인 징후를 관찰하는 것은 말할 것도 없고 육체적인 징후에 귀를 기울이지 않아도 이러한 갱년기, 세포조직에서 출발하여 전율하듯 창조의 마지막 요동에 이르는, 감각적인 것에서 정신적인 것으로의 심오한 전환은 영혼이 받는 또 하나의 충격으로서 사춘기와 똑같이 피 말리는 위기감을 안겨준다. 성적인 능력의 퇴화가 더욱 분명하고 임상적인 파악이 가능한 형태로 나타나는 여자들의 경우에는 개별적인 관찰들을 종합해보면 그 모습을 알 수 있다. 그러나 남자들의 정신적인 변화와 그것이 영혼에 미치는 영향은 여전히 완전하게 규명되지 못한 채 아직도 심리학적 규명을 기다리고 있다. 남자의 갱년기는 대전환, 종교적 개종, 그리고 문학적, 이성적 승화가 이루어지는 시기다. 이 시기의 변화는 혈액순환이 약해진 존재를 감싸주는 보호막이고, 무디어진 감각에 대해 정신적인 보완을 해주며, 약화된 자신감과 생활력 대신 세계관을 더욱 확고하게 해준다. 이런 식으로 해서 갱년기는 위험스러운 사람들에게는 위험스럽게, 격렬한 사람들에게는 격렬하게, 생산적인 사람들에게는 생산적으로 사춘기를 완전하게 보완하면서 다른 색깔의 창조적인 영혼의 시기를 열어주고, 상승과 하강 사이에서 새로운 정신적인 회춘을 가능하게 해준다. 우리는 중요한 예술가들에게서 이런 피할 수 없는 위기의 순간을 본다. 물론 톨스토이만큼 그렇게 요란하고 폭발적이고 거의 파괴적이라 할 만큼 격렬하게 그 위기를 겪은 사람은 없다. 현실적인 차원에서 볼 때, 보다 쉽게는 객관적인 측면에서 볼 때 쉰 살의 톨스토이는 그 나이에 걸맞은 현상을 겪었던 것뿐이다. 그것은 바로 자기가 늙어간다고 느끼는 것이다. 그게 다다. 그 나이에는 치아도 몇 개 빠지고 기억이 희미해진다. 가끔 사고에 무기력한 그림자가 드리워지지만 쉰 살의 남자에게는 그것이 일상적인 현상이다. 그러나 완전한 인간, 도도한 흐름과 분출이 이루어져야만 충족감을 느끼는 본성을 가진 톨스토이는 황혼의 조짐이 처음 나타났을 때 자신이 이미 시들었고 죽을 때가 됐다고 느꼈다. 그는 "삶에 취하지 않고서는 더 이상 살 수 없다"고 생각해왔다. 신경쇠약으로 인한 우울증, 당황스런 착란증이 건강하기 이를 데 없던 그를 덮쳤다. 그는 더 이상 글을 쓸 수도 생각할 수도 없었다. "나의 정신은 잠들어 깨어날 줄을 모른다. 몸이 좋지 않고 용기가 나지 않는다." 그는 "지루하고 무미건조한 안나 카레리나"를 끝까지 쇠사슬처럼 질질 끌고 간다. 머리카락은 갑자기 하얗게 세고, 이마에 주름이 굵게 파이고, 위장이 반란을 일으키고, 관절이 약해진다. 그는 혼자서 멍하니 생각하다가 "더 이상 즐거움이 없고 삶에서 기대할 것도 없으니 곧 죽게 될 것"이라고 말한다. 그는 "온 힘을 다해 삶에서 떠나려고 애쓴다." 그리고 일기에 정곡을 찌르는 두 개의 표현을 며칠 간격으로 기록한다. 그것은 "죽음의 공포"와 "홀로 죽어야 하리"다. 죽음은 그러나, 내가 이미 그의 생명력에 관해 이야기한 부분에서 상세하게 설명했듯이 삶의 거장이었던 그에게 있어 가장 무서운 것이었다. 그래서 거구의 그는 힘이 약해지면 금방 두려움에 떨었던 것이다.

물론 천재적인 자기진단가인 그가 운명의 냄새를 맡았다고 생각한 것은 전혀 틀린 게 아니었다. 실제로 톨스토이는 자기 본연의 어떤 것에서 위기를 겪으면서 결국 죽어갔다. 그때까지 톨스토이는 한번도 세계의 형이상학적 의미에 대해 질문한 적이 없었다. 그는 다만 예술가가 모델을 관찰하듯 그렇게 세상을 관찰하기만 했을 뿐이었다. 따라서 그가 세계의 모습을 서술할 때 세계는 그의 맞은편에서 그가 창조의 손으로 쓰다듬고 어루만지도록 가만히 있었다. 그런데 어느 날 갑자기 그는 이 소박한 기쁨, 이 순수한 예술가적 관조를 할 수 없게 됐다. 사물들은 더 이상 완전한 형태로 저 자신을 그에게 보여주지 않았고, 뭔가 배후나 어떤 질문을 감추고 있다는 느낌을 주었다. 통찰력 있는 인간인 톨스토이는 처음으로 존재를 신비스러운 것으로 느끼게 됐고, 단순히 외적 감각만으로는 파악할 수 없는 어떤 의미가 거기에 있음을 예감했다. 처음으로 톨스토이는 그 배후의 존재를 파악하기 위해서는 새로운 도구, 그러니까 더욱 의식적인 눈, 사유의 눈이 필요하다는 것을 알게 됐다. 다음의 예들은 이러한 그의 내적 변화를 명백하게 보여준다. 톨스토이는 전쟁터에서 사람들이 죽어가는 것을 수도 없이 보았다. 그는 옳고 그름을 따지지 않고 그저 화가로서, 작가로서, 사물을 있는 그대로 반영하는 눈동자로서, 그리고 감각적인 망막으로서 전쟁터의 피 흘리는 참상을 묘사했었다. 그런데 프랑스에서 범죄자의 머리가 단두대에서 떨어져나가는 것을 보았을 때 그의 윤리적인 내면은 즉각 전 인류에 대해 격분했다. 영주이자 백작인 그는 말을 타고 마을의 농부들 옆을 수도 없이 지나갔고, 그렇게 질주하는 말 때문에 농부들의 옷이 먼지로 뒤덮이고 그 농부들이 노예처럼 자기에게 머리를 조아리는 것을 당연한 것으로 받아들이면서 전혀 개의치 않았었다. 그런데 이제는 그들의 맨발을, 그들의 가난을, 놀랍도록 보호 받지 못하는 그들의 삶을 알아차렸다. 그리고 그는 처음으로 그들의 궁핍과 노고 앞에서 아무 걱정 없이 지낼 권리가 과연 자신에게 있는가 하는 질문을 자기 가슴에 던진다. 그때까지는 그가 탄 썰매가 추위에 떨고 있는 거지들의 옆을 수도 없이 지나갔지만, 그는 그들을 향해 고개 한번 돌리지 않았고 관심조차 갖지 않았었다. 가난, 비참, 억압, 군대, 감옥, 시베리아…. 이런 것들은 그에게 겨울에는 눈이 오고 물통에 물이 담겨 있는 것만큼이나 자연스런 일이었다. 그러나 이제 돌연 민중에 관심을 갖게 된 톨스토이는 프롤레타리아의 끔찍한 처지가 자신이 누리는 풍족한 삶의 소치임을 자각한다. 지금까지 그는 인간적인 것을 "연구하고 관찰해야 할" 대상으로만 느꼈었는데 이제는 그렇게 느끼지 않게 됐다. 그 후로 그의 영혼에 드리워졌던 평온하고 그림 같은 현존재의 질서는 와해돼버렸다. 그는 더 이상 냉정한 예술가로서 현실을 응시할 수가 없었고, 끊임없이 의미와 무의미에 대한 질문을 던져야 했다. 그는 인간적인 사람이란 이기적이고 내향적인 사람이 아니라 사회적이고 형제애를 지닌 외향적인 사람이라고 생각하게 됐다. 모두와 더불어 사는 공동체 의식이 마치 질병처럼 그를 불시에 "덮쳤다." "생각해서는 안 된다. 그것은 고통스런 일이다." 그는 신음하듯 이렇게 내뱉었다. 그러나 양심의 눈을 뜨게 된 뒤로 그에게 인류의 고통은, 세계의 근원적 고통은 한결같이 자기가 책임져야 할, 가장 우선적인 자신의 일이 됐다. 무(無)에 대한 신비로운 놀라움에서 전체에 대한 새로운 창조적 전율이 생겨났고, 자신에 대한 완전한 체념으로부터 윤리적인 척도에 맞게 자신의 세계를 재구축해야 한다는 예술가로서의 과제를 인식하게 됐다. 그가 죽음을 생각한 순간에 부활의 기적이 일어난 것이다. 인류가 예술가로서만이 아니라 가장 인간적인 사람으로서 존경하는 톨스토이가 태어난 것이다.

그러나 산산조각 나는 와해의 순간에, 각성 직전의 불확실한 순간(훗날 톨스토이는 이 순간을 가리켜 '불안한 상황'이라고 침착하게 말했다)에 깜짝 놀란 톨스토이는 그 변화가 과도기적 과정임을 알지 못했다. 그의 내부에서 새로운 양심이 눈을 뜨기 전에 그는 자신이 완전히 눈먼 장님이라고 느꼈고, 주변은 온통 카오스와 출구 없는 어둠뿐이라고 느꼈다. 그는 "삶이 그렇게 끔찍하다면 대체 무엇 때문에 사는가?"라고 구약성서의 전도서에도 나오는 영원한 질문을 던졌다. 삶이 단지 죽음을 위해서 밭을 가는 것이라면 무엇 때문에 노력을 해야 하는가? 그는 절망한 사람처럼 어둠의 세계 속에서 출구를, 자신의 구원을, 한줄기 빛을, 희망의 별빛을 찾기 위해 벽을 더듬는다. 자신의 외부에 있는 그 누구도 자신에게 도움과 빛을 주지 못한다는 것을 깨닫게 됐을 때 비로소 그는 자신이 직접 계획적으로, 체계적으로, 한 단계 한 단계 갱도를 파기 시작했다. 1879년에 그는 종이 한 장에 다음과 같이 "해답을 얻지 못한 질문"을 썼다.

(1) 무엇 때문에 사는가?
(2) 나의 실존과 다른 사람들의 실존의 근거는 무엇인가?
(3) 나의 현존과 다른 사람들의 현존의 목적은 무엇인가?
(4) 내가 마음속에서 느끼는 선과 악의 분열은 무엇을 의미하며, 그런 분열은 왜 존재하는가?
(5) 나는 어떻게 살아야 하는가?

(6) 죽음이란 무엇인가, 나는 어떻게 구원받을 수 있는가?

"나는 어떻게 구원받을 수 있는가? 나는 어떻게 살아야 하는가?" 위기의 발톱이 심장을 후벼 팔 때 톨스토이는 내면에서 이런 무서운 절규를 느꼈다. 이 절규는 30년 동안 울려 퍼지다가 마침내 입을 다문다. 감각에서 나오는 복음을 그는 더 이상 믿지 않았다. 예술은 그를 위로하지 못했다. 다시 말해 젊은 시절의 뜨거운 도취는 무서울 정도로 냉각되고 사방에서 차가운 냉기가 몰려왔다. 나는 어떻게 구원받을 수 있나? 이런 절규가 점점 더 간절해졌다. 그 이유는 무의미해 보이던 것들이 의미가 없지 않았기 때문이다. 살아있는 것을 알기에는 이성만으로 충분하다. 하지만 죽음을 알기에는 이성만으로는 부족하다. 그러므로 이해할 수 없는 것을 파악하기 위해서는 새로운 영혼의 힘이 필요했다. 하지만 믿음이 없고 감각적 인간인 톨스토이는 자기 안에서는 새로운 영혼을 찾을 수 없었다. 그는 삶의 여정 중에 갑자기 겸허하게 신 앞에 무릎을 꿇고 50년 동안 자기를 행복하게 해주던 세계관을 내던졌다. 그리고 그는 간절하게 믿음을 갈구했다. "하느님, 제게 믿음을 주소서. 다른 이들이 믿음을 찾는 데 제가 도움이 되게 하소서."

기독교 신자로서의 예술가

하느님, 당신 품안에서만 살아간다는 것이 얼마나 어려운지요. 갱 속에 파묻혀 결코 빠져나갈 수 없다는 것을 알았던 사람들처럼 살아가는 것이 얼마나 어려운지요. 그들이 그런 곳에서 어떻게 살았는지 아무도 알지 못하겠지요. 그러나 그렇게, 그렇게 살아야 합니다. 그런 삶만이

진정한 삶이니까요. 도와주소서, 하느님!

— 일기, 1900년 11월

"하느님, 제게 믿음을 주소서!" 톨스토이는 지금까지 부정해왔던 신을 향해 절규했다. 그러나 신은 간절하게 자신을 갈구하는 사람들의 요구를 들어주지 않는 것 같았다. 그도 그럴 것이 톨스토이는 자신의 지독히 나쁜 습관인 격렬한 초조감을 신앙에까지 끌어들였던 것이다. 믿음을 갈구하는 것만으로는 그의 마음속 의심의 덤불을 모두 치워버리기에 역부족이었다. 하룻밤 사이에 당장 신앙을 가져야 했다. 그리고 그 낫으로 의심의 덤불을 말끔히 쳐내야 했다. 귀족 톨스토이는 하인들에게 신속하게 시중을 받는 데 익숙해 있었고, 세상의 모든 학문을 순식간에 전해주는 형안의 예민한 감각에 너무 젖어 있었으므로 자제력이 없고 변덕스럽고 고집스러웠다. 때문에 그는 느긋하게 기다리려고 하지 않았다. 그는 여느 승려들처럼 천상의 빛이 점차 자신에게 뚫고 들어오는 것을 관찰하면서 침잠하고 있을 수 없었다. 그렇다, 그의 어두운 영혼은 그 즉시 환하게 밝아져야 했다. 모든 장애물을 뛰어넘는 격정적인 그의 정신은 단 한 번의 도약으로 단숨에 '삶의 의미'로 돌진하기를 원했다. 그는 "전능하신 하나님", "하느님, 굽어 살피소서" 같은 말을 무례할 정도로 많이 했다. 그는 믿음을, 기독교인 되기를, 겸손을, 신 안에 살기를 빨리 배우고 싶어 했다. 그리고 머리가 허연 나이에 그리스어와 히브리어를 배우기 시작했다. 6개월 안에, 늦어도 1년 안에 교육자, 신학자, 사회학자가 되려는 듯 잽싸게, 성급하게 배우려고 했다.

그러나 자기 내면에 신앙의 싹을 갖게 됐다고 하더라도 어디서 갑자기 그런 식의 믿음을 찾는단 말인가? 50년 동안 러시아의 니힐리스트로서 냉정한 관찰자의 눈으로 세계를 평가하고 그 속에서 자신만이 중요하고 본질적인 존재라고 느꼈는데, 그런 사람이 어떻게 하룻밤 사이에 다른 사람들에 대해 동정심을 갖게 되고, 선량해지고, 겸손해지고, 부드러운 수도사처럼 된단 말인가? 어떻게 그토록 확고했던 의지를 단번에 관대한 인간애로 바꾼단 말인가? 신앙에의 몰입과 더 높고 초세속적인 힘에의 몰입을 어디서 배우고 어디서 습득한단 말인가? 톨스토이는 이미 신앙을 갖고 있거나 적어도 신앙을 갖기로 결정한 사람들에게서, 정교회의 수녀들에게서, 교회에서 배울 수 있다고 생각했다. 참을성 없는 톨스토이는 여유를 두지 않고 성상 앞에 무릎을 꿇고 단식하거나 수도원을 순례하고 주교나 사제들과 논쟁을 벌였다. 그러고는 복음서를 찢어버렸다. 그는 철저한 신자가 되기 위해 3년 동안 노력한다. 그러나 교회의 분위기는 이미 얼어붙은 그의 영혼에 무의미한 향냄새와 냉기만 불어넣었다. 그는 이내 실망해서 자신과 정통교리 사이의 통로를 완전히 막아버렸다. 그는 교회가 올바른 믿음을 갖고 있지 않다고 생각했다. 교회는 생명의 물을 새어나가게 하고 낭비하고 그 흐름을 왜곡하는 것으로 보였다. 그래서 그는 자기 나름의 추구를 계속했다. 철학자나 사상가들이 '인생의 의미'에 대해 더 많이 알고 있을지도 모른다고 생각한 톨스토이는 당장에 미친 듯이, 그리고 열성적으로 모든 시대의 모든 철학을 닥치는 대로 섭렵하기 시작했다(그는 너무 성급하게 그것들을 소화하고 이해하려고 했다). 그는 먼저 모든 우울한 영혼의 영원한 동반자인 쇼펜하우어의 책들을 읽었고, 이어 소크라테스, 플라톤, 마호멧, 공자와 노자, 신비주의자, 스토아학파, 회의주의학파, 니체의 책들을 읽었다. 그러나 결국 그는 책을 덮어버렸다. 그들의 책도 톨스토이가 세상을 바라보는 매개체인 지나치게 날카롭고 고통스럽게 관조하는 오성에서 벗어나지 못했다. 그들도 성급하게 신을 갈구하는 자들이었지, 신 안에서 안식을 찾는 자들이 아니었다. 그들의 책은 정신에 도움이 되는 체계는 마련해주지만 불안한 영혼에게 평화를 가져다주지는 못했다. 지식은 주었지만 위안은 주지 못했던 것이다.

과학으로 치유되지 못해서 계속 고통 받는 환자가 병든 몸으로 무녀나 민간요법 치료사에게 가듯이 러시아에서 가장 정신적인 인간 톨스토이는 쉰 살이 되어 농부와 민중에게 갔다. 배우지 못한 그들에게서 올바른 신앙을 배우기 위해서였다. 그렇다. 배우지 못한 그들, 지식으로 인해 혼란스러워지지 않은 그들, 불평 없이 중노동을 하는 가난하고 고통 받는 그들, 몸속에서 죽음이 자라나도 짐승처럼 묵묵히 살아가는 그들, 사유하지 않으므로 회의하지 않고 신성한 단순함을 지닌 그들, 그들은 어떤 비밀의 열쇠를 갖고 있는 게 틀림없다. 그렇지 않고서야 분노의 마음을 일으키지 않고 그런 식으로 순응하고 복종할 수가 없을 것이다. 그들은 단순하지만 지혜와 날카로운 정신으로 우리가 알지 못하는 어떤 것을 알고 있는 게 분명하다. 이해력은 뒤지지만 바로 그 덕분에 그들의 영혼은 '우리' 보다 앞선다. "우리가 살아가는 방식은 그릇된 것이고 그들이 살아가는 방식이 옳다"고 톨스토이는 생각했다. 그렇기에 인내하는 그들의 삶에 신이 분명하게 나타나는 것이고, 정신이나 "쓸모없이 향락적인 욕망"을 가진 지식욕은 마음의 빛의 진정한 근원과 거리가 먼 것이다. 그들에게 어떤 위안이나 내적인 마법의 약초가 없다면, 비참한 생활을 그토록 명랑하게 견딜 수 없으리라. 그들은 어떤 믿음을 자신들 안에 감추고 있는 게 틀림없다. 톨스토이는 그들에게서 그 비법을 배우고 싶은 조바심에 마음이 들떴다. 그들에게서, 오직 '신의 백성'인 그들에게서만 올바른 삶을 배울 수 있고, 가혹한 현존재에 인내심 있게 순응하는 법을 배울 수 있고, 더 나아가 현존재보다 더 가혹한 죽음도 배울 수 있다고 그는 스스로에게 말했다.

그러니 그들에게 다가가, 그들의 삶 속에 깊이 들어가 신의 비밀에 귀를 기울이자! 귀족복장을 벗어던지고 농부의 옷을 입자. 맛있는 음식과 쓸데없는 책들은 멀리하자. 이제부터는 소박한 채소와 가축의 부드러운 젖으로만 영양을 섭취해야 한다. 오로지 겸손과 단순함만이 파우스트처럼 열정적인 정신을 유지시켜주는 자양분이 된다. 야스나야 폴랴나의 귀족, 수백만 명 민중의 정신적 지주이던 레오 톨스토이는 쉰 살이 되어 직접 쟁기를 들고 일했고, 물지게를 매고 우물에서 물을 퍼 날랐고, 농부들 틈에 섞여서 추수를 하면서도 피곤한 줄을 몰랐다. 《안나 카레리나》와 《전쟁과 평화》를 썼던 손은 이제 구두창을 직접 만들어 붙이고 방 청소를 하고 자기가 입을 옷을 직접 바느질했다. '형제들'에게 아주 빨리 가까이 다가갔던 것이다. 톨스토이는 단번에 자신이 '민중'이 되고 그럼으로써 '신의 사도'가 되기를 바랐다. 그는 아직도 반은 노예처럼 살아가는 사람들이 사는 마을로 내려갔다(그가 다가가자 그들은 모자를 벗으며 몸 둘 바를 몰라 했다). 그는 집으로 그들을 부르기도 했다. 그들은 투박한 구두를 신고 유리처럼 매끄러운 복도를 어색하게 걸어 들어왔다. 그리고 경애하는 주인인 '영주'가 그들에게 별다른 나쁜 뜻을 품고 그러는 것이 아님을 알고, 그러니까 그들이 두려워하는 이자와 소작료 인상을 통보하려는 것이 아님을 알고 안도의 숨을 내쉬었다. 오히려 톨스토이는 그들과 신에 대해 이야기를 나누고 싶어 했다. 그들은 의아해하며 당황스러운 듯 고개를 저었다. 그럼에도 그는 끊임없이 신에 대해서 이야기를 하자고 했다. 야스나야 폴랴나의 선량한 농부인 그들은 전에 이미 그에게서 이런 비슷한 모습을 본 적이 있다는 생각을 했다. '백작님'은 학교에서 아이들을 직접 가르친 적이 있었던 것이다. 그러나 일 년 뒤에 톨스토이는 아이들을 가르치는 데 흥미를 잃었다. 그런데 지금은 뭘 하시려는 걸까? 그들은 의아한 표정으로 주인의 말에 귀를 기울였다. 사실은 그 주인은 니힐리스트라는 자신의 본색을 감추고 신을 향한 출정에 필요한 전략을 염탐해 얻기 위해 마치 스파이처럼 민중에 접근했던 것이다.

부자연스런 그의 이런 염탐은 그의 예술과 예술가로서의 그에게만 유익했다. 톨스토이가 남긴 가장 아름다운 이야기들은 마을의 이야기꾼들 덕분이다. 톨스토이의 언어는 소박하고 그림을 그리는 듯한 농부들의 언어 덕에 구체화되고 생동감을 갖게 된다. 그러나 단순함의 신비는 배워서 얻어지는 것이 아니다. 톨스토이가 격정적 위기를 겪기 전이자 《안나 카레리나》가 정식으로 출판되기도 전에 도스토예프스키는 톨스토이의 분신인 레빈(《안나 카레리나》에 나오는 인물 - 옮긴이)에 대해 다음과 같이 통찰력 있게 말했다. "레빈 같은 인간은 자기가 원하면 민중과 함께 살 수 있지만 결코 민중이 되지는 못한다. 그처럼 변덕스러운 같은 사람은 자부심과 의지력을 갖고 민중에게 내려가 그들이 바라는 바를 파악하지만 그것을 실행하지는 못한다." 천재적인 상상력을 지닌 도스토예프스키는 심리학적 형안으로 톨스토이의 부자연스런 행위의 내막을 폭로하고 그의 의지에 일어난 변화의 핵심을 꿰뚫어 보았다. 그의 변화는 타고난 민중에 대해 혈육으로서의 애정에서가 아니라 영혼이 위기를 맞은 시점에 시작된 민중에 대한 형제애에서 나온 것이라는 이야기였다. 톨스토이가 자발적인 의지의 힘으로 아무리 투박하게 농부처럼 행동하더라도 지성인인 그가 현존재에 대한 폭넓고 세계적인 해석 대신 편협한 농부의 영혼을 자신에게 이식할 수는 없었고, 진실을 추구하는 그의 정신이 결코 혼란한 맹신에 완전히 빠져들 수는 없었다. 베를렌(19세기 프랑스의 시인 - 옮긴이)처럼 갑자기 방 안에서 몸을 던지며 "하느님, 제게 소박함을 주십시오"라고 기도해봐야 소용이 없다. 겸손의 은빛 쌀알은 가슴속에서 저절로 꽃피는 것이다. 사람은 자기가 고백한 바대로 존재하고 변화돼야 하겠지만, 연민의 신비한 작용을 통해 민중과 유대관계를 갖는 것도, 완전한 믿음의 종교를 통해 양심의 평화를 얻는 것도 영혼에 전기가 통하듯 갑작스럽게 생겨나는 게 아니다. 농부의 옷을 입는 것, 농주를 마시는 것, 들에서 풀을 베는 것과 같이 농부들과 동등해지려는 외적 형식들은 놀이처럼, 그리고 연극처럼 쉽게 이루어질 수 있다. 그러나 정신은 결코 무디어지지 않으며, 한 인간의 의식을 가스등 불꽃을 낮추듯 임의로 낮출 수는 없다. 톨스토이의 정신이 지닌 밝기와 그의 깨달음은 변하지 않았다. 이것은 그의 의지를 넘어서는 힘이며, 인간의 의지를 벗어난 것이다. 이것은 깨어있는 오성을 지켜야 하는 절대적 의무가 스스로 위협을 받고 있다고 느낄수록 더욱더 맹렬하게, 더욱더 불안하게 타오른다. 왜냐하면 사람은 영혼의 작용을 통해서는 타고난 인식능력을 더 높은 단계로 끌어올리지 못하듯이, 지성 역시 갑작스런 의지의 힘만으로는 단 한 발짝도 소박함으로 다가설 수 없기 때문이다.

학식이 있고 혜안을 갖춘 정신의 소유자인 톨스토이가 자기처럼 의지가 강한 사람은 하룻밤 사이에 복잡한 정신을 단순하게 둔화시킬 수 없다는 사실을 인식하지 못했을 리 없다. 다음과 같은 놀라운 말을 한 사람은 다름 아닌 바로 그 자신(물론 훗날의 톨스토이)이다. "힘으로 정신에 맞서는 것은 손으로 햇빛을 가리는 것과 같다. 아무리 그것을 덮으려 해도 항상 새어나온다." 냉혹하고 감시하고 논쟁을 좋아하던 귀족적인 지성이 한결같이 무덤덤하게 겸손한 태도를 갖기란 힘들다는 사실을 영원히 감출 수는 없었다. 농부들 역시 그를 진정으로 자기들의 편으로 받아들인 적이 한번도 없었다. 그가 자기들이 입는 옷을 입고 자기들의 습관을 함께 나누었지만 그건 표면적인 것에 불과한 게 분명했기 때문이다. 세상 역시 이런 그의 행위를 일종의 변장으로만 이해했을 뿐이다. 그와 가장 가까운 사람들, 즉 아내, 자식들, 친척들, 전문적인 톨스토이 추종자가 아닌 그의 진정한 친구들조차도 처음부터 "러시아 민중의 위대한 작가"가 자신의 천성에 맞지도 않는 비정신적인 영역으로 하강하려고 안간힘을 쓴다고 언짢게 여겼다(그래서 투르게네프는 죽어가면서 톨스토이에게 예술로 돌아오라고 호소했다). 톨스토이가 자기 영혼을 위해 씨름을 하는 동안 그 비극적 희생자인 아내는 그에게 당시로서는 가장 설득력이 있는 말을 했다. "전에 당신이 말했지요. 신앙이 없어 불안하다고. 그런데 신앙을 가졌다면서 지금은 왜 행복하지 않은 거죠?" 아주 간단하면서도 반박의 여지가 없는 논거였다. 톨스토이가 민중의 신에 귀의한 뒤에 신앙으로부터 영혼의 안정을 찾았음을 시사해주는 것은 아무것도 없다. 반대로 우리는 그가 교리에 대해 이야기 할 때는 늘 열변을 토함으로써 신념의 불확실성에서 벗어나려고 했다는 느낌을 갖는다. 개송하던 바로 그 시기에 톨스토이가 한 말과 행동은 불쾌한 음조를 깔고 있었고 뭔가 도발, 폭력, 논쟁, 열광의 분위기를 풍겼다. 그의 기독교주의는 팡파르처럼 울려 퍼지는 것 같았고, 그의 겸손은 활짝 편 공작의 꼬리 깃이 퍼덕이는 것과 같았다. 예민한 청각을 가진 사람은 그의 과장된 자기비하에서 예전의 거만함을 느꼈다. 그 거만함이 이제는 다른 종류의 거만함으로 바뀌었을 뿐이었다. 그가 자신의 개종을 증명하려고 썼던 게 분명한, 한 유명한 참회의 구절을 읽어보자. 이 구절에서 그는 이전의 자기 삶을 조롱하고 모욕했다. "나는 전쟁에서 사람을 죽였습니다. 나는 결판이 날 때까지 결투를 했습니다. 나는 농부들에게서 착취한 재산을 노름으로 탕진했습니다. 그리고 나는 그들을 무섭게 응징했습니다. 나는 경박한 여자들과 간통했고 그 남편들을 속인 적도 있습니다. 나는 거짓, 약탈, 간통, 온갖 종류의 탐닉과 야만적 행동, 수치스런 행동을 저질렀습니다. 내가 저지르지 않은 범죄는 없습니다." 예술가인 그가 스스로 자기가 저질렀다고 고백한 범죄들에 대해 아무도 자기를 용서하지 못하도록 그는 교회에서 요란스런 참회를 계속했다. "그 시기에 나는 허영심, 명예욕, 오만함에서 작품을 쓰기 시작했습니다. 명성과 부를 얻기 위해 나는 내 안의 선을 억누르고 죄악에 굴복하지 않을 수 없었습니다."

무섭도록 참회자다운 말이었다. 확실히 그의 말 속에 담긴 도덕적 파토스는 감동적이다. 그러나 가슴에 손을 얹고 생각해 보면, 전쟁 중에 부여된 임무에 따라 포병대에서 복무했고, 총각시절에 정력이 넘친 나머지 성적으로 문란하게 살았다는 자기비판을 근거로 그를 "저열하고 죄 많은 인간"이라고 경멸하거나, 그 자신이 스스로를 낮추는 데 도취되어 표현했듯이 그를 "한 마리의 이"라고 경멸한 사람이 실제로 있었던가? 오히려 지나치게 과도한 그의 양심이 어떻게든 겸손을 가장하려는 거만함으로 인해 억지로 자신의 죄를 지어내려 했다는 의심이 든다(마치 라스콜리니코프의 하인이 살인을 했다고 꾸며내듯이). 고백을 하지 못해 안달이 난 영혼이 자신이 기독교도임을 증명하기 위해 전혀 있지도 않은 범죄의 십자가를 진 게 아닌가 하는 의심이 들지 않는가? 톨스토이의 이러한 자기증명 욕구, 격렬하고 격정적이며 시장판에서 외쳐대는 장사꾼 같은 자기비하는 그의 동요하는 영혼 속에 침착하고 고른 숨을 쉬는 겸손이 없거나 아직 없음을 드러내주고, 심지어는 위험한 허영심을 거꾸로 드러내주는 것은 아닐까? 어쨌든 그가 하는 겸손의 말은 결코 겸손하게 들리지 않는다. 오히려 정 반대다. 정열에 대항해 싸우는 그의 고행자다운 투쟁보다 더 정열적인 것은 상상할 수 없다. 아직 확실하지 않은 작은 믿음의 불꽃이 영혼에서 피어오르기가 무섭게 성급하게도 그는 당장 그 불꽃으로 전 인류를 타오르게 하려고 했다. 마치 이교도였던 게르만 군주가 세례용 성수에 머리에 적시자마자 지금까지 자신이 신성시해왔던 떡갈나무를 베어버리려고 곧바로 도끼를 손에 드는 것과 같았다. 신앙이 신 안에서의 평온을 의미한다면, 이토록 성급한 톨스토이는 결코 인내할 줄 아는 신자가 아니었다. 이런 불타는 정열가이자 만족할 줄 모르는 톨스토이는 결코 기독교 신자가 아니었다. 그러나 신앙에 대한 한없는 갈망을 종교라고 부를 수 있다면, 영원히 불안한 마음으로 신을 추구한 그를 신자에 포함시킬 수 있을지 모른다.

그러나 바로 이러한 절반의 성공과 어떤 확신에 도달함으로써 톨스토이의 위기는 개인의 체험을 뛰어넘어 영원히 기억되는 상징이 됐다. 기질의 원형을 갑자기 바꾸는 것, 열정적인 행동을 통해 타고난 본질을 정반대로 바꾸는 것은 의지력이 강한 인간에게도 불가능하다는 것을 보여주는 본보기가 된 것이다. 각자에게 주어진 삶의 형태는 개선, 마모, 첨예화를 겪으며, 윤리적 정열은 의식적으로 끈질긴 작업을 통해 우리의 윤리성, 도덕성을 상승시킬 수 있다. 그러나 각자의 기본적인 성격은 쉽사리 없앨 수 없고, 육체와 정신을 뭔가 다른 건축학적 질서에 따라 다시 구축할 수도 없다. 만일 톨스토이가 "사람은 흡연습관을 버리듯 그렇게 이기주의를 떨쳐낼 수 있다"거나 "사람은 사랑과 믿음을 억지로 얻을 수 있다"고 말했다면, 그는 자기모순에 빠져서 거의 광적이었던 자신의 노력을 죄다 보잘것없는 것으로 만들고 말았을 것이다. 누군가가 자기에게 조금이라도 반박을 하면 눈을 부릅뜨던 분노의 인간인 톨스토이가 개종하자마자 금방 선량하고 부드럽고 친절하고 사회에 관심을 갖는 기독교인, 하느님의 종, 동포들의 형제가 됐음을 증명해주는 것은 아무것도 없다. 그의 변화는 생각, 의견, 언어를 변화시켰을지는 모르지만, 그의 가장 내면적인 본질(괴테는 "너는 네가 추구하는 법칙에 따라 살아야 하며 너 자신에게서 도망칠 수 없다"고 말했다)은 변화시키지 못했다. 즉 깨달음을 얻기 전에도 후에도 그의 불안한 영혼에는 우울과 고통이 드리워져 있었다. 톨스토이는 평생 만족감을 느끼지 못했다. 그의 성급함을 아는 신이 곧바로 그에게 믿음을 선사하지 않았기에 그는 자기 인생의 마지막 순간에 이르기까지 30년이나 더 부단히 싸워야 했다. 그의 종교적 깨달음은 하루아침에, 또는 단일 년 만에 완성되지 않았다. 죽을 때까지 톨스토이는 어떤 대답에도, 어떤 믿음에도 만족하지 않았으며 마지막 순간까지도 삶을 대단히 무서운 비밀로 느꼈다.

톨스토이는 삶의 의미에 관한 질문에 대답을 얻지 못했다. 탐욕스럽게 신을 열망하던 그의 도약은 실패했다. 그러나 그가 분열을 능숙하게 극복하지는 못했지만 예술가로서의 그에게는 언제나 구원이 주어졌다. 그는 자신의 곤경을 인류에게 투사하고, 자기 영혼의 문제를 세계의 문제로 바꾸었다. 그래서 톨스토이는 위기에 처했을 때 "나는 어찌 되겠습니까?"라고 이기적인 공포의 외침을 내뱉어야 할 것을 "우리는 어찌 되겠습니까?"라고 더욱 강렬한 외침으로 고양시켰다. 그는 자신의 완고한 정신에 확신을 줄 수 없었기에 다른 사람들을 설득하려고 했고, 자신을 변화시킬 수 없었기에 인류를 변화시키려고 했다. 시대를 불문하고 모든 종교는 바로 그렇게 생성됐고, 세계의 개선은 영혼에 위협을 받는 단 한 사람의 자기도피로부터 이루어졌다(통찰력 있는 니체는 이런 점을 알고 있었다). 그는 숙명적인 질문을 마음에서 떨쳐버리기 위해 그것을 모든 사람에게 되던져버렸고, 자기 존재의 불안을 세계의 불안으로 바꾸었다. 그는 속일 수 없는 눈과 격렬하고 뜨거우며 회의하는 심장을 갖고 있었고 너무도 정열적이었기에 경건하고 수도사적인 기독교인은 되지 못했지만, 믿음이 없는 데서 오는 고통을 잘 알고 있었다. 그렇기에 그는 근대의 시기에 이 세상을 허무한 곤경에서 구원하고 세상 사람들로 하여금 자기보다 더 깊은 신앙심을 갖게 하려고 열정을 다 쏟았다. 그는 "삶의 절망으로부터 구원받을 수 있는 유일한 방법은 자신의 자아를 세계에 전파하는 것"이라고 말했다. 진실에 대한 갈망으로 고통을 받은 톨스토이의 자아는 그 자신을 덮친 무서운 질문에 대해서 전 인류에게 경고를 발하고 교훈을 주었다.

교리와 그 모순

나는 위대한 이념에 근접했다. 나는 그 이념을 실현시키기 위해 나의 전 생애를 바칠 수 있다. 새로운 종교, 즉 교리와 약점에서 해방된 기독교의 창립을 위해.
— 젊은 날의 일기, 1855년 3월 5일

톨스토이는 "악한 자를 대적하지 말라"는 복음서의 말을 자신이 신봉하는 교리의 초석으로, 인류를 위한 복음의 초석으로서 삼으면서 이 복음서의 말에 "악한 자에게 폭력으로 대적하지 말라"는 독창적인 해석을 달았다.

"악한 자에게 폭력으로 대적하지 말라"는 문장에 톨스토이의 윤리 전체가 들어있다. 고통으로 점철된 양심을 가진 연설가처럼 윤리적으로 완강한 입장을 취했던 이 위대한 전사가 사출기로 돌을 쏘아대듯 위 문장으로 시대의 성벽을 너무 거세게 쏘아대는 바람에 반쯤 갈라져버린 그 성의 지반에서 오늘날까지도 진동이 울리고 있다. 이 문장이 인간의 영혼에 미친 파급효과를 모두 다 짐작하기란 불가능하다. 브레스트리토프스크(1차대전의 끝 무렵에 소련 정부가 독일 등과 강화협상을 벌인 도시 – 옮긴이)에서 러시아인들이 보여준 자발적인 항복, 간디의 무저항주의, 전쟁의 한복판에서 로맹 롤랑(1866~1944, 프랑스의 작가 – 옮긴이)이 내지른 평화의 외침, 양심을 박해하는 세력에 맞선 수많은 무명용사들의 영웅적 저항, 사형에 맞선 투쟁 등 새로운 세기(20세기 – 옮긴이)에 일어난, 서로 무관해 보이는 각각의 행위에 레오 톨스토이의 위 문장이 전파한 복음이 커다란 동기로 작용했다. 재산에 의한 것이든, 무기에 의한 것이든, 법에 의한 것이든, 혹은 신성하게 여겨지는 제도에 의한 것이든, 인도적인 도덕성이 폭력과 유혈사태에 대해 저항하는 경우나, 어떤 구실로든 국가, 종교, 민족, 재산을 보호하자는 결정이 내려지는 경우에는 그 어디에서건 톨스토이의 권위와 열정에서 뿜어져 나온 형제애가 오늘날까지도 모든 도덕적 혁명가의 귀감이 되고 있다. 교회, 지배욕에 사로잡힌 국가의 요구, 진부하고 판에 박힌 역할만 하는 사법권이라는 냉정한 형식 대신 독립적인 양심이 유일한 도덕적 재판관으로서 동포애를 가진 인류의 감정에 최후의 결정을 맡기는 경우에는 어디에서든 루터를 본보기로 한 톨스토이의 행위가 바람직한 선례로 주장된다. 인간적인 것으로 인간들을 일깨운 톨스토이는 어떤 경우든 각자가 오직 자기 마음으로만 판단하라고 간곡히 요청한다.

  그런데 톨스토이가 말하는, 우리가 폭력을 사용하지 말고 저항해야 하는 '악'이란 어떤 것일까? 그것은 절대적인 폭력이다. 폭력은 국민경제, 국가번영, 민중의 희망, 식민지의 확장이라는 점잖은 옷 속에 자신의 근육을 숨기고 있을 수도 있고, 인간의 권력욕과 피의 본능을 철학이나 조국의 이념으로 어설프게 변조시킬 수도 있다. 그러니 착각해서는 안 된다. 폭력을 아무리 유혹적으로 승화시키더라도 그것은 언제나 인류를 화목하게 하기보다는 개별 그룹이 자신들을 유지하고 강화하는 데만 이용되며, 세계의 불평등을 지속시킨다. 모든 폭력은 소유와 획득, 더 많이 소유하고 싶은 욕구를 의미한다. 따라서 톨스토이가 볼 때 모든 불평등은 소유에서 시작된다. 젊은 귀족으로서 그가 브뤼셀에서 프루동(19세기 프랑스의 아나키스트 - 옮긴이)과 보낸 시간은 헛되지 않았다. 프루동은 마르크스 이전에 가장 급진적인 사회주의자였다. 톨스토이는 이렇게 주장했다. "사유재산은 모든 악, 모든 고통의 뿌리다. 재산이 넘치는 사람과 재산이 없는 사람 사이에는 항상 충돌의 위험이 도사리고 있다." 소유는 자신을 지키기 위해 방어적으로 될 수밖에 없고, 어떤 때는 공격적으로 되기도 한다. 재산을 늘리기 위해서는, 그리고 재산을 지키기 위해서는 폭력이 불가피하다. 따라서 재산은 자신을 보호하기 위해 국가를 만들어내고, 국가는 자기를 유지하기 위해 조직된 폭력적인 권력의 형태, 즉 군대, 사법기관, 그리고 "오로지 재산의 보호에만 소용되는 완벽한 억압체제"를 만들어낸다. 국가의 구성원이 되어 국가를 인정하는 사람은 최선을 다해 이런 권력의 원칙에 복종하게 된다. 톨스토이의 견해에 따르면 현대 국가에서는 독립적으로 보이는 정신적인 인간들조차도 그런 사실을 모른 채 오로지 얼마 안 되는 몇 가지 소유물들을 지키는 데만 급급하다. 심지어는 "진정한 의미에서 국가를 지양하는 성격을 지녔던" 기독교 교회조차 "거짓된 교리"로 교회 본연의 의무를 외면한다. 자유로운 정신을 갖고 태어난 양심의 지지자로서 인간의 권리를 옹호해야 할 예술가들은 자기들만의 상아탑을 세우고 자신의 양심을 잠재운다. 그래서 사회주의는 치유할 수 없는 것을 치유하는 의사가 되려고 한다. 올바른 인식을 갖고 잘못된 세계질서를 근본적으로 파괴하려는 혁명가들 가운데는 적이 휘두르는 살인적인 수단까지 스스로 사용하려고 하는 이도 있지만, 이것은 잘못된 생각이다. 그런 자들은 악의 원리를 방치함으로써 불의를 영원히 고착화시키고, 더 나아가 폭력을 신성시하기도 한다.

이런 식의 무정부주의적 요구가 지닌 의미에서 보면 국가나 현재 통용되는 사회질서의 토대는 잘못된 것이고 부패한 것이다. 그러므로 톨스토이는 통치체제가 행하는 모든 민주주의적, 박애주의적, 평화주의적, 혁명적 개선들을 쓸모없고 불충분한 것으로 보고 완강히 거부했다. 제국의회도, 국회도, 심지어는 혁명도 국가를 폭력이라는 악에서 구해내지 못하기 때문이었다. 약한 지반 위에 지은 집은 지탱될 수 없으니 그런 집에 사는 사람은 그 집을 떠나 다른 집을 지을 수도 있다. 현대 국가는 동포애가 아닌 권력에 토대를 두고 있다. 그러므로 톨스토이가 보기에 현대 국가는 결국은 붕괴할 것이라는 선고를 받은 것이다. 그리고 허울만 사회적이고 진보적인 모든 조직은 죽음의 투쟁만 더 연장시킬 뿐이다. 변화해야 하는 것은 국민과 정부 사이의 관계가 아니라 인간 자신이다. 국가권력을 통한 폭력적 압제 대신 모든 민족공동체가 형제애를 통해 내적, 영적으로 결합함으로써 서로간의 유대를 공고하게 해야 한다. 그러나 종교적, 윤리적 형제애가 현재의 폭력적 압제를 대체하지 못한다면 진정한 도덕성은 개인 양심의 보이지 않는 비밀공간 속에서만 존재할 수 있다고 톨스토이는 설명했다. 국가는 폭력과 동일한 것이므로 윤리적인 인간이라면 국가와 자신을 동일시하지 말아야 한다. 필요한 것은 모든 양심적인 인간이 일체의 폭력관계를 청산하는 종교적 혁명이다. 이런 생각에서 톨스토이는 스스로 국가라는 형식 밖에 서서 단호한 입장을 취했고, 도덕적으로는 자신의 양심 외의 그 어떤 의무규정으로부터도 독립을 선언했다. 그는 "국민과 국가에만 전적으로 소속되거나 정부에 예속되는 것"을 거부했다. 또한 그는 자발적으로 정교회에서 탈퇴했고, 소신에 따라 사법부나 사회의 어떤 기구에도 순종하기를 거부했다. 이는 오로지 "폭력국가라는 악마"와 손을 잡지 않기 위해서였다. 그러니 동포애에 대한 복음서처럼 부드러운 그의 설교, 기독교적 겸손함으로 채색된 그의 어법, 복음서에 근거를 둔 그의 주장에 넘어가 완전히 반국가적인 그의 사회비판을 간과해서는 안 된다. 그의 국가론은 가장 냉혹한 반국가론이며, 교권과 소유권에는 오류가 있을 수 없다는 사고방식을 루터 이후 한 개인으로서 가장 완벽하게 위반한 것이다. 트로츠키와 레닌도 "모든 것은 변화돼야 한다"는 톨스토이의 말에서 이론적으로 한 발짝도 더 나아가지 못했다.

'인간의 친구'로 불리는 장 자크 루소가 글로써 프랑스혁명이라는 갱도를 뚫어 결국은 왕권을 공중분해시킨 것처럼, 톨스토이는 차르(제정 러시아의 황제 - 옮긴이)의 정권과 자본주의 질서의 확고한 기반을 뒤흔듦으로써 그 둘에 대한 공략의 시기가 무르익도록 했다. 이는 어느 러시아인도 하지 못한 일이었다. 사람들은 그의 위엄을 느끼게 하는 수염과 매끈한 이론에 현혹되어 그를 부드러운 종교적 인간으로만 알고 있었는데, 실은 그가 과격한 혁명가였던 것이다. 물론 공화주의자들에 대해 루소가 격분했던 것처럼 볼셰비즘의 방법론에 대해 톨스토이는 격분했다. 그는 당파를 증오했다. "승리히는 당은 어떤 당이든 권력을 유지하기 위해 기존의 모든 폭력수단을 사용할 뿐 아니라 새로운 폭력수단까지 강구할 것이 틀림없다." 그의 글에는 예언이라도 하듯 이렇게 기록돼 있다. 그러나 정직한 역사기록이라면 톨스토이가 볼셰비키들에게 최고의 길잡이였고, 극복하기 쉽지 않았던 조국의 권력, 즉 차르와 교회, 그리고 소유에 맞서서 한 개인으로서 그가 공개적으로 저항한 위대한 행동이 러시아 제정의 권위를 뒤흔들고 전복시킬 정도의 영향을 끼쳤음을 증명해줄 것이다. 그것은 혁명가의 폭탄으로도 이루어지지 못했던 것이다. 가장 천재적인 진단가인 그는 문명구조의 근본적인 오류를 밝혀냈다. 다시 말해 국가조직이 인간성이나 인류공동체에 기반을 두지 않고 야만성과 인간에 대한 지배에 기반을 두고 있다는 것이었다. 그 후 30년간에 걸쳐 그는 러시아의 법질서에 대한 공격을 멈추지 않고 계속하면서 엄청난 영향력을 발휘했다. 그는 스스로 원했던 바는 아니지만 혁명의 온상, 사회적인 다이너마이트, 폭발적이고 파괴적인 원동력이 됐으며, 자신도 의식하지 못하는 사이에 러시아의 사명을 대표하는 사람이 됐다. 모든 러시아적 사고를 새롭게 구축하기 위해서는 어쩔 수 없이 급진적이어야 했고, 사고의 뿌리부터 바꾸어야 했다. 러시아의 예술가들이 하나같이 빛도 출구도 없는 니힐리즘의 칠흑 같은 어두운 구덩이 속으로 추락했다가 그 아찔한 절망에서 벗어나 새로운 믿음을 다시 간절하게 소망하게 되는 과정을 겪은 것은 우연이 아니었다. 톨스토이는 러시아의 사상가이자 시인이며 행동하는 인간으로서 유럽인들처럼 소심한 개선을 추구하거나 경건하고 조심스럽게만 행동에 나서지 않고 벌목꾼처럼 우악스럽고도 과감하게 위험한 시도를 감행하는 방식으로 문제를 해결하려 했다. 로스토프친(1763~1826, 러시아의 정치가 – 옮긴이) 같은 사람은 승리라는 목적을 위해서는 주저하지 않고 모스크바를 불태워버릴 수 있었다. 톨스토이 역시 사보나롤라(15세기 이탈리아의 도미니크회 수도사이자 종교개혁가 – 옮긴이)와도 비슷하게, 새롭고 더 나은 이론을 정당화하기 위해서는 예술과 학문 등 인류의 문화유산 전체를 화형시키는 데 주저하지 않았다. 종교적 몽상가로서의 톨스토이는 자신이 전개한 우상파괴 운동의 결과를 전혀 의식하지 않았을지도 모른다. 그렇게 넓은 세계를 붕괴시키면 얼마나 많은 사람들이 파멸하게 될지를 그는 한번도 심각하게 생각해보지 않았을 것이다. 그는 단지 온 영혼의 힘과 고집스런 확신으로 국가를 떠받치고 있는 기둥을 뒤흔들었다. 삼손이 주먹을 휘두르면 아무리 거대한 건물의 지붕이라도 기울어지고 주저앉는다. 그러므로 톨스토이가 볼셰비즘적 전복을 얼마나 용인했느냐, 혹은 그것에 얼마나 적대적이었느냐에 대한 훗날의 모든 논쟁은 다 쓸데없는 짓이다. 특히 사치와 소유에 대해 톨스토이가 분노하며 참회를 요구하는 설교를 했던 것과, 그의 책자가 폭발적인 영향력을 발휘하며 정신적으로 러시아혁명을 고취했던 것을 생각해보라. 언제나 교양인들만 겨냥해서 문학적, 디오니소스적 어법을 구사함으로써 대중에 대한 자신의 영향을 아예 차단해버린 독일인 니체의 시대비판을 비롯한 그 누구의 시대비판도 톨스토이의 시대비판만큼 폭넓게 민중의 영혼을 뒤흔들고 그들의 믿음을 뒤엎을 정도로 큰 영향을 끼치지 못했다. 그래서 톨스토이 자신의 소망이나 의지와 달리 그의 조각상이 위대한 혁명가, 권력파괴자, 세계변혁가가 모여 있는 신전에 영구히 세워지게 된 것이다.

이는 그의 의지나 바라던 바와는 반대되는 것이다. 왜냐하면 톨스토이는 분명히 자신의 기독교적 혁명 및 무정부주의를 일체의 폭력혁명과 구분했기 때문이다. 그는 《잘 여문 이삭》에서 이렇게 말했다. "우리는 혁명가를 만나면 흔히 우리와 그들이 비슷하다고 착각한다. 그들이나 우리나 똑같이 무정부, 무소유, 무차별을 비롯한 많은 것들을 똑같이 외치기 때문이다. 그러나 큰 차이가 있다. 기독교도에게는 국가가 존재하지 않지만 저들은 국가의 소멸을 원한다. 기독교도에게는 소유가 없지만 저들은 소유의 폐지를 원한다. 기독교도에게는 모두가 평등하지만 저들은 불평등을 파괴하려 한다. 혁명가들은 외부로부터 종교와 투쟁하지만 기독교는 전혀 투쟁하지 않으면서 내부로부터 국가의 기초를 파괴한다." 우리는 톨스토이가 국가를 폭력으로 와해시키려 한 게 아니라 국가에 대한 수많은 개인들의 소극적 태도를 통해 서서히 그 권위를 약화시키는 방법을 알고 싶어 했음을 알 수 있다. 그는 개인 한 사람 한 사람이 서서히 국가권위에서 벗어남으로써 결국은 국가조직이 힘을 잃고 스스로 와해되기를 바랐던 것이다. 그러나 어느 쪽이든 최종적인 결과는 같다. 톨스토이는 모든 권위를 파괴했고, 이를 위한 노력에 평생을 바쳤다. 물론 이와 동시에 그는 새로운 질서를 세우려 했다. 그는 국가 대신 국교(國敎)를 세우려 했고, 더욱 인간적이고 형제애적 삶의 종교를 실현하려 했고, 전통적이면서도 새로운 원시기독교적, 톨스토이적 기독교 복음의 기초를 놓으려 했다. 그러나 새로운 것을 건설한 그의 정신적 업적을 평가한다면 (모든 것에 대해 공정하게!) 천재적인 문화비평가이자 천재적으로 현세적인 안목을 지녔던 톨스토이와, 애매모호하고 뭔가 미흡하고 변덕스럽고 일관성 없는 도덕주의자였던 톨스토이는 분명히 구분돼야 한다. 도덕주의자로서의 톨스토이는 1860년대에 그랬던 것처럼 교육적 열정으로 야스나야 폴랴나의 시골 젊은이들을 학교로 몰아넣는 대신 전 유럽에 오직 올바른 삶의 원리와 그 진리를 놀랍도록 서투른 철학으로 주입하고자 했던 사상가 톨스토이를 가리킨다. 날개가 달리지 않은 존재로 태어난 톨스토이가 지상의 자기 감각세계를 고집하고 자신의 천재적인 감각기관으로 인간적인 것의 구조를 분석할 때는 그에게 아무리 고개를 숙여 존경심을 표시한다 해도 지나칠 게 없다. 그러나 그가 날개를 단 듯 형이상학으로 자유롭게 날아올라 자신의 감각으로는 더 이상 포착할 수도, 볼 수도, 흡수할 수도 없게 되고, 그의 모든 섬세한 촉수가 하릴없이 허공을 더듬기만 할 때면 우리는 그의 정신적인 서투름에 놀라지 않을 수 없다. 우리의 논의를 좀더 진전시켜보자. 그러니까 이론적, 체계적 철학자로서의 톨스토이는 유감스럽게도 그와 극을 이루는 천재였으나 작곡가연했던 니체만큼이나 스스로에 대해 기만적이었다. 언어의 선율에서는 훌륭하고 창조적이었지만 실제 음의 영역에서는, 즉 작곡에서는 거의 비참할 정도로 실패한 니체의 음악성과 마찬가지로, 톨스토이의 탁월한 오성은 감각적, 비판적 영역을 넘어서 이론적, 추상적인 것으로 넘어가려는 순간 즉시 정지됐다. 우리는 그의 저서에서 이런 그의 한계와 실패를 찾아볼 수 있다. 예를 들어 그의 사회적 성향의 저서인 《우리는 어떻게 행동할 것인가》의 1부에서 그는 분명히 경험을 토대로 모스크바의 빈민지역을 숨막힐 정도로 훌륭하게 서술해냈다. 빈민들의 숙소와 망연자실한 인간들에 대한 그의 서술만큼 현실의 대상에 대한 사회적 비판이 독창적으로 표현된 적은 일찍이 전혀 혹은 거의 없었다. 그러나 2부에서는 유토피아를 꿈꾸는 톨스토이가 진단에서 치료로 넘어가고 객관적인 개선책을 제안하려 하자 즉시 모든 개념이 모호해지고, 윤곽이 희미해지고, 사고가 성급해진다. 그리고 이런 혼란은 톨스토이가 그 같은 시도를 더욱 대담하게 하려고 할수록 더욱 증폭된다. 그런데도 그는 계속 밀고나간다. 일체의 철학적 훈련이나 경건한 태도도 없이 그는 이 책에서 영원히 도달할 수 없는 곳에 수많은 별과 함께 걸려 있는 영원히 풀리지 않는 모든 문제를 향해 손을 뻗치고 그것들을 쉽게 해결해버린다. 그도 그럴 것이 그는 언젠가 위기에 부딪혔을 때 마치 모피 옷처럼 신앙을 걸쳐 입고 하룻밤 사이에 기독교도가 되고 겸손한 자가 되기를 원했던 성급한 인간이었다. 그리고 바로 그때처럼 그는 교육서 같은 이 책에서 "순식간에 숲을 무성하게 만들려고" 했다. 그는 1878년까지도 절망하여 "이 지상에서 우리의 삶은 불합리하다"고 외쳤다. 그러고는 고작 3년도 지나지 않아 그의 보편신학은 세계의 모든 수수께끼에 대한 해답을 우리에게 제시했다. 그런 성급한 해결에서 파생되는 모순들이 민첩한 사상가의 신경을 건드린 것은 너무나 당연했다. 그래서 톨스토이는 집요하게 귀를 틀어막고 설교를 했고, 논리에 맞지 않는 것은 건너뛰면서도 스스로 서둘러 자신의 설교가 빈틈없는 해답이라고 주장했다. 그러나 끊임없이 증명할 의무가 있다고 느껴야 하니 이 얼마나 불확실한 신앙이며, 논거가 부족하면 적절하게 성서의 구절을 인용하며 반박을 하지 못하게 막아버리니 이 얼마나 비논리적이고 엉성한 사고인가! 그렇다.

확실하게 증명하기에는 힘이 부족했을 것이다. 톨스토이의 교훈적인 논문들은 몇 가지 독창적인 내용을 포함하고 있음을 부정할 수는 없으나, 그의 어느 글보다도 무미건조하고 광신적인 논문에 속한다. 그것들은 너무 성급해서 혼란스러운데다 거만하고 독단적이며(다른 사람도 아닌 진리를 추구하는 인간인 톨스토이가 그러하다니 충격적이다) 심지어는 솔직하지 못한 사유의 불쾌한 예로 보이기도 한다.

사실 톨스토이는 가장 진정한 예술가였고, 고귀하고도 모범적인 도덕가로서 위대하고 성스럽다고까지 말할 수 있는 사람이었다. 그런 그가 이론적 사상가로서는 최악의 부정직한 도박을 했다. 무한한 정신세계 전체를 자신의 철학 자루에 넣기 위해 그는 서투른 마술사의 눈속임을 시작했다. 더구나 그는 모든 문제를 카드처럼 얇고 다루기 쉽게 될 때까지 단순화했다. 그는 간단하게 카드 중에서 맨 먼저 '인간'을 놓고, 다음은 '선', 그리고 그 다음은 '악', '죄', '감각적 욕구', '형제애', '신앙'의 순서로 배열한다. 그리고 카드들을 마구 뒤섞고는 '사랑'을 으뜸 패로 뽑는다. 보라, 그가 이겼다! 수백만 인간들이 해결하려고 노력하지만 영원히 해결이 불가능해 보이던 세계적인 게임이 톨스토이의 야스나야 폴랴나의 서재에서 한순간에 해결된 것이다. 노인은 놀라 그 으뜸 패를 쳐다본다. 그의 눈은 아이처럼 밝아진다. 주름진 입술에 행복한 미소가 어린다. "모든 것이 얼마나 간단한지!" 그는 놀라고 또 놀란다. 수천 년 전부터 수많은 나라의 수많은 관 속에 들어가 누워있는 철학자들과 사상가들 모두는 이 모든 진리가 오래전부터 복음서에 이미 분명하게 씌어 있었다는 것을 모르고 왜 그렇게 복잡하고 고통스럽게 애를 썼는지 그 이유를 정말이지 설명할 길이 없다. 레오 니콜라예비치 톨스토이는 그로서는 기념비적인 해인 1878년에 진리를 "1800년 이래 처음으로 제대로 이해하게" 됐고, 마침내 복음을 '허식'으로부터 정화했다고 선언했다(그는 정말로 대단히 방자한 말을 한 것이다). 그러나 이제 모든 노고와 괴로움은 끝났다. 이제 인간들은 얼마나 단순하게 삶을 살아갈 수 있는가를 알아야 한다. 방해가 되는 것은 책상 밑으로 던져버리면 된다. 국가, 종교, 예술, 문화, 재산, 결혼을 폐지하면 그만이다. 그러면 '악과 죄'가 영원히 해결된다. 각자가 손수 땅을 갈고 빵을 굽고 구두를 수선하면 국가도 종교도 더 이상 존재하지 않게 되고 지상에는 순수한 신의 왕국만 존재하게 된다. 그러면 "신이 사랑이고 사랑이 삶의 목적"이 된다. 그러니 책들일랑 모두 집어치우고 더 이상 사고를 하지 말 것이며, 더 이상 정신적인 창조를 하지 말라. '사랑' 하나면 족하다. "인간이 원하기만 한다면" 내일이라도 모든 것이 다 실현될 수 있다.

사람들이 톨스토이 신학의 내용을 구체적으로 인용하는 것을 보면 늘 과장이 앞서는 것처럼 여겨진다. 하지만 사실은 톨스토이 자신이 개종의 열정에 사로잡혀 그렇게 거슬릴 정도로 과장한 장본인이다. 그의 기본적인 인생관이라는 비폭력의 복음은 얼마나 아름답고 명쾌하며 빈틈이 없는가. 톨스토이는 우리 모두에게 관용, 즉 정신적인 겸손을 요구한다. 그는 사회계층간 불평등이 계속 확대될 경우 불가피하게 생기는 갈등을 피하려면 아래로부터의 혁명을 사전에 예방하라고 경고한다. 그리고 이런 예방은 자발적으로 위로부터의 혁명을 시작함으로써, 또 적시에 원시기독교적 관용을 통해 폭력을 배제함으로써 이루어진다고 했다. 부자는 재산을, 지식인은 오만을 각각 버려야 하고, 예술가는 자기만의 상아탑에서 나와 이해심을 갖고 민중에게 다가가야 한다는 것이다. 우리는 정욕과 동물적인 본성을 억제하고, 소유하려는 욕망 대신 베풀 줄 아는 신성한 능력을 키워야 한다. 이는 물론 오래전부터 세계의 모든 복음이 내세운 고결한 요구이며, 인류의 발전을 위해 앞으로도 영원히 이어질 요구이기도 하다. 그러나 톨스토이의 지나친 조바심은 자신의 종교적 성향과 마찬가지로 그것을 개개인의 지고한 도덕적 성과로 놔두는 데 만족하지 않는다. 교만하고 성급한 톨스토이는 화가 나서 그런 온유함을 당장에 모든 사람에게 요구한다. 자신의 종교적 명령에 따라 우리가 즉시 감정과 연결된 모든 것을 포기하고 헌신하고 희생하기를 요구한 것이다. 예순 살의 톨스토이는 젊은이들에게 절제를(남자로서 그 자신은 한번도 절제를 행하지 않았다), 정신적인 사람들에게는 냉철함과 예술 및 지성에 대한 경시를(그 자신도 일생동안 이런 것들을 경시하려고 노력해야 했다) 요구했다. 그리고 그는 우리의 문화가 무가치한 것들에 빠져있음을 신속히 납득시키기 위해 격분한 듯 주먹을 내리치면서 우리의 정신세계 전체를 뒤집어엎었다. 그는 오직 완벽한 고행을 하도록 우리를 유혹하기 위해 우리의 문화 전체를, 우리의 예술가와 시인을, 우리의 기술과 학문을 모욕했다. 그는 매우 어설프게 과장하고 뻔한 거짓말을 했다. 게다가 그는 먼저 자기 자신을 비방하고 깎아내리기까지 하는데, 이런 그의 태도는 언제나 다른 사람들을 자유롭게 공격하기 위해서였다. 그래서 그는 가장 고귀한 윤리적 의도를 그 어떤 과장법보다 더 과장되고 그 어떤 속임수보다도 더 저열하게 거친 독선으로 비웃어 웃음거리로 만들었다. 그는 그러나 독선을 보이고 과도하게 나가면서도 지나치게 무절제하지는 않았고, 기만적이긴 했지만 지나치게 아둔하지는 않았다. 주치의를 두고 그를 늘 데리고 다니면서 계속 진찰을 받는 사람이 의술과 의사를 '쓸데없는 것들'로, 독서를 '죄악'으로, 청결을 '불필요한 사치'로 여긴다고 한다면 믿는 사람이 있을까? 서가를 자신의 많은 작품들로 가득 채운 그가 정말로 '쓸모없는 기생충'으로, '진딧물'로 인생을 보냈단 말인가? 그는 자신의 인생을 다음과 같이 풍자하며 과장했다. "나는 먹고 지껄여대고 남의 말에 귀를 기울인다. 나는 먹고 쓰고 읽는다. 요컨대 나는 또 얘기하고, 귀를 기울여 듣는다. 그러고는 또 먹고 놀고, 먹고 또 얘기하고, 그러고는 또 먹고 잠자리에 든다." 그런 식으로 살면서도 《전쟁과 평화》와 《안나 카레리나》를 쓸 수 있었을까? 누군가가 쇼팽의 소나타를 연주하면 눈물을 주체하지 못했던 그에게 정말로 음악이 고루한 퀘이커교도들이 생각한 대로 단지 악마의 피리에 불과했을까? 정말로 그는 베토벤을 "관능적 감각으로 유혹하는 자"로, 셰익스피어의 희곡들을 "두말할 것도 없는 엉터리"로, 니체의 작품을 "쓸데없이 목청만 높인 조잡한 잡담"으로 여겼을까? 또 푸슈킨의 작품을 "민중이 담배를 마는 데 쓰기 좋은 종이"로만 여겼을까? 어느 누구보다도 예술에 전념한 그가 정말로 예술이란 "한가한 인간의 사치"에 불과하다고, 재단사 그리샤와 구두수선공 표트르가 투르게네프나 도스토예프스키의 판단보다 미적으로 더 높은 단계에 속한다고 생각했단 말인가? "젊은 시절에는 지칠 줄 모르는 호색한이었고" 결혼생활에서 13명의 자식을 둔 그의 호소에 감동해 젊은이들이 금욕주의자가 되어 스스로 거세를 할 것이라고 정말로 믿는단 말인가? 보라. 톨스토이는 '증거들'을 내세워 스스로를 정당화하고 있다는 사실을 다른 사람들이 눈치 채지 못하도록 스스로 미친 사람인 양 과장하고, 양심의 가책 때문에도 스스로 과장한다. 물론 그의 의식의 비판적 토대에서 이따금씩 엿보였던 주체할 수 없는 과도함 때문에 그의 어리석은 독선이 곧 끝날 것 같은 예감은 든다. 그는 언젠가 "나는 사람들이 내 증거를 인정하거나 진지하게 논의하리라는 희망을 품지 않는다"고 쓴 적이 있다. 이런 그의 고백은 백 번 옳다. 왜냐하면 그가 살아있을 때 아무도 '관대한 사람'이라고 자칭하는 그와 논의를 할 수 없었기 때문이다. 그의 아내는 "레오 톨스토이를 설득할 수가 없다"고 한숨지으며 말했다. 또 그와 가장 절친했던 여자친구는

"자기애 때문에 그는 절대 자신의 실수를 인정하지 않는다"고 말했다. 톨스토이를 베토벤이나 셰익스피어와 대립되는 유형으로 생각한다면 착각이다. 톨스토이를 사랑하는 사람이라도 노인이 된 그가 너무나 분명하게 자신의 논리적 약점을 드러낼 보일 때는 미련 없이 그에게 등을 돌린다. 아무리 진지하게 톨스토이를 받아들이는 사람이라도 그의 신학적 돌변을 이유로 인류가 정신적 삶을 위해 2천 년 동안 벌여온 투쟁을 갑작스럽게 가스밸브를 잠그듯 멈추고, 가장 신성한 가치를 쓰레기더미에 던져버릴 생각은 한순간도 해보지 않았을 것이다. 왜냐하면 유럽은 니체 같은 사람을 사상가로 탄생시켰을 뿐만 아니라, 사람들은 정신의 기쁨만이 우리의 메마른 대지를 진정으로 살기 좋은 곳으로 만들어준다고 생각해왔는데 갑자기 도덕적 명령에 따라 한순간에 농부처럼 단순해지고 몽고인처럼 순순히 천막집으로 기어들어가 훌륭한 정신적 유산을 죄악적인 오류로 선언할 생각이 전혀 없기 때문이다. 사람들이 전형적인 도덕가이자 양심의 영웅적 대변인인 톨스토이와, 신경쇠약의 위기를 세계관으로, 갱년기의 불안을 민중에 대한 관심으로 전환하려는 그의 절망적인 시도를 혼동하지 않는 것만도 높이 평가할 만한 일이다. 우리는 이 예술가의 영웅적 삶에 싹튼 엄청난 도덕적 욕구와, 이론으로 도피하여 농부같이 분노한 노인 톨스토이의 문화적 망령을 구분해야 한다. 톨스토이의 진지함과 치우치지 않는 공정성은 이루 말할 수 없을 만큼 우리 세대의 양심을 자극했다. 그의 우울한 이론들은 삶의 즐거움에 대한 암살행위이며, 더 이상 기독교인이 아닌, 그러므로 기독교를 초월한 한 인간으로서 그가 고안해낸 회복불가능한 원시기독교로 우리 문화를 되돌리고 싶어 하는 금욕적 욕구를 나타낸다. 그렇다. 우리는 "금욕이 인생 전체를 결정한다"거나, 지나치게 세속적인 열정을 버리고 오직 의무와 성경말씀만 지켜야 한다고 생각하지 않는다. 우리는 즐거움이 주는 생산적이고 활력적인 힘을 모르는 설교자에 대해서는 불신한다. 그런 사람은 자유로운 감각의 유희와 가장 섬세하고 기쁨이 넘치는 유희인 예술을 의식적으로 황폐하고 음울하게 만든다. 우리는 정신과 기술이 이루어놓은 것, 서구의 유산 중 그 어떤 것도, 그러니까 우리의 책, 우리의 그림, 우리의 도시, 우리의 학문을 포기할 생각이 전혀 없다. 또 우리를 황야로, 정신적 우둔함으로 내모는 퇴보적이고 침체된 철학적 명제 때문에 감각적이고 가시적인 우리 현실의 어떤 것도 포기하고 싶지 않다. 오늘날 우리의 현존재가 아무리 혼란으로 가득 차 있어도 천상의 행복을 위해 그 혼란을 편협한 단순성과 바꾸지는 않을 것이다. 우리는 원시적으로 되느니 차라리 파렴치하게 죄를 지을 것이며, 어리석게 성서에 충실하느니 차라리 정열적이길 원한다. 그래서 유럽은 톨스토이의 사회학적 이론 전체를 그냥 문서보관함에 넣어두고 있고, 그의 모범적인 윤리적 의지에 존경심을 품기는 하지만 오늘날에는 그것을 계속 도외시하고 있다. 왜냐하면 극도로 종교적인 형식에도 불구하고, 또 훌륭한 정신의 산물임에도 불구하고 퇴보적이고 보수적인 것은 결코 창조적인 것이 될 수 없으며, 개인의 영혼의 혼란에서 비롯된 것은 결코 세계적인 영혼의 혼란을 해결해주지 못하기 때문이다. 그러므로 다시 한 번 궁극적으로 말한다면 강력한 영향력으로, 그리고 비판적으로 우리 시대를 쟁기로 갈고 파헤친 톨스토이는 한 알의 밀알로 유럽의 미래에 씨를 뿌리는 자가 되지 못했고, 이 점에서 그는 완벽한 러시아인, 그의 종족과 인류의 완벽한 수호자가 되지 못했다.

물론 종교적 불안과 고통에서 유래된 무분별한 충동으로 모든 도덕적 깊이를 파헤치고 모든 사회문제를 뿌리째 폭로하는 것은 지난 세기(19세기 – 옮긴이) 러시아에 있어서 커다란 의미이자 사명이었다. 그리고 우리는 지난 세기에 속하는 천재적 예술가들의 모든 정신적 업적에 무한한 경외심을 표한다. 만일 우리가 많은 것들을 더 깊이 느끼고 더 철저하게 인식할 수 있게 됐다면, 그리고 시대의 문제와 인간의 영원한 문제를 전보다 더 엄격하고 더 비장하고 더 냉정한 시선으로 바라볼 수 있게 됐다면, 그것은 러시아와 러시아문학 덕택이다. 또한 예전의 진리를 넘어서는 새로운 진리를 추구하는 모든 창조적 불안 역시 러시아문학에 힘입은 것이다. 러시아의 모든 사상은 끓어오르고 팽창하며 폭발하는 정신의 힘이지 스피노자나 몽테뉴, 그리고 몇몇 독일 사상가들의 경우처럼 정신을 정화시키는 것이 아니다. 또한 영혼세계의 확대라는 점에서도 러시아 사상의 공로가 크다. 근대의 예술가 중에서 톨스토이나 도스토예프스키만큼 우리의 영혼을 쟁기로 갈고 파헤친 사람은 없었다. 그러나 두 사람은 우리가 하나의 새로운 질서를 마련하는 데는 도움을 주지 못했다. 끝없는 영혼의 혼란을 가리켜 그것을 세계의 의미라고 하면서 무마하려고 할 때 우리는 그들의 해결책에 등을 돌렸다. 왜냐하면 톨스토이와 도스토예프스키 두 사람은 자신들이 직면한, 극복하기 어려운 니힐리즘에 대한 공포와 근원적인 두려움에서 종교로 도피했기 때문이다. 두 사람은 내적 심연으로 추락하지 않기 위해 노예처럼 기독교의 십자가에 바싹 달라붙고는, 얼마 지나지 않아 러시아 전체를 다시 어둡게 만들었다. 반면 니체가 내뿜은 정화의 섬광은 불안한 옛 하늘을 파괴하고 마치 성스러운 망치와 같이 유럽인들에게 힘과 자유에 대한 믿음을 주었다.

환상적인 장면이 연출됐다. 즉 톨스토이와 도스토예프스키, 러시아에서 가장 영향력 있는 두 사람이 묵시론적 공포에 사로잡혀서 소스라치게 놀라 작품에서 손을 놓은 것이다. 그러고는 각자 자신을 침몰시키는 세계에 대해 스스로가 구조자 또는 구원자라고 생각하면서 똑같이 러시아라는 십자가를 높이 치켜들고 그리스도를 불렀는데 두 사람이 부른 그리스도는 서로 달랐다. 제정신이 아닌 중세의 수도자처럼 삶과 정신이 극히 다른 두 사람은 각자 자기의 연단에 섰다. 골수 반동분자이자 독재정치의 옹호자인 도스토예프스키는 전쟁과 테러를 외쳤고, 권력욕에 빠져 광분하며 차르의 종이 됐다(그는 결국 차르에 의해 감옥에 갇혔다). 그는 제국주의자가 됐고, 세계를 정복한 자를 구세주로 경배했다. 그와 반대로 톨스토이는 도스토예프스키가 찬양한 것들을 격렬하게 비웃었고, 도스토예프스키가 신비할 정도로 굴종적으로 바뀌었던 것만큼이나 신비할 정도로 적극적으로 무정부주의를 표방하며 차르를 살인자로, 교회와 국가를 도둑으로 탄핵하고 전쟁을 저주했다. 그는 도스토예프스키와 마찬가지로 입으로는 그리스도를 부르짖고 손에는 복음서를 들었다. 두 사람 다 동요하는 영혼에 대한 은밀한 공포감에서 온 세계를 비굴과 몽롱함 속에 빠뜨렸다. 두 사람은 러시아 국민이 엄청난 묵시론적 두려움에 휩싸일 것이라는 예언자적 예감, 세계종말과 최후의 심판에 대한 예감, 자신들이 발을 디디고 있는 러시아 땅이 엄청난 격변의 싹을 배태하고 있다는 선지자적 직관을 마음속에 갖고 있었던 것이 분명하다. 시인이 시대의 열기와 구름 속의 천둥소리를 예감하지 못한다면, 새로운 탄생의 산고에 긴장하고 고통스러워하지 않는다면, 시인의 가난과 사명이 무슨 소용인가? 참회자이며 분노에 찬 열광적 사랑의 예언자인 두 사람은 비극이 닥쳐오리라는 것을 미리 알고 세계종말의 문턱에 서서 이미 대기 중에 떠다니는 무서운 것, 우리 시대에는 볼 수 없고 구약성서에나 나올 법한 놀라운 형상들에 다시 한 번 저항한다.

 그러나 그들은 다가오는 상황을 예감만 할 수 있었을 뿐 세계의 흐름을 바꾸지는 못했다. 도스토예프스키는 혁명을 경멸했지만, 그의 장례행렬 바로 뒤에서 차르의 제국을 무너뜨리는 폭탄이 터졌다. 톨스토이는 전쟁을 비난하고 현세의 사랑을 요구했지만, 그의 관이 묻힌 땅이 네 차례 더 푸른 싹을 틔우기도 전에 끔찍한 골육상잔이 일어나 세계를 능멸했다. 그의 작품 속에서 스스로 자책하던 인물들은 시대를 초월해 살아남았지만, 그의 교리는 그들이 내뱉은 말의 입김에 날아가 버렸다. 톨스토이는 자신이 갈구한 신의 왕국이 붕괴하는 것을 직접 체험하지는 못했지만 그것을 예감하고는 있었으리라. 생애의 마지막 해에 그가 조용히 친구들에 둘러싸여 앉아있을 때 하인이 그에게 편지를 한 통 가져왔다. 그는 그 편지를 뜯어 읽었다.

"아닙니다. 레오 니콜라예비치, 인간의 관계가 오직 사랑을 통해서만 개선될 수 있다는 당신의 의견에 동의할 수 없습니다. 좋은 교육을 받고 항상 만족하는 사람들이나 그런 말을 할 수 있을 겁니다. 당신은 어렸을 때부터 굶주렸고 평생을 폭군의 굴레에서 허덕이며 살아가는 사람들에게 무슨 말을 하려는 겁니까? 그들은 노예상태를 벗어나려고 투쟁하고 노력하겠지요. 니콜라예비치, 저는 당신의 임종을 눈앞에 두고 이런 말을 하게 되는군요. 세상은 앞으로도 계속해서 많은 피를 흘릴 것이고, 사람들은 계속해서 혈통의 구분 없이 주인뿐 아니라 그 자손들까지 죽이고 산산조각 낼 겁니다. 이 땅에서 이보다 더 나쁜 일은 일어날 수 없겠지요. 당신이 그런 시간을 함께 체험할 수 없다니 유감입니다. 당신이 저지른 오류를 당신의 눈으로 직접 확인할 수 있을 텐데 말입니다. 부디 편히 영면하시길."

누가 이런 청천벽력 같은 편지를 써 보냈는지는 아무도 모른다. 트로츠키인지, 레닌인지, 아니면 슐뤼셀부르크 감옥(1917년까지 정치범을 수감했던 러시아의 감옥 – 옮긴이)에서 썩어간 무명의 혁명가들 가운데 한 사람인지. 누구도 알 수 없고, 앞으로도 결코 알지 못할 것이다. 그러나 아마도 그 순간에 이미 톨스토이는 자신의 교리가 현실에 역행하는 허망한 헛수고였음을, 인간들에게는 늘 혼란스럽고 거친 열정이 동포애적 선보다 더 큰 힘을 발휘하리라는 점을 알았을 것이다. 목격자들의 설명에 의하면 그 순간 그의 표정이 심각해졌다고 한다. 그는 편지를 들고 생각에 잠긴 채 자기 방에 들어갔으며, 그의 희끗한 머리카락에는 냉철한 예감의 빛이 감돌았다.

실현을 위한 싸움

단 하나의 원칙을 실천에 옮기는 것보다 철학서 열 권을 쓰는 게 더 쉽다.
— 일기, 1847년

레오 톨스토이는 그즈음 끈질기게 뒤적거리던 복음서에서 "바람의 씨를 뿌리는 자는 폭풍을 거두나니"라는 예언적 구절을 읽고 충격을 받았다. 그 자신의 인생에서도 그런 운명이 현실화되고 있었기 때문이다. 어느 누구도, 강력한 사람이라면 더더욱 죄 값을 치르지 않고는 자신의 정신적 불안을 세상에 쏟아낼 수 없다. 자신의 마음에 대한 반란은 천 배는 더 큰 충격으로 반격을 받는다. 논쟁의 열기가 식어버린 지 오래인 오늘날에는 톨스토이의 복음이 러시아, 나아가 전 세계에 얼마나 열광적인 기대를 불러일으켰었는지를 상상할 수 없을 것이다. 그것은 영혼의 반란, 전 국민의 양심에 일어난 커다란 각성이었다. 그런 전복적인 영향에 놀란 러시아 정부가 톨스토이의 논쟁적인 글들을 서둘러 금서로 지정했지만 소용없었다. 그의 글들은 타자기로 복제되어 비밀리에 이 사람 저 사람에게 전해졌다. 또한 외국에서 간행되어 몰래 반입되기도 했다. 톨스토이가 기존 질서의 요소들, 즉 국가와 차르와 교회를 대담하게 공격할수록, 인류를 위해 더 나은 세계질서를 요구할수록 구원을 향해 열려있는 인류의 마음이 그를 향해 더욱더 거세게 밀려왔다. 그도 그럴 것이 철도, 라디오, 전보, 현미경을 비롯한 마술 같은 기술발전에도 불구하고 우리의 윤리세계는 그리스도, 마호메트, 부처의 시대와 똑같이 지고한 도덕적 상태에 대한 메시아 신앙적 기대를 간직하고 있기 때문이다. 영원히 기적을 바라는 대중의 영혼은 지도자와 스승을 향한 새로운 동경을 버리지 못한 채 전율한다. 한 인간이라는 개별 존재가 인류에게 약속을 내세울 때는 언제나 이처럼 믿음에 대한 동경이 일깨워진다. 그러면 "나는 진리를 안다"고 책임 있게 말할 용기를 지닌 사람을 향해 모두 분연히 일어나 희생을 하겠다는 비장한 각오를 하게 되어 사람들의 심장이 뛰는 것이다.

그래서 세기말(19세기 말 - 옮긴이) 즈음부터 톨스토이가 복음을 알리기 시작하자 러시아 전역에서 수백만에 이르는 영혼들이 그를 향했다. 오래전부터 하나의 심리학적 문서에 불과했던 《참회록》이 전도서처럼 신앙심 깊은 청년들을 도취시켰다. 여태껏 오로지 무산자들만이 불평하던 것, 반노예상태에 있는 사람들이 비밀리에 속삭이던 것을 마침내 강력하고 자유로운 인간이자 러시아의 가장 위대한 시인이 요구했다는 것에 그들은 열렬한 환호를 보냈다. 다시 말해 현 세계질서는 부당하고 비도덕적이어서 유지될 수 없으니 더 나은 새로운 형태를 찾아야만 한다는 것이었다. 이런 메시지는 불만을 품고 있던 모든 사람에게 뜻밖의 자극이 됐다. 더욱이 그런 자극의 동기를 마련해준 사람은 진보적인 소설가가 아니라 누구도 그 권위와 정직성을 의심하지 않는, 독립적이고 절개 있는 정신의 소유자였다. 소문에 의하면 그 사람은 자신의 삶으로, 분명한 삶의 행동으로 모범을 보이면서 자기가 먼저 행동하려 한다고 했다. 그는 백작으로서는 특권을, 부자로서는 재산을 버렸고, 유산자이자 대문호로서는 처음으로 겸허하게 노동민중의 차별 없는 공동체에 동화되고자 한다는 것이었다. 무산자들의 새로운 구세주가 전파하는 복음은 교육받지 못한 자들, 농부들, 문맹자들에게까지 이르렀다. 이미 첫 번째 청년 추종자들이 모여들었고, 그들은 그의 글을 신앙으로 삼고 그 스승의 말씀을 행동으로 옮기기 시작했다. 그들 뒤에는 엄청나게 많은 억압받은 자들이 깨어나서 기다리고 있었다. 수백만의 심장이, 수백만의 시선이 복음을 선포하는 톨스토이를 향해 불타올랐다. 그리고 그들은 모두 열망의 눈빛을 하고 그의 행동 하나하나를, 세계적으로 중요한 의미를 갖게 된 그의 삶의 행위 하나하나를 바라보았다. "그는 배운 사람이고, 이제 그가 우리를 가르칠 것이다."

그러나 이상하리만치 톨스토이는 자기가 얼마나 막중한 책임을 짊어졌는지를 전혀 알지 못하는 것 같았다. 그는 당연히 복음의 선포자로서 삶의 교훈을 글로 써서 남겨야 할 뿐 아니라 모범적으로 자신의 삶에서 그것을 실현시켜야 함을 느낄 줄 알 만큼의 냉철한 형안을 가진 사람이었다. 그러나 그는 새로운 사회적, 윤리적 요구가 관철될 가능성을 삶에서 상징적으로 암시만 하고 가끔은 원칙적으로 그럴 각오가 돼 있다는 신호만 보내면 그것으로 충분하다고 생각했다(이 점이 시작단계에서 그가 저지른 오류였다). 그는 주인과 노예의 차이가 겉으로 드러나지 않게 하려고 농부처럼 옷을 입었고, 낫과 쟁기를 들고 들판에서 일했다. 그런 그의 모습은 마치 이렇게 말하는 것 같았다. 나는 들판에서 일하는 것과 빵을 얻기 위해 거친 노동을 성실하게 하는 것을 부끄러운 일로 여기지 않는다. 어느 누구도 이런 일을 부끄러워해서는 안 된다. 보라! 여러분 모두가 아는 바와 같이 나 레오 톨스토이는 이런 일을 할 필요가 없을지도 모르고, 정신적 업적 덕분에 이런 일을 면제받았는지도 모른다. 그런 내가 기쁜 마음으로 이런 일을 한다. 톨스토이는 소유의 죄로 더 이상 영혼을 더럽히지 않기 위해 자신의 소유물인 재산(당시 50만 루블이 넘었다)을 아내와 가족에게 양도했고, 자기가 쓴 작품들로 받게 될 돈이나 돈에 상응하는 것들을 거부했다. 그는 기부금을 냈고, 전혀 모르는 사람이건 아주 비천한 사람이건 부탁을 하면 방문을 허락하거나 편지를 보냈다. 또 그는 다른 사람들을 형제처럼 돕고 싶은 애정에서 지상에서 일어나는 모든 불의와 부정도 감수했다. 그럼에도 불구하고 더 많은 요구가 자신에게 쏟아진다는 것을 그는 인식하지 않을 수 없었다. 신앙을 가진 거친 대중, 바로 그가 온 영혼을 다해 추구한 민중은 정신적으로 성찰된 겸손의 상징에 만족하지 않았고, 그에게 완전한 포기, 비참함과 불행에의 끊임없는 헌신과 같은, 더 큰 것을 요구했다. 진정한 믿음을 가진 자, 확신이 있는 자는 항상 순교한다는 것이었다. 그러므로 모든 종교의 시초 단계에는 언제나 완전히 자기를 희생하는 자가 있다. 단순히 암시적인 태도, 약속만 하는 태도만으로는 안 된다. 톨스토이가 자신의 교리가 실현될 수 있다는 가능성을 증명하기 위해 그때껏 행한 모든 것은 굴종의 제스처 또는 종교적 겸손의 상징행위이지 그 이상의 것은 아니다. 그런 행위는 예컨대 가톨릭교회가 교황이나 엄격한 믿음을 가진 황제에게 부과하는 의무에 비교되는 것일 뿐이다. 교황이나 황제도 일 년에 한 번, 그러니까 부활절 전의 목요일에 열두 노인의 발을 씻어준다. 그렇게 함으로써 그들은 아무리 비천한 행위를 한다 해도 그것이 지상 최고의 지위를 깎아내리지 못한다는 사실을 민중에게 증명해 보이는 것이다. 교황이나 오스트리아 또는 스페인의 황제들은 일 년에 한 번 이런 참회의 행위를 한다고 해서 자신들의 권위를 잃지도 않고, 실제로 그들이 목욕시종이 되는 것도 아니다. 이와 마찬가지로 위대한 시인이자 귀족인 톨스토이가 한 시간 동안 구두를 수선한다고 해서 구두수선공이 되는 것은 아니며, 두 시간 동안 들일을 한다고 해서 농부가 되는 것도 아니다. 또 그가 가족에게 재산을 양도한다고 해서 그가 정말로 거지가 되지는 않는다.

톨스토이는 자신의 교리가 실현 가능함을 구체적인 행동으로 표명하려 했을 뿐 실제로 그것을 실현시키지는 못했다. 상징적 암시에 만족하지 못하고 완전한 희생을 보아야만 확신을 할 수 있는 민중은 레오 톨스토이에게 희생을 기대했다. 왜냐하면 이 대가를 최초로 신봉한 그들이 스승의 교리를 스승 자신보다도 더 엄격하게 해석했기 때문이다. 일부러 가난을 선택한 예언자를 향한 순례에 나선 그들은 야스나야 폴랴나의 농부들도 다른 귀족 영지의 농부들과 똑같이 비참함 속에 허덕이는 것을 알게 되자 깊이 실망했다. 그런데 톨스토이는 예전과 똑같이 백작으로서 자신의 지체 높은 신분에 맞게 귀족의 저택에서 손님들을 맞고 있었고, 여전히 "갖가지 수법으로 민중에게서 그들에게 필요한 것들을 수탈하는 계급"에 속해 있었다. 톨스토이는 분명하게 재산양도를 선언했지만 그들의 눈에는 그가 실제로 재산을 포기한 것처럼 보이지 않았으며, 더 이상 재산을 가지고 있지 않다고는 하지만 그가 정말로 가난해 보이지도 않았다. 지금까지의 모든 안락함을 여전히 맘껏 누리는 시인의 모습을 본 그들은 그가 아무리 밭일을 하고 구두수선을 한다 해도 그에 대해 확신을 하지 못했다. "어떤 인간이기에 말과 행동이 저리 다른가?" 실망한 늙은 농부가 투덜거렸다. 대학생들과 골수 공산주의자들은 그의 교리와 행동 사이에 존재하는 이런 애매한 괴리에 대해 더 가혹하게 말했다. 그의 이론을 확고하게 신봉하는 사람들은 그의 모호한 태도를 보고 갈수록 실망을 금하지 못했다. 그들은 편지와 난폭한 공격을 통해 그에게 교리를 공식적으로 취소하든지 상징적인 편법만 쓸 것이 아니라 교리를 문구 그대로 행동으로 옮기라고 더욱 강력하게 경고했다.

　이런 외침에 놀란 톨스토이는 마침내 자신의 요구가 얼마나 엄청난 것이었는지를 깨닫게 된다. 그리고 강령이 아닌 행동이, 선동자적인 본보기가 아닌 생활방식의 완전한 개혁만이 자기가 전파하는 복음에 생명력을 불어넣을 수 있다는 사실을 인식하게 된다. 설교자이자 희망을 약속한 사람으로서 19세기의 막바지에 화려한 명성의 조명을 받으며, 또한 수백만 명의 감시를 받으며 연단에 서 있던 그는 결국 일체의 사적이고 융화된 삶을 포기해야 하며, 자신의 신념을 가끔 상징적으로 암시만 해서는 안 되고 유효한 증거를 보여주는 희생이 필요하다는 사실을 깨닫는다. "사람들에게 내 뜻을 전달하기 위해서는 고통을 통해, 아니 더 좋은 본보기로서는 죽음을 통해 진실을 증명해야 한다." 이렇게 해서 톨스토이는 복음의 사도로서는 전혀 예감하지 못했던 의무를 수행하게 된다. 톨스토이는 몸서리치고 혼란스러워하면서, 또 자신의 힘에 대한 확신도 없이 영혼의 저 밑바닥까지 불안해하면서 그의 교리가 새겨진 십자가를 받아들인다. 이때부터 그는 현실에서 끊임없이 행동함으로써 자신의 도덕적 요구를 구체적으로 입증해 보여주고, 조롱하기 좋아하고 말 많은 세상 한복판에서 종교적 믿음의 신성한 충복이 된다.

　성자라는 말은 아무리 반어법을 사용한다 해도 그 뜻이 명백하다. 우선 성자는 냉정한 우리 시대의 이치에는 맞지 않고 존재가 불가능해 보이며 사라진 중세의 시대착오로 보인다. 모든 영적 유형의 상징과 제의적 형식은 무상한 세월에 굴복한다. 우리가 역사라고 부르는, 예측할 수 없는 유사성의 유희 속에서 모든 유형이 계속해서 되풀이된다. 이것은 당연하고 어쩔 수 없는 일이다. 어느 시대에나 항상 인간은 성스러운 존재를 추구하는데 그 이유는 인류의 종교적 감정이란 더없이 고귀한 영혼을 끊임없이 필요로 하고, 또 그것을 만들어내기 때문이다. 다만 시대의 변화에 따라 그 수행의 외적 형태만 바뀐다. 정신적인 열정의 도움으로 삶을 온통 신성화한다는 생각은 성화(聖畵)나 기둥에 양각된 형상과는 아무런 관계가 없다. 왜냐하면 우리는 성자의 형상을 종교회의나 교황선출 회의의 문구에서 이미 오래전에 제외시켰기 때문이다. 오늘날 '신성하다'는 말은 종교적 이념에 완전히 헌신한다는 의미로서 영웅적인 것을 지칭한다. 예를 들면 가시면류관을 쓴 광신적인 고행자의 지적인 몰아경보다 실스마리아(니체가 머물며 《짜라투스트라는 이렇게 말했다》를 썼던 스위스의 도시 - 옮긴이)에서 "신은 죽었다"고 외친 니체의 세계부정적 고독이나 암스테르담의 다이아몬드 세공자가 실천한 감동적인 무소유가 더 수준 낮은 것이라고 여기는 사람은 없다. 그러나 모든 기적의 저편과 마찬가지로 타자기와 전기가 발명되고 어디든 길이 나 활기로 가득 차고 인간들로 우글대는 오늘날의 도시 한복판에도 양심의 증인으로서의 정신적 성사는 존재할 수 있다. 다만 기적이나 기이한 일을 일으키는 사람들을 신처럼 전능하거나 현실에서 논박의 여지가 없는 확실한 사람들로 간주할 필요가 없을 뿐이다. 반대로 우리는 대단한 모험가, 위기와 투쟁 속에서 위험한 시련을 겪은 사람들을 사랑한다. 그들의 오류에도 불구하고 사랑하는 것이 아니라 바로 그들의 오류 때문에 사랑하는 것이다. 우리 인간은 성자들을 초현세적인 피안에서 온 신의 사도로서가 아니라 인간들 사이에 있는 가장 현세적인 사도로 숭배하길 원하기 때문이다.

 그러므로 모범적인 삶의 형태를 얻으려 했던 톨스토이가 엄청난 시련 속에서 흔들렸다는 사실은 우리에게 감동을 준다. 그리고 그가 목표했던 바의 마지막 실현을 앞두고 인간으로서 좌절하는 모습은 그가 신성한 존재였을 때보다 더욱 감동적으로 보인다. 그러나 톨스토이가 시대의 인습적 삶의 양식을 탈피해 시대를 초월한 양심적인 삶만을 살겠다며 영웅적 과제를 떠안는 순간 그의 삶은 필연적으로 비극으로 변했고, 그 비극은 프리드리히 니체의 격분과 파멸 이후 우리가 보았던 그 어떤 비극보다 끔찍했다. 왜냐하면 강요에 못 이겨 가족, 귀족사회, 재산, 시대의 법규 등 이미 뿌리내린 모든 관계들과 결별하는 것은 수천 갈래의 신경조직을 산산조각 내지 않고는, 또 가장 가까운 사람들에게 고통스런 상처를 주지 않고는 결코 이루어질 수 없는 일이었기 때문이다. 그러나 톨스토이는 결코 고통을 두려워하지 않았다. 반대로 순수한 러시아인이자 극단주의자로서 자기의 진실을 명백하게 증명하기 위해 현실에서의 생생한 고통을 갈망했다. 그는 오래 전부터 삶의 안락함에 염증을 느끼고 있었다. 밋밋한 가정의 행복, 작품이 가져다주는 명성, 동시대인들의 존경에 진저리가 났다. 창조적 인간인 그는 무의식중에 좀더 긴장감이 있는 다면적인 운명을 맞기를 목말라하고 인류의 근원적인 힘과 더 깊은 결합을 할 수 있기를 원했다. 그리고 가난과 궁핍, 고통을 갈망했다. 그는 위기를 겪고서야 비로소 고통의 창조적 의미를 처음으로 알게 됐다. 그는 겸손을 내세우는 자신의 이론이 진심에서 나온 것임을 진실의 사도답게 증명하기 위해 집도 돈도 가족도 없이 더럽고, 이가 들끓고, 멸시받고, 국가로부터 박해를 받고, 교회에서 추방된 비참한 인간의 삶을 영위할 수 있기를 바랐다. 그는 자신이 책에서 진정한 인간의 가장 의미 있는 모습, 영혼을 추구하는 유일한 모습으로 묘사한 사람들, 즉 바람이 휩쓸고 간 가을날의 나뭇잎 같은 유랑민들과 무산자들의 삶을 몸소 자신의 몸으로, 발로, 머리로 체험하고 싶었다. 톨스토이는 깊은 내면적 의지로부터, 자기와 상반되는 유형인 도스토예프스키에게 그가 원하지 않았는데도 주어졌던 운명을 자신도 갖게 되기를 바랐다. 톨스토이가 교육적인 원칙에서, 또 순교자가 되려는 열망에서 체험하고 싶어 했던 모든 것을 도스토예프스키는 쓰디쓴 고통으로, 가혹하고 혐오스런 운명으로 체험했다. 도스토예프스키는 고통스럽고 절박하며 기쁨을 앗아가는 가난을 마치 네소스의 옷(그리스 신화에 나오는 반인반마의 괴물인 네소스의 피가 묻은 옷으로, 이 옷을 입은 사람은 죽게 된다고 함. 일반적으로 '파멸을 가져다주는 선물'을 의미한다 - 옮긴이)처럼 실제로 걸치고 있었다. 집 없는 그는 방방곡곡을 떠돌았다. 그는 병으로 육체가 갈기갈기 찢어졌고, 차르의 병사들에 의해 형장에서 죽음의 기둥에 묶여 총살당할 뻔 했으며, 시베리아로 유형을 가기도 했다. 톨스토이가 순교자로서 자신의 교리를 시위하기 위해 체험하고 싶었던 것들이 도스토예프스키에게는 넘쳐났다. 그러나 외적인, 눈에 보이는 고통을 스스로 겪기를 갈망했던 톨스토이에게는 박해와 고통이 조금도 주어지지 않았다.

톨스토이는 자신이 고통을 갈망했음을 입증하는 데는 늘 실패했다. 어디서건 그를 비웃고 조롱하는 운명이 그로 하여금 순교의 길을 가지 못하도록 막았다. 그는 가난을 바랐고, 자기 재산을 인류에게 선사하고 싶었으며, 더 이상 저작이나 창작으로 돈을 벌고 싶지 않았다. 하지만 그의 가족은 그를 가난하게 내버려두지 않았다. 그의 뜻과 달리 가족의 수중에 넘어간 재산은 점점 더 불어나기만 했다. 그는 고독을 원했지만 자신의 명성 때문에 집은 기자와 호기심 많은 사람들이 항상 가득했다. 그는 멸시받고 싶었지만 자신을 모욕하고 비하하면 할수록, 증오심에서 자신의 작품을 혹평하고 정직성을 의심하면 할수록 사람들은 더욱더 경외하는 마음으로 그에게 매달렸다. 그는 누추하고 지저분한 오두막에서 남들 모르게 방해받지 않고 농부의 삶을 살거나 순례자 또는 거지가 되어 길거리를 헤매고 싶었지만, 가족들은 그를 극진하게 보살펴주었고, 그가 공개적으로 거부했던 편리한 문명의 이기들을 그의 방 안에까지 들여놓아 그를 괴롭혔다. 그는 박해받고 감금당하고 억압당하고 싶었지만(그는 "자유롭게 사는 것이 내게는 고통스럽다"고 말한 적이 있다), 당국은 교묘하게 그를 제외한 그의 추종자들만을 탄압하고 시베리아로 유형 보내는 것으로 끝냈다. 결국 그는 극단적으로 나아가 차르를 비방했다. 유배되고, 유죄판결을 받고, 자신의 신념에서 비롯된 반란죄에 대한 공개적인 처벌을 받기 위해서였다. 그러나 황제 니콜라이 2세는 소송을 제기한 장관에게 이렇게 말했다. "부탁인데, 레오 톨스토이를 건드리지 말아주시오. 나는 그를 순교자로 만들고 싶은 생각이 없소." 만년의 톨스토이는 신념의 순교자가 되고 싶은 마음이 간절했지만, 운명은 그가 순교자가 되는 걸 허락하지 않았다. 그렇다. 운명은 고통을 기꺼이 받아들이려는 자에게는 고통을 주지 않는 심술궂은 배려를 한다. 정신착란으로 미쳐 날뛰는 중증 정신병 환자처럼 톨스토이는 명성이라는 보이지 않는 감옥에 갇혀 자신과 싸움을 벌였다. 그는 자기 이름에 조롱을 퍼부었고, 국가와 교회를 비롯한 모든 권력에 대해 분노했다. 그러나 사람들은 모자를 벗어 손에 들고 그의 말에 공손하게 귀를 기울였다. 그리고 그들은 그를 대할 때면 마치 위험성이 없는 귀족가문의 정신착란자를 다루듯 했다. 그는 한번도 분명한 행동을 하지 못했고, 자신의 신념에 대한 결정적인 증거를 보여주지도 확실한 순교에 성공하지도 못했다. 십자가에 못 박혀 죽고자 하는 그의 의지와 그 실행 사이에 악마가 명성을 끼워 넣었다. 명성은 운명의 모든 충격을 막아 그에게 고통이 접근하지 못하게 했다.

그런데 그의 모든 추종자는 불신에 차서 성급하게, 그의 반대파는 조롱하며 이렇게 묻는다. "왜?" 왜 레오 톨스토이는 단호한 의지로 그에게 고통스럽다는 모순을 없애지 못했는가? 왜 그는 기자나 사진사들을 자기 집에서 내쫓고 가족이

자기 작품을 파는 것을 방치했는가? 왜 그는 줄곧 자신의 요구를 완전히 무시하고 요지부동으로 부와 안락함을 지상 최고의 선으로 간주하는 주변 사람들에게 굴복했는가? 왜 끝까지 자신의 양심이 내리는 명령에 따라 분명하고 확실하게 행동하지 못했는가? 톨스토이는 사람들이 제기하는 이런 끔찍한 질문에 결코 변명으로 답하지 않았다. 오히려 그의 의지와 행동 사이에 존재하는 명백한 모순을 지적한 요설가들 중에서 그의 행동, 아니 그의 모호한 침묵에 가장 가혹한 판결을 내린 사람은 바로 톨스토이 자신이었다. 1908년 그는 일기에 이렇게 썼다. "마치 낯선 사람에 대해서 말하듯 나에 대해서 이렇게 말해보자. 그러니까, 호사스럽게 살고, 농부들을 최대한 착취하고, 농부들이 구속되도록 내버려두고, 그러면서도 기독교를 신봉한다면서 설교하고, 자선금으로 5코페이카짜리 동전을 나눠주고, 비열한 행동을 하고나서는 언제나 사랑하는 아내의 뒤꽁무니로 기어들어가 숨는 사람. 이런 사람이 있다면 나는 그를 주저 없이 악당이라고 부르리라! 내가 세상의 허영과 인연을 끊고 오직 영혼 안에서만 살아가려면 이런 말을 반드시 들어야 할지도 모르겠다." 레오 톨스토이의 도덕적 이중성에 대해 어느 누구도 나서서 설명할 필요가 없다. 그 스스로가 날마다 그런 이중성 때문에 자기 영혼을 갈기갈기 찢었기 때문이다. 그의 일기를 보면, 이 문제를 두고 양심의 가책을 느끼게 될 때 그는 마치 강철이 빨갛게 달아오른 것 같았다. 그는 "말해 봐, 레오 톨스토이. 너는 네 교리의 원칙에 따라 살아가고 있는가?"라고 묻고는 "아니다. 나는 너무나 수치스러워 죽을 지경이다. 나는 죄인이고 경멸받아 마땅하다"라고 절망에 빠져 대답했다. 궁핍한 삶을 갈망한다는 고백을 한 뒤로 그는 논리적으로나 윤리적으로나 자기에게는 한 가지 종류의 삶만이 가능하다고 확신했다. 그것은 집을 떠나고, 귀족의 칭호와 예술을 포기하고, 순례자로서 러시아의 거리를 헤매는 일이었다. 그러나 이 고백자는 자신의 진실성에 가장 필요하고 유일한 증거가 될, 이런 결심의 실행으로 나아갈 수가 없었다. 그러나 내가 볼 때는, 그의 안에 감춰졌던 바로 이 결정적인 약점, 즉 철저한 급진주의자가 될 수 없었던 것이 톨스토이의 가장 아름다운 점이었다. 왜냐하면 완전함이란 언제나 인간적인 것을 초월해서만 가능하기 때문이다. 성자라면 누구든, 아무리 부드러운 성품의 성자라 해도 엄격해질 수밖에 없고 제자들에게 신성을 위해서는 냉정하게 부모와 처자식도 외면해야 한다는, 거의 초인적이면서도 비인간적인 요구를 하지 않을 수 없다. 철저하고 완전한 삶은 언제나 주변과 동떨어진 개인의 진공 속에서만 실현될 수 있다. 다른 사람들과의 유대와 결합 속에서는 불가능하다. 그렇기에 어느 시대에나 성자의 길은 성자에게 유일하게 어울리는 거처이자 고향인 황무지로 향한다. 톨스토이 역시 극단적인 논리로 구성된 그의 교리를 행동으로 옮기려면 교회 및 국가에서 떨어져 나와야 했을 것이고, 이보다 더 좁고 따뜻하고 밀착된 관계인 가족이라는 영역에서도 떨어져 나와야 했을 것이다. 그러나 남은 인생 30년 동안 이런 식의 야만적이고 분별없고 폭력적인 일을 실행하기에는 이 성자는 너무나 인간적이었고, 자연히 그럴 능력도 없었다. 그는 집에서 두 차례 달아났지만 두 차례 다 다시 집으로 돌아갔다. 당황한 아내가 혹 자살을 할지도 모른다는 생각 때문에 그의 의지가 마지막 순간에 꺾였던 것이다. 그는 자기의 추상적인 이념을 위해 누군가를 희생시키겠다는 결심을 할 수가 없었다. 이것이 그의 정신적인 업보이자 인간미였다. 아이들과 불화에 빠지고 아내를 자살로 내모느니 차라리 자신이 고통스럽게 혈연적 유대라는 답답한 지붕 아래서 견뎌내는 것이 나았다. 절망한 그는 유언장을 쓰는 문제나 책을 판매하는 문제와 같은 결정적인 문제는 가족에게 넘겨주고, 인간을 고통스럽게 하는 문제는 자기가 짙어졌다. 그는 바위처럼 굳건한 성자가 되는 대신 괴로워하면서 연약한 인간으로 남기로 했다.

이런 식으로 그는 대중 앞에서 미온적이고 애매한 태도를 반복했다. 그는 삼척동자라도 자기를 비웃고, 정직한 사람들은 자기를 의심하며, 추종자들도 자기를 비판하리라는 것을 스스로 알고 있었다. 그러나 그는 입을 꾹 다물고 그 어떠한 변명도 하지 않았고, 자신의 모호한 태도에 대해 가해지는 비난을 묵묵히 받아들였다. 바로 이런 인내하는 태도는 톨스토이로 하여금 암울한 시기를 견뎌내게 해주었다. "사람들에게는 내 입장이 잘못된 것일지 모르지만 내겐 그것이 필요한 것일 수도 있다"고 그는 1898년에 비통한 심정으로 일기장에 기록했다. 그리고 그는 서서히 자신이 겪는 시련의 특별한 의미를 인식하기 시작했다. 그것은 승리 없는 순교, 방어도 변명도 하지 못하는 부당한 고통이 그가 몇 년 동안 갈망해온 시장터에서의 순교 또는 연극적인 순교보다도 그에게 더욱 간절하고 중요한 것이 됐다는 자각이었다. "나는 고통을 겪고 탄압을 받고 싶은 마음이 들곤 한다. 그러나 그들이 나를 괴롭히고 나는 그저 그에 따른 고통을 감내하는 것은, 나 자신은 게으르면서 다른 사람들이 나를 위해 일하기를 바라는 것과 똑같다." 단숨에 고통 속에 뛰어들어 사무치는 속죄의 심정으로 자기가 만든 신념의 형장에서 스스로를 불태우고자 했던 성급한 인간 톨스토이는 그런 자신의 생각보다 훨씬 더 가혹한 시련이 서서히 달구어지면서 자신에게 부과되고 있음을 깨달았다. 그것은 바로 성자가 되지 못한 자신에 대한 경멸, 그리고 자각된 양심으로 인한 영원한 불안이었다. 왜냐하면 끊임없는 양심의 가책이 명철하고 솔직한 자기관찰자로서의 톨스토이로 하여금 현세적 인간으로서의 톨스토이가 자기의 집과 생활 속에서는 자기가 수백만 인류에게 던진 윤리적 요구를 스스로 이행할 수 없음을 날마다 인정하게 만들었기 때문이다. 그러나 그는 자신이 교리대로 수행하지 못할 것임을 알면서도 멈추지 않고 설교를 했다. 그는 오래전부터 이미 스스로를 믿지 않게 됐으면서도 다른 사람들에게 여전히 믿음과 동의를 요구했다. 이로써 톨스토이의 양심에 난 상처가 곪을 대로 곪게 된다. 그는 자신이 떠맡은 사명이 오래전에 이미 하나의 배역, 즉 끊임없이 새로이 세상에 보여주어야 하는 겸손의 연극이 돼버렸음을 알고 있었다. 톨스토이는 결코 자신을 속이지는 않았다. 그의 불분명하고 모호한 태도를 집요하게 비난하는 그의 적들보다 그 자신이 그것을 더 정확하게 알고 있었다는 사실, 바로 이런 사실이 그의 삶을 남모르는 비극으로 만들었다. 이런 그의 자기혐오와 자기파멸이 진실을 갈망하는 그의 고통스러운 영혼을 어느 정도까지나 괴롭혔는지를 알고 싶거나 짐작이라도 해보고 싶다면, 그의 유고에서 발견된 단편《신부 세르게이》를 읽어보라. 성녀 테레제가 자신의 환영에 놀라 고해신부에게 자신의 교만을 시험하기 위한 그 계시가 신의 적대자인 악마가 아니라 정말로 신이 내린 거냐고 불안하게 묻듯이, 톨스토이는 자기가 쓴 소설에서 자신이 제시한 이론과 행동이 정말로 신성하고 윤리적이며 자비로운 근원에서 나온 건지, 아니면 허영의 악마 또는 공명심이나 찬사에 대한 도취에서 나온 건지를 스스로에게 묻는다. 그는 소설 속에 그린 성자의 모습을 통해 야스나야 폴랴나에서 자신이 처한 상황을 간접적으로 보여주었다. 믿음을 가진 자, 호기심이 많은 자, 감탄한 순례자들이 자기를 찾아왔듯이 소설 속에서는 수백 명의 속죄자와 흠모자들이 기적을 행하는 수도자를 찾아온다. 톨스토이의 양심을 대변하는 소설 속 수도자는 톨스토이처럼 추종자들의 소란 속에서 성자로 추앙을 받는 자신이 정말로 신성한 마음을 갖고 살아가고 있는지를 스스로에게 묻는다. "내가 행하는 것 중 어느 만큼이 신을 위한 일이고, 어느 만큼이 인간만을 위한 것인가?" 절망한 톨스토이는 세르게이 신부의 입을 통해 스스로에게 질문을 던지고 대답을 찾았다.

"그는 영혼의 깊은 곳에서, 자기가 신을 위해 한 일을 악마가 명성만을 꾀하는 일로 만들어버린다고 느꼈다. 전에는 고독을 방해받지 않는 것이 행복했는데 지금의 이 고독은 그에게 고통일 뿐이었다. 그는 손님들이 귀찮게 느껴졌다. 그들 때문에 피곤했다. 그러나 그의 마음 깊은 곳에서는 그들이 찾아주어 반가웠고 자기에게 쏟아지는 찬사가 기뻤다. 그에게는 영혼을 더욱 강하게 만들고 기도할 시간이 늘 부족했다. 때로는 스스로를 샘물이 흐르는 샘터 같다고 느꼈다. 그 빈약한 샘터에는 자신으로부터 흘러나오고 자신을 통해 흘러가는 생명수의 원천이 있다고 그는 생각했다. 그러나 목마른 자들이 몰려와 서로를 밀쳐내는 지금은 그 샘터에 물이 고이지 못한다. 그들은 모든 것을 짓밟았다. 오직 더러운 쓰레기만 남았다. … 그의 내면에는 이제 사랑도 겸손도 순결함도 없다."

신에게 귀의할 모든 가능성을 영원히 차단하는 이런 단호한 자기거부보다 더 끔찍한 판결을 생각해낼 수 있을까? 톨스토이는 이런 고백을 통해 이미 책으로 인쇄된, 야스나야 폴랴나의 경건한 남자가 품었던 고루한 생각을 영원히 산산조각 내버렸다. 성자의 후광 대신으로 스스로 짊어진 책임에서 오는 부담 때문에 파멸해버린, 나약하고 불안한 한 인간의 찢겨진 양심이라니, 얼마나 큰 비애감을 주는가. 세계의 감탄, 추종하는 제자들의 숭배, 매일같이 이어지는 순례자들의 행렬, 요란스럽고도 감격적인 모든 찬사에도 불구하고 문학적으로 미화된 기독교의 겉모습 속에 얼마나 많은 연극적 요소들이 감춰져 있는가, 자기가 내보이는 겸손의 이면에 얼마나 많은 명예욕이 감춰져 있는가. 이렇게 의심하는 정신과 순수한 양심을 그는 스스로 속일 수가 없었다. 자신에 대한 혐오감 속에서 상징적인 자기해부 과정을 거치면서 톨스토이는 자기가 최초로 가졌던 의지의 정직성에 대해서조차 회의하기를 멈추지 않았다. 그는 불안에 떨며 소설 속에 그린 자기의 분신을 통해 계속 질문한다. "그러나 최소한 신을 섬긴다는 정직한 의도는 있지 않았던가?" 그러나 스스로에게 이렇게 대답함으로써 신성을 향한 모든 문을 닫아버린다. "그래. 그런 의도는 있었지. 그러나 모든 것이 더럽혀졌고 명성에 가려졌어. 나처럼 사람들에게서 명성을 얻기 위해 살아온 사람에게는 신이 없어." 톨스토이는 너무나 많은 말을 하고 비극적인 신앙을 연기하는 바람에 믿음을 낭비해버렸다. 유럽의 문학 앞에서 그가 보여준 연극적 태도, 말없는 겸손이 아닌 교구에서의 격정적인 속죄(혜안의 톨스토이는 스스로가 이런 태도를 취했다고 느끼고 고백했다)는 그가 신에게 완전히 귀의하는 것을 불가능하게 만들었다. 톨스토이와 양심의 형제와도 같은 세르게이 신부가 세계와 명성과 허영심을 다 거부하거나 버리자 그는 자신의 신에게 가까이 다가갈 수 있게 된다. 세르게이 신부가 방황을 끝내면서 애타게 "나는 신을 찾겠다"고 한 말은 바로 그의 입을 빌어 톨스토이 자신이 한 말이다.

"나는 신을 찾겠다." 이 외침은 톨스토이의 가장 진정한 의지, 그리고 '신을 찾은 자'가 아니라 '신을 찾고 있는 자' 밖에 되지 못하는 그의 운명을 말해준다. 그는 성자도 아니었고, 세계를 구원하는 예언자도 아니었다. 그는 완전하고 정직한 삶을 산 사람도 결코 아니었다. 그는 언제나 하나의 인간에 불과했고, 위대했던 순간도 적지 않았지만 그 다음 순간에는 다시 예전과 다를 바 없이 위선적이고 허영심이 많은 인간으로 돌아갔다. 그는 약점을 지닌 부족하고 모호한 인간이었다. 그러나 그는 비극적이게도 언제나 그런 자신의 오류를 인식했고, 그러면서도 완성을 향해 정열적으로 노력했다. 그는 성자는 아니었지만 성스러운 의지를 갖고 있었고, 독실한 신자는 아니었지만 위대한 신앙의 힘을 갖고 있었으며, 조용히 침착하게 자족하는 조화로운 신성의 초상은 아니었지만 삶의 여정에서 결코 자족하며 휴식을 취하지 못하고 끊임없이, 하루하루, 매순간마다 더욱더 순수한 모습의 자기를 실현하기 위해 분투해야 하는 인간의 상징이었다.

톨스토이의 인생 중 어느 하루

나는 가족들과 있으면 슬픈 기분이 든다. 그들과 감정을 공유할 수 없기 때문이다. 그들이 기뻐하는 모든 것, 학교의 시험, 세상사의 성공, 물건 사들이는 것, 이 모든 것이 내게는 그들의 불행으로, 재앙으로 여겨진다. 그러나 그런 말을 해서는 안 된다. 물론 그런 말을 할 수도 있고, 해보기도 하겠지만 아무도 내 말을 이해하지 못할 것이다.

— 일기

톨스토이의 친구들이 남긴 증언과 그 자신이 한 말에 의거해 그가 살아간 수많은 나날들 가운데 하루를 묘사하자면 다음과 같다.

새벽녘 노인의 눈꺼풀에서 잠이 서서히 빠져나간다. 그는 잠에서 깨어나 주변을 둘러본다. 창문은 이미 새벽의 여명으로 물들어있다. 날이 밝는다. 어스름한 가운데 생각이 시작된다. 첫 번째 느낌은 아주 행복하다. "내가 아직 살아있구나." 밤이면 늘 그랬듯이 어젯밤에도 다시 일어나지 못할 것이라는 겸허한 체념 속에 침대에 누웠다. 어젯밤 가물거리는 불빛 속에서 일기를 쓰면서 오늘 날짜 앞에 "오늘도 나는 살아있다"라는 문장을 '오, 살' 이라는 약어로 써넣었다. 오늘 그는 놀랍게도 다시 한 번 존재의 은총을 받아 여전히 살아서 숨쉬고 건강하다. 그는 가슴을 활짝 펴고 신의 인사를 받는 양 새벽공기를 들이마시고, 갈망하는 듯한 잿빛 눈으로 빛을 빨아들인다. 놀랍게도 그는 아직도 건강하게 살아있다. 노인은 감사하며 일어나 옷을 벗고, 얼음처럼 차가운 물을 끼얹는다. 건장한 육체가 보기 좋게 발개진다. 그는 팔굽혀펴기를 한다. 운동 하는 게 즐거운 그는 숨이 차고 관절이 우드득하고 소리를 낼 때까지 팔굽혀펴기를 계속한다. 그러고는 손으로 문질러서 발개진 몸에 셔츠와 상의를 걸치더니 창문을 열고 방청소를 한다. 나무토막을 불 속에 던져 넣는다. 그것은 금세 타닥거리며 타오른다. 그는 자신의 하인이며 종이다.

잠시 후 그는 아침식사를 하러 아래층으로 내려간다. 아내인 소피아 안드레예브나와 딸들, 비서, 몇몇 친구들이 모여 있다. 주전자에서 차가 끓는다. 비서는 쟁반에 온갖 편지, 잡지, 책 등을 수북하게 담아 그에게 가져다준다. 거기에는 세계 각처의 스탬프가 찍혀 있다. 그는 불쾌한 표정으로 우편물 더미를 바라본다. "아부하는 성가신 것들이겠지" 하고 속으로 생각한다. "어쨌든 골치 아프군. 온 세상의 중심 역할을 하지 말고 신과 단 둘이만 있어야 하는데. 방해가 되고 혼란스럽게 하는 모든 것, 공허하고 교만하고 명예를 좇게 만들고 진실하지 못하게 만드는 모든 것을 멀리해야 해. 쓸데없는 일에 정력을 낭비하지 않고 영혼이 교만 때문에 혼란스러워지지 않게 하려면 이런 것들은 모두 아궁이에 처넣는 게 더 낫지." 그러나 궁금증이 커져서 그는 부탁, 탄원, 구걸, 사업제안, 방문통고, 쓸데없는 잡담이 고작일 텐데도 정신 사납게 수북이 쌓인 온갖 우편물들을 재빠른 손놀림으로 얼른 뒤적여 훑어본다. 인도의 어느 승려는 그가 부처를 잘못 이해하고 있다고 써 보냈다. 감방에서 나온 어느 범죄자는 자기가 살아온 이야기를 하면서

조언을 구했다. 젊은이들은 혼란스러울 때 그를 찾았고, 거지들은 절망에 빠졌을 때 그를 찾았다. 모두 겸손한 태도로. 그들의 말대로라면 그들은 톨스토이가 자신들을 도와줄 수 있는 유일한 사람이자 세상의 양심이라고 생각해서 그에게 몰려드는 것이다. 그의 이마에 주름살이 더 깊어졌다. 그는 생각한다. "나 자신도 어떻게 해야 할지 모르는데 내가 누구를 도울 수 있단 말인가. 나는 날마다 길을 헤매고 있고, 이 규명할 수 없는 삶을 견뎌내기 위해 새로운 의미를 찾고 있다. 그런데 나는 나 자신을 기만하고, 오만하게 진리에 대해 떠벌인다. 그들이 와서 '니콜라예비치, 우리에게 인생이 무엇인지 가르쳐 주십시오'라고 큰소리로 외쳐대니, 참으로 놀라운 일이다! 내가 그들에게 보여주는 행동은 거짓이고 기만이다. 사실상 나는 오래전에 이미 지쳤다. 힘을 너무 탕진했기 때문이다. 내 자신 속에서 나를 가다듬는 대신 수천의 사람들에게 힘을 쏟아 부었기 때문이고, 침묵하면서 내 가장 깊은 내면의 진실한 말에 조용히 귀를 기울이는 대신 너무 많은 말을 했기 때문이다. 그러나 나를 신뢰하는 사람들을 실망시킬 수는 없지 않은가. 그들에게 대답을 해주어야 해."

그는 편지 한 통을 꽤 오래 손에 들고 있다. 그리고 그것을 읽고 또 읽는다. 사람들에게 물을 마시라고 설교하면서도 자신은 포도주를 마신다고 그를 경멸하는 말을 무섭게 내지른, 한 대학생의 편지다. 드디어 톨스토이가 자기 집을 떠나고, 재산을 농부들에게 나누어주고, 신의 거리를 순례할 때가 됐다는 내용이다. "이 학생 말이 맞아. 내 양심을 딱 꼬집어 말하고 있어. 그러나 나 자신에게도 설명할 수 없는 것을 그에게 어떻게 설명하지? 그가 내 이름을 거론하며 나를 비난하는데 나는 어떻게 변명을 해야 하나?" 그는 당장 답장을 보내기로 하고 이 편지 하나만 달랑 들고는 앉아있던 자리에서 일어나 서재로 간다. 비서가 서재 문까지 따라와 영국 신문 〈타임스〉의 특파원이 점심 때 인터뷰를 하자고 요청했다고 일러주면서 응하겠느냐고 묻는다. 톨스토이의 표정이 어두워진다. "늘 이렇게 귀찮게 하는군! 대체 내게 뭘 원하는 거지? 다들 오로지 나의 생활만 지켜보고 있으니 말이야! 내가 하고 싶은 말은 내가 쓴 글에 다 들어있는데. 글을 읽을 줄 아는 사람은 글만 읽으면 뭐든지 다 이해할 수 있을 텐데 말이야." 그러나 순식간에 그는 자신의 약점인 허영심에 굴복한다. 그는 비서에게 "할 수 없지 뭐. 그렇지만 딱 삼십 분뿐이야" 하고 말한다. 그가 서재의 문지방을 넘어서기가 무섭게 그의 양심은 이렇게 투덜댄다. "내가 또 굴복했군. 머리가 허연 지금까지도, 죽음을 눈앞에 두고서도 허영을 좇아 행동하고 인간들의 잡담에나 끼어들다니. 사람들이 몰려오면 나는 여전히 약해지는군. 내 자신을 숨기고 침묵하는 법을 언제나 배울까? 하느님, 도와주소서, 저를 도와주옵소서!"

그는 마침내 작업실에 혼자 있게 됐다. 빈 벽에는 낫, 갈퀴, 도끼가 걸려 있고, 둔중한 책상 앞의 밀랍으로 닦은 바닥에는 앉아서 쉬기 위한 의자라기보다는 그저 통나무에 가까운 묵직한 의자가 놓여 있다. 이 작은 방은 절반은 수도사의 방 같고 절반은 농부의 방 같다. 책상 위에는 아직 미완성인 《인생에 대한 단상들》의 원고가 어제부터 놓여 있다. 그는 자기가 쓴 글을 훑어보면서 밑줄을 긋거나 고치고 덧붙인다. 급하게 어린아이가 쓰는 글씨처럼 큼직큼직하게 쓰는 글이 자꾸만 중단된다. "나는 너무 경솔해. 나는 너무 성급해. 나 자신이 신이라는 개념이 뭔지 확실히 알지도 못하는데, 나 자신도 아직 확고하지 않은데, 그리고 날마다 생각이 흔들리고 있는데, 어떻게 내가 신에 대해 쓸 수 있단 말인가? 말로 표현하기 어려운 신에 대해, 영원히 이해할 수 없는 인생에 대해 내가 말한다고 하지만, 어떻게 모든 사람을 확실하게 이해시킬 수 있단 말인가? 그건 내 능력을 벗어나는 일이다. 전에는 문학작품을 쓸 때 내가 얼마나 확신에 차 있었던가! 나는 신이 제시해준 대로 사람들에게 인생이란 무엇인가를 보여주었지만, 사실은 지금의 나, 늙고 혼란스럽고 뭔가를 찾아 헤매는 이 늙은이가 바라는 만큼 인생은 진실하지가 않아. 나는 성자가 아니야. 그래! 나는 성자가 아니니 사람들을 가르쳐서는 안 돼. 나는 다만 신의 세계를 찬양하라고 신에게서 다른 사람들보다 조금 더 밝은 눈과 조금 더 나은 감각을 부여받은 사람에 불과할 뿐이야. 어쩌면 나는 오직 예술에만 전념하던 때에 더 진실하고 더 나은 인간이었을지도 모르지. 헌데 지금 나는 예술이 너무나 무의미한 것이라고 원망하고 있는 거야." 그는 비밀리에 쓰고 있는 단편소설 원고를 비밀서랍에서 꺼내려다가 누군가 엿보고 있을까 봐 멈추고 무의식적으로 주변을 둘러본다. 그가 이 원고를 비밀리에 쓰고 있는 이유는, 공식적으로는 그가 예술을 "쓸모없는 것", "죄악"으로 조롱하고 경멸해 왔기 때문이다. 서랍 속에는 그가 몰래 써서 사람들에게 들키지 않게 감춰둔 《하지 무라트》와 《위조수표》의 원고가 들어 있다. 그는 두 원고를 꺼내어 읽어본다. 눈시울이 또 뜨거워진다. "그래. 잘 썼어." "좋아! 자신의 세계를 묘사하는 것, 신은 오직 그 일을 위해 나를 보낸 것이지 신 자신의 생각을 밝혀내라고 보낸 게 아니야. 예술은 얼마나 아름답고, 창작은 얼마나 순수하고, 사유는 얼마나 고통스러운가! 이 원고를 쓸 때 나는 얼마나 행복했던가! 《결혼의 행복》에 나오는 봄날 아침에 대해 쓸 때는 눈물이 흘러내렸지. 밤에 소피아 안드레예브나가 방에 들어와 뜨거운 눈길을 하고 나를 포옹했지. 머릿속에서 구상한 걸 그대로 종이에 옮겨 쓰기 시작하자 그녀는 포옹을 멈추고 내게 감사하다고 했어. 우리는 밤새도록, 지금 그대로의 모든 것에 대해 감사하고 행복했지. 그러나 이제는 그 시절로 다시 돌아갈 수 없어. 나는 더 이상 사람들을 실망시킬 수 없어. 이미 들어선 길을 계속 가야 해. 그들이 영혼의 위기에서 나의 도움을 바라고 있으니까. 이제 중단할 수 없어. 살아갈 날도 얼마 남지 않았으니까." 그는 한숨을 쉬면서 자신이 아끼는 그 작품들을 다시 서랍에 숨겨둔다. 그러고는 채무자처럼 말없이 앉아서 분노를 삭이며 이론적인 종교논문을 써나간다. 이마에는 주름이 잡히고, 고개를 너무 숙이고 글을 쓰는 탓에 흰 수염이 종이 위를 스친다.

　마침내 정오가 됐다! 그만하면 오늘은 충분히 했다. 그는 펜을 놓고 벌떡 일어나서 잽싸게 종종걸음으로 계단을 내려간다. 계단 아래에는 마부가 그가 좋아하는 암말 델리레를 대기시켜 놓고 있다. 말안장에 올라앉자 글을 쓸 때는 구부정했던 몸이 벌써 긴장되어 곧게 세워진다. 그는 날렵한 말 등에 똑바로 앉아서 카자크 사람처럼 바람을 거슬러 질주한다. 그러는 그의 모습은 글을 쓸 때보다 몸집이 더 크고, 더 강하고, 더 젊고, 더 생기 있게 보인다. 살랑거리는 바람에 흰 수염이 나부낀다. 들판의 공기를 더 많이 들이마시기 위해, 늙어가는 몸속에서 생명, 생동하는 생명을 느끼기 위해 그는 입을 더 크게, 육감적으로 벌린다. 요동치는 피의 쾌락이 따뜻하고 달콤하게 혈관을 타고 손가락까지 흐르고, 바람이 스쳐가는 소리가 가득한 귓바퀴에도 흐른다. 그는 신록의 숲으로 들어가더니 갑자기 멈춰 서서 봄날의 햇볕을 받으며 끈적이는 꽃봉오리들이 움트고, 가늘게 떨리는 초록 잎사귀가 자수인 듯 부드럽게 하늘을 향해 나 있는 모습을 보고 또 본다. 그는 말 옆구리를 발로 세게 차 자작나무 쪽으로 달린다. 독수리 같은 그의 눈은 현미경으로나 관찰할 수 있을 만큼 미세한 광경까지 하나도 놓치지 않고 세밀히 관찰한다. 개미들이 나무껍질을 따라 기어간다. 어떤 놈은 뭔가를 등에 짊어지고 두툼한 배를 한 채 기어가고, 어떤 놈은 그 작은 다리로 먹을 것을 움켜잡고 기어간다. 그는 감동하여 몇 분 동안이나 꼼짝하지 않고 그놈들을 바라본다. 수염이 허연 그가 놀라서 경탄하며 그 작은 미물들을 바라본다. 뜨거운 눈물이 수염을 타고 흐른다. 70년 넘게 보아온 자연이지만, 자연이라는 신의 거울은 얼마나 놀라운가! 자연은 침묵을 통해 말을 하고, 끝없이 다른 모습들로 스스로를 채우고, 언제나 생기 있고, 어떤 사상이나 질문보다 침묵 속에서도 지혜롭다. 그를 태운 말이 가쁜 숨을 내쉰다. 톨스토이는 감각적인 도취에서 깨어난다. 그는 바람소리 속에서 미세하고 부드러운 것만 느낄 게 아니라 감각의 야성과 열정도 느껴보고 싶어 말 옆구리를 세게 후려친다. 그는 말을 타고 행복에 잠겨 아무 생각 없이 30킬로미터 정도를 달린다. 마침내 반짝이는 땀방울이 말 옆구리로 흘러내린다. 그는 속도를 늦추고 말머리를 집으로 돌린다. 그의 눈은 매우 빛나고, 그의 영혼은 가벼워진다. 70년 째 다니는 익숙한 숲길에서 백발이 성성한 그는 마냥 행복하고 기쁘다.

그러나 마을 근처에 이르자 밝았던 그의 얼굴이 갑자기 어두워진다. 그는 전문가다운 시선으로 밭을 살펴본다. 그의 영지 한가운데가 관리소홀로 황폐해져 있다. 울타리는 썩어서 절반은 땔감으로 써버린 상태이고, 땅도 일구지 않은 채 그대로 방치돼 있다. 그는 화가 나서 어찌된 영문인지 알아보기 위해 가까이 간다. 맨발에 머리가 흐트러지고 지저분한 여자가 고개를 숙인 채 문을 열고 나온다. 그녀 뒤로 반쯤 벌거숭이인 세 아이들이 헤진 옷을 입고 걱정스러운 듯 따라 나온다. 그들 뒤로 연기에 그을린 낮은 오두막에서 넷째 아이가 칭얼거리는 소리가 들린다. 그는 이마를 찌푸리고 황폐해진 땅을 살펴본다. 여자는 울상을 짓고 횡설수설 떠들어댄다. 남편이 나무 절도범으로 구속되어 감옥에 간 지 여섯 주나 지났다는 것이다. 힘 좋고 부지런한 남편 없이 자기가 혼자서 어떻게 생계를 꾸려나가겠느냐며, 주인님도 알다시피 남편은 단지 배고픔 때문에, 흉작에 높은 세

금과 소작료가 부과됐기 때문에 그런 짓을 한 것이라고 하소연한다. 엄마가 울부짖는 모습을 보고 아이들도 큰 소리로 울어대기 시작한다. 톨스토이는 계속되는 그녀의 푸념을 막기 위해 얼른 주머니에서 동전을 꺼내 던져준다. 그러고는 도망치듯 재빨리 말을 타고 그곳을 떠난다. 그의 표정은 어둡다. 기쁨은 사라진다. "내 땅에서, 아니 내가 아내와 아이들에게 넘겨준 땅에서 이런 일이 생기다니. 그런데 나는 왜 항상 비겁하게 내가 목격한 일과 그 책임을 아내 탓으로 돌리는가? 재산의 양도, 그것은 세상에 대한 사기극이야. 내가 고된 농부 일에 신물이 난 거나 내 영지의 농부들이 가난 때문에 돈을 탐내는 거나 다를 게 없다. 나는 알고 있어. 내가 사는 집 지붕의 새 기와도 노예 같은 저들의 땀, 저들의 돌처럼 단단해진 육체와 그 노동으로 구워진 것이지. 내 소유가 아닌 것을, 농부들이 일구고 경작한 땅을 내가 어떻게 아내와 아이들에게 선물할 수 있단 말인가? 나는 신 앞에서 신의 이름으로 부끄러운 줄 알아야 해. 날마다 창밖으로 또 다른 참상을 보면서 사람들에게 늘 정의를 설교하다니!" 그의 표정은 분노에 일그러진다. 돌기둥을 지나 '귀족저택'에 들어설 때 그의 표정은 더 어두워진다. 그가 말에서 내리는 것을 도와주려고 제복을 입은 하인과 마부가 문에서 뛰어나온다. "나의 노예들이군." 그는 속으로 수치스런 자책감에 분노하며 빈정댄다.

    넓은 식당에서는 하얀 식탁보가 깔리고 은그릇들이 놓인 기다란 식탁이 그를 기다리고 있다. 아내, 아들과 딸들, 비서, 주치의, 프랑스 여자, 영국 여자, 이웃사람들 몇 명, 가정교사로 고용된 혁명적 성향의 대학생, 영국인 기자가 거기에 있다. 그곳은 뒤죽박죽으로 뒤섞인 인간 군상으로 시끄럽게 들끓고 있다. 그가 들어서자 소음이 멈추고 분위기가 경건해진다. 톨스토이는 손님들에게 진지하고도 정중하게 인사를 하고, 아무 말 없이 식탁에 앉는다. 제복을 입은 하인이 신중하게 선택된 야채요리, 즉 외국산 아스파라거스로 정성스럽게 만들어진 야채요리를 가져오자 그는 자기가 던져준 동전 열 개를 줍던 초라한 농부 아낙을 생각하지 않을 수 없다. 그는 어두운 표정으로 앉아서 자신의 내면을 들여다본다. "다른 사람들은 최소한의 생필품조차 없는 판에 나는 하인들에게 둘러싸여 네 코스로 된 점심식사를 하고, 은그릇에다가 갖가지 호사를 누리고 있다. 나는 이런 식으로 계속 살아갈 수 없고, 또 그렇게 살고 싶지도 않다. 가족들이 나의 이런 마음을 이해해준다면 얼마나 좋을까. 가족들 모두 내가 그들의 희생을 갈망하고 있다는 것을 알고 있다. 신의 뜻에 따라 평등하게 되기를 원하는 인간에게는 치욕스러운 죄악인 사치를 그만두는 희생, 그 한 가지 희생만을 내가 그들에게 바란다는 것을 그들 모두 알고 있다. 그러나 침대와 인생을 함께 나누듯 생각도 함께 나누어야 할 아내는 이런 내 생각을 전혀 받아들이지 않는다. 그녀는 내 목을 홈에 넣고 조르는 맷돌이고, 나를 잘못된 삶으로 끌어내림으로써 내 양심을 짓누르는 부담스런 존재다. 나는 그녀와 나를 묶고 있는 올가미를 오래전에 끊어버렸어야 했다. 내가 가족들과 무슨 상관이 있는가? 그들은 내 인생에 방해가 되고, 나는 그들의 인생에 방해가 된다. 나는 이 집에서 쓸모없는 존재다. 내 자신에게도, 그들 모두에게도 나는 짐일 뿐이다."

그는 무의식중에 적대감과 분노의 눈초리로 눈을 치켜뜨고는 그녀를, 그러니까 자기 아내인 소피아 안드레예브나를 쳐다본다. 이럴 수가, 그녀도 많이 늙었고 머리가 희끗희끗해졌다. 이마엔 주름이 깊게 팼고 초췌하게 늙은 입술 주변에는 회한이 배어있다. 늙은 톨스토이의 가슴에 갑자기 부드러운 파도가 일렁인다. "맙소사." 그는 생각한다. "아내는 얼마나 우울해 보이는가. 또 얼마나 슬퍼 보이는가. 젊고 밝고 천진한 소녀였을 때 내가 인생의 반려자로 맞았던 그녀가! 한 세대를, 사십 년간, 아니 사십오 년간을 우리는 함께 살았다. 내가 그녀를 아내로 맞이했을 때 그녀는 소녀였고 나는 그때 이미 절반은 고물 같은 존재였다. 그녀는 내게 열세 명의 자식들을 낳아주었다. 그녀는 나의 작품창작을 도와주었고, 아이들을 키웠다. 그런데 나는 그녀를 어떻게 만들었는가? 절망에 빠져 거의 제정신이 아닌 신경과민의 아내, 그런 아내가 자살하지 못하도록 그녀의 손에서 수면제를 빼앗아야 했다. 그녀는 나 때문에 그토록 불행해졌다. 그리고 저기 있는 내 아들들. 나는 안다. 저 아이들은 나를 좋아하지 않는다. 저기 내 딸들. 나는 저 딸들의 젊음을 갉아먹고 있다. 저기 저 비서들은 내가 하는 모든 말을 다 기록하고, 참새가 모이를 쪼듯 내 말을 간추려야 한다. 그들은 내 미라를 인간박물관에 보존하기 위해 이미 향유와 유황을 준비해 놓았을 것이다. 저기 저 영국 멋쟁이는 벌써부터 메모종이를 손에 들고는 내가 자기에게 '인생'을 어떻게 설명할지 기다리고 있다. 이 테이블은 신에 대한 죄악이고, 진리에 대한 죄악이다. 이 집은 끔찍할 정도로 비밀이 없다. 정결함도 없다. 위선자인 나는 벌떡 일어나 내가 가야 할 길을 가지 못하고, 이 지옥에 앉아서 안온함까지 느끼며 즐기고 있다. 내가 진작 죽었더라면 좋았을 것을. 그랬다면 나도 그들도 훨씬 더 좋을 텐데. 나는 너무 오래 살았고 진실하지도 못하다. 나는 이제 죽을 때가 됐다."

하인이 그에게 우유크림으로 가장자리를 두른, 차갑게 만든 달콤한 과일을 가져다준다. 그는 화가 난 손짓으로 은접시를 옆으로 밀쳐낸다. "음식이 마음에 안 드세요?" 소피아 안드레예브나가 걱정스러운 듯 물어본다. "당신이 소화시키기에 과한가요?" 톨스토이는 쓸쓸하게 대답한다. "음식이 너무 훌륭하다는 건 내겐 과한 거라오."

아들들은 언짢은 표정으로, 아내는 의아한 표정으로, 기자는 긴장한 표정으로 그를 쳐다본다. 그가 의미심장한 말을 하려다가 그만두었다는 것을 그들은 알고 있다.

마침내 식사가 끝났다. 모두 일어나서 응접실로 간다. 톨스토이는 젊은 혁명가와 토론을 벌인다. 그는 톨스토이를 무척 존경하면서도, 과감하고 활발하게 그에게 반박한다. 톨스토이의 눈이 빛난다. 그는 거칠게, 공격적으로, 거의 소리치듯 말한다. 그는 전에 사냥과 테니스에 빠지던 열정처럼 참을 수 없는 열정으로 논쟁에 사로잡힌다. 그는 거칠어지는가 싶더니 돌연 겸손해져서 목소리를 낮춘다. "그러나 내가 착각하는 것인지는 모르지만, 신은 자신의 생각을 인간들에게 여기저기 뿌려놓으셨네. 그래서 인간이 하는 말이 신의 생각인지 인간 자신의 생각인지는 아무도 모른다네." 화제를 바꾸기 위해 그는 다른 사람들에게 "잠깐 공원에 갑시다" 하고 유쾌하게 말한다.

그러나 그전에 잠시 지체할 일이 생긴다. 저택의 계단 맞은편에 서있는, '빈자들의 나무'라고 불리는 아주 오래 된 느릅나무 아래에 그를 찾아온 평민, 거지, 추종자, 그리고 '정체를 알 수 없는 자들'이 톨스토이를 기다리고 있었던 것이다. 그들은 그에게서 충고 또는 돈을 얻기 위해 30여 킬로미터라는 먼 길을 왔다. 그들의 얼굴은 햇볕에 그을린 채 피곤한 기색이 역력하고, 신발에는 먼지가 뽀얗게 앉아있다. '주인' 이자 '영주'인 그가 나타나자 그들 중 몇 사람이 러시아식으로 땅에 넙죽 엎드려 절을 한다. 톨스토이는 얼른 그들 쪽으로 다가간다. "제게 하실 질문이 있습니까?" "여쭙고 싶습니다, 존귀하신 분이시여…" "난 존귀한 사람이 아니오. 신만이 그렇게 불릴 수 있는 거요." 톨스토이는 그를 야단친다. 농부는 놀라서 모자를 고쳐 쓴다. 마침내 까다로운 질문들이 쏟아져 나온다. 농부는 정말로 땅이 농부의 소유가 되느냐, 그렇다면 자기는 언제 자기 땅을 얻게 되냐고 묻는다. 톨스토이는 대답을 제대로 하지 못하고 초조해진다. 모든 것이 불확실하다는 사실에 그는 속으로 격분한다. 다음 차례로 산지기는 신에 대해 여러 가지 질문을 한다. 톨스토이는 그에게 글을 읽을 줄 아느냐고 묻는다. 그가 그렇다고 대답하자 톨스토이는 그에게 《우리는 무엇을 할 것인가?》라는 책자를 손에 쥐어준다. 그 다음은 거지들이 차례로 몰려왔다. 톨스토이는 얼른 그들에게 5코페이카짜리 동전을 주고 마무리한다. 벌써부터 마음이 급해진다. 그가 몸을 돌리는 순간, 자기가 거지들에게 돈을 나누어줄 때 옆에 있던 기자가 사진촬영을 했다는 사실을 알아차린다. 그의 얼굴이 다시 어두워진다. "저렇게 그들은 나 톨스토이를 농부들에게 관대한 인간으로, 자선가로, 고귀하고 인정 많은 사람으로 묘사한다. 그러나 내 마음을 들여다볼 줄 아는 사람은 내가 관대하지 않다는 사실을 안다. 나는 다만 관대함을 배우려고 노력할 뿐이다. 나는 나 자신 외에는 어느 것에도 진정으로 몰두하지 않는다. 나는 인정이 많지 않다. 나는 내 평생, 내가 예전에 모스크바에서 단 하룻밤에 카드도박으로 날린 돈의 절반도 가난한 사람들에게 베풀지 못했다. 도스토예프스키가 굶주린다는 것을 알면서도 나는 그에게 200루블도 보내줄 생각을 하지 못했다. 그 정도의 돈이면 한 달 정도, 어쩌면 영원히 그를 구제해줄 수도 있을 텐데. 그럼에도 나는 사람들이 나를 찬양하고 고귀한 사람이라고 칭송하는 것을 그냥 보고만 있다. 그러나 마음속으로는 내가 아직도 성숙하지 못하고 그저 걸음마 단계에 있음을 잘 알고 있다."

그는 공원산책을 서두른다. 민첩한 노인 톨스토이가 수염을 휘날리며 얼마나 급하게 걸어가는지 다른 사람들은 그를 따라가느라 바쁘다. 이제는 더 이상 말이 필요 없다. 단지 근육의 유연성을 느끼기만 하면 된다. 그는 잠깐 딸들이 테니스를 치는 것을, 민첩한 그 아이들의 몸동작을 바라본다. 그는 아이들의 모든 동작을 흥미롭게 지켜보고, 스트로크가 성공할 때마다 흐뭇하게 웃는다. 우울한 기분이 풀린다. 그는 웃으며 사람들과 이야기를 나눈다. 그는 마음을 가라앉히고, 상쾌한 기분으로 은은한 향기가 나는 소택지를 걷는다. 그리고 다시 서재로 돌아가 잠시 책을 읽다가 잠깐 동안 휴식을 취한다. 가끔 그는 지독한 피로를 느낀다. 다리는 천근만근이다. 혼자 가죽소파에 누워서 눈을 감고, 이제 자기는 늙었고 힘이 빠졌다고 느끼며 조용히 생각에 잠긴다. "좋군. 내가 유령을 두려워하듯 죽음을 두려워하고 죽음 앞에서 나를 숨기고 부정하려 했던 그 무섭던 시간은 다 어디로 갔을까? 나는 이제 더 이상 두렵지 않다. 나는 죽음이 다가옴을 느낀다." 그는 몸을 뒤로 기댄다. 조용히 생각이 밀려온다. 가끔 그는 재빨리 연필로 종이에 한 마디를 기록하고는 한참 동안 심각한 표정으로 멍하니 그것을 쳐다본다. 그는 혼자서 생각에만 몰두한다. 사색과 꿈으로 둘러싸인 노인의 얼굴은 편안해 보인다.

저녁에 다시 한 번 대화를 나누고 있는 사람들에게로 내려간다. 서재에서의 작업이 끝난 것이다. 피아니스트인 친구 골덴바이저가 연주 좀 해도 되겠느냐고 묻는다. 톨스토이는 "물론이지, 좋아" 하고 대답한다. 그는 피아노에 기대고 서서 두 손으로 이마를 받히고 얼굴을 가린다. 일체감을 느끼게 해주는 화음의 마법에 빠진 모습을 아무에게도 보여주지 않기 위해서다. 그는 눈을 감고 심호흡을 하면서 연주에 귀를 기울인다. 그렇게도 그가 큰소리치며 부정하던 음악이 놀랍게도 그에게 파고들어 그의 감정을 부드럽게 풀어주고, 우울한 생각들을 잊게 해주고, 그의 영혼을 다시 온화하고 선량하게 만들어준다. "내가 어떻게 음악을, 예술을 경멸할 수 있단 말인가?" 그는 마음속으로 조용히 생각한다. "예술이 아니라면 어디서 위로를 받겠는가? 생각은 나를 우울하게 만들고, 학문은 나를 혼란스럽게 만든다. 예술가의 표현이나 말보다 더 분명하게 신의 존재를 느끼게 해주는 것이 있는가? 베토벤과 쇼팽, 당신들은 나의 형제요. 나는 지금 내 안에 깃들어 있는 당신들의 시선이 느껴진다오. 인류의 심장이 내 안에서 뛰고 있소. 당신들을 경멸한 것을 용서하시오, 형제들이여." 연주는 웅장한 화음으로 끝난다. 모두들 박수갈채를 보낸다. 톨스토이도 잠깐 주저하더니 역시 박수갈채를 보낸다. 그의 마음속에 들어있던 온갖 잡념이 말끔히 사라졌다. 그는 부드럽게 미소를 지으며 사람들이 모여있는 곳으로 가서 그들과 흥겹게 대화를 즐긴다. 마침내 그의 주변의 활기 넘치던 분위기가 가라앉고 서서히 정적이 감돈다. 다채로웠던 하루가 완전히 끝난 것 같다.

그런데 그는 잠자리에 들기 전에 다시 한 번 서재로 간다. 하루가 끝나기 전에 톨스토이는 자기 자신에 대해 최종적인 재판을 한다. 늘 그렇듯 그는 매시간에 대해, 자신의 전 생애에 대해 스스로에게 해명을 요구한다. 일기장이 그의 앞에 펼쳐져 있다. 텅 빈 일기장에서 양심의 눈이 그를 올려다본다. 톨스토이는 하루의 매순간을 곰곰이 되돌아보고 재판을 한다. 농부들을 떠올리고, 자신으로 인한 농부들의 비참한 생활을 떠올린다. 그가 할 수 있는 것이라고는 고작 동전 몇 푼 쥐어주는 것뿐, 그러고는 그냥 지나쳐 왔다. 그는 거지들을 보았을 때 초조했던 자신, 아내에 대해 나쁜 생각을 했던 자신을 돌아본다. 그는 그 모든 자신의 죄를 일기장에 고발한다. 그는 분노의 필체로 판결 내용을 기록한다. "또 나태했음. 영혼의 마비. 충분히 선을 행하지 못함. 힘든 일을 하는 법을, 거창한 인류 대신 내 주변 사람들을 사랑하는 법을 여전히 배우지 못했다. 도와주소서, 하느님이여, 도와주소서!"

그러고는 다음날 날짜와 "오늘도 나는 살아있다"를 의미하는 비밀스런 약어를 써넣는다. 이제 오늘 할 일은 다 끝났고, 또 하루가 지났다. 그는 어깨를 축 늘

어뜨리고 옆방으로 간다. 노인은 웃옷과 장화를 벗고 무거운 몸을 침대에 던지고는 늘 그렇듯 먼저 죽음을 생각한다. 여전히 여러 생각들이 다채로운 색깔의 나비처럼 불안하게 그의 머리 위에 나래를 편다. 그러다가 그 생각들이 나비처럼 점점 더 깊숙한 숲의 어둠 속으로 사라진다. 이제 졸음이 밀려오기 시작한다.

그때 갑자기 깜짝 놀란다. 발걸음 소리가 들리지 않는가? 그렇다. 다가오는 발걸음 소리가 들린다. 조용히, 살금살금. 서재에서 나는 소리다. 그는 벌떡 일어나 소리 없이, 옷도 제대로 걸치지 않은 채 이글거리는 눈을 열쇠구멍에 갖다 댄다. 그렇다. 옆방에서 불빛이 새어 나온다. 누군가가 램프를 들고 들어가서 서재를 마구 뒤진다. 그의 양심의 대화인 일기를 읽어보기 위해 몰래 일기장을 넘긴다. 아내인 소피아 안드레예브나다. 그녀는 그의 마지막 비밀까지도 엿본다. 사람들은 그가 신과 단 둘이 있도록 내버려두지 않는다. 그의 집, 그의 삶, 그의 영혼, 어느 곳에서나 그는 인간들의 탐욕과 호기심에 둘러싸여 있다. 분노로 손이 떨린다. 당장 문고리를 잡고 불시에 문을 열어젖히고 자기를 배신한 아내에게 달려들고 싶다. 그러나 마지막 순간에 분노를 가라앉힌다. "아마 이것도 내게 부과된 시련일 것이다." 그는 몸을 이끌고 다시 침대로 돌아간다. 자기 안의 고갈된 우물에 귀를 기울이듯 숨을 죽이고 누워 있다. 그는 한참 동안 잠을 이루지 못한다. 당대의 가장 위대하고 영향력 있는 남자인 레오 니콜라예비치 톨스토이가 자기 집에서 배신당하고 의심에 사로잡혀 괴로워하며 고독에 몸서리친다.

결단과 변용

불멸을 믿기 위해 우리는 이곳에서 불멸의 삶을 살아야 한다.

— 일기, 1896년 3월 6일

1900년. 일흔두 살의 레오 톨스토이는 세기의 문턱을 넘었다. 정신은 온전하지만 이미 전설적 영웅이 된 노인 톨스토이는 완성을 향해 더 다가간다. 늙은 순례자처럼 보이게 하는 새하얀 수염 때문에 전보다 더 부드럽게 빛나고 더 누렇게 보이는 피부는 루네문자(고대 게르만 문자 — 옮긴이)가 적힌 주름잡힌 반투명 양피지 같다. 차분한 입술 주위에는 이제 체념 어린 너그러운 미소가 감돈다. 짙은 눈썹은 분노가 일어도 전처럼 곤두서지 않는다. 성을 내는 늙은 아담이던 그가 더욱 차분해지고 더욱 원숙해졌다. "사람이 정말 온화해졌어!" 톨스토이를 평생 성만 내는 통제불능의 인간으로 알고 있던 동생은 이렇게 감탄했다. 그의 강렬한 열정은 사그라지기 시작했다. 그동안 지칠 만큼 자신과 싸웠고, 고통도 겪었다. 마지막 황혼 무렵에 접어든 그의 표정에는 온화함이 깃들이고 새로운 광채가 뿜어져 나온다. 그의 표정은 예전에는 우울했는데 지금은 사뭇 감동적이다. 80년 동안 본성의 힘에 강하게 이끌리며 살아온 것이 마침내 그의 노년 모습을 통해 위대하고 학식 있고 노인답게 너그러운 숭고함을 지닌 톨스토이 고유의 아름다움을 보여주기 위해서였던 것처럼 느껴진다. 인류는 톨스토이의 외적 모습을 이 변용(變容)된 형태로 기억한다. 그래서 세대가 바뀌어도 사람들은 여전히 그에 대한 존경심과 함께 그의 진지하고 평온한 모습을 영혼 속에 간직한다.

다른 사람 같으면 늙는다는 것이 영웅적 인간의 초상을 훼손하고 산산조각 낼 텐데 그에게는 어두운 얼굴에 존엄성이 깃들게 했다. 완고함은 숭고함으로, 열정은 온화함과 온 인류에 대한 이해로 바뀌었다. 그리고 정말로 오랜 세월 투쟁해 온 그는 "신, 그리고 인간과의 평화", 그리고 철천지원수인 죽음과의 평화를 갈구한다. 죽음에 대한 절망적이고 느닷없는, 그리고 동물적인 두려움은 자비롭게도 다 사라지고, 이제는 잔잔한 눈빛으로, 편안한 마음으로 다가오는 죽음을 기다리고 있다. "나는 내일이면 세상을 떠날 수도 있다는 생각이 든다. 나는 날마다 이런 생각에 익숙해지려고 노력하며, 점점 익숙해짐을 느낀다." 놀라운 것은, 오랫동안 혼란에 빠졌던 톨스토이에게서 불안에 대한 발작이 물러 간 후로 그에게 다시 예술가적 감각이 결집됐다는 점이다. 괴테가 과학에 몰두하다가 마지막 노년의 황혼기에 본업으로 돌아간 것처럼, 설교자이며 도덕주의자였던 톨스토이는 칠십대와 팔십대 사이에 자신이 그토록 부정했던 예술로 다시 돌아간다. 지난 세기(19세기 - 옮긴이)의 위대한 시인은 새로운 세기(20세기 - 옮긴이)에 전처럼 장려하게 다시 부활한다. 노인이 된 톨스토이는 자신의 현존재에 일어난 엄청난 쇠락을 과감한 용기로 극복하면서 코사크 시절의 체험을 회상하고, 무기와 전쟁으로 소란스러운 일리아드 풍의 시인 《하지 무라트》를 탈고 한다. 이 작품은 영웅적인 전사의 이야기로, 그가 최고의 전성기 때 쓴 다른 작품처럼 소박하고도 위대하다. 《산송장》의 비극, 탁월한 소설인 《무도회가 끝난 후》 《코르네이 바실리예프》를 비롯해 그가 남긴 많은 설화들은 한때 불만에 가득 찼던 도덕주의가 자신을 정화하고 다시 예술가로 돌아왔음을 증명해준다. 이 노인의 후기 작품은 어느 것 하나 허술하거나 지친 흔적을 엿보이지 않는다. 미혹됨 없이 확고한 고령 노인의 회색 눈동자는 영원히 동요하는 인간의 운명을 반추한다. 현존재에 대한 재판관이었던 그가 다시 시인이 됐고, 전에는 탐구가 불가능한 신성 앞에서도 오만했던 인생의 스승이 이제는 놀랍게도 자신의 늙음을 고백하면서 경외심으로 고개를 숙인다. 삶의 궁극적인 질문에 대해 초조해하던 호기심도 완화되어 이제 그는 점점 더 가까운 곳에서 출렁거리는 무한한 파도에 겸손하게 귀를 기울인다. 레오 톨스토이는 진정으로 인생의 말년에 지혜를 터득했다. 게다가 그는 아직 지치지도 않았다. 세계를 경작하는 농부인 그는 손이 시려 쥐고 있던 펜대가 미끄러져 떨어질 때까지 부지런히 일기장에 무한한 사고의 밭을 일군다.

지칠 줄 모르는 그는 황혼에도 쉴 수가 없었다. 운명적으로 극한의 마지막 순간까지 진실을 위해 투쟁해야 하는 과제를 부여받았기 때문이다. 가장 성스러운 최후의 일이 완성을 기다리고 있었다. 그것은 인생이 아니라 다가오는 죽음과 관계된 것이었다. 죽음을 위엄 있고 이상적인 것으로 형상화하는 것이 바로 이 위대한 예술가가 자기 인생에서 마지막으로 성취하려는 목표였다. 그는 이 일에 전력을 다했다. 그는 예술작품을 창작할 때도 그렇게 오랜 시간을 열정적으로 몰두하지는 않았다. 그는 만족할 줄 모르는 순수한 예술가로서, 바로 이 최후의 가장 인간적인 행위의 기록을 순수하고도 완벽한 형태로 인류에게 남기려고 했던 것이다. 순수한, 거짓 없는, 완전한 죽음을 위한 그의 이런 노력은 평화라고는 모르고 살아온 그의 생애에서 진실을 위한 최후의 싸움이 된다. 동시에 그것은 희생이 가장 큰 싸움이 된다. 왜냐하면 그것은 자신의 생명을 건 싸움이었기 때문이다. 우리는 이제 그 연유를 알게 됐지만, 그가 일생동안 주저하며 줄곧 피해왔던 마지막 행위를 그는 이제 해야 했다. 그것은 자기 재산을 확실하게 포기하는 일이었다. 톨스토이는 그동안 자기 재산을 처분하는 데 주춤하면서, 결단을 재촉하는 양심 앞에서도 '행동을 하지 않는 지혜'로 도피해왔다. 이 점에서 그는 결전을 피하고 전략적 후퇴를 반복함으로써 강적을 물리치려 한, 그의 작품 속 등장인물

쿠투소프와 비슷하다. 자기가 죽은 뒤에는 자신의 작품들에 대한 모든 권리를 포기하려고 했던 그의 계획은 가족들의 완강한 반대에 부딪혔고, 무리하게 가족들의 반대를 거스르기에는 그는 너무나 마음이 약했고 너무나 인간적이었다. 그래서 그는 몇 년 동안 자기는 직접 돈에 손을 대지 않고 자신의 작품들에서 나오는 수입을 자기는 쓰지 않기로 하는 데 그쳤다. 그러나 그 자신도 한탄한 대로 "원칙적으로 모든 사유재산을 부정했던 내가 일관성이 없다고 비난받지 않으려고 수치스러운 듯 내 재산에 신경을 쓰지 않게 된 상황은 이처럼 내가 모른 척한 데서 비롯됐다." 그는 여러 가지 시도를 했지만 성과도 없이 가까운 사람들에게 비극만 초래하자 자기의 유산에 대한 분명하고도 확고한 결정을 내리기를 피하면서 그 결정을 막연하게 무작정 미뤘다. 그러나 1908년에 가족들이 거액을 들여 그의 여든 살 생일을 전집 출판기념식 자리로 이용하려 하자 더 이상 가만히 있을 수 없었다. 이제 톨스토이는 자신의 의지를 밝히고 결전을 치러야 했다. 그래서 러시아의 순례지인 야스나야 폴랴나는 문이 닫힌 가운데 톨스토이와 그 가족들의 격전장이 돼버렸다. 이 싸움은 돈이라는 사소한 것은 아예 문제도 되지 않을 만큼 격렬하고 참담해진다. 일기에 기록된 그의 날카로운 부르짖음도 그 경악스러운 싸움의 실상을 짐작하게 하기에 역부족이다. 이 시기의 일기(1908년 7월 25일)에서 그는 "죄악을 부르는 이 더러운 재산에서 벗어나기란 얼마나 어려운가"라고 한탄한다. 재산 때문에 가족들 중 절반이 손톱을 날카롭게 세우고는 서로 밀고 당겼다. 깨어진 창문, 뒤죽박죽된 장롱, 쑥덕거림, 금치산 선고 시도, 그 외의 여러 비극적 순간들이 반복됐고, 아내가 자살을 시도하는가 하면 톨스토이가 떠나버리겠다고 위협하는 등 그야말로 최악의 통속소설에 등장하는 장면들을 방불케 하는 일이 벌어졌다. 그의 표현대로 "야스나야 폴랴나 지옥"의 문이 열린 것이었다.

그러나 바로 이러한 극단적인 고통을 겪으면서 톨스토이는 최종 결단을 내린다. 마침내 죽기 몇 달 전에 그는 깨끗하고 정직한 죽음을 맞기 위해 더 이상 모호한 태도를 보이지 않고 그의 정신적인 유산을 전 인류에게 넘겨준다는 내용의 유언장을 남기기로 결심했다. 집에서 누군가가 자신을 엿보고 감시한다고 느꼈지만 그는 겉으로는 평소와 다름없이 말을 타고 그루몬트 숲으로 달려갔다. 그는 그곳의 나무 그루터기에 앉아 세 사람의 증인들과 초조하게 헐떡거리는 말들이 지켜보는 가운데 자기가 죽은 뒤에도 자신의 뜻에 따른 힘과 효력을 발휘할 유언장에 서명한다. 우리 시대에서 가장 극적인 그 순간, 그의 나이는 여든둘이었다.

그는 이제 족쇄를 풀어 던졌고, 결정적인 행동을 했다고 생각했다. 그러나 가장 어렵고 가장 중요하고 가장 필수적인 일이 그를 기다리고 있었다. 말 많은 인간들로 우글대는 집에서는 비밀이 유지될 수가 없었기 때문이다. 톨스토이가 비밀리에 뭔가를 처리했다는 것을 아내가 눈치 챘고, 다른 가족들도 알아차렸다. 그들은 유언장을 찾으려고 상자와 장롱을 뒤졌고, 뭔가 흔적을 잡아내기 위해 그의 일기를 샅샅이 훑었다. 아내는 자기가 혐오하는 조수인 체르트코프를 집 안에 들여놓으면 자살하겠노라고 위협하기도 했다. 이때 톨스토이는 욕망, 탐욕, 증오, 불안의 도가니인 집에서는 그에게는 최후의 예술작품인 완전한 죽음을 맞을 수 없다는 점을 깨달았다. 그러자 노인은 "정신적인 면에서 아마도 가장 멋진 순간이 될 바로 그 소중한 시점을 가족 때문에 빼앗겨" 버릴지도 모른다는 두려움을 갖게 된다. 갑자기 그의 감정에서 가장 깊은 곳으로부터, 신성의 완전한 실현을 위해서는 처자식을 버려야 한다는 복음서의 구절처럼, 신에게 가까워지기 위해서는 소유와 이익을 버려야 한다는 생각이 솟구쳐 올랐다. 그는 그전에도 집에서 달아난 적이 두 번 있었다. 1884년의 첫 번째 도주 때는 반쯤 성공했을 때 그만 기력을 잃고 말았다. 그때 그는 어쩔 수 없이 아내가 있는 집으로 돌아왔다. 아내는 산고를 겪고 있었고, 그날 밤에 아이를 출산했다. 딸 알렉산드라였다. 그 딸이 지금 톨스토이의 곁에서 그의 유언장을 보관하고 그의 마지막 길에 조력자가 돼줄 준비를 하고 있다. 첫 번째 도주에 실패한 지 13년 뒤인 1897년에 그는 아내에게 불후의 편지를 남기고 두 번째로 도주의 길을 떠난다. 그는 편지에서 자신이 그런 행동을 할 수밖에 없는 양심의 강요에 대해 설명한다. "나는 집을 떠나기로 결심했소. 그 첫 번째 이유는, 세월이 흐를수록 이 생활이 나를 점점 더 압박하고 내 자신이 점점 더 간절하게 고독을 갈망하기 때문이오. 둘째 이유는, 이제 아이들도 다 성장해서 집에서 나의 존재가 더 이상 필요 없기 때문이오. … 중요한 것은, 예순이 되면 숲 속으로 떠나는 인도인들처럼 종교적인 인간이라면 누구나 어느 정도의 나이에 이르면 자신의 말년을 농담이나 놀이, 수다나 테니스로 보내기보다는 신에 헌신하고 싶은 소망을 느낀다는 점이오. 일흔에 접어들면서부터 나의 영혼도 그렇게 평온과 고독을 간절히 동경했소. 그건 내 양심과 조화롭게 살기 위해서, 혹은 그것이 완전히 불가능하다면 내 삶과 신앙의 고통스런 괴리로부터 달아나기 위해서요." 그러나 두 번째 도주 때도 그는 가족에 대한 연민으로 인해 다시 집으로 돌아왔다. 자기 자신을 향하는 힘이 여전히 약했고, 신의 부르심이 충분히 강하지 못했기 때문이다. 그러나 두 번째 도주 후로 13년이 지나고 첫 번째 도주 후로는 26년이 지난 지금에는 멀리 떠나고 싶은 유혹이 그 어느 때보다도 고통스럽고 강했다. 그의 확고한 양심은 강력한 자력과 같은, 어떤 알 수 없는 힘에 끌리고 있었다. 1910년 7월에 톨스토이는 일기에 이렇게 기록했다. "내 머릿속에는 도주 외에는 아무런 생각도 떠오르지 않는다. 나는 진지하게 도주만을 생각하고 있다. 이제 너의 기독교 정신을 보여주어라. 지금이 바로 기회이며, 앞으로는 이런 기회가 없을 것이다. 여기서는 아무도 나의 존재를 필요로 하지 않는다. 도와주소서, 하느님, 가르쳐주소서. 저는 한 가지만 행하고 싶습니다. 제 뜻이 아니라 당신의 뜻만을 행하고 싶습니다. 저는 이렇게 쓰고, 스스로에게 묻습니다. 이것은 정말로 나의 진실인가? 내가 신 앞에서 그렇게 보이려고 하는 것은 아닌가? 도와주소서, 도와주소서, 도와주소서!" 그러나 그는 여전히 망설였고, 언제나 그랬듯이 다른 사람들에게 닥칠 운명이 두려워 갈등하다가 그만두었다. 그러나 그는 그 후에도 자신의 불경스런 소망에 스스로 놀라고, 내면으로부터 어떤 부름의 목소리가 들려오지나 않을지, 자기가 주저하고 망설일 때 거역할 수 없는 신의 명령이 천상으로부터 내려오지는 않을지 두려움에 떨며 자신의 영혼에 귀를 기울였다. 그가 헌신하고, 그 지혜를 믿었던, 알 수 없는 의지 앞에 무릎 꿇고 기도하듯 그는 일기에 두려움과 불안을 고백했다. 타오르는 양심 속에서 이러한 기다림은 열병과도 같았고, 감동 속에서 이러한 귀 기울임은 격렬한 경련과도 같았다. 그는 이미 운명과 무의미함에 대해 귀를 막았고, 신에게 귀의했다고 생각했다.

그러자 그때 그의 내면에서 하나의 목소리가 들려왔다. "몸을 일으켜 일어나라. 외투를 입고 순례자의 지팡이를 잡아라!" 그는 벌떡 일어나 완성을 향해 걸어간다.

신에게로의 도피

오직 혼자서만 신에게 가까이 갈 수 있다.
― 일기

1910년 10월 28일 아침 6시쯤이었을 것이다. 나무들 사이에 아직도 어두운 밤이 걸려있었다. 이상한 형체 몇 개가 야스나야 폴랴나의 저택 주변을 살그머니 맴돌았다. 딸그락거리는 열쇠소리가 나더니 슬며시 문이 열렸고, 마구간에서는 마부가 소리 나지 않게 조심하며 말을 마차에 맸다. 두 개의 방에 불안한 그림자들이 어른거렸고, 그 그림자들은 불빛이 새어나가지 않게 손전등을 가린 채 서랍과 장롱 문을 열고 더듬거리며 뭔가를 찾았다. 그러더니 그 그림자들이 문을 살짝 열고 살그머니 방에서 빠져나갔다. 그들은 진흙투성이인 정원의 나무뿌리에 걸려 넘어지기도 했고, 뭐라고 서로 귀엣말을 나누기도 했다. 그들은 마차에 올라탔고, 집 앞길을 피해 뒷문으로 나갔다.

무슨 일이 일어난 걸까? 저택에 침입자가 들어온 걸까? 차르의 경찰이 뭔가 조사를 하기 위해 혐의자의 집을 포위한 걸까? 아니었다. 침입자는 없었다. 레오 니콜라예비치 톨스토이가 의사를 데리고 도둑처럼 감옥 같은 현실에서 빠져나간 것이었다. 그에게 부름이 있었다. 그것은 저항할 수 없는 결정적 신호였다. 그는 밤중에 몰래, 그리고 신경질적으로 그의 서류를 샅샅이 뒤지며 찾고 있는 아내를 또 다시 발견했다. 그 순간 불현듯 "나의 영혼을 저버린" 아내를 떠나겠다고 굳게 결심했다. 가야 할 곳이 어느 곳이든, 그곳이 신이든 자기 자신이든, 아니면 자신에게 주어지는 죽음이든 상관없었다. 갑자기 그는 작업복 위에 외투를 걸치고 투박한 모자를 쓰고 고무신을 신었다. 인류에게 자신을 알리기 위해 정신이 필요로 하는 것, 그러니까 일기장, 연필, 펜 외에는 아무것도 집어들지 않았다. 그는 역에서 아내에게 보낼 편지를 끼적거려 마부 편에 집으로 보냈다. "나는 내 나이의 노인이 흔히 하는 일을 하는 것이오. 마지막 여생을 어디에선가 칩거하면서 조용히 보내기 위해 속세의 삶을 떠나겠소." 그리고 나서 그들은 기차에 올라탔다. 신에게로 가는 도망자 레오 톨스토이는 의사만 동행한 채 외투를 두르고 삼등칸의 지저분한 좌석에 앉았다.

그는 더 이상 레오 톨스토이라는 이름을 쓰지 않았다. 두 세계의 지배자였던 이전의 카를 5세(1500~1558, 신성로마제국의 황제 겸 에스파냐의 왕이었던 인물. 독일이 루터의 종교개혁 운동에 휩싸여있을 때 루터에게 그의 주장을 철회할 것을 요구했으나 실패하고 루터주의자들의 정치적 권리를 승인할 수밖에 없게 되자 실의에 빠진 카를 5세는 이듬해 제위를 동생 페르디난트 1세에게, 에스파냐 왕위는 아들 펠리페 2세에게 이양하고, 자신은 에스파냐의 에스코리알 수도원에 은거하며 여생을 보냈다 - 옮긴이)가 에스코리알의 관에 묻히기 위해 스스로 권력의 휘장을 떼어버린 것처럼 톨스토이는 돈과 집, 명성, 그리고 자신의 이름마저도 내던졌다.

그는 이제 자기 이름을 니콜라예프로 정했다. 그것은 새로운 인생과 순수하고 올바른 죽음을 창조하려는 자의 이름이었다. 그는 마침내 모든 속박에서 벗어나 순례자로서 낯선 거리를 걸을 수 있게 됐고, 자기가 신봉하는 교의에 충실히 봉사하거나 정직한 말을 할 수도 있게 됐다. 그는 샤마르디노 수도원에 가서 수도원장인 누이에게 작별을 고했다. 늙고 연약해진 두 사람은 평온과 잔잔한 고독 속에 새로이 온화한 모습이 된 수도자들 사이에 끼어 나란히 앉아 있었다. 며칠 뒤에 딸이 왔다. 첫 번째 도주에 실패한 날 태어난 딸이었다. 그는 그곳의 정적을 견딜 수 없었다. 그는 발각되어 쫓기거나 붙잡힐까봐, 그런 다음 불확실하고 진실이라고는 존재하지 않는 자기 집의 생활로 다시 되돌아가게 될까봐 두려웠다. 이번에도 보이지 않는 손이 잠자던 그를 흔들어 깨웠다. 10월 31일 새벽 4시에 그는 갑자기 딸을 깨우고 서둘러 어디론가 떠났다. 불가리아든, 카프카스든, 아니면 다른 외국이든, 명성과 사람들이 자기를 찾아올 수 없는 곳으로, 그리고 궁극적으로는 자기 자신이나 신에게로 향할 수 있는 고독 속으로 떠났다.

그러나 그의 삶, 그의 가르침에게 무서운 적이면서 고통이자 유혹자인 그의 명성이 여전히 그의 희생을 허락하지 않았다. 세상은 그들의 톨스토이가 본래의 명철한 자기의지를 따르도록 허락하지 않았다. 도망자인 그가 모자를 푹 눌러쓰고 기차의 객석에 앉자마자 벌써부터 한 여행자가 세계적인 거장인 그를 알아보았다. 그러자 기차 안의 모든 사람이 그를 아는 체했다. 비밀은 벌써 들통이 났고, 남녀 할 것 없이 그를 보려고 몰려들었다. 그들이 손에 들고 있는 신문은 '감옥에서 도망친 귀한 동물'에 대해 대서특필하고 있었다. 그의 행적은 이미 다 들켰고, 사면초가였다. 다시 한 번, 그리고 마지막으로 톨스토이의 명성은 완성을 향해 가는 그의 길을 가로막았다. 달리는 기차와 같이 달리는 전신 케이블은 그의 행적을 보고하는 타전 소리로 요란했다. 역마다 경찰이 협조하고자 했고, 관리들이 총동원됐고, 그의 집에서는 이미 임시열차를 예약했다. 모스크바, 페테르부르크, 니슈니노브고로드 등 사방 각지에서 '도망치는 야수'인 그를 찾아 기자들이 몰려왔다. 정교회 본부에서는 그를 붙잡기 위해 신부를 파견했다. 갑자기 웬 낯선 신사가 기차에 타더니 새로운 가면으로 바꿔 쓰고 톨스토이가 들어있는 객실 옆을 지나갔다. 탐정이었다. 명성은 죄수를 도망가게 내버려 두지 않았다. 레오 톨스토이는 홀로 있어서도 안 됐고, 그럴 수도 없었다. 사람들은 그가 자신에게 몰두함으로써 신성함을 얻도록 허용하지 않았다.

이미 그는 포위당했다. 몸을 숨길 덤불도 없다. 기차가 국경에 이르면 관리가 나와 정중하게 모자를 벗고 인사하면서 그의 국경통과를 막을 게 뻔했다. 그가 휴식을 취하려고만 하면 어디에서든 그의 명성이 시끄럽고 소란스럽게 그를 방해했다. 그는 빠져나갈 수가 없었다. 그놈의 명성이 발톱으로 그를 꼼짝 못하게 붙잡고 있었다. 그때 딸은 차가운 혹한에 아버지의 노쇠한 육체가 떨고 있음을 알아차렸다. 그는 지쳐서 딱딱한 나무의자에 몸을 기대고 앉아 있었다. 떨고 있는 그의 온몸에서 땀이 흘러내렸고, 이마에서도 땀방울이 떨어졌다. 심하게 열이 났다. 그를 구원하기 위해 병이 덮친 것이었을까. 그에게 이미 죽음이 찾아와 그를 추적자들로부터 보호해 주려고 그가 입고 있던 어두운 외투를 벗기고 있었다.

그들은 작은 기차역인 아스타포보 역에서 내려야 했다. 중환자인 톨스토이는 더 이상 갈 수가 없었다. 하지만 이곳에는 그가 묵을 만한 여인숙도 호텔도 귀빈실도 없었다. 역장은 송구스러워하며 역사 구내의 일층짜리 목조건물에 있는 사무실을 제공했다. 그 후로 이곳은 러시아의 순례지가 됐다. 사람들은 추위에 떠는 톨스토이를 사무실 안으로 데리고 들어갔다. 그가 꿈꾼 모든 것이 갑자기 현실이 돼 있었다. 그 작은 사무실은 누추하고 답답하며 악취와 열기, 가난으로 가득 차 있고, 철제 침대가 놓여 있었으며, 석유등이 어두운 빛을 내고 있었다. 그가 도망쳐 나온 사치와 안락함은 몇 킬로미터 밖에 있었다. 죽어가는 마지막 순간에 모든 것이 그가 가장 원했던 대로 돼가고 있었다. 죽음은 숭고한 상징으로서 순수하고도 남김없이 예술가의 손에 완전히 순응했다. 며칠 뒤면 죽음이라는 거대한 건축물, 즉 그의 가르침에 대한 숭고한 증거로 높이 지어질 것이고, 인간들의 시기심에 의해 더 이상 침식당하지 않고 원초적 소박함이 방해받지도 파괴되지도 않을 것이다. 닫힌 문 밖에서 그의 명성이 숨을 죽이고 애태우며 도사리고 있었다. 기자와 호기심 많은 사람들, 염탐꾼과 경찰, 헌병, 정교회에서 파견된 신부, 차르에 의해 임명된 장교 등이 몰려와 기다리고 있었지만 소용없었다. 뻔뻔스러운 그들의 지나친 관심도 톨스토이의 마지막 고독을 방해할 수는 없었다. 딸만이 톨스토이의 곁을 지키고 있었고, 친구 한 명과 의사만이 그의 주변에 있었다. 조용하고 겸허한 사랑이 침묵으로 그를 감쌌다. 침실 테이블에는 신을 향한 그의 말이 담긴 자그마한 일기장이 놓여 있었다. 그러나 열에 들뜬 그의 손은 이제 더 이상 펜을 잡을 수 없었다. 그래서 그는 가쁜 숨을 몰아쉬며 꺼져가는 목소리로 딸에게 자신의 마지막 생각을 받아 적게 했다. 그는 신을 "무한한 우주"라고 부르고, "우주에서 인간은 자신을 그 유한한 일부로 느끼며 물질, 시간, 공간에서 신의 계시를 느낀다"고 말했다. 그는 또 현세에서 다른 사람들의 삶과 조화되는 것은 오직 사랑을 통해서만 가능하다고 말했다. 눈을 감기 이틀 전에 그는 모든 감각의 힘을 집중해, 도달할 수 없는 천상의 진리를 파악하고자 애썼다. 그때야 비로소 환하게 빛나는 그의 머리 위로 서서히 어둠이 내려앉기 시작했다.

밖에 있던 사람들이 궁금증을 못 이기고 무례하게 몰려들어왔다. 그러나 그는 더 이상 그들을 느끼지 못했다. 문밖에서는 48년의 세월을 그와 함께 살아온 아내 소피아 안드레예브나가 겸허하게 회한의 눈물을 흘리며, 멀리서나마 한 번이라도 더 그의 모습을 보기 위해 안을 살피고 있었다. 그러나 그는 이제 아내를 알아보지 못했다. 누구보다 명철한 인간인 톨스토이에게 살아있는 모든 사물이 점점 더 낯설어졌고, 혈관을 흐르는 피는 갈수록 어두운 색으로 응고되어 갔다. 11월 4일 밤에 그는 다시 한 번 기운을 차리고 일어나 신음소리를 내뱉으며 말한다. "그런데 농부들, 농부들은 어떻게 죽는가?" 끈질긴 삶이 끈질긴 죽음에 여전히 저항한다. 11월 7일이 되어서야 이 불멸의 남자에게 죽음이 찾아온다. 그는 백발의 머리를 베개에 떨어뜨린다. 어느 누구보다도 통찰력 있게 세계를 보았던 두 눈은 빛을 잃고 희미해진다. 조급한 구도자였던 그는 이제야 비로소 삶의 모든 의미를 깨닫는다.

끝맺음

한 인간이 죽었다. 그러나 세상과 그의 관계는 계속해서 사람들에게 영향을 끼친다, 살아 있을 때보다도 훨씬 더 강하게. 그리고 그 영향력은 그의 분별력과 사랑으로 점점 더 커지고, 살아있는 것처럼 쉬지 않고 끝도 없이 점점 더 강해진다.

— 편지

막심 고리키는 언젠가 레오 톨스토이를 가리켜 "인간미 넘치는 인간"이라고 말했다. 톨스토이를 이보다 잘 표현해주는 말은 없으리라. 그는 우리 모두와 같이 허약한 찰흙으로 빚어지고 똑같이 현세적 약점을 지닌 인간이었으나 인간에 대해 깊은 통찰력을 지녔고, 인간들로 인해 더 많은 고통을 겪었다. 그는 동시대인들을 비롯한 다른 인간들보다 더 숭고한 인간이 아니라 더 인간적인 사람이었고, 그들보다 더 윤리적이며 더 명철하고 더 의식이 깨어있고 더 정열적인 사람이었다. 말하자면 그는 세계를 만들어낸 예술가인 신의 작업실에 있는, 보이지 않는 인간의 원형을 최초로, 가장 분명하게 보여준 사람이었다.

어둡고 잘 알아 볼 수 없기는 하나 우리 모두의 근본이 되는 영원한 인간의 모습을 혼란스러운 우리의 이 세계 한가운데서 최대한 완전하게 표현하기 위해 톨스토이는 그 영원한 인간의 모습을 자기 자신의 삶으로 실현하고자 했다. 이런 그의 노력은 결코 끝나거나 완성될 수 없는 것이었고, 그래서 그의 삶은 두 배나 영웅적인 삶이었다. 그는 그 무엇과도 비교될 수 없는 진실한 양심을 지녔기에 외면적인 현상에서 인간을 찾으려 했고, 자기 자신이 다치지 않고는 도달할 수 없는 깊이까지 침잠했다. 모범적인 도덕주의자였던 이 천재는 우리의 완전한 원래 모습을 세속적 허울에서 해방시키고 전 인류에게 신을 닮은 고귀한 모습을 보여주기 위해 지독하게도 진지하게, 냉정하리만치 엄격하게 영혼을 파헤쳤다. 이 과감한 예술가는 휴식을 모른 채, 자유롭지 못한 채로 살았고, 형식적인 것만 갖고 예술을 즐기지 못했다. 그는 80년에 걸쳐 자기묘사를 통한 자기완성이라는 위대한 작품을 만드는 데 몰두했다. 괴테 이후로 그만큼 자기 자신의 모습과 영원한 인간의 모습을 동시에 보여준 작가는 없었다.

자신의 영혼을 주조하고 시험함으로써 세계를 도덕적으로 만들려는 그의 영웅적 의지는 일회적인 존재인 그가 숨을 거둠으로써 끝난 것처럼 보이지만, 그의 본질이 지녔던 강렬한 충동은 살아있는 모든 사람들에게 계속해서 영향을 끼치고 있다. 그의 날카로운 잿빛 시선을 무서운 느낌으로 기억하던 많은 사람들은 그가 세속적인 사람이라고 말했지만, 그는 이미 오래전에 신화가 됐고, 그의 삶은 인류에게 숭고한 전설이 됐으며, 그가 자신과 벌였던 싸움은 우리 세대뿐 아니라 모든 세대에 걸쳐 하나의 본보기가 됐다. 그의 모든 희생적인 생각, 영웅적인 행위는 좁은 대지에서 살아가는 모든 인간을 위한 것이었고, 인류는 그라는 한 인간의 위대함을 통해 더 큰 척도를 새로이 얻었다. 뭔가를 추구하는 정신은 진정으로 참된 것이 스스로를 드러내는 곳에서만 자신의 추구가 지닌 한계와 의미를 알게 된다. 그러한 정신을 가진 예술가가 스스로를 형상적으로 표현해내는 것을 통해서만 인류의 영혼, 그 본래의 모습이 현세에서 파악된다.

옮긴이 후기

이 책은 오스트리아의 작가 슈테판 츠바이크가 1928년에 독일어로 쓰고 펴낸 《Drei Dichter ihres Lebens(원제: 인생을 작품으로 쓴 세 작가)》를 우리말로 옮긴 것이다. 츠바이크는 이 책을 펴내기에 앞서 1920년에 《세 명의 거장(Drei Meister)》, 1923년에는 《마신과의 싸움(Der Kampf mit dem Dämon)》을 발표했다. 이 세 권의 책은 역사적으로 커다란 족적을 남긴 문학가들 9명에 대해 각각 3명씩 묶어 서술한 독특한 형식의 평전으로, 1935년에 《세계의 거장들(Baumeister der Welt)》이라는 큰 제목 아래 3부작 시리즈로 출판되기도 했다. 이 시리즈에서 다뤄진 문학가 9명은 이 책의 카사노바, 스탕달, 톨스토이 외에 발자크, 디킨스, 도스토예프스키, 횔덜린, 클라이스트, 니체다.

츠바이크가 남긴 이 3부작 평전은 세계문학에서 중요한 위치를 차지하는 예술가들의 감춰진 삶의 궤적과 행로를 추적해 밝혀낸 사실적 근거를 바탕으로 그들의 내면세계와 심리를 입체적으로 구성함으로써 그들에 대해 새로운 해석을 시도했다는 점에서 가치를 지닌다. 게다가 츠바이크의 평전에는 소설가이기도 한 그의 섬세한 감각과 유려한 문체에서 나오는 문학적 미감까지 가미되어 독자들은 다른 전기나 평전에서는 맛볼 수 없는 독특한 색깔과 생동감을 느낄 수 있다. 그래서 사실과 환상이 결합된 그의 평전 작품들은 '전기적 소설'이라고 불리기도 한다. 바로 이런 특징 덕분에 독자들은 마치 소설을 읽듯 역사적인 문학가들의 삶과 사상과 감정에 빠져들게 된다.

이 책에서 츠바이크는 겉보기에는 별다른 연관성이 없어 보이는 카사노바, 스탕달, 톨스토이라는 세 작가를 하나의 끈으로 연결한다. 그의 관점에서 세 사람은 인간이 유한한 삶을 살면서 각자 자기 자신으로 회귀하는 노정 또는 자기 자신에 대한 관찰과 표현의 세 단계를 대표한다. 여기서 세 단계란 '원초적이고 소박한 자기보고의 단계', '심리적 자기관찰의 단계', '도덕적 자기재판의 단계'이며, 각각의 단계를 순서대로 카사노바, 스탕달, 톨스토이가 대표한다는 게 츠바이크의 관점이다.

카사노바는 18세기 후반에 사제, 군인, 도박꾼, 기사, 스파이 등의 신분으로 유럽 전역을 무대로 삼아 활동한 모험가, 또는 수많은 여자들과 사랑을 나눈 전설적 인물로 알려져 있지만, 그가 문인이었다는 사실을 아는 사람은 그리 많지 않다. 그는 젊은 시절에 호메로스의 《일리아드》를 이탈리아어로 번역했고 《폴란드 역사》를 썼다. 그는 연극에 대한 비평을 썼고, 직접 연극 대본을 쓰기도 했으며, 연극 전문 잡지를 발간하기도 했다. 그가 말년에 쓴 회고록은 자기 삶의 발자취를 후세에 남겨주었으며, 사후에 그에게 대단한 명성을 안겨주었다. 츠바이크는 카사노바의 회고록을 바탕으로 그의 인생을 재구성한다. 더 나아가 츠바이크는 어느 작가나 사상가보다 솔직하고 낭만적으로 자기의 모습을 그려낸 카사노바의 회고록 저술을 그의 중요한 업적으로 평가한다. 츠바이크에 따르면 카사노바는 "도덕적으로 미화하지 않고, 달콤한 시어로 장식하지 않고, 철학적으로 위장하지도 않고, 있었던 사실을 그대로 세세하게, 정열적으로, 위험스럽게, 무분별하게,

재미있게, 비열하게, 음탕하게, 뻔뻔스럽게, 파렴치하게, 하지만 언제나 흥미진진하게, 예기치 못했던 일들을 이야기" 했고 "문학적 명예욕이나 독단적인 허풍 혹은 참회의 뜻을 비치는 후회나 대단한 고백의 열의를 과시하려 하지 않았다." 이런 태도로 인해 그의 회고록은 많은 독자들의 마음을 사로잡으면서 불멸의 작품이 됐다는 것이다.

스탕달도 자기 자신에 대한 진실한 글을 쓰기 위해 독창적인 방법을 사용했다. 츠바이크에 따르면 그것은 "빠르게 글로 옮긴 후 다시 읽어보거나 생각하지 않는 것", "수치심과 걱정을 물리치고 자기 자신에 대한 재판관, 검열관이 내면에서 깨어나기 전에 자신의 고백을 불쑥 들이대기와 화가로서가 아니라 순간을 찍는 사진사처럼 작업하기", "자기 안에서 늘 들끓는 것이 인위적이고 연극적인 포즈를 취하기 전에 그 특징적인 움직임을 그대로 잡아내는 것"이었다. 이런 식으로 스탕달은 자신만의 내밀한 체험과 관찰의 내용을 솔직하고 대담하게 표현했다. 스탕달은 '쾌락의 심리학'을 알고 있었고, 방탕하다 싶을 정도로 그것에 푹 빠졌다. 그는 군인, 외교관, 문인으로서 세속적인 성공은 하지 못했지만, 섬세하고 예민한 감수성을 바탕으로 쓴 세 권의 자전적 소설을 통해 영혼에 대한 탐구의 중요한 성과를 후세에 전해주었다. 하지만 스탕달은 예술가로서 천재성을 타고났음에도 불구하고 예술에 인생을 걸지는 않았다. 창작보다 향락을 중시한 그에게 글쓰기는 권태를 이기게 해주는 수단에 불과했다. 그리고 그에게는 정치나 조국보다 자신의 삶이 가장 중요했다. 이처럼 그가 시대와 더불어 살지 않았기 때문에 오히려 그의 작품들이 시대를 초월하는 영향력을 갖고 있는 것인지도 모른다.

톨스토이는 자신과 인류의 영혼을 탐구한 작가이자 인류에 대한 교육자였으며 위대한 사상가이자 행동하는 실천가였다. 그는 러시아가 낳은 위대한 인물로 추앙받지만, 정작 그 자신은 자기완성을 향한 고행 속에서 끊임없이 갈등과 혼란, 불안에 시달린 지극히 나약한 인간이었다는 게 츠바이크의 생각이다. 그러나 츠바이크는 바로 이런 톨스토이의 인간적인 모습에서 그의 진정한 가치를 발견한다. 츠바이크는 이 책에서 인간적인 갈등과 모순으로 고통을 겪는 톨스토이의 내면을 놓치지 않고 묘사한다. 톨스토이는 끊임없는 자아탐구를 통해 삶의 위기를 창조의 계기로 승화시켰고, 인류를 위해, 그리고 인류와 함께 살겠다는 자신의 이상을 위해 끝까지 자기 자신과 싸웠다. 츠바이크는 바로 이 점에서 그가 진정한 예술가로서의 면모를 갖고 있었다고 본다. 가족과 신분이라는 굴레를 벗어던지고 집 밖의 세상으로 나가기를 갈망하던 톨스토이는 인생의 황혼녘에 자신의 이상과 실제의 자기 삶을 일치시키기 위해 집을 떠났다가 한 시골 기차역에서 죽음을 맞는다. 이런 그의 마지막 모습은 언제나 이상과 현실이라는 두 세계 사이에서 서성이던 그의 인생을 압축해 보여준다. 자신의 영혼을 관찰, 감시, 시험, 재판함으로써 세계를 도덕적으로 만들려는 의지를 입증하려고 한 그의 영웅적인 노력은 하나의 본보기가 되어 그의 동시대인들은 물론 후세에게도 계속해서 영향을 끼치고 있다.

이 책에서 츠바이크는 카사노바, 스탕달, 톨스토이 세 사람의 극적인 인생이야기를 통해 이들이 어떻게 자신의 불안과 혼란, 영혼의 위기를 극복하고, 어떻게 그것을 창작의 원동력으로 삼아 후세에 길이 남을 작품으로 남겼는가를 보여주고자 했다. 세 작가는 삶의 내용이 서로 달랐지만 자신의 내부에서 꿈틀댄 끝없는 열정, 삶에 대한 강렬한 욕구, 창조적 형상화에 대한 갈망을 공통으로 갖고 있었다. 자기묘사의 기록을 남긴 세 사람은 자기 자신을 영원한 것으로 만들고자 하는 인류 공통의 욕구를 각자 특징적으로 대변했다.

츠바이크는 이렇게 말한다. "분명 인간에게는 어쩔 수 없는, 어떤 본질적인 충동이 있다. 자기를 영원한 것으로 만들고자 하는 욕구를 타고 난 것이다. 인간은 끊임없는 흐름 속에 내던져져 있고, 무상함에 에워싸여 있으며, 변화하고 변신하도록 운명지어져 있다. 멈추지 않는 시간의 흐름에 떠밀려가는 수십억 명 가운데 하나인 각 개인은 누구나 무의식적으로, 불멸성을 지향하는 본능 덕분에, 자신의 일회적인 운명을 어떤 지속적이고 영원한 흔적으로 붙잡아두고자 한다. … 그것은 끊임없이 자라날 인류라는 나무줄기에 적어도 일시적으로나마 눈금을 남기려는 노력인 것이다."

길지 않은 시간을 지상에 머물다 가는 연약한 존재에 불과한 인간이 지닌 불멸에 대한 욕망을 과장된 연민 없이 따뜻한 시선으로 그려낸 츠바이크의 이 책을 번역하면서 옮긴이들은 우리의 세 주인공을 사랑하게 됐다. 독자들에게도 이 책이 세 주인공과 그들의 삶에 대한 애정을 갖게 하고, 나아가 그들의 작품을 다시 읽는 계기가 되기를 바란다.

2005년 9월 나누리.